安徽省一流教材建设项目成果

普通高校国际经济与贸易应用型本科系列规划教材

国际金融学

主编　郑兰祥　郑飞鸿

中国科学技术大学出版社

内 容 简 介

本书以开放经济条件下的国际经济活动运行环境的介绍为主线，主要介绍了国际收支及其调节理论、外汇市场与外汇交易、汇率形成及其理论、汇率制度与汇率政策、最优通货区与货币联盟、国际储备及其管理、国际金融市场及其运作、国际资本流动与金融危机、国家风险与外汇风险管理、国际金融机构及其运作、国际货币体系及其改革和跨国公司金融管理等内容。本书可作为高校国际经济与贸易专业、金融学类专业教材。

图书在版编目(CIP)数据

国际金融学/郑兰祥，郑飞鸿主编. —2 版. —合肥：中国科学技术大学出版社，2023. 2
ISBN 978-7-312-05565-2

Ⅰ. 国…　Ⅱ. ①郑…　②郑…　Ⅲ. 国际金融学—高等学校—教材　Ⅳ. F831

中国国家版本馆 CIP 数据核字(2023)第 016599 号

国际金融学
GUOJI JINRONG XUE

出版　中国科学技术大学出版社
安徽省合肥市金寨路 96 号，230026
http://press.ustc.edu.cn
https://zgkxjsdxcbs.tmall.com
印刷　合肥华苑印刷包装有限公司
发行　中国科学技术大学出版社
开本　787 mm×1092 mm　1/16
印张　19.25
字数　491 千
版次　2015 年 8 月第 1 版　2023 年 2 月第 2 版
印次　2023 年 2 月第 2 次印刷
定价　60.00 元

总　序

随着经济全球化和科技革命的发展，国际服务贸易、跨境电商、跨国并购等贸易投资方式不断升级，多边主义受到冲击，国际金融市场震荡，全球贸易投资规则正面临重大变革。党的十九大报告提出“拓展对外贸易，培育贸易新业态、新模式，推进贸易强国建设”“大幅度放宽市场准入，扩大服务业对外开放”。全球经济贸易和中国对外经济贸易的新发展对当前高校国际经济与贸易专业建设提出了新要求。

教材建设是高校专业建设的重要组成部分，更是一流专业建设和专业综合改革的抓手与落脚点。高校国际经济与贸易专业教材体系的改革和实践，要将教材建设与专业师资队伍建设、课程建设、实践教学建设等相融合，充分利用现代信息技术手段，建立微课、慕课等在线教学平台，逐步建设电子教材和纸质教材共享资源平台，实现多层次、连续性专业教材体系建设。要创新教材呈现方式和话语体系，实现理论体系向教材体系转化、教材体系向教学体系转化、知识体系向价值体系转化，使教材更加体现科学性、前沿性、针对性、实效性。

安徽省国际经济与贸易专业建设年会已连续举办七届，会议讨论内容涉及国际经济与贸易专业人才培养方案修订、专业综合教学改革、特色专业建设、前沿学术问题、教材建设等方面。年会分别由安徽省内高校相关院系承办，为安徽省国际经济与贸易专业的教学科研团队提供了一个良好的交流平台，同时展示了安徽省高校国际经济与贸易专业教学团队团结、合作的精神风貌。基于多年来安徽省国际经济与贸易专业建设研讨会成果，中国科学技术大学出版社陆续出版了国际经济与贸易专业系列教材。该系列教材发行以来，受到国际经济与贸易专业教师和学生的好评。

本套规划教材是2017年安徽省高等学校省级质量工程项目“国际经济与贸易专业应用型本科系列教材”(2017ghjc120)建设成果，项目负责人为安徽财经大学冯德连教授。其中部分教材入选2018年安徽省高等学校省级质量工程一流教材建设项目。

本套规划教材有以下特点：

(1) 政治性和新颖性。深入学习领会习近平新时代中国特色社会主义思想和十九大报告精神，将新的研究成果带进课堂、融入教材。在原教材的基础上增加新时代中国特色社会主义经济的新思想、新观念、新趋势，增加国际经济与贸易学科和产业创新的新内容和新案例，突出新时代国际经济与贸易专业发展的新特色。力求准确阐述本学科先进理论与概念，充分吸收国内外前沿研究成果。

(2) 实践性和启发性。结合国际经济与贸易专业实践特点和专业人才培养要求，增加实践教学的内容比重，确保理论知识在专业实践中的应用。浓缩理论精华，突出理论、实践、创新三方面教学任务的相互协调，实现知识传授、能力训练和智慧启迪的有机融合。充分发挥学生主动性，加强课堂师生的互动性，在课堂中让学生的主体性体现出来。

贯彻素质教育思想，着力培养学生的学习能力、实践能力和创新能力。

(3) 系统性。突出系列教材之间的有机协调。遵循国际经济与贸易发展的逻辑规律，并以之协调系列教材中各本教材之间的关系。各教材内容既相对独立又具有连贯性，彼此互为补充。

(4) 规范性。编写体例上进一步完善和统一。各章都编写了“学习目的与要求”。每章节相关知识点关联之处设计“分析案例”，使学生在轻松有趣的学习中，加深对相关知识、数据、实例和理论的理解和掌握。各章后设计有“思考题”“思考案例”“应用训练”，用来检验学生学习效果。

(5) 数字性。纸质教材与数字资源相结合，提供丰富的教学资源。本套教材通过二维码关联丰富的数字资源，为学生提供丰富的学习材料，同时为教师提供教学课件等教学资源。

本套规划教材整合安徽省各高校国际经济与贸易专业教学实践、教学改革的经验，是安徽各高校国际经济与贸易专业教师合作的成果。我们期望，该套规划教材能够帮助国际经济与贸易专业的老师和学生更好地开展教学和学习，并期待他们提出意见和建议，以便我们持续修订和改进。

冯德连

教育部高等学校经济与贸易类专业教学指导委员会委员

安徽财经大学副校长，二级教授，博士生导师

2019 年 8 月

第 2 版前言

“国际金融学”是金融学、国际经济与贸易等专业的核心课程。2018 年 6 月，教育部提出本科教育要坚持“以本为本”，推进“四个回归”，加快建设高水平本科教育，全面提高人才培养能力，造就堪当民族复兴大任的时代新人。在此背景下，积极撰写和出版能够反映学科发展前沿、特色鲜明、适应新形势下人才培养需要的高质量本科教材就显得十分迫切。

2015 年 8 月，安徽省高等学校省级规划教材(2013ghjc084)《国际金融学》由中国科学技术大学出版社出版。该教材经过在安徽省内高校几年的使用，取得了良好的效果。本着与时俱进的思想，笔者认为有必要对教材加以修订，以便及时地反映国际经济金融形势。

在 2018 年安徽省级质量工程项目建设中，《国际金融学》(第 2 版)获安徽省一流教材建设项目立项(2018yljc012)。在原书的基础上，此次修订的重点有：以党的二十大精神为指导，强化贸易争端背景下中国国际收支阶段性特征分析；强化人民币汇率制度改革新举措分析；总结完善中国外汇储备出现的新变化；在国际金融机构体系中，强化对亚投行和金砖银行的分析；强化“一带一路”倡议背景下中国对外投资分析；结合实际，更新教材内容中的重要数据；按照及时、有效的原则，更新各章资料链接；针对发现的问题，更正第 1 版中存在的个别疏漏等。

《国际金融学》(第 2 版)由安徽大学郑兰祥教授、合肥学院郑飞鸿副教授任主编。在原教材的基础上，郑兰祥承担第一、二、三、四、五、六章的修订和增补，郑飞鸿承担第七、八、九、十、十一、十二章的修订和增补。

感谢中国科学技术大学出版社领导和编辑的辛勤付出，同时感谢第 1 版作者的工作成果，在修订中，我们参考了大量的文献，对于这些文献的作者，我们也一并表示感谢。

郑兰祥

2022 年 10 月于安徽大学

前　言

国际金融学课程是经济类和金融类专业高等教育的专业基础课程。《国际金融学》以国际金融工作为逻辑起点，以国际金融原理和政策为讲授对象，是集理论性和应用性为一体的学科。本教材的目标是：学习者在全面了解国际金融历史、现状与发展趋势的基础上，系统掌握国际金融工作的理论、方法、技术，具备国际金融实际技能，从而胜任国际金融理论工作。

本书为2013年安徽省教育厅批准立项的安徽省高等学校省级规划教材（项目编号：2013ghjc084），主要研究开放经济体系下的金融运行问题。定位于高年级本科生、低年级研究生的《国际金融学》教材，教材的难度设置在中、上层次，主要介绍最新的理论成果与最新的做法。本书的主要特色表现在以下几方面：

1. 注重构建国际金融理论与政策体系

本书以开放经济条件下的国际经济活动运行环境的介绍为主线。首先介绍国际经济活动的度量指标（第1章），继而引出国际货币（第2章，第6章）和汇率（第3章，第4章，第5章）；国际经济活动会产生国际借贷（第7章），及国际资本流动所带来的危机（第8章）；国际经济活动风险的介绍（第9章）；国际金融机构的协调及介绍（第10章）；国际货币体系的介绍及其改革（第11章）。所有的国际经济活动都是为国际企业来服务的（第12章）。本书的前11章为外部宏观金融环境介绍，最后一章落脚到微观层面。应该说，本书的思路很清晰，而且也要力求内容完整。

2. 注重定性与定量分析工具在教材中的运用

教材的价值不仅在于传授基本的概念和原理，还在于向学生传授分析问题和解决问题的工具和方法。传统的国际金融教材主要偏重于文字描述等定性分析，基于数理和定量的分析方法较少，难以对国际金融活动作出准确刻画。随着大学生数理能力的提高，在教材中增加国际金融数理分析成为可能，从而有助于培养他们的科研能力。故本书适当增加了对定量分析的介绍（但难度不太高，为照顾不同起点、不同高校的学生）。

3. 注重将国际金融理论与中国实际相结合

本书将中国现实发生的涉外金融活动紧密地融入国际金融理论之中，如在相关理论分析中重点突出中国的国际收支问题、人民币国际化问题、人民币汇率制度改革问题、中国外汇储备管理问题、外汇管理体制改革问题等。

4. 注重突出师生双向互动和学生应用能力培养

本书每章开篇设计有“导入案例”；根据需要还设计有“资料链接”“思考题”栏目，旨在突出师生双向互动和学生应用能力培养。

本书是集体智慧的结晶，各章的作者都是长期从事国际金融学教学和科研工作的高校教师，具体分工如下：郑兰祥编写第一章、第二章、第三章；冯庆水、刘二妹编写第四章、第五章；汪桥编写第六章；杨德草编写第七章；李欣欣编写第八章；吴成颂编写第九章、第十二章；李伟编写第十章、第十一章。

本书由郑兰祥教授任主编，吴成颂、冯庆水、李伟任副主编。郑兰祥教授提出创意、撰写大纲、对各章内容进行增删和调整，最后统撰全书。

在本书编写过程中，我们参考了大量的相关教材、论文、著作等，同时也收集了大量的网络资料，由于数目众多，难以一一注明，在此，全体编写人员表示深深感谢。

郑兰祥

2015 年 5 月于安徽大学

目　录

第一章 国际收支及其调节理论

学习目标

通过本章学习，了解国际收支的概念，熟悉国际收支平衡表的编制原理，并在理解国际收支调节理论的基础上，掌握基本的国际收支调节政策。

导入案例

2021年2月28日，《中华人民共和国2020年国民经济和社会发展统计公报》指出，"初步核算，全年国内生产总值1015986亿元，比上年增长2.3%。其中，第一产业增加值77754亿元，增长3.0%；第二产业增加值384255亿元，增长2.6%；第三产业增加值553977亿元，增长2.1%。第一产业增加值占国内生产总值比重为7.7%，第二产业增加值比重为37.8%，第三产业增加值比重为54.5%。全年最终消费支出拉动国内生产总值下降0.5个百分点，资本形成总额拉动国内生产总值增长2.2个百分点，货物和服务净出口拉动国内生产总值增长0.7个百分点。分季度看，一季度国内生产总值同比下降6.8%，二季度增长3.2%，三季度增长4.9%，四季度增长6.5%。预计全年人均国内生产总值72447元，比上年增长2.0%。国民总收入1009151亿元，比上年增长1.9%。全国万元国内生产总值能耗比上年下降0.1%。预计全员劳动生产率为117746元/人，比上年提高2.5%"。为什么2020年我国国内生产总值与国民总收入相差6835亿元？这与国际收支有何关系？

第一节 国际收支概述

一、国际收支概念

为了全面了解各国在开放的宏观经济方面的联系，我们必须掌握两种有关的重要工具。一是国民收入账户。该账户记录了对一国收入和产出作出贡献的所有支出的有关情况。二是国际收支账户。该账户有助于我们了解和追踪一国对外负债，对外资产，出口及进口竞争产业的状况及变动。

（一）开放经济中的国民收入账户

国民收入账户所涉及的国民总收入（GNI），原称国民生产总值（GNP），是指一个国家或地区常住单位(国民)在一定时期内(通常是一年)所获得的初次分配收入总额,等于国内生产总值加上来自国外的初次分配收入净额。由于国民生产总值(GNP)是一个衡量收入状况的总量指标,叫“生产”总值名不副实,因此,联合国等五大国际组织在1993年修订的国民账户体系(1993年SNA)中,将其改称为国民总收入(Gross National Income,GNI)。所以,一个国家一定时期的国民总收入必须等于该国的国民生产总值。

国民收入账户所涉及的国内生产总值(Gross Domestic Product,GDP)是指一个国家(或地区)所有常住单位(居民)在一定时期内(通常是一年)生产的所有最终商品和服务的市场价值总和。

国民总收入(GNI)与国内生产总值(Gross Domestic Product,GDP)在概念上的差异主要表现在:GDP计算采用的是“国土原则”,即只要是在本国或该地区范围内生产或创造的价值,无论是外国人还是本国人创造的价值,均计入本国或该地区的GDP;GNI计算采用的是“国民原则”,即只要是本国或该地区国民,无论在本国或该地区内,还是在外国或外地区所获得的初次分配收入,均计入本国或该地区的GNI,GNI强调的是获得的原始收入;GDP强调的是创造的增加值,是“生产”的概念。

国民总收入与国内生产总值的关系可表示为

$GDP=GNI-$本国居民在国外的收入+外国居民在本国的收入

$=GNI-$(本国生产要素在国外取得的收入−本国付出给外国生产要素的收入)

$=GNI-NFP$(Net Factor Payment from Abroad,国外要素收入净额)(国际收支平衡表中经常项目下初次收入差额)

在开放经济下,本国货物和服务不仅可以在本国销售,而且可以在国外销售,形成本国的出口(X);同时本国居民的收入不仅可以购买本国货物和服务,而且可以购买外国货物和服务,这构成本国的进口(M)。在这种情况下:总供给=总产出$+M$;总需求$=C+I+G+X+IC$(Intermediate Consumption,简称IC,表示中间消费)。社会经济运行的条件是:总供给=总需求。因此,总产出$+M=C+I+G+X+IC=C+I+G+X+IC-M$。

按照GDP的定义,GDP等于总产出减去中间消费,由此,开放经济下的GDP可写为

$$GDP=C+I+G+X-M$$

(二)开放经济中的国际收支账户

在开放经济条件下,国际收支状况反映了一国对外均衡关系。简单来说,国际收支(Balance of Payments)是指一国与其他国家[①]在一定时期内国际经济交易的统计报表或记录,反映了该国商品、服务以及资本的流进与流出情况。一国国际收支账户体现在国际收支平衡表上。

经济运行中的经济主体包括自然人、法人和政府机构。如果这三类经济主体在一个国家的居住或营业的期限达到一年以上,则可将它们称为居住地或营业地的居民。否则,该经济单位就被称为该国的非居民。可见,居民与非居民的划分不是按照经济主体的国籍确定的,而是根据其居住地或营业地及其时间确定的。当然,在这种划分的总体原则下,也存在例外情况。例如,旅游者、求医者、留学生、使领馆工作人员、在外驻军人员等自然人始终属于原国籍的居民,包括联合国、国际货币基金组织在内的国际机构对任何国家来说都属于非居民。

① 根据《国际货币基金协定》,本书所涉及的“国家”为广义的概念,包含通常意义上的独立经济体。

国际收支的内涵是指国际间的经济交易，而国际间的经济交易指发生在居民与非居民之间的经济交易，包括交换、转移、移居及其他根据推论而存在的交易。表现在：货物、服务之间的交易，如易货贸易；金融资产与货物、服务之间的交易，如进出口贸易；金融资产之间的交易，如有价证券投资；货物、服务从一方到另一方的无偿转移，如物资捐赠；金融资产从一方到另一方的无偿转移，如主权债务注销。

在这里，交换指一个经济体向另外一个经济体提供一种经济价值（包括货物、服务、收入等实际资源和金融资产）并从对方那里得到等值回报而形成的交易，涉及金融资产与商品服务之间的交换，商品服务与商品服务之间的交换以及金融资产之间的交换等。

转移是指一个经济体向另外一个经济体提供了经济价值，但没有得到任何补偿而形成的交易。经济体之间单方面的商品、服务和金融资产转移均属于这种状况。

移居是指一个人把住所从一个经济体搬迁到另一个经济体的行为。移居后，该个人原有的资产负债关系的转移会使两个经济体的对外资产负债关系发生变化，从而会形成相应的经济交易。

在一些情况下，当实际资源流动并没有发生时，可根据推论确定交易的存在。比如，国外直接投资者收益的再投资，虽然这一行为并不涉及两个经济体间的资金与服务的流动，但交易是真实存在的。

由于在经济交易的统计上存在着收付实现制和权责发生制两种标准，因而国际收支的外延有大小之分。早期，人们将国际收支的概念建立在收付实现制的基础上，认为只有在一定时期内实现收付的经济交易才构成国际收支的内容，由此产生的国际收支属于狭义国际收支的范畴。现在，人们更多地将国际收支的概念建立在权责发生制的基础上，认为国际收支的内容不仅要包括实现收付的经济交易，而且也要包括未实现收付的经济交易，由此产生的国际收支属于广义国际收支的范畴。当前，我们在经济活动和学术研究中所称的国际收支均指广义国际收支。

国际收支主要有以下几个特点：

(1) 国际收支是一个流量概念，它反映的是一段时期内的国际经济交易情况。

(2) 国际收支所反映的内容是经济交易，即经济价值从一个经济单位向另一个经济单位的转移。

(3) 国际收支所反映的经济交易必须是在该国居民与非居民之间发生的。

(4) 国际收支是一个事后的概念，它是对已经发生的事实进行的记录。

二、国际收支平衡表及其编制

（一）国际收支平衡表概念

国际收支是一项重要的经济指标，在一国国民经济发展中占有重要的地位。在了解国际收支概念的基础上，如何对国际收支进行核算就显得十分重要。在实际工作中，国际收支的核算过程就是国际收支平衡表的编制过程，一个国家在一定时期内的国际收支状况就集中反映在一国国际收支平衡表中。

所谓“国际收支平衡表”，是指一国根据国际经济交易的内容和范围设置项目和账户，按照复式簿记原理，系统地记录该国在一定时期内各种对外往来所引起的全部国际经济交易的统计报表。

(二) 国际收支平衡表国际标准

自从国际货币基金组织(International Monetary Fund,简称“IMF”)成立以来,其一直十分重视计量会员国的国际收支状况。该项工作是与监督成员组织的经济政策、向成员组织提供资金解决国际收支失衡的工作同时进行的。为了指导成员组织及时、有效地编制国际收支平衡表,IMF 先后 6 次出版了《国际收支和国际投资头寸手册》,前 5 版的出版时间分别为:1948 年、1950 年、1961 年、1977 年和 1993 年。

随着经济环境的变化,尤其是各种金融衍生品的层出不穷,2001 年 IMF 就开始启动对第 5 版《国际收支和国际投资头寸手册》的修订和调整工作,并且向各国征求相关意见,于 2009 年正式发布了第 6 版的《国际收支和国际投资头寸手册》。《国际收支和国际投资头寸手册》(BPM6)现已成为各国编制国际收支平衡表和国际投资头寸表的国际准则和标准。

从 1993 年 IMF 发布了第 5 版的《国际收支和国际投资头寸手册》,到 IMF 在 2001 年开始进行第 5 版手册修订工作,在这 8 年的时间里,国际经济形势发生了很大的变化,统计方法也出现了创新和改进,其中最重要的是金融创新所带来的影响。金融创新给世界金融市场带来了前所未有的活力和机遇,金融不再仅仅是银行和企业之间的联系,而是涉及银行、证券、保险、担保、信托等多种机构的重组以及产品的整合。当然,大量的创新可能会因为目前法律上的真空和监管的不力造成巨大的危机。所有这些都促使 IMF 对《国际收支和国际投资头寸手册》进行修订,以加强对金融创新的统计和监管。

与第 5 版《国际收支和国际投资头寸手册》相比,第 6 版《国际收支和国际投资头寸手册》在整体结构上没有根本性的变动,但针对国际经济的发展和国际金融格局的变化做了相应的修订,以反映国际收支各个项目的变动。重大的改动主要体现在以下几个方面:

(1) 修改了有关加工贸易和转手买卖的处理办法。

(2) 修改了金融服务的计量办法,包括间接测算的金融中介服务,证券买卖价差以及保险和养老金服务的计量。

(3) 细化了直接投资的内容(与经济合作与发展组织《外国直接投资基准定义》保持一致,主要包括对控制与影响重新定义;投资链和联属企业处理;在资产和负债全值基础上列示数据,以及按照方向原则列示数据等)。

(4) 介绍了与储备有关的负债、标准化担保和未分配黄金账户等概念。

(5) 介绍了用以计量国际汇款的新概念。

(6) 更重视资产负债表及其脆弱性问题(有一章介绍了由国际收支交易之外的其他方面所引起的流量)。

(7) 加强了与《国民账户体系》之间的协调(例如,全面阐述了《国民账户体系》《货币与金融统计手册》对金融工具的分类;统一了相关术语,例如初次收入和二次收入)。

(8) 增加了很多内容——本次修订使篇幅较上一版本增加了一倍,因为内容更详细,解释更全面,同时增加了新附录(如货币联盟、跨国企业和汇款)。

(三) 国际收支平衡表主要内容

按照国际货币基金组织《国际收支和国际投资头寸手册》(BPM6)的标准分类,国际收支平衡表由经常账户、资本账户、金融账户以及误差与遗漏净额四个部分组成,它们共同构成了国际收支平衡表的主要内容。

1. 经常账户

经常账户是国际收支平衡表中最基本的账户，它是对实际资源在国际间流动行为进行记录的账户，具体可细分为货物和服务、初次收入、二次收入 3 个子账户。货物和服务账户列示了属于生产活动成果的交易项目。该账户的侧重点是居民与非居民之间货物和服务的交换环节。货物和服务流量的对应分录可在金融账户、经常账户或资本账户中。如果项目的款项是在货物或服务提供时支付，对应分录在金融账户下，例如货币和存款。如果款项不是在所有权变更时支付，则产生贸易信贷或其他形式的金融工具，例如汇票。如果款项是在所有权变更前支付，则为进口方向出口方的预付款。有些情况下，货物和服务交换获得的不是金融资产，例如易货贸易，则对应分录为货物和服务。援助或赠予时，对应分录为经常转移或资本转移。

(1) 货物。货物为有形的生产性项目，对其可建立所有者权益，且其经济所有权可以通过交易由一机构单位转移至另一机构单位。国际收支经常账户所记录的货物包括一般货物和特殊货物两大类。

一般货物主要指非流通纸币、铸币以及未发行证券；电力、天然气和水；在磁盘和其他物理介质存储设备上的，带有永久使用许可的非定制软件套装（如系统软件和应用程序）以及视频和音频录制品；承运人在港口购买的货物；承运人在运营商居民所在领土之外提供或购买的货物；金融租赁中承租方获得的货物；发往境外时未发生所有权变更，但之后又被出售的货物；在原所有者居民所在领土之外出售的设备；等等。一般商品的交易应在货物所有权变更时记录。一般商品的计值原则采用货物在统一计值地点时的市场价值。统一计值地点是货物首次出口所在的经济体关境，即船上交货(FOB)。

其他货物主要指转手买卖货物和非货币黄金。转手买卖指（编报经济体）居民从非居民处购买货物，随后便向另一非居民转售同一货物，而货物未经过编报经济体，其目的是批发和零售。转手买卖的处理方法是：商户获得货物在货物项下列示，作为商户经济体的负出口；货物的销售在转手买卖下出售的货物项下列示，作为商户经济体的正出口；转手买卖货物销售和购买之间的差额列示为“转手买卖货物净出口”。转手买卖分录按双方协定的交易价格而非 FOB 价计值。非货币黄金包括除货币黄金之外的所有黄金。非货币黄金可以为金条、金粉和其他未加工或半加工形式的黄金。含有黄金的珠宝、手表等计入一般商品，而不是非货币黄金。尚未运输的非货币黄金买卖根据交易价格而非 FOB 价计值。

(2) 服务。服务是改变消费单位条件或促进产品或金融资产交换的生产活动成果。服务一般不是可以单独对其建立所有者权益的项目，服务通常无法与其生产分离开来。但是，知识获取型产品，如计算机软件和其他知识产权产品，可以像货物一样与其生产分开进行交易。国际收支的货物和服务账户中，货物的计值包括出口经济体内的运输和无法从货物价格中区分的批发和零售服务。此外，有些服务项目的价值包括一些货物的价值，譬如旅行、建设和别处未涵盖的政府货物和服务。有些服务，特别是生产服务、维修和货物运输也与货物相关。

经常账户中应记录的服务包括：对他人拥有的实物投入的制造服务（加工服务）；别处未涵盖的维护和修理服务；运输（客货运输、相关辅助和附属服务以及邮政和邮递服务）；旅行（非居民在访问某经济体期间从该经济体处购买的自用或馈赠的货物和服务，或者相反）；建设（包括以建筑物、工程性土地改良和其他此类工程建设为形式的固定资产的建立、翻修、维修或扩建；相关安装和装配工程；场地准备、一般建筑以及油漆、测量和爆破等特殊服务；建设项目的管理);保险和养老金服务(包括提供人寿保险和年金、非人寿保险、再保险、货运险、养老金、标准化担保服务,以及保险、养老金计划和标准化担保计划的辅助服务);金融服务(包括存款吸纳和贷款、信用证、信用卡服务,与金融租赁相关的佣金和费用、保理、承销、支付清算;等等。还包括金融咨询服务、金融资产或金条托管、金融资产管理、监控服务、流动资金提供服务、非保险类的风险承担服务、合并与收购服务、信用评级服务、证券交易服务和信托服务);别处未涵盖的知识产权使用费(包括知识产权使用费,复制、传播原作或原型中的知识产权和相关权利时所涉及的许可费);电信、计算机和信息服务(电信服务包括通过电话、电传、电报、无线广播和电视线缆传输、无线广播和电视卫星、电子邮件、传真等广播或传送音频、图像、数据或其他信息,其中包括商业网络服务、电话会议和辅助服务;计算机服务包括硬件和软件相关服务和数据处理服务;信息服务包括通讯社服务以及其他信息提供服务);其他商业服务(包括研究和开发服务专业和管理咨询服务技术服务、贸易相关服务废物处理和防止污染、农业和采矿服务经营租赁);个人、文化和娱乐服务(包括医疗卫生服务、教育服务和其他服务);别处未涵盖的政府货物和服务(包括由飞地,如使馆、军事基地和国际组织,或向飞地提供的货物和服务;外交官、领馆工作人员和在海外的军事人员及其家属从东道国经济体购买的货物和服务;由政府或向政府提供的未计入其他服务类别的服务)。

服务账户中服务分录的记录时间为交付这些服务的时间。服务的提供在各会计期间应当按权责发生制记录,即在服务提供的时候记录。款项可以预先、最后或者在过程中支付。

(3) 初次收入。初次收入账户显示的是居民与非居民机构单位之间的初次收入流量,其反映的是机构单位因其对生产过程所做的贡献或向其他机构单位提供金融资产和出租自然资源而获得的回报。

初次收入可分为两大类:一是与生产过程相关的收入。雇员报酬是向生产过程投入劳务的收入。对产品和生产的税收和补贴也是有关生产的收入。二是与金融资产和其他非生产资产所有权相关的收入。财产收入是提供金融资产和出租自然资源所得的回报。投资收益是提供金融资产所得的回报,包括股息和准公司收益提取、再投资收益和利息。该账户贷方分录反映编报经济体应收的初次收入,借方分录反映编报经济体应付的初次收入。初次收入差额表明编报经济体应收的净初次收入,为编报经济体应收的初次收入总值减去应付初次收入总值。

(4) 二次收入。二次收入账户显示了居民与非居民之间的经常转移情况。各种不同类型的经常转移计入本账户,表明其在经济体间收入分配过程中的作用。转移可以为现金或实物。所谓"转移"是一个机构单位向另一个机构单位提供货物、服务、金融资产或其他非生产资产而无相应经济价值物品回报的交易。如果为换取某一物品而提供的价值在经济上不重要或远远低于换取物品的价值,也发生转移。

按照转移的标的不同,转移可以分为实物转移和现金转移。实物转移是指提供具有经济价值的某物(如货物、服务或金融资产)而无相应经济价值物品回报的情况,包括非现金类货物或资产所有权的转移,或服务的提供,而未获得具有相应经济价值物品的回报。现金转移是指一个机构单位向另一个机构单位支付货币或可转让存款而无任何回报的情况。按照转移是否影响可支配收入,转移又可以分为经常转移和资本转移。由于经常转移影响国民可支配收入,它被列入经常账户,而资本转移不影响国民可支配收入,被列入资本账户。

2. 资本账户

资本账户主要显示居民与非居民之间非生产非金融资产的取得和处置以及应收和应付资本转移的情况。它细分为非生产非金融资产的取得和处置以及资本转移两个子账户。

(1) 非生产非金融资产的取得和处置。非生产非金融资产包括自然资源;契约、租约和许可;营销资产(和商誉)。其中,自然资源是指土地、矿产权、林业权、水资源、渔业权、大气空间和电磁光谱。

契约、租约和许可指确认为经济资产的契约、租约和许可。这些资产为社会和其法律体系所创建,有时称为"无形资产",包括可销售经营租赁、使用自然资源许可的同时不对这些资源拥有完全所有权、进行某些活动的许可(包括某些政府许可)以及购买某项货物或服务的专属权。

营销资产(和商誉)指品牌、报刊名称、商标、标志和域名等。当拥有营销资产的实体单独将其销售时,即记为非生产非金融资产的取得和处置。

(2) 资本转移。资本转移是资产(非现金或存货)的所有权从一方向另一方变化的转移;或者是使一方或双方获得或处置资产(非现金或存货)的转移;或者为债权人减免负债的转移。其中,债务减免是指债权人与债务人通过合同协议的方式自愿撤销部分或全部债务的行为。

非人寿保险索赔通常划分为经常转移。对于部分因灾难引起的异常大额索赔,可以记为资本转移,而非通常的经常转移。

投资捐赠包括政府或国际组织向其他机构单位提供的、用于购买固定资产的现金或实物形式的资本转移。

担保人未获得对债务人的债权或获得的债权净值小于担保价值时,则产生资本转移。对于机构单位拥有的资产价值或资本净值,或者由于遗赠、生前赠予或其他转让而发生的机构单位之间转移资产的价值,不定期和不经常征收税金也会形成资本转移。

此外,对保单未涵盖的重大损害或严重伤害进行赔偿而产生的重大非经常性支付;大额赠予和遗产(遗赠)继承;对国际机构或非营利机构的资本注入;优惠贷款中所含的转移成分;政府按超出市场价值的价格购买资产等也会形成资本转移。

3. 金融账户

金融账户记录涉及金融资产与负债以及发生于居民与非居民之间的交易,用于表明编表经济体净国际融资交易的职能类别、部门、金融工具和期限。按职能类别,该账户又可进一步分为直接投资、证券投资、金融衍生品和雇员认股权、其他投资和储备资产 5 个子账户。

(1) 直接投资。直接投资是跨境投资的一种,其特点是一经济体的居民对另一经济体的居民企业实施了管理上的控制或重要影响。控制或影响可以直接实现,也可间接实现。如果直接投资者在直接投资企业中享有 10%或以上的表决权,则会形成直接的直接投资关系。如果直接投资者在一个直接投资企业中拥有表决权,而该直接投资企业又在另外一个(或一些)企业中拥有表决权,则会形成间接的直接投资关系。

(2) 证券投资。证券投资指没有被列入直接投资或储备资产的,有关债务或股本证券的跨境交易和头寸。证券投资包括但不限于在有组织市场或其他金融市场上交易的证券。证券投资也可发生在公开程度较低和监管更放松的市场中,例如在对冲基金、私募股权基金和风险资本中获得的股份就属于这种情况。但是,在这些基金中持有的股份如果达到 10%

的阈值，那么将列入直接投资；如果不属于证券形式，并且不在直接投资或储备资产范畴，那么将列入其他投资中的其他股权。

(3) 金融衍生品和雇员认股权。金融衍生合约是一种金融工具，该金融工具与另一个特定的金融工具、指标或商品挂钩，通过这种挂钩，可以在金融市场上对特定金融风险本身(例如，利率风险、外汇风险、股权和商品价格风险、信用风险等)进行交易。在很多情况下，衍生产品合约都通过以现金支付净额的方式结算，而不是通过交割基础项目。因此，在处理金融衍生产品的交易和头寸时，应与被挂钩的基础项目值分开。期权和远期型合约是金融衍生产品的两大类别。

雇员认股权作为一种报酬形式，是向公司雇员提供的一种购买公司股权的期权。一方面，雇员认股权的定价行为与金融衍生产品类似；另一方面，雇员认股权是为了鼓励雇员为提升公司的价值做贡献，而不是交易风险，它们又具有不同的性质。

(4) 其他投资。其他投资为剩余类别，包括没有列入直接投资、证券投资、金融衍生产品和雇员认股权以及储备资产的头寸和交易。例如，无法计入直接投资或储备资产的其他股权、货币和存款、贷款、非人寿保险技术准备金、人寿保险和年金权益、养老金权益、启动标准化担保的准备金、贸易信贷和预付款以及其他应收/应付款等。

(5) 储备资产。储备资产是由货币当局控制，并随时可供货币当局用来满足国际收支资金需求，用以干预汇兑市场影响货币汇率，以及用于其他相关目的(例如，维护人们对货币和经济的信心，作为向外国借款的基础)的对外资产。

储备资产包括货币黄金、特别提款权持有、在基金组织的储备头寸以及外汇储备。其中，外汇储备是储备资产的主体。与经常账户和资本账户按总额记录不同，金融账户采取净额记录的方法，即将特定资产或负债的所有借方分录与同类型资产或负债的所有贷方分录轧差后的净值予以记录。因此，股权类证券投资的获得应与该类股权的出售相轧差取净值；新发行的债券与已发行债券的赎回相轧差取净值；但是债券资产的获得不应与债券负债的发生相轧差取净值。

4. 误差与遗漏净额

误差与遗漏净额是国际收支平衡表中人为设立的一个干预项目，其目的在于冲抵国际经济交易统计中各种原因导致的偏差，从而保证国际收支平衡表的总体平衡。

误差与遗漏净额是作为残差项推算的，可按从金融账户推算的净贷款/净借款，减去从经常和资本账户中推算的净贷款/净借款来推算。如果误差与遗漏净额为正，则表明经常和资本账户中的贷项值过低和/或借项值过高以及金融账户中资产净增加值过高和/或负债净增加值过低。误差与遗漏净额为负值时，情况相反。

国际收支标准构成(BPM6)见表 1-1。

(四) 国际收支平衡表记账规则

在了解国际收支平衡表的账户设置及其主要内容后，还必须弄清楚编报经济体有关国际收支的记账规则。

按照 IMF《国际收支和国际投资头寸手册》(BPM6)的指引，国际收支的记账规则采取复式记账法。在复式记账规则下，国际收支中每笔交易的记录均由两个金额相等但方向相反的分录组成，反映了每笔交换的流入和流出。对于每笔交易，各方都记录一个与之相应的贷方分录和借方分录。当出口货物和服务，出现应收收入、资产减少，或负债增加时，一律计入贷记

(CR);而当进口货物和服务,出现应付收入、资产增加,或负债减少时,一律计入借记(DR)。

表 1-1 国际收支标准构成(BPM6)

国际收支	贷方	借方	差额
经常账户			
货物和服务			
货物			
服务			
初次收入			
雇员报酬			
利息			
公司的已分配收益			
再投资收益			
租金			
二次收入			
对所得、财富等征收的经常性税收			
非寿险净保费			
非寿险索赔			
经常性国际转移			
其他经常转移			
养老金权益变化调整			
经常账户差额			
资本账户			
非生产非金融资产的取得/处置			
资本转移			
资本账户差额			
净贷出(+)/净借入(-)(来自经常账户和资本账户)			
金融账户(按职能类别)	金融资产净获得	负债净产生	差额
直接投资			
证券投资			
金融衍生产品(储备除外)和雇员认股权			
其他投资			
储备资产			
资产/负债变化总额			
净贷出(+)/净借入(-)(来自金融账户)			
误差与遗漏净额			

由于国际收支平衡表是按照复式记账法编制的,基于有借必有贷、借贷必相等的原则,

国际收支平衡表的总差额显然是为零的，这也是称之为“平衡表”的来历。

假设在某一时期，我国与世界其他国家和地区共发生6笔国际经济交易，根据上述原则，则可以获得其相应的统计分录和账户对应关系。

1. **第一笔交易**

国内某公司向美国出口设备100万美元，其出口所获取收入存入该公司在美国银行的存款账户上。则其统计分录和账户的对应关系可以表述为：

借：其他投资——货币和存款　　100万美元
　贷：货物和服务——货物出口　　100万美元

2. **第二笔交易**

国内居民在泰国旅游花销20万美元，该费用由该居民海外存款上扣除。则其统计分录和账户的对应关系可以表述为：

借：货物和服务——服务进口　　20万美元
　贷：其他投资——货币和存款　　20万美元

3. **第三笔交易**

国内某公司在海外投资所获利润200万美元，调回国内结售给人民银行。则其统计分录和账户的对应关系可以表述为：

借：储备资产——其他储备资产　　200万美元
　贷：初次收入——公司的已分配收益　　200万美元

4. **第四笔交易**

英国以价值1000万美元的设备投入国内某公司，兴办合资企业。则其统计分录和账户的对应关系可以表述为：

借：货物和服务——货物进口　　1000万美元
　贷：直接投资——股权和投资基金份额　　1000万美元

5. **第五笔交易**

政府动用外汇储备50万美元向阿富汗提供无偿援助以及相当于60万美元的粮食药品援助。则其统计分录和账户的对应关系可以表述为：

借：二次收入——经常性国际转移　　110万美元
　贷：储备资产——其他储备资产　　50万美元
　　货物和服务——货物出口　　60万美元

6. **第六笔交易**

国内某自然人动用海外存款500万美元购买微软公司股票。则其统计分录和账户对应关系可以表述为：

借：证券投资——股权和投资基金份额　　500万美元
　贷：其他投资——货币和存款　　500万美元

由此可获得一份假设的国际收支平衡表，在该表中，由于没有发生资本账户项下的交易，因而该账户为空。同时由于编表的源数据没有任何差错，因而误差与遗漏净额为零（表1.2）。

表 1.2　假设的国际收支平衡表

单位:万美元

账　户	借方(+)	贷方(-)	差　额
货物和服务			
货物	1000④	100①+60⑤	-840
服务	20②	—	-20
初次收入	—	200③	200
二次收入	110⑤	—	-110
经常账户合计	1130	360	-770
资本账户	—	—	—
直接投资	—	1000④	1000
证券投资	500⑥	—	-500
其他投资	100①	20②+500⑥	420
储备资产	200③	50⑤	-150
金融账户合计	800	1570	+770
误差与遗漏净额	—	—	—
总　计	1930	1930	0

三、国际收支差额及其分析

国际收支平衡表所揭示的经济运行规律是通过其账户差额呈现出来的。由于国际收支平衡表由经常账户、资本账户和金融账户三大部分构成,因而,国际收支差额也相应地分为经常账户差额、资本账户差额和金融账户差额。在此基础上,我们还可以进一步推算出国际收支总差额。

1. 经常账户差额

经常账户差额是货物和服务差额、初次收入差额以及二次收入差额的合计。即

$$CAB = X - M + BPI + BSI$$

这里,CAB=经常账户差额;X=货物和服务出口;M=货物和服务进口;BPI=初次收入差额;BSI=二次收入差额(经常转移净额)。

同时,由于国民可支配总收入(GNDY)是国内生产总值加上来自国外的初次收入和二次收入净额,即

$$GNDY = C + G + I + X - M + BPI + BSI$$

将上面两式合并后,可得

$$GNDY = C + G + I + CAB$$

由于国内总储蓄(S)是国民可支配收入(GNDY)与各项开支($C+G$)的差额,即

$$S = GNDY - C - G$$

那么,经常账户差额可以重新表述为

$$CAB = S - I$$

由此可见，经常账户差额等于储蓄和投资的差额，说明经常账户差额反映了经济体的储蓄和投资行为。一经济体经常账户差额的任何变动(例如，顺差扩大或逆差减小)必定等同于相对于投资而言的储蓄增加，反之亦然。这种关系强调了把握政策实施程度的重要性，例如针对改变经常账户差额而实施的关税、配额和汇率政策也必将影响储蓄和投资行为。

此外，通过将经济主体进一步区分为私人部门与政府部门，可以更为详细地阐释经常账户差额与储蓄和投资的相互关系。当进入私人储蓄和投资(S_p 和 I_p)与政府储蓄和投资(S_g 和 I_g)时，储蓄和投资便可以用下式表达：

$$S-I=S_p+S_g-I_p-I_g$$

由此，经常账户与储蓄、投资之间的关系可改写为

$$CAB=(S_p-I_p)+(S_g-I_g)$$

该式表明，如果政府部门净投资无法通过私人部门的净储蓄抵消，则经常账户将呈逆差状态。具体而言，政府的预算差额(S_g-I_g)可能是影响经常账户差额的重要因素。而且，持续的经常账户逆差可能反映了政府支出总是超出收入，这种超支现象表明财政紧缩是适当的政策举措。

2018 年 3 月 22 日，美国总统特朗普签署总统备忘录，依据“301 调查”结果，将对从中国进口的商品大规模征收关税，并限制中国企业对美投资并购，从而导致中美贸易摩擦爆发。中美贸易争端以来，包括拜登执政以来中美双边经贸的发展证明，美方打压虽然继续，但已经逐渐失去效果，单边关税无法阻止中国产品对美出口强劲增长。按照上述分析，中美双边贸易失衡的根本原因在于美国私人部门储蓄率过低及政府部门预算赤字过大，通过贸易壁垒对消除贸易逆差无济于事。

2. 资本账户差额

资本账户差额等于资本转移和非生产非金融资产的贷方合计减去借方合计。由于不同经济主体之间非生产非金融资产的取得和处置(向使馆出售的土地，租赁和许可的出售)以及资本转移(一方提供用于资本目的的资源，但该方没有得到任何直接的经济价值回报)的交易规模不大，其差额占比较小，因而，在实际工作中，该差额常被忽略处理。

尽管如此，资本账户差额与经常账户差额一样均反映了一经济体向另一经济体提供资源或获取资源的情况。

3. 金融账户差额

金融账户差额是直接投资、证券投资、金融衍生产品、其他投资及储备资产等金融资产净获得与净负债之间产生的差额。由于国际收支平衡表的编制系采用复式记账法进行的，因而，所有的国际交易(包括经常性交易、资本性交易和金融交易)合计额原则上应等于零。假设 KAB 表示资本账户差额、NFA 表示金融账户差额，则有

$$CAB+KAB+NFA=0$$

移项可得

$$CAB+KAB=-NFA$$

由此可见，经常账户差额与资本账户差额之和等于金融账户差额，双方符号相反。这说明金融账户差额为经常账户差额与资本账户差额提供了资金来源，它们之间是一种融资关系，即金融账户差额表示经常账户差额和资本账户差额是如何获得资金的。当经常账户差额和资本账户差额的贷方大于借方时，金融账户会显示一个平衡性的金融资产净获得或负

债的净减少。当经常账户差额和资本账户差额的借方大于贷方时，金融账户会显示一个平衡性的金融资产净减少或负债的净发生。

4. 国际收支总差额

国际收支总差额等于经常账户差额、资本账户差额以及不包括储备资产在内的金融账户差额（交易净额）合计。在数字上等于储备资产差额（交易净额）。

假设 NFR 表示不包括储备资产在内的金融账户差额（交易净额），RT 表示储备资产交易净额，则有

$$CAB + KAB + NFR + RT = 0$$

移项可得

$$CAB + KAB + NFR = -RT$$

这表明经常账户和资本账户顺差以及不包括储备资产在内的金融账户交易净额的增加可以体现为一经济体官方对外净债权的增加，即货币当局购买储备资产。可见，一经济体国际收支总差额集中体现在该经济体储备资产的变化上。当储备资产增加时（通常用负号表示），反映该经济体出现国际收支顺差；反之，出现国际收支逆差。

四、国际收支失衡的类型及其成因

经济体无论出现顺差还是逆差，都是国际收支失衡现象。按照其形成原因不同，可将其归纳为以下几种类型：

（一）国际收支季节性失衡

由于生产和消费有季节性变化，一个国家的进出口也会随之而变化，因而造成国际收支季节性失衡。例如，出口产品结构以农产品为主的国家或地区，在农业生产时需要进口农业机械、化肥、农药及燃料等，而在收获季节大量农产品出口，这些国家的国际收支常常表现为季节性失衡，变化十分明显。

（二）国际收支偶然性失衡

由于一些短期的、非确定性的或偶然因素引起的国际收支失衡叫“偶然性失衡”。例如，洪灾、震灾等自然灾害，以及外部市场因素的变化所引起的国际收支失衡等。一般地，偶然性失衡对国际收支的影响是一次性的，且引起的失衡也是暂时性的。

（三）国际收支周期性失衡

由于经济周期的波动而引起的国际收支失衡称之为“周期性失衡”。在市场经济国家，由于商业周期的影响，经济频繁出现萧条、复苏、繁荣和衰退 4 个阶段，在周期的不同阶段，一国的总需求、进出口贸易和收入等受到影响而引发国际收支失衡。例如，在经济繁荣时期，各国资源能够得到充分利用，生产加快，出口增加，资本流入加速，从而使国际收支发生顺差；反之，国际收支会出现逆差。当今世界，随着全球化进程的深入发展，世界各国的经济关系日益紧密，从而引起世界性的经济周期，使各国国际收支出现周期性失衡。

（四）国际收支货币性失衡

货币性失衡源于一国币值发生变动而引发的国际收支失衡。一国发生通货膨胀或通货紧缩引起货币价值变动，从而使该国物价水平与他国比较发生相对变动，由此引起国际收支

货币性失衡。例如,当一国物价普遍上升或通胀严重时,产品出口成本提高,在国际市场上竞争力下降,使出口受到抑制;而进口受到鼓励,在其他条件不变的情况下,其经常项目收支便会恶化,造成国际收支逆差。

(五)国际收支收入性失衡

收入性失衡是一个笼统的概念,统指一国经济条件、经济状况的变化引起国民收入变动从而产生的国际收支不平衡。引起国民收入相对快速增长的原因是多样的,可以是周期性的、货币性的,或者是劳动生产率的提高等各个方面。一般而言,当一国经济快速发展,经济增长率提高,国民收入较快增加,则国内总需求随之增加,进口增加,从而易造成国际收支逆差。不过,若一国经济增长,国民收入增加主要是由劳动生产率上升或出口增加所致,则国民收入的上升也可能伴随着顺差。

(六)国际收支结构性失衡

结构性失衡是指一国的产业结构不能适应世界市场的变化而引起的国际收支失衡。世界各国由于自然资源和其他生产要素禀赋的差异而形成一定的国际分工格局,这种格局随要素禀赋和其他条件的变化而变化,任何国家都不能永远保持既定的比较利益。如果一国的产业结构不能随国际分工格局的变化而得到及时调整,便会出现结构性国际收支失衡。例如,随着国际市场的变化,产品的质量、性能、款式等不断创新,如果该国的生产结构不能随着形势的变化而加以调整,那么就会失去原来的贸易竞争优势;另外,一些发展中国家产业结构单一、出口产品的需求收入弹性低,或出口需求的价格弹性高而进口需求价格弹性低等,同样会引起国际收支结构性失衡。

(七)国际收支投机与保值性失衡

投机与保值性失衡是指因汇率或利率变动诱发投机或保值性资本流动带来的国际收支失衡。投机与保值性失衡均产生于短期资本流动。在短期资本流动中,投机性资本流动和保值性资本流动占很大的比重。投机性资本流动和保值性资本流动均对汇率或利率的变动非常敏感,前者是为了投机牟利,而后者是为了资本保值而实施的资本逃避。投机性和保值性短期资本流动具有数量大、易突发的特点,20 世纪 90 年代表现尤其突出,往往构成一国国际收支不平衡的重要原因。

资料链接 1-1

国际收支统计的复式记账法

1. 单个交易的记录

分别在借方和贷方记录单个交易构成了会计体系的基础。国际收支中每笔交易的记录均由两个金额相等但方向相反的分录组成,反映了每笔交换的流入和流出。对于每笔交易,各方都记录一个与之相应的贷方分录和借方分录:

贷记(CR)——货物和服务出口,应收收入、资产减少,或负债增加

借记(DR)——货物和服务进口,应付收入、资产增加,或负债减少

(1) 例如:向非居民出售 100 个货币单位的货物,对于卖方而言(该交易包括向非居民提供物质资源,以及从非居民收到金融资源,即补偿性收入):

出口 100(贷记——实物资产减少)

货币 100(借记——金融资产增加)

(2) 只涉及金融资产分录的交易:出售 50 个货币单位的股份。对于卖方而言(售方提供股份,并收到货币):

股份和其他股权 50(贷记——金融资产减少)

货币 50(借记——金融资产增加)

(3) 涉及资产换取负债的交易:借款人收到 70 个货币单位的现金贷款,对于借款人来说:

贷款 70(贷记——负债增加)

货币 70(借记——金融资产增加)

2. 汇总记录

在国际收支汇总数据中,经常账户和资本账户分录为合计数据,而金融账户分录是有关每项资产和负债下每个类别或工具的净值。

由于每笔业务都有两个分录,因此,从概念上说,一国国际收支中的贷方分录合计额与借方合计额之差为零,也就是说,在概念上,整个账户是平衡的。在实践中,计量问题会使它们之间存在差异。

国际收支具有两个分录的这种性质可用不同方式表现在汇总数据中。分录性质通过列标题反映(即:贷方、借方、金融资产净获得和负债净产生),一般认为这种表示便于用户理解。在另一种表示中,贷方分录显示为正,而借方分录显示为负,这种表示可用以计算差额,但需要为用户做更多的解释(如:资产增加显示为负值)。

在国民账户体系的表示中,对编报经济体而言,国际收支经常账户中的贷方分录称为“世界其他地方部门的使用”(例如,出口是被世界其他地方使用)。同样,编报经济体的借方分录在国民账户体系中称为“资源的提供”(例如,进口是由世界其他地方提供的资源)。由于《国民账户体系》的世界其他地方账户从非居民角度出发,因此国际账户中编报经济体的资产在国民账户体系中被列示为世界其他地方这一部门的负债。

资料来源:国际货币基金组织. 国际收支和国际投资头寸手册[R]. 6 版. IMF,2009.

第二节　国际收支调节理论

一、国际收支古典论主要思想及其评价

国际收支古典论最早由英国经济学家大卫·休谟于 1752 年提出,后经李嘉图等人补充发展并不断完善,形成了“物价-金币流动机制”。它以自由贸易和黄金在国际间自由输出为前提,以货币数量论为理论依据,揭示了贸易收支失衡的自动矫正作用,成为西方各国制定自由放任国际收支调节政策的理论基础。

国际收支古典论的现实基础是国际金本位制度。所谓“金本位”,是指以一定重量和成色的黄金作为本位货币的货币制度。英国于 1821 年前后实行金本位制,是世界上较早实行金本位制度的国家。19 世纪下半叶,西方各主要资本主义国家也纷纷实行金本位制度,到

1880 年国际金本位制度基本形成。

国际金本位制是一种组织松散的国际货币制度。各主要资本主义国家要自觉遵守以下货币纪律：① 各国货币均以一定数量的黄金定值，每一单位货币有其法定含金量。② 金币是无限法偿货币，具有无限支付手段的职能。③ 金币可自由铸造、自由兑换。④ 各国的货币储备为黄金，国际结算可使用黄金，黄金可自由输出、输入。

在国际金本位制度下，由于黄金就是货币，且黄金可以自由输出输入国境，因而，国际收支的任何变化会立即影响国内货币供应量的变化，从而使物价发生变化。物价变化反过来会影响国际贸易，进而对国际收支产生平衡作用。例如，当一国发生国际收支逆差时，黄金会大量外流，使该国货币供给量减少，物价水平下降，鼓励出口，抑制进口，从而会消除国际收支逆差，使国际收支重新恢复平衡，反之亦然。

国际收支古典理论较早从货币角度对国际收支失衡的调节措施进行阐述，具有开拓性，同时，也较好地反映了当时各国国际收支的实际情况。但是国际收支古典理论倡导的"物价-金币流动机制"正常发挥作用需要满足严格的条件要求，如：各国要自觉遵守金本位制的货币纪律；市场完全竞争且不存在资本流动；经济中不存在大量失业；进出口数量能对价格变动做出迅速有效地反应；对货币供应量的变动不实行冲销政策等。这些条件限制了该理论的推广应用，因而随着 20 世纪 30 年代国际金本位制度的彻底崩溃，该理论就失去了应有的活力。

二、国际收支弹性论主要思想及其评价

国际收支弹性论分析了一国货币贬值会对经常账户差额产生怎样的影响。该理论最早由马歇尔（Alfred Marshall）、勒纳（Abba Lerner）提出，罗宾逊和马克鲁普（Joan Robinson，1937 和 Fritz Machlup，1939）对其进行了发展和完善。

为便于说明问题，该理论做了一些简化假设。例如，该理论只考虑需求条件，同时假设本国出口商品和外国进口商品具有完全的供给弹性等。

该理论的基本思想是，本币贬值一方面可能减少经常账户赤字，另一方面也有可能使经常账户赤字更加恶化。

为考察这两大效应，将经常账户差额用本币表示为

$$CA = PX_v - SP^* M_v \tag{1-1}$$

这里，P 是本国物价水平；X_v 是本国出口量；S 是用直接标价法表示的汇率；P^* 是外国物价水平；M_v 是本国进口量。

令本国和外国物价水平为 1，PX_v 用 X 表示，$P^* M_v$ 用 M 表示，则上式可简化为

$$CA = X - SM \tag{1-2}$$

其微分形式为

$$\mathrm{d}CA = \mathrm{d}X - S\mathrm{d}M - M\mathrm{d}S \tag{1-3}$$

等式两边同时除以 dS，可得

$$\frac{\mathrm{d}CA}{\mathrm{d}S} = \frac{\mathrm{d}X}{\mathrm{d}S} - S\frac{\mathrm{d}M}{\mathrm{d}S} - M\frac{\mathrm{d}S}{\mathrm{d}S} \tag{1-4}$$

然后，再引入两大定义，对出口商品的需求价格弹性 η_x 以及对进口商品的需求价格弹性 η_m。用公式表示：

$$\eta_x = \frac{dX/X}{dS/S} \tag{1-5}$$

$$\eta_m = -\frac{dM/M}{dS/S} \tag{1-6}$$

由此可得

$$dX = \eta_x \frac{dSX}{S} \tag{1-7}$$

$$dM = -\eta_m \frac{dSM}{S} \tag{1-8}$$

将式(1.7)和式(1.8)代入式(1.4),可得

$$\frac{dCA}{dS} = \frac{\eta_x X}{S} + \eta_m M - M \tag{1-9}$$

等式两边同时除以 M,可得

$$\frac{dCA}{dS}\frac{1}{M} = \frac{\eta_x X}{SM} + \eta_m - 1 \tag{1-10}$$

假设初期一国贸易收支是均衡的,即 $X/SM=1$,则

$$\frac{dCA}{dS} = M(\eta_x + \eta_m - 1) \tag{1-11}$$

等式(1-11)就是著名的马歇尔·勒纳条件。其核心思想是:当 $\eta_x + \eta_m > 1$ 时,$dCA/dS > 0$,表明贬值会改善经常账户;当 $\eta_x + \eta_m = 1$ 时,贬值对经常账户无影响;而当 $\eta_x + \eta_m < 1$ 时,贬值将会恶化经常账户。

弹性论本身属于比较静态分析,但是通过实证动态分析发现,在短期内,贬值并不能立即引起进出口数量的变化,而是存在一个较长的时滞。这种现象被马吉(Stephen Magee, 1973)称为贬值的“J 曲线效应”,如图 1.1 所示。

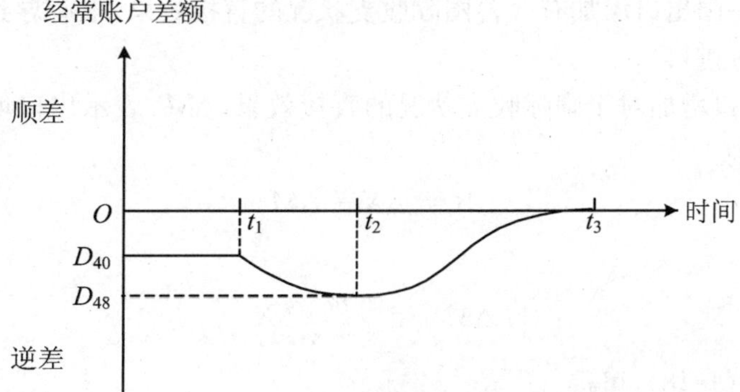

图 1-1　J 曲线效应图示

由于进出口数量的变化对贬值在短期内反应较慢,而在长期内反应较大,是形成“J 曲线效应”的原因,主要集中在消费者反应时滞、生产者反应时滞以及不完全竞争三个方面。

国际收支弹性理论是在金本位制全面崩溃及 20 世纪 30 年代全球性经济危机的背景下产生的。它的政策主张在实践中取得了一定的效果。但是,该理论只是一种比较静态的分析,认为出口的增加与经常账户的改善存在 1∶1 的关系,没有涉及国际资本流动,且一些假设条件(如假设收入水平不变等)与现实差距较大。

三、国际收支乘数论主要思想及其评价

国际收支弹性理论认为出口的增加能同比例改善经常账户。对此，在 20 世纪三四十年代，以哈罗德(R. F. Harrod)、劳埃德·梅茨勒(Laoyd Met-zler)、弗里茨·马克鲁普(Fritz Machlup)等为代表的经济学家运用凯恩斯经济学的理论进行了理论分析。他们分析的过程和结论构成了国际收支乘数论的内容。

他们认为开放体系下的宏观经济模型，可用下列方程组表示：

$$\begin{cases} Y = C + I + G + X - M \\ C = C_0 + cY \\ M = M_0 + mY \end{cases} \tag{1-12}$$

由此可解出：

$$Y = \frac{1}{1 - c + m}(C_0 + I + G + X - M_0) \tag{1-13}$$

由于

$$s = 1 - c \tag{1-14}$$

则

$$Y = \frac{1}{s + m}(C_0 + I + G + X - M_0) \tag{1-15}$$

假设不存在国际资本流动，一国国际收支差额可表示为

$$B = X - (M_0 + mY) \tag{1-16}$$

将式(1.15)代入式(1.16)，可得

$$B = X - M_0 - \frac{m}{s + m}(C_0 + I + G + X - M_0) \tag{1-17}$$

由该式可见，一国出口增加有改善国际收支状况的直接效果，也有导致国际收支状况恶化的间接效果(通过进口)。

令 ΔX 表示出口增加对于国际收支状况的直接效果，ΔM^* 表示出口增加对于国际收支状况的间接效果，则

$$\Delta B = \Delta X - \Delta M^* \tag{1-18}$$

由于

$$\Delta M^* = \frac{m}{s + m}\Delta X \tag{1-19}$$

将式(1-19)代入式(1-18)，可得

$$\Delta B = \frac{s}{s + m}\Delta X \tag{1-20}$$

如果 $s>0$，则有 $s/(s+m)<1$，所以 $\Delta B/\Delta X<1$。由此可见，当一国出口增加时，其国际收支状况将会得到改善，但改善的程度要比出口增加的程度小。

当一国的国内支出增加，如投资支出增加、消费支出增加或两者都增加，可通过乘数作用促使国民收入水平提高，而国民收入水平的提高又会引致该国进口增加，造成国际收支状况相对恶化。因此一国国内支出增加 ΔA，对国际收支状况仅产生趋于恶化的间接效果。其数量关系为

$$\Delta B = -\Delta M^* = -\frac{m}{s+m}\Delta A \tag{1-21}$$

由于

$$\left|-\frac{m}{s+m}\right| < 1 \tag{1-22}$$

则当一国国内支出自主增加，该国国际收支将转趋恶化，但恶化的程度要小于国内支出的增加额。

该理论的贡献在于纠正了弹性理论关于出口的增加能同比例改善经常账户的观点，是一大进步。但是，该理论的前提假设仍未摆脱弹性论的窠臼。

四、国际收支吸收论主要思想及其评价

国际收支弹性理论的另一大缺陷是假设收入水平不变，然而进出口数量的变化必然对国民收入产生影响，所以在分析贬值对经常账户影响的时候应当将国民收入考虑进去。亚历山大（Alexander，1952）最早对该效应进行了分析，提出国际收支吸收论（Absorption Approach），将经常账户失衡看成是国内产出与国内支出之间的差额。国民收入恒等式可以表述为

$$Y = C + I + G + X - M \tag{1-23}$$

令 $A=C+I+G$ 为国内吸收，$CA=X-M$ 为经常账户差额，则

$$CA = X - M = Y - A \tag{1.24}$$

该式意味着，当国内产出大于国内吸收（支出）时，经常账户顺差；反之，当国内产出小于国内吸收（支出）时，经常账户逆差。

将式(1.24)写成微分的形式，可得

$$\mathrm{d}CA = \mathrm{d}Y - \mathrm{d}A \tag{1-25}$$

该式意味着，贬值对经常账户的影响取决于贬值对 Y 相对于对 A 的影响。如果贬值能提升 Y)（相对于 A），则经常账户得到改善。如果贬值提升了 A（相对于 Y），则经常账户恶化。

一般来说，贬值可以分为“引致吸收”和“直接吸收”两个部分。其中，引致吸收为 $a\mathrm{d}Y$，a 为边际吸收倾向；直接吸收为 $\mathrm{d}A_\mathrm{d}$。则全部吸收 $\mathrm{d}A$ 可以表示为

$$\mathrm{d}A = a\mathrm{d}Y + \mathrm{d}A_\mathrm{d} \tag{1.26}$$

将式(1.26)代入式(1.25)，可得

$$\mathrm{d}CA = (l - a)\mathrm{d}Y - \mathrm{d}A_\mathrm{d} \tag{1.27}$$

由此可见，贬值改善经常账户的条件是

$$(1-a)\mathrm{d}Y > \mathrm{d}A_\mathrm{d} \tag{1-28}$$

考察贬值对收入的影响，有两大效应需要引起重视，分别是就业效应和贸易条件效应。

所谓“就业效应”是指在非充分就业情况下，如果马歇尔・勒纳条件满足，贬值带来的净出口增加通过外贸乘数会使国民收入增加。如果马歇尔・勒纳条件不满足，贬值会通过净出口减少使国民收入下降。所以就业效应对国民收入的影响是难以判断的。

所谓“贸易条件”是指出口商品价格与进口商品价格之比。贬值会使本币表示的进口商品价格相对出口商品价格上升，从而使贸易条件恶化。在这种情况下，由于获得单位出口商品需要付出更多的进口商品，因而贸易条件恶化代表真实国民收入的损失。可见贸易条件

效应会降低国民收入。

总的来看，在马歇尔·勒纳条件满足时即使存在净出口收益，但是负面的贸易条件效应也会减少国民收入。至于贬值对直接吸收的影响主要取决于真实余额效应、收入再分配效应、货币幻觉效应以及预期效应。

所谓"真实余额效应"是指如果实际现金余额因价格上升而减少，人们就会通过减少实际收入下的支出以及出售资产或债券，建立他们认为合适的现金余额水平。两者都会导致支出下降。

所谓"收入再分配效应"是指贬值导致商品价格上升，但工资上升却具有滞后性。这使得收入从工资阶层转移至利润阶层，而后者边际消费倾向较小，从而减少吸收。

所谓"货币错觉效应"是指人们较多重视货币价格而较少重视货币收入的心理现象。在价格较高时，人们选择较少的购买和消费，使吸收减少。

所谓"预期效应"是指贬值可能带来人们对价格进一步上升的预期，使进口资本品价格上升，投资成本提高，抑制投资支出。

上述分析表明，货币贬值对收入和吸收的直接效应表现在诸多方面，其综合效果是不确定的。特别是，在一国充分就业情况下，实际收入无法随国外需求增加而增加，贬值只能通过压缩吸收来改善贸易收支差额，其作用是很小的。因此，在本币贬值的同时，有必要实施紧缩需求的政策手段，以达到改善贸易收支状况的目的。

国际收支吸收论建立在凯恩斯宏观经济学基础之上，采用一般均衡分析的方法，将国际收支和整个国民经济的诸多变量联系起来进行分析，从而克服了国际收支弹性理论局部均衡分析的局限性，较之弹性理论前进了一大步。但与弹性理论一样，同样忽略了资本流动在国际收支中的作用，没有对收入吸收与贸易收支之间的因果关系提供令人信服的逻辑分析。

五、国际收支货币论主要思想及其评价

弹性论和吸收论均把国际收支简化为贸易收支，忽视了国际资本流动。随着20世纪60年代以来国际资本流动性增强，有必要建立起包括资本流动在内的国际收支分析框架。正是在这种背景下，20世纪60年代末70年代初，芝加哥大学的罗伯特·蒙代尔(R. Mundell)和哈里·约翰逊(H. Johnson)等人将起源于芝加哥学派的国内货币主义向国际金融领域延伸和扩展，形成了国际收支的货币论(Monetary Approach)。

货币主义的货币供求模型可表述为

$$\begin{cases} M_d = kPY \\ M_s = m(D+F) \\ M_d = M_s \end{cases} \tag{1-29}$$

为方便起见，假定$m=1$，由于$B=F$，则有

$$D+B=M_d \tag{1-30}$$

从而

$$B=M_d-D=kPY-D \tag{1-31}$$

由此可见，影响国际收支状况的因素包括：国内信贷量、实际收入以及国内价格。当实际收入增加时，实际收入增加会导致国际收支状况改善；当国内价格上升时，国内价格上升

会导致国际收支状况改善;但当国内信贷量扩张时,国内信贷量扩张会导致国际收支状况恶化。因此,从长期来看,控制货币供给量是改善国际收支状况的关键因素。

国际收支货币论注重国际收支调节的货币侧面,强调货币政策的运用,无疑是有创新的。但是,它的一些假设条件,如货币供应变动不影响实物产量、一价定律等不一定能完全成立。

资料链接1-2

国际收支结构变动理论:克劳瑟模型

根据英国经济学家杰弗里·克劳瑟(Geoffrey Crowther)的理论,一个国家在发展过程中,要经历不同阶段,随着国民收入水平的变化,这个国家的国际收支将发生一系列的变化。杰弗里·克劳瑟把一个国家国际收支的变化分成6个阶段:

第一阶段,年轻债务国:贸易、投资收入、经常项目逆差;资本项目顺差;

第二阶段,成熟债务国:贸易顺差,投资收益逆差,经常项目逆差;资本项目顺差;

第三阶段,债务偿还国:贸易顺差,投资收益逆差,经常项目逆差;资本项目顺差;

第四阶段,年轻债务国:贸易顺差,投资收益顺差,经常项目顺差;资本项目逆差;

第五阶段,成熟债务国:贸易逆差,投资收益顺差,经常项目顺差;资本项目逆差;

第六阶段,债权减损国:贸易逆差,投资收益顺差,经常项目逆差;资本项目顺差(海外资本回流)。

一个国家在经济发展过程中,国际收支的各个项目会发生一定的变化。这种变化最重要的原因,是这个国家在经济发展过程中投资和储蓄之间的关系发生变化。跟克劳瑟模型相对应,我们假定一个国家在发展初期要有一定的投资率,投资率为20%或25%,但是,这个国家很穷,不可能有很多的储蓄,所以在发展初期,一定是投资率高于储蓄率。随着一国经济的发展,储蓄不足的缺口将越来越小,到了某一点之后,实际上储蓄率就大于投资率了。而一个国家走向衰老之后,其储蓄率又小于投资率了。国际收支里面,经常项目、贸易项目和投资收入项目是一个动态的过程。看一个国家是资本输出国还是输入国,非常简单,就看这个国家经常项目是顺差还是逆差。

资料来源:余永定.国际收支结构变动的理论和实践及其对中国的政策含义[J].科学发展,2014(7).

第三节 国际收支调节政策

一、国际收支的自动调节机制

(一) 汇率调节机制

在浮动汇率制下,一国出现国际收支失衡必然会对外汇市场产生压力,促使外汇汇率的变动。国际收支的失衡就有可能会被外汇汇率的变动所消除,从而使该国国际收支自动恢复均衡。

例如,当一国出现国际收支逆差时,必然会引起外汇市场上的外汇需求大于外汇供给,在政府不对外汇市场进行干预的前提下,外汇汇率将上升,而本币汇率会下跌。如果该国满足马歇尔·勒纳条件,那么本币贬值将会改善该国国际收支状况,并使其国际收支趋于均衡;反之,当一国出现国际收支顺差时,本币汇率的自发上升也会使该国的国际收支自发趋于均衡。

(二) 利率调节机制

在固定汇率制度下,国际收支失衡会通过货币供应量的调整,引起利率水平的变化,从而起到减轻一国国际收支失衡的作用。

例如,在出现国际收支逆差的情况下,如果货币当局采取严格的稳定汇率政策,就必然会干预外汇市场,抛售外汇储备,回购本币,从而造成本国货币供应量的下降。货币量的减少会产生一个提高利率的短期效应,导致本国资本外流减少,外国资本流入增加,从而使该国资本和金融账户得以改善,并减轻国际收支逆差的程度;反之,国际收支盈余会通过货币供应量的上升和利率水平的下降,导致本国资本外流增加,外国资本流入减少,使其国际收支盈余减少甚至消除。

(三) 价格调节机制

当政府对价格不采取管制的情况下,国际收支失衡引起的价格变动反过来会促使国际收支自动恢复平衡。

例如,在国际收支出现赤字时,货币供应量的下降,会使公众所持有的现金余额低于其意愿水平,该国居民就会缩减对商品和劳务的开支,从而引起价格水平的下降。本国商品相对价格的下降,会提高本国商品的国际竞争力,从而使本国的出口增加,进口减少,该国国际收支状况得以改善;反之,国际收支盈余会通过物价水平的上涨,削弱该国商品的国际竞争力,进而在一定程度上矫正国际收支盈余。

(四) 收入调节机制

如果在某一均衡收入水平上发生了国际收支的失衡,经济体系内部就会自发产生使收入水平发生变动的作用力,而收入的变动至少会部分地减少国际收支的失衡程度。

例如,在某一均衡收入水平上,由于一国出口的增加导致国际收支顺差,但与此同时,出口的增加又会引起国民收入水平的增加(乘数效应),从而会引起进口的增加,这就相应地抵消了出口的变动,一定程度上减少了该国国际收支顺差的程度;反之,当国际收支出现逆差时,国民收入的下降将会部分地消除该国国际收支逆差。

二、国际收支的政策引导机制

(一) 支出转换型政策

支出转换政策是指不改变社会总需求和总支出而改变需求和支出方向的政策,主要包括汇率政策、补贴和关税政策以及直接管辖。

所谓"改变方向",是指将国内支出从外国商品和劳务转移到国内的商品和劳务上来。本国货币的贬值、对进口商品和劳务课以较高的关税,都会使进口商品和劳务的价格相对上升,从而使居民将一部分支出转移到购买进口替代品上来。

汇率和关税政策是通过改变进口商品和进口替代品的相对价格来达到支出转换的目的，而直接管制则是通过改变进口品和进口替代品的相对可获得性来达到支出转换目的。直接管制包括外汇管制、进口许可证管制等形式。

国际经济组织和经济学理论多半不赞成采用直接管制，但当国际收支发生困难时，发达国家和发展中国家都不同程度地采用过直接管制。

（二）支出增减型政策

支出增减型政策是指改变社会需求或支出总水平的政策，主要包括财政政策和货币政策。这类政策通过改变社会总需求或总支出水平来改变对外国商品、劳务和金融资产的需求，从而达到调节国际收支的目的。

财政政策是政府利用财政收入、财政支出和公债对经济进行调控的经济政策。它的主要工具包括财政收入政策、财政支出政策和公债政策。

货币政策是中央银行通过调节货币供应量与利率来影响宏观经济活动水平的经济政策，它的主要工具是公开市场业务、利率以及法定准备率。

财政政策与货币政策都可以直接影响社会总需求，以此调节内部均衡；同时，社会总需求的变动又可以通过边际进口倾向影响进口和通过利率影响资金流动，由此调节外部均衡。紧缩性的财政政策和货币政策具有压低社会总需求和总支出的作用。当社会总需求和总支出下降时，对外国商品、劳务和金融资产的需求也相应下降，从而使国际收支逆差得到改善。反之，扩张性的财政政策和货币政策具有增加社会总需求和总支出的作用。当社会总需求和总支出增加时，对外国商品、劳务和金融资产的需求也相应增加，从而导致国际收支逆差增加。

（三）融资型政策

融资型政策简称“融资政策”，主要包括官方储备的使用和国际信贷便利的使用。

从一国宏观调控角度来看，它主要体现为国际储备政策。对外部不平衡调控的首要问题往往是：融资还是调整？因为，如果国际收支不平衡是临时性的、短期性的冲击引起的，就可以用融资方法弥补，避免调整的痛苦；如果是由中长期因素导致的，那么就势必要运用其他政策进行调整。融资政策与调节社会总需求的支出政策之间具有一定的互补性与替代性。比如，当国际收支发生逆差时，一国政府既可以采取支出政策来加以调节，又可以采用融资的办法或两者相结合的办法来加以调节。反之，较多地使用支出调节，便可较少地使用资金融通。总之，融资政策是在短期内利用资金融通的方式来弥补国际收支赤字、实现经济稳定的一种政策。

（四）供给型政策

供给型政策简称“供给政策”，主要包括产业政策和科技政策。产业政策和科技政策旨在改善一国的经济结构和产业结构、增加出口商品和劳务的生产、提高产品质量、降低生产成本，以此达到改善国际收支的目的。供给政策的特点是长期性，虽然在短期内难以有显著的效果，但它可以从根本上提高一国的经济实力和科技水平，从而为实现内部均衡和外部均衡创造条件。

（五）道义与宣示型政策

道义与宣示型政策是指政府在经济和行政手段之外所采取的、没有强制约束力的收支调节政策。譬如,政府的指导谈话、发言等。道义与宣示型政策的效果,一方面取决于政府号召力和公信力;另一方面也与国际收支不平衡的持续性有关,长期的收支不平衡不可能仅仅通过道义和宣示手段来消除,而必须配合经济本身的调整。

三、国际收支的国际协调机制

国际收支关系至少牵涉两个或两个以上的国家,因此当国际收支发生失衡时,单纯从一个国家的角度采取调节措施一方面未必能够见效,另一方面在实现自身目标时也有可能损害其他国家的利益。加强国际收支调节政策的国际协调显得十分重要。

目前,国际上已具有的国际收支调节政策协调机制主要集中在以下几个方面:

(1) 机构协调机制。从某种意义上来讲,国际货币基金组织就是一个国际收支调节政策的协调机构。其要求各会员国在制定国际收支调节政策时必须坚持多边结算原则,反对实施外汇管制和竞争性货币贬值。通过发放国际收支调节贷款以解决会员国国际收支临时性失衡。通过特别提款权的分配和使用机制使顺差国和逆差国共同承担起国际收支失衡的责任等。

(2) 集团协调机制。区域经济一体化集团是加强区内国家和地区国际收支政策协调的重要手段。按照区域经济一体化程度不同,区域经济一体化集团的形式多种多样,如优惠贸易安排、自由贸易区、关税同盟及经济与货币联盟等。这些经济贸易集团通过内部适当的关税政策、汇率政策、产业政策以及货币政策的协同以消除成员间国际收支失衡状况。

(3) 磋商协调机制。为加强包括国际收支政策在内的经济政策协调,建立有效的沟通机制十分重要。1975 年开始兴起的"六国集团峰会"到今天的"七国集团峰会"和"八国集团峰会"以及 2008 年开始的"20 国集团峰会"都会定期讨论和磋商经济发展中出现的重大问题,阐述各自立场,协调有关政策,已成为国际收支政策协调的重要渠道。

尽管世界各国在国际收支政策协调上取得了一定进展,但国际协调的深度和广度仍有待加强。

第四节　中国国际收支分析

一、中国国际收支的总体特征

第一,自 1982 中国政府开始发布年度国际收支数据到 2020 年的 39 年间,中国仅有 5 年出现过经常账户逆差,且均发生在 1994 年之前。1994～2020 年,中国经济出现了持续 27 年的经常账户顺差。中国经常账户顺差余额在 2008 年达到 4206 亿美元的历史性峰值,到 2018 年下降至 491 亿美元。

第二,1982～2020 年,中国有 11 年出现过非储备性质金融账户逆差。1982～1984 年以及 2014～2016 年,中国经济出现了两次持续数年的非储备性质金融账户逆差。有趣的是,迄今为止,中国还没有任何年份出现过经常账户逆差与非储备性质金融账户逆差并存的双逆差局面。相反,1999～2020 年,中国曾经连续 15 年出现过经常账户顺差与非储备性质金融账户顺差并存的双顺差格局。

第三，1982～2020 年，中国国际收支有 29 年都出现了误差与遗漏项的逆差。中国的误差与遗漏项余额存在明显的持续性特征，而非围绕零值上下做正态分布，这说明误差与遗漏项在较大程度上反映了地下渠道的资本流动。例如，2002～2008 年，出现了持续 7 年的错误与遗漏项净流入。而 2009～2020 年则出现了持续 12 年的错误与遗漏项净流出。

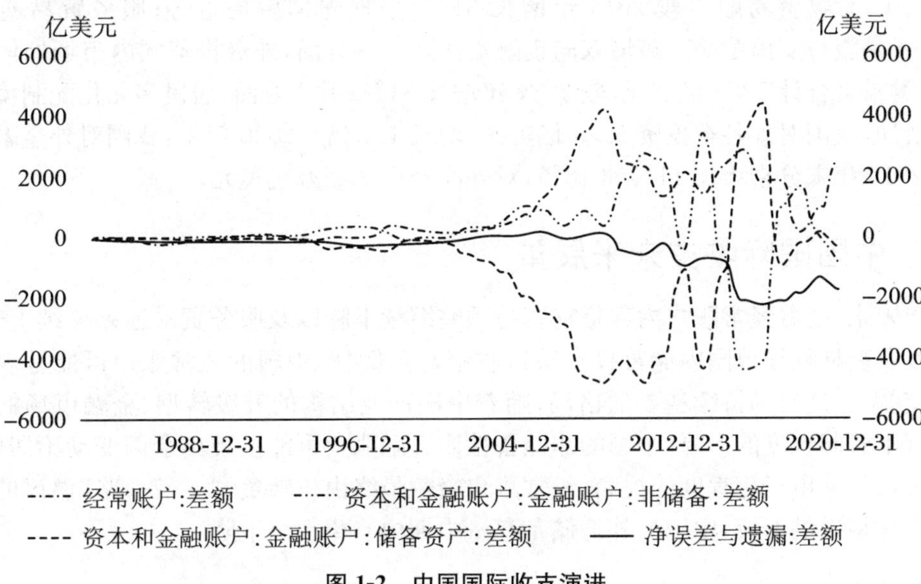

图 1-2　中国国际收支演进

二、中美贸易摩擦对中国国际收支的影响

自 20 世纪 70 年代中期以来，美国对外贸易就持续逆差，这是低储蓄（财政赤字）、产业空心化、美元本位等结构性原因所致（中美贸易失衡还涉及美国对华高新技术产品的出口管制）。此后，美国经常同主要贸易伙伴搞摩擦。20 世纪八九十年代，美日之间的贸易战更是如火如荼。最终日本以资产泡沫破灭、经济长期停滞而收场，而美国的贸易失衡不过是从对日本为主转为对中、日、墨等国为主，贸易逆差与 GDP 之比由 20 世纪 90 年代初期的 1%～2%升至 21 世纪的 4%左右的水平。

自 20 世纪 90 年代中期扩大对外开放、迎接世界制造业转移、替代日本成为美国贸易赤字的主要来源后，中国就逐渐成为美国贸易摩擦的主要对象。据世界贸易组织统计，全球金融危机以来的 2009～2017 年，美方对中国采取的贸易救济措施年均 14.9 件，占其发起救济措施总数的 52.3%。2017 年 11 月底，美国正式拒绝承认中国市场经济地位；其新版《国家安全战略报告》将中国列为“战略竞争者”，把对华经济关系定性为主要的安全威胁之一。2018 年 3 月，美国先是对进口钢铝全球征税，然后让各国选边站队部分予以临时豁免，重点针对中国；最后干脆丢掉遮羞布，总统签署备忘录，拟对 600 亿美元进口中国商品征税。美方更是直言，301 关税就是针对“中国制造 2025”，由此拉开了中美贸易摩擦的序幕。中美贸易摩擦对中国国际收支的短期影响渠道有三个方面：一是信心渠道，即中美经贸关系紧张有可能降低市场风险偏好，促使资本逃离风险资产，加剧中国资本外流；二是贸易渠道，两国贸易争端将会影响中国的对外贸易活动；三是金融渠道，两国贸易纷争包括投资保护主义措施，将影响中国的对外投融资活动。后两个渠道都会通过影响中国实体经济，进一步对市场预期产生影响。迄今为止，中美贸易摩擦大多还只是常规战、舆论战、心理战，对中国国际收支主要是心理影响，基本没有产生实质性冲击。

在中美贸易摩擦和新冠疫情双重影响下，2020 年，中国国际收支仍然保持了基本平衡的发展格局。经常账户顺差增加，与国内生产总值(GDP)之比为 1.9%，继续处于合理均衡区间。其中，货物贸易顺差较 2019 年增长 31%，呈现先抑后扬走势；服务贸易逆差收窄 44%，主要是旅行支出萎缩。跨境双向投融资活跃。一方面，外资投资国内市场的信心依然较强，各类投资合计 5206 亿美元，较 2019 年增长 81%；另一方面，居民多元化配制境外资产的需求增加，我国对外各类投资 5983 亿美元，增长 1.1 倍。2020 年末，我国对外金融资产和负债较 2019 年末分别增长 11%和 18%，对外净资产 2.2 万亿美元。

三、中国国际收支未来展望

展望未来，随着经常账户内部货物贸易顺差继续下降以及服务贸易逆差继续上升、人口老龄化以及高杠杆导致国内储蓄投资缺口收窄甚至倒挂，中国的经常账户可能呈现出短期顺逆差交替、中期转为持续逆差的格局；随着中国产业结构的升级转型、金融市场的双向开放以及资本管制程度的下降，中国的非储备性质金融账户可能呈现出余额变动不居的特点；随着人民币汇率市场化程度的提高、经常账户余额最终由正转负、“一带一路”倡议的推进以及藏汇于民格局的形成，中国的外汇储备存量中期内有望逐渐下降。

资料链接 1-3

纠偏国际收支不平衡需综合治理

传统的宏观经济政策有四大目标：经济增长、充分就业、价格稳定、外部平衡。有些国家将经济增长和充分就业作为一个目标处理。外部平衡在各个国家的含义并不相同。从教科书的角度来讲，应该是指经常项目平衡。经常项目平衡是某些国家在某些时期重要的政策目标。

但是从 20 世纪 90 年代以来，情况发生了变化。大部分发达国家实行了有灵活性的通货膨胀钉住制度。虽然在某种情况下央行也要考虑经常项目平衡，但它已经不是国家的政策目标，大多数国家政府在一般情况下追求的是广义的国际收支平衡，即经常项目差额=长期资本项目差额(甚至仅仅是等于资本项目差额)。一般情况下，央行不会为了追求国际收支平衡而牺牲通货膨胀目标。保持物价稳定似乎可以通过实际汇率、实际利率等变量的变动实现广义的国际收支平衡。

目前，关于货币政策目标有很多辩论，辩论点集中于央行是只钉住通货膨胀，还是需要在钉住通货膨胀的同时注意资产价格。在国际金融危机爆发之前，绝大多数人认为央行无须关注资产价格，但危机过后，国际经济学界进行了反思，越来越多的人认为资产价格和通货膨胀都应该是货币政策所关注的目标。

…………

国际收支的基本等式是“储蓄—投资=出口—进口”。这个等式两端的每个变量都会影响国际收支平衡状态，因此我们的政策应该是针对所有变量进行调整。而货币政策只能影响某些变量的某些方面，所以仅靠货币政策来纠正国际收支不平衡是远远不够的。

实现经常项目平衡虽有必要，但在短期内实现这一目标似乎并不现实。在这种情况下，至少应该把停止增加外汇储备作为近期必须实现的目标。在现有国际收支状况下，停止增加外汇储备意味着央行停止干预外汇市场，其结果很可能是汇率的升值。而后者必然对经济增长造成不利影响。如何在汇率升值条件下刺激消费（甚至容忍投资一定程度的进一步增加）以抵消出口减少对经济增长的抑制作用是当前实现再平衡的主要挑战。

资料来源：余永定．纠偏国际收支不平衡问题需综合治理[J]．新金融，2014(5)．

本 章 小 结

在开放经济条件下，国际收支状况反映了一国对外均衡关系。简单来说，国际收支是指在一定时期内一国居民与非居民之间所发生的全部经济交易的货币价值总和。而国际收支平衡表是指一国根据国际经济交易的内容和范围设置项目和账户，按照复式簿记原理，系统地记录该国在一定时期内各种对外往来所引起的全部国际经济交易的统计报表。国际收支平衡表所揭示的经济运行规律是通过其账户差额呈现出来的。国际收支差额相应地分为经常账户差额、资本账户差额和金融账户差额。在此基础上，我们还可以进一步推算出国际收支总差额。国际收支古典论、弹性论、乘数论、吸收论、货币论等主要揭示了影响国际收支状况的因素及其政策含义。国际收支自动调节机制、政策调节机制以及国际协调机制的综合运用有助于帮助国际收支平衡目标的实现。

◆ 思考题

1. 国际收支在一国经济运行中处于怎样的地位？
2. 国际收支平衡表设计有何特点？
3. 国际收支失衡的形成原因有哪些？
4. 对于经典的国际收支调节理论应如何评价？
5. 如何有效地对国际收支失衡进行调节？

参 考 文 献

[1] IMF. Balance of Payments and International Investment Position Manual [C]. Washington, D. C.: International Monetary Fund, 2009.

[2] 裴平．国际金融学[M]．南京：南京大学出版社，2006．

[3] 任康钰．国际金融[M]．北京：高等教育出版社，2013．

[4] 杨胜刚．国际金融[M]．北京：高等教育出版社，2005．

[5] 张明．改革开放四十年来中国国际收支的演变历程、发展趋势与政策涵义[J]．国际经济评论，2018(6)．

[6] 管涛．中美贸易争端对中国国际收支的影响[J]．中国外汇，2018(7)．

第二章　外汇市场与外汇交易

学习目标

通过本章学习，了解外汇、汇率的概念、外汇市场的运作机制、外汇交易的类别以及中国外汇市场的建立与发展情况。

导入案例

“探讨外汇市场是不是一个有效率的市场(Market Efficiency)十分重要。首先，宏观经济模型应该包括所有影响这一模型的变量，并相信这些变量的总和会决定这一模型的结果。这一原则同样适用于外汇市场。外汇市场的短期剧烈波动可能是由于市场参与者主观地排斥某些信息，片面地接受或过分地接受某些信息，使外汇价格过分扭曲；也可能是某些影响外汇波动的信息掩盖了其他一些同样重要的信息，造成外汇价格大起大落。其次，如果外汇市场不是一个有效率的市场，那么就会导致一些纠偏的行为在市场中出现，如以牟利为动机的投机者介入市场、需要准确地发布影响市场的信息、政府干预等。这些纠偏的行为有时会使实际价格与均衡价格趋于一致，有时却又会进一步扭曲市场的价格波动。再次，外汇市场是不是一个有效率的市场，将直接关系到国际金融市场的投资决策，成为投资者考虑是否把资本投在外汇市场的重要因素。从现在外汇市场的实际波动来看，外汇市场长期可能是一个有效率的市场，但短期来说仍没有办法能够证明。目前对外汇市场每天波动影响最大的是新闻，它包括经济和政治两大类。此外，市场投资者的意愿和心理因素，又常常使这些新闻对外汇市场的影响进一步扩大”。外汇市场很重要吗？

资料来源：环球外汇网，http://www.cnforex.com。

第一节　外汇与汇率概述

一、外汇的含义

对外汇兑(Foreign Exchange)，简称“外汇”，具有动态和静态两层含义。

（一）外汇的动态含义

动态含义上的外汇是指经济交易主体通过银行等金融机构把一国货币兑换成另一国货币的一种活动和行为，外汇表现为一种汇兑过程。“汇”是货币异地的转移，而“兑”则是货币之间进行转换的行为。“汇”和“兑”就是把一国的货币兑换成另一国的货币，并以买卖外汇的方式来清偿国际间债权与债务的一种专门性的经营活动或清算行为。

国际贸易和金融的发展，必然会导致各国彼此之间的债权债务关系，而国际间的这种债权债务关系的清偿，需将本国货币兑换成外国货币。这种兑换往往是由银行来办理的。银行按照一定的兑换比率将各国的货币相互兑换，然后利用国际支付手段清偿一国因经济交往所产生的债权债务关系。例如，中国A公司向美国B公司出口商品，售价50万美元，启运后，A公司开出以B公司为付款人的票面金额50万美元的汇票，并将其卖给中国银行，换得相应人民币，中国银行将汇票寄给B公司所在地银行，委托其向B公司收50万美元，所得货币款项记入中国银行在该银行开立的存款账户上。这一过程就是对外汇兑，也是动态含义外汇的核心与实质。

（二）外汇的静态含义

静态含义上的外汇是指国际间经济主体为清偿债权、债务进行汇兑活动所凭借的手段或工具，即用于国际汇兑活动的支付手段和支付工具。国际金融学主要研究静态含义上的外汇，其又有广义与狭义之分。

1. 广义的静态外汇

广义的静态外汇泛指一国拥有的以外国货币表示的资产或证券，如以外国货币表示的纸币和铸币、存款凭证、定期存款、股票、政府公债、国库券、公司债券和息票等。国际货币基金组织(IMF)对外汇的定义就建立在广义静态含义的外汇基础上，认为外汇是货币行政当局（中央银行、货币管理机构、外汇平准基金及财政部）以银行存款、财政部国库券、长短期政府证券等形式所保有的在国际收支逆差时可以使用的债权。其中包括由中央银行及政府间协议而发生的在市场上不流通的债券，而不管它是以债务国货币还是以债权国货币表示。

与国际货币基金组织的定义类似，2008年修订的《中华人民共和国外汇管理条例》也认为，外汇是指以外币表示的可以用作国际清偿的支付手段和资产。具体包括：① 外币现钞，包括纸币、铸币。② 外币支付凭证或者支付工具，包括票据、银行存款凭证、银行卡等。③ 外币有价证券，包括债券、股票等。④ 特别提款权。⑤ 其他外汇资产。

2. 狭义的静态外汇

狭义的静态外汇是指以外国货币为载体的一般等价物，或以外国货币表示的、用于清偿国际间债权债务的支付手段，其主体是在国外银行的外币存款，以及包括银行汇票、支票等在内的外币票据。我们在日常生活中所提到的外汇主要是指狭义静态含义上的外汇。

国际货币基金组织按照货币的可兑换程度，把各国货币大体分类为可兑换货币（Convertible Currency）、有限制的可兑换货币（Restricted Con-vertible Currency）、不可兑换货币（Non-Convertible Currency）。严格意义上的外汇应当是可兑换货币以及由其表示的国际间支付手段及其资产。

二、外汇的种类

1. 按外汇作为价值存在的表现形态不同，可将外汇分为现钞与现汇

所谓现钞是指具体的、实在的外国纸币、硬币，即实物形态的外国货币。当客户要把现钞转移出境时，可以通过携带方式或汇出。但是当客户采取“汇出”时，由于现钞有实物的形

式，银行必须将其出运至国外，运输费用将由客户承担，表现为“钞卖汇买”（客户卖出现钞、买入现汇）。

所谓现汇是指由国外汇入或从国外携入的外币票据，通过转账的形式，入到在银行的账户中的外汇，即账面上的外汇。通常所讲的外汇一般是指现汇。

2. 依据外汇的来源不同，可将外汇分为贸易外汇、非贸易外汇及金融外汇

所谓贸易外汇也称实物贸易外汇，是指来源于或用于商品进出口贸易的外汇。如商品出口收入外汇、进口支出外汇，以及由此引起的运输费、保险费、样品费、宣传广告费等外汇费用。

所谓非贸易外汇是指商品进出口以外收付的外汇，如通过对外提供服务（劳务、运输、保险、旅游等）、投资（利息、股息、利润等）和侨汇等方式取得和支出的外汇。

所谓金融外汇属于一种金融资产外汇，例如银行同业间买卖的外汇，既非来源于有形贸易或无形贸易，而是管理各种货币头寸过程中的金融资产。

3. 依据外汇是否可自由兑换不同，可将外汇分为自由外汇与记账外汇

所谓自由外汇是指可兑换外国货币表示的支付手段。依国际货币基金协定第八条第二、三、四款的规定，可兑换货币的条件如下：① 对本国国际收支中的经常往来项目（贸易和非贸易）的付款的资金转移不加限制；② 不采取歧视性的货币措施或多种货币汇率；③ 在另一个成员组织的要求下，随时有义务购回对方经常项目中所结存的本国货币。

所谓记账外汇指记载在两国特定银行账户上，不能兑换成其他货币，也不能向第三国进行支付的外汇。这种外汇的产生以两国政府间签订的清算协定为前提，因而也称为协定外汇或双边外汇。

4. 依据交割期限不同，可将外汇分为即期外汇和远期外汇

所谓“即期外汇”是指外汇买卖成交后，在两个营业日内办理交割的外汇，又称为“现汇”。所谓“远期外汇”是指外汇买卖双方按照约定，在未来某一日期办理交割的外汇，又称为“期汇”。

三、汇率的含义

汇率，又叫“汇价”“兑换率”“外汇牌价”“外汇行市”“外汇汇率”，就是一国货币折算为另一国货币的比率。本质上，汇率是一种价格，即用一国货币单位表示的另一国货币单位的价格，或外汇市场上买卖外汇的价格，所以人们习惯称“汇价”。由于世界各国货币的币值不一，因此两国货币进行兑换，必须按照相应的比例，即根据一定的兑换率进行交换。在外汇市场上，报价人必须把汇率显示出来，所以汇率又称为“外汇牌价”。银行总是把汇率作为外汇买卖的标准，所以商业上通常又把它叫作“外汇行市”。

由于两种货币的相对价格可用这两种货币互为表示，即以本国货币表示外国货币的价格，或以外国货币表示本国货币的价格，因此汇率有两种不同的标价方法。即直接标价法和间接标价法。

1. 直接标价法

所谓“直接标价法”（Direct Quotation），又称“应付标价法”或“付出标价”，就是直接用本国货币来表示外国货币的价格（即一种外国货币的价格直接用本国货币表示出来），或者说就是以一定单位(1、100、10000、100000 等)的外国货币作为标准,折算成若干单位的本国货币来表示。直接标价法的特点在于,外国货币的数额固定不变,在折算等于多少本国货币的数额时,本国货币的数额则随着外国货币和本国货币的币值的对比变化以及外币供求条件的变化而变动。如果一定数额的某外国货币可以比以前兑换更多数额的本国货币,这说明该外国货币币值上升、本国货币币值下降,这种情况可称为应付汇率比以前高了;反之,如果一定数额的某外国货币比以前兑换更少数额的本国货币,这说明该外国货币币值下降、本国货币币值上升,这种情况可称为应付汇率比以前低了。

由此我们可以得出这样的结论:直接标价法表示的汇率,其高低同本国货币对外价值的高低成反比变化。也就是说,应付汇率比以前高了,这反映本国货币币值下降;应付汇率比以前低了,这反映本国货币币值上升。目前,国际上许多国家的货币对美元和英镑采用直接标价法。

2. 间接标价法

所谓"间接标价法"(Indirect Quotation)又称"应收标价法"或"收进报价",是一种与直接标价法相反的标价法,即用外国货币来表示本国货币的价格,或者说以一定单位(1、100、10000、100000 等)的本国货币作为标准,折算成若干单位的外国货币的标价方法。间接标价法的特点在于,本国货币的数额固定不变,在折算等于多少外国货币的数额时,外国货币的数额随着本国货币和外国货币的币值的对比变化以及本国货币供求条件的变化而变动。如果一定数额的本国货币,可以比以前兑换更多数额的外国货币,这说明本国货币币值上升、外国货币币值下降,这种情况称为应收汇率比以前高了;反之,如果一定数额的本国货币,比以前兑换更少数额的外国货币,这说明本国货币币值下降、外国货币币值上升,这种情况称为应收汇率比以前低了。

由此我们可以得出这样的结论,间接标价法表示的汇率,与直接标价法相反,其高低同本国货币对外价值的高低成正比变化。也就是说,应收汇率比以前高了,反映本国货币币值上升;应收汇率比以前低了,反映本国货币币值下降。目前,国际上英镑和美元对各国的货币几乎都采取间接标价法。

当然,汇率的直接标价与间接标价的形成基础是以本币为参照物的,随着跨国银行的发展,它们不仅需要进行本币与外币的买卖,而且更多的是进行不同外币间的交易,在这种情况下,美元标价法就应运而生了。所谓"美元标价法"(USD Quotation)是指所有货币的价格都通过美元表达出来,美元发挥着表达各种货币价值的一般等价物的作用。在实际操作中,美元在有些场合以基准货币的面目出现,在另一些场合以计价货币的面目出现。

四、汇率的分类

1. 按汇率制定的方法不同,汇率可分为基础汇率和套算汇率

所谓基础汇率(Basic Exchange Rate)是指一国所制定的本国货币与关键货币之间的汇率。

一国在对外提供自己的外汇报价时,应首先挑选出具有代表性的某一外国货币(关键货币或代表货币),然后计算本国货币与该外国货币的汇率,由此形成的汇率即为基础汇率(又可称为中心汇率或关键汇率),该汇率是本币与其他各种货币之间汇率套算的基础。

一般来说,关键货币应具备的条件包括,在国际贸易方面使用较多;在外汇买卖方面占有的比重较高;在外汇储备方面具有重要的地位;可以自由兑换;在国际结算方面普遍可以接受。

为防止外汇市场针对本币发起的汇率投机,一国选择哪种外国货币作为关键货币处于保密状态,基本汇率一般也只是内部掌握。

所谓套算汇率(Cross Exchange Rate)也称交叉盘汇率,是指在基础汇率的基础上套算出的本币与非关键货币之间的汇率。如果本币与美元之间的汇率是基础汇率,那么本币与非美元货币之间的汇率即为套算汇率。

套算汇率的计算规则如下:若一个货币对基础汇率中关键货币作为单位货币,另一个货币对基础汇率中关键货币也作为单位货币,则套算汇率通过该组基础汇率交叉相除得到。若一个货币对基础汇率中关键货币作为计价货币,另一个货币对基础汇率中关键货币也作为计价货币,则套算汇率也可通过该组基础汇率交叉相除得到。反之,套算汇率通过该组基础汇率同边相乘得到。

2. 按银行买卖外汇的方向不同,汇率可分为买入汇率、卖出汇率和中间汇率

所谓买入汇率(the Bid Exchange Rate)也称买入价,是银行从同业或客户手中买入外汇所支付的汇率。由于银行既可买入现钞也可买入现汇,因而买入汇率又可分为现汇买入价和现钞买入价。现钞买入价要低于现汇买入价。

所谓卖出汇率(the Offer Exchange Rate)也称卖出价,是银行向同业或客户出售外汇时所索取的汇率。卖出汇率也可分为现汇卖出价和现钞卖出价,不过现汇卖出价和现钞卖出价是相等的。

买入汇率和卖出汇率的平均数称为中间汇率(也称中间价)。

中国银行外汇牌价见表 2-1 所列。

表 2-1 中国银行外汇牌价

货币名称	现汇买入价	现钞买入价	现汇卖出价	现钞卖出价	中行折算价	发布时间
美元	644.69	639.44	647.42	647.42	646.8	2021.09.01 23:41:59
美元	644.69	639.44	647.42	647.42	646.8	2021.09.01 23:41:59
美元	644.69	639.44	647.42	647.42	646.8	2021.09.01 23:41:59
美元	644.69	639.44	647.42	647.42	646.8	2021.09.01 22:57:30
美元	644.79	639.54	647.52	647.52	646.8	2021.09.01 22:53:15
美元	644.84	639.59	647.57	647.57	646.8	2021.09.01 22:32:23
美元	644.84	639.59	647.57	647.57	646.8	2021.09.01 22:21:17
美元	644.89	639.64	647.62	647.62	646.8	2021.09.01 22:02:20

资料来源:中国银行官方网站,http://www.boc.cn/sourcedb/whpj/。

3. 按汇款方式的不同,汇率可分为电汇汇率、信汇汇率和票汇汇率

所谓电汇汇率(Telegraphic Transfer Exchange Rate,T/T Rate)也称电汇价,是指汇款时以电汇方式支付外汇所使用的汇率。

所谓信汇汇率(Mail Transfer Exchange Rate,M/T Rate)也称信汇价,是指汇款时以信汇方式支付外汇所使用的汇率。

所谓票汇汇率(Demand Draft Exchange Rate,D/D Rate)也称票汇价,是指汇款时以票汇方式支付外汇所使用的汇率。

一般来说,在采用电汇汇款时,银行无法占用客户的在途资金,因而电汇汇率最高,而信汇与票汇汇率较低。

4. 按外汇买卖交割时间不同,汇率可分为即期汇率和远期汇率

所谓即期汇率(Spot Exchange Rate)又称现汇汇率,是指在外汇买卖双方成交后,于当天或两个营业日之内办理交割时所使用的汇率。

所谓远期汇率(Forward Exchange Rate)是指买卖远期外汇时所使用的汇率。远期汇率可能高于即期汇率、低于即期汇率或等于即期汇率。远期汇率与即期汇率的差额,称为远期差价。远期差价,在外汇市场上通常是用升水、贴水或平价的方式来表示。所谓升水是表示远期汇率比即期汇率贵;所谓贴水,是表示远期汇率不如即期汇率贵;所谓平价,是表示远期汇率与即期汇率相等。引起升水与贴水的因素有很多,一般来说多取决于两种货币的利差与汇价的趋势。如果甲种货币的利率高于乙种货币的利率,那么,甲币对乙币的远期汇率就会发生贴水;反之,就会发生升水。如果某种货币的汇价趋涨,远期汇率就会发生升水;反之,则会发生贴水。

由于汇率有两种不同的标价方法,因此,表示远期汇率的方式也就不一样。比如,按直接标价法表示:远期差价如是贴水,那么即期汇率减贴水便是远期汇率,远期差价如是升水,那么即期汇率加升水便是远期汇率。再比如,按间接标价法表示:远期差价如是升水,那么即期汇率减升水,便成为远期汇率,远期差价如是贴水,那么即期汇率加贴水,便成为远期汇率。虽然标价方法不同,具体计算方式不一样,但是升水与贴水的概念是一致的。

5. 按是否涉及货币篮子,汇率可分为双边汇率和有效汇率

所谓双边汇率(Bilateral Exchange Rate),是指本币对单一外币的汇率,不涉及货币篮子。

所谓有效汇率(Effective Exchange Rate),是指本币对一组外币的汇率。由于一组外币是通过贸易权重加权合成的货币篮子,因而,有效汇率也称为贸易加权汇率(Trade-weighted Exchange Rate)。计算公式为

$$EER = \sum E_i q_i$$

其中,EER 代表贸易加权名义有效汇率,q_i 为本国以第 i 种篮子货币计值的进出口贸易额占本国以篮子货币计值的进出口贸易总额的比重,E_i 表示第 i 种篮子货币和本币的名义双边汇率。

如果将现期有效汇率与某一基期的有效汇率进行比较,那么又可以得到有效汇率指数。

在外汇市场上,各种外国货币汇率的变动趋势往往是不一致的,当一国货币对某种外汇的汇率上升时,它对另一种外币的汇率却可能下降,虽然同为上升或下降,但幅度有所不同。在这种情况下,仅仅考察本国货币与某一种外币的汇率变动并不能十分准确地把握本国货币汇率的变动趋势,有效汇率及有效汇率指数的计算可弥补这一缺陷。

世界主要国家和地区的名义有效汇率指数见表 2-2 所示。

表 2-2　世界主要国家和地区的名义有效汇率指数

2010＝100

2021 年 12 月国家	年份				
	2016	2017	2018	2019	2020
阿尔及利亚	80.2	79.2	74.2	76.3	72.3
阿根廷	35.5	30.8	19.8	11.6	8.5
澳大利亚	89.2	92	88.2	84.4	83.7
奥地利	98.7	99.4	100.9	100.4	101.6
比利时	98.8	99.8	101.9	101	102.6
巴西	64.2	70.2	63.5	63.5	51
保加利亚	103.8	105.7	109.6	110.1	113.4
加拿大	82.9	84.7	84.3	83.6	83.2
智利	87.8	91.5	93	88.9	81
中国	119.3	116.3	118	116.1	117
哥伦比亚	73.3	75.4	75.6	70.6	64.8
克罗地亚	97.2	98.7	101.2	101.1	101.2
塞浦路斯	99	99.6	101	100.1	100.9
捷克	93.1	96.4	100.8	100.3	99
丹麦	98.9	100.1	102.5	102.1	104.1
爱沙尼亚	103.1	103.3	105.9	105.8	107.9
芬兰	101.1	101.7	104.6	104.2	106.2
法国	98.1	99.3	101.4	100.7	102.2
德国	98.4	99.6	102.1	101.3	103.3
希腊	99.7	101.1	103.6	103.6	105.6
匈牙利	87.9	89.2	88.1	86	80.9
冰岛	119.6	134.2	129.3	119.6	108.3
印度	76	78.3	73.6	73.7	70.4
印度尼西亚	76.3	76	70.3	72.5	70.7
爱尔兰	95	96.9	99.3	97.5	99.1
以色列	111.9	119.3	118.8	124.1	129.6
意大利	99.4	100.5	103.1	102.5	104.5
日本	87.8	84.7	84.9	88.8	91
韩国	111.7	115	116.8	113.6	112.6
拉脱维亚	105.1	104.8	106.8	106.7	108.7

续表

2021 年 12 月国家	年份				
	2016	2017	2018	2019	2020
立陶宛	105	104.6	106.8	106.7	109
卢森堡	98.9	99.4	100.6	100.1	100.9
马来西亚	86.1	82.8	87.1	86.9	85.8
马耳他	96.7	98	100.5	99.4	101.1
墨西哥	72.4	71.4	69.7	70.9	64.2
荷兰	98.4	99.5	101.5	100.6	102.3
新西兰	108.7	110.5	106.3	104.8	103.3
挪威	83.6	84.4	84	81.7	76.1
秘鲁	100	103	102.6	105.8	104.8
菲律宾	105.8	99.6	93.7	97.4	101.5
波兰	90.9	94.2	96	94.8	93.3
葡萄牙	100	100.6	101.9	101.7	102.8
罗马尼亚	95.5	95	95.5	93.7	94
俄罗斯联邦	52.6	60.1	54.9	55.6	50.1
沙特阿拉伯	112.8	113	112	115.9	116.5
新加坡	110.9	111	112	113.7	112.3
斯洛伐克	100.2	100.5	101.8	101.7	103.5
斯洛文尼亚	100.9	101.4	103.3	103.2	105
南非	57.1	62.8	62.4	59.1	52.3
西班牙	99.8	101	103.3	103	104.9
瑞典	100.5	99.7	95.5	92.1	94.8
瑞士	123.8	122.9	120.9	124.1	131.3
泰国	102.6	107.2	111.3	119.1	118.4
土耳其	58.6	47.9	36.1	31.3	25.6
英国	102.3	96.4	97.9	97.8	98.2
美国	119.9	119.7	118.5	122.5	124.8

资料来源：国际清算银行，http://www.bis.org/statistics/eer/。

6. 按是否经过通货膨胀调整不同，汇率可分为名义汇率和实际汇率

所谓名义汇率（Nominal Exchange Rate）又称现实汇率，是指在外汇市场上由外汇的供求关系所决定的两种货币之间的汇率。这些汇率没有经过价格水平或其他因素的调整。它表示一单位的某种货币名义上可兑换多少单位的另一种货币，反映的是两个国家货币的相对价格。

所谓实际汇率(Real Exchange Rate)又称真实汇率,是指将名义汇率按两国同一时期的物价水平进行调整后所得到的汇率。它反映的是两国同一规格或同一篮子产品的相对价格,可反映一国商品与服务在国际市场上的竞争力。

其计算公式为

$$RER=\frac{E_n/P_d}{1/P_f}=\frac{E_nP_f}{P_d}$$

这里,RER 为本国货币与外国货币的实际汇率(直接标价)。E_n 为本国货币对外国货币的名义汇率,$P_d=P_d^t/P_d^0$ 为本国物价指数变动率,P_d^t 为本国 t 期(即计算日)的物价指数,P_d^0 为本国基期物价指数。$P_f=P_f^t/P_f^0$ 为外国物价指数变动率,其中 P_f^t 为外国 t 期物价指数,P_f^0 为外国基期物价指数。

假设中国一件衬衫 600 元,同等品质、型号和规格的美国一件衬衫 80 美元,如果外汇市场上美元兑人民币的汇率为 6 人民币/美元,那么实际汇率为

$$RER=\frac{\frac{6\text{人民币}}{1\text{美元}}\times\frac{80\text{美元}}{\text{一件衬衫}}}{\frac{600\text{人民币}}{\text{一件衬衫}}}$$

RER 的比率为 0.8,说明美国衬衫比中国便宜,美国 1 件衬衫的价格是中国一件衬衫的 4/5 倍。显然,与 $RER=1$ 相比,RER 值越小,中国衬衫的价格竞争优势就越弱;RER 值越大,中国衬衫的价格竞争优势就越显著。

7. 按汇率制度的不同,汇率可分为固定汇率与浮动汇率

所谓固定汇率是指一国货币与另一国货币的兑换比率基本固定的汇率。固定汇率并非汇率完全不动,而是围绕一个相对固定的平价上下限范围波动。该范围的最高点叫"上限",最低点叫"下限"。在金本位制下和布雷顿森林体系下,通行的汇率制度是固定汇率制度。

所谓浮动汇率是指一国货币同其他国家货币的兑换比率没有上下限波动幅度,而是由外汇市场的供求关系自行决定。1973 年,固定汇率制瓦解后,西方各国普遍实行浮动汇率制度。

资料链接 2-1

美元指数及其计算

美元指数(USDX):又称美汇指数,是衡量美元在国际外汇市场汇率变化的一项综合指标,由美元对六个主要国际货币(欧元、日元、英镑、加拿大元、瑞典克朗和瑞士法郎)的汇率经过贸易加权几何平均数计算获得。

美元指数(USDX)最初由纽约棉花交易所(NYCE)发布。纽约棉花交易所建立于 1870 年,在 1985 年,纽约棉花交易所成立了金融部门,正式进军全球金融商品市场,首先推出的便是美元指数期货。

1998 年,纽约棉花交易所和咖啡、糖、可可交易所(Coffee Sugar Cocoa Exchange)合并成立纽约期货交易所(The New York Board of Trade,NYBOT)。

2006 年 9 月,纽约期货交易所并入美国洲际交易所(Intercontinental Exchange,ICE),成为其下属的一个部门。美元指数期货在美国洲际交易所交易。该交易所负责发布美元指数及美指期货价格的实时数据。

美元指数币别指数权重如下：

货币	欧元(EUR)	日元(JPY)	英镑(GBP)	加拿大元(CAD)	瑞典克朗(SEK)	瑞士法郎(CHF)
权重(%)	57.6	13.6	11.9	9.1	4.2	3.6

美元指数的基期是1973年3月，之所以选择这个时间，是因为从那时起主要的贸易国允许本国货币自由地与另一国货币进行浮动报价。

美元指数的基数是100，这意味着任何美元指数都是与1973年3月相比的结果。比如美元指数报价为105.05，则意味着相比较1973年3月基期，美元对一揽子货币的价值上升了5%。

资料来源：百度百科，https://baike.baidu.com。

第二节　外汇市场及其结构

一、外汇市场的含义及功能

外汇市场(Foreign Exchange Market)是专门从事外汇买卖、外汇交易和外汇投机活动的系统。从狭义的角度来看，外汇市场应该是一个从事上述活动的有形场所。但是，随着电子信息技术的发展和IT网络的广泛运用，目前世界上的外汇交易活动是由无数的机构(银行、外汇经纪、客户等)通过计算机网络来进行外汇的报价、询价、买入、卖出、交割、清算等，从而得以展开，这些活动往往不是集中在某一特定的有形场所进行的，而是由无数的机构和个人遵循一定的规则从事外汇交易所构成的一个系统，这就构成了广义的外汇市场。外汇市场的特点主要有：

第一，有市无场。外汇买卖是通过没有统一操作市场的行商网络进行的。各国外汇市场之间已形成一个迅速、发达的通信网络，任何一个地方的外汇交易都可以通过电话、计算机、手机等设备在全球连通的网络中进行，从而完成资金的划拨和转移。

第二，循环作业。外汇市场可以说是一个没有时间和空间障碍的市场。主要表现在：它是一个全天24小时连续作业的全球外汇市场；只有星期六、星期日及各国的重大节日，外汇市场才关闭。

第三，零和游戏。外汇市场上，汇价波动表示两种货币价值量的变化，也就是一种货币价值的减少与另一货币价值的增加。所以，更确切地说是财富的转移，并不是创造新的价值。

外汇市场的功能或作用主要体现在以下几个方面：

第一，调剂货币种类，满足国际支付要求。在各种国际经济交往中，当事国家或企业、个人往往需要多种外币办理结算、投资、借贷或偿还，而自身未必持有足够多的外币。外汇市场可满足当事者用自己持有的货币兑换所短缺外汇的需求。

第二，形成货币汇率。在各项外汇交易中，外汇银行很自然地成为交易的中枢。银行间外汇批发交易中形成的收盘汇率，成为外汇银行各自办理外汇零售业务的汇率基础。主要外汇市场的汇率直接影响其余外汇市场，影响有关国家乃至世界经济的发展。因此，除法律、行政、经济等手段之外，直接参与外汇市场交易，就成为各国中央银行干预本币汇率的重要方式。

第三，促进资金的国际转移。世界上大多数国家的货币不是国际通行货币，但各国间的经济贸易往来却在迅速发展。这就有巨额资金需要办理国际转移。外汇市场可使外汇需求者能比较容易地换得其所需的足够的外汇，从而促进资金的国际转移，使国际结算、投资和利润回收、借贷及偿还等顺利进行。

第四，防范汇率风险。恰当地运用外汇市场的多种交易方式，就可以在很大程度上规避或防范汇率风险。

第五，给外汇投机提供了一定的场所。外汇投机者也是外汇市场的重要参与者，他们都力争在贱买贵卖中获取可观的收入。一般来说，外汇市场上的汇率波动越大，这些投机者获取暴利的机会也越多。外汇市场有利有弊，管理者应从本国国情出发，认真分析产生上述作用的条件，以求能有针对性地采取相关措施，趋利避害。作为发展中国家，对外开放其国内外汇市场应十分慎重。

第六，宏观调控的渠道。外汇市场也是各国政府调节国际收支乃至整个国民经济的重要渠道，各国政府可通过一系列政策和措施影响外汇的供求和汇率的变动，进而达到调节国际收支乃至宏观经济的目的。

二、外汇市场的参与主体

1. 外汇指定银行

外汇指定银行(Foreign Exchange Bank)也称为“外汇银行”，指由各国央行指定或授权经营外汇业务的商业银行，是外汇市场的主要经营机构，承担着大部分外汇交易，如与进出口商或其他外汇供求者的零售交易，与其他外汇指定银行及央行的批发交易。

2. 外汇经纪人

外汇经纪人(Broker)旧称“跑街”或“掮客”，是指专门为外汇买卖双方介绍交易以获取佣金的中间商人。他们一般须经中央银行批准，才能取得营业资格。外汇银行虽然拥有从事国际金融业务的雄厚人才实力和丰富的经验，但外汇市场交易信息海量且瞬息万变，因此要随时掌握最新信息，迅速达成交易，对业务广泛的商业银行来说难度很大。但外汇经纪人专门从事外汇交易，且大多拥有庞大的信息网络，相互间联系紧密。借助他们，银行可以以有利的价格更快速地完成交易。西方国家商业银行间大笔的外汇买卖，大多通过外汇经纪人来完成。外汇经纪人只赚取一定比例的佣金，与外汇买卖活动无直接利害关系，因此可以获得商业银行信任。

3. 中央银行

中央银行(Central Bank)是外汇市场参与者，在必要情况下也是干预者。正常情况下，由中央银行来调控本币汇率水平。当外汇市场上货币汇率剧烈波动时，中央银行就通过买入或卖出外汇来干预市场，以稳定本币汇率。当干预无效、外汇市场爆发货币危机时，还往往暂时关闭外汇市场，暂停各种外汇交易。但若国际金融投机者所能鼓动(投机者本身拥有的资金也许有限，但当其冲击某个或某些国家外汇市场已形成一定声势时，可能影响或带动比这些投机者所拥有的外汇资金多许多倍的资金，从而对市场产生的冲击可能相当大)的资金规模超过中央银行可能动用的外汇资金(包括本国外汇储备和必要时借入的外汇资金)

时，有关中央银行也可能放弃干预，如 1992 年至 1993 年欧洲货币体系危机和 1997 年亚洲金融危机中，英国、意大利等欧盟国家和泰国、印度尼西亚、菲律宾等国的中央银行就出现这样的局面。

4. 出口商、进口商和其他外汇供求者

出口商、进口商是外汇市场的主要供求者。出口商出口收汇兑换成本币与进口商进口所需付汇，都要借助外汇市场。其他外汇供求者指因运输、保险、旅游、留学、单方面汇兑、国际有价证券买卖、外债本息收付、国际投资等非贸易活动而产生的外汇供求者。此外，还有贴现商、外汇交易商、跨国公司、外汇投机者等参加外汇交易。上述当事人是外汇市场上的最终供求者，其行为有时对外汇市场产生很大影响。但他们通常只能接受银行报价，并按照报价与银行交易外汇。他们不是价格的提供者和维持者，而是价格的接受者(Market Taker)。

三、外汇市场均衡及其条件

外汇市场均衡是指外汇市场上各参与者持有不同货币存款的预期收益率都相等，市场上不存在套汇或套利的空间，市场供求和市场汇率处于稳定的状态。

外汇市场均衡的基本条件是利率平价条件得以成立。外汇市场上，当利率平价条件得到满足时，外汇存款持有者无论持有何种外汇，不会因币种不同而存在收益差别。

假设 R_d 表示本国货币利率，R_f 表示外国货币利率，E 为直接标价法下的即期汇率，E_e 为对未来即期汇率的预期，则两种货币间的非抵补利率平价可表示为

$$R_d - R_f = (E_e - E)/E$$

由此可见，如果本币与外币之间的利差小于对外币升值的预期，资金就会从国内转移到国外，导致外汇市场失衡。同样，如果本币与外币之间的利差大于对外币升值的预期，资金就会从国外转移到国内，也会导致外汇市场失衡。只有本币与外币之间的利差等于对外币升值的预期时，资金才不会在国内外转移，外汇市场才会达到均衡状态。

在这不断调整过程中，汇率与利率存在相互推动的力量。很显然，能够使利率平价条件成立，从而使外汇市场达到均衡的市场汇率就是均衡汇率。

资料链接 2-2

时隔十年货币经纪领域再添“新玩家”　首家外资独资货币经纪公司落地北京

2020 年 9 月 9 日，上田八目货币经纪(中国)有限公司批筹发布会在 2020 年中国国际服务贸易交易会期间举办。

北京银保监会一级巡视员吴静春在发布会上指出，今年 9 月 3 日中国银保监会批准日本上田八目短资株式会社在北京筹建上田八目货币经纪(中国)有限公司。该公司是国内首家外资全资控股的货币经纪公司，主要经营国内外外汇市场交易、货币市场交易、债券市场交易、衍生品交易经纪业务，以及经银保监会批准的其他业务。

《上海证券报》记者注意到，2005 年至 2010 年，原银监会先后批准了 5 家货币经纪公司，随后的十年间一直未有新的货币经纪公司加入市场。此次上田八目货币经纪(中国)有限公司是时隔十年后，获批的第六家货币经纪公司。

吴静春称，上田八目货币经纪获批筹建是中国银保监会、北京银保监局积极落实党中央、国务院关于加快金融业对外开放决策部署的一项重要举措。

2017年以来，金融改革开放的进程明显加快，一系列超预期的金融开放政策陆续落地。中国银保监会在2018年和2019年相继发布了27条34项开放新举措，放宽了外资准入条件，取消了外资机构进入中国相关金融领域持股比例的限制、总资产规模的要求等，实施内外资一致的原则。2019年7月，国务院金融委办公室发布《关于进一步扩大金融业对外开放的有关举措》，鼓励外资机构深度参与中国金融业，其中一条是支持外资全资设立或参股货币经纪公司。

"上田八目货币经纪获批筹建也是中国银保监会、北京银保监局全力支持北京打造国家服务业、扩大开放的综合示范区的一项重要成果。"吴静春指出。

北京市地方金融监督管理局党组书记、局长霍学文称，作为全国首家外商独资货币经纪公司和北京市第二家货币经纪公司，上田八目货币经纪在京落地是北京坚定不移地推动金融扩大开放进程的生动缩影。

上田八目货币经纪获批筹建，将进一步提高金融机构资产交易的效率。吴静春称，近几年我国金融市场交易日趋活跃，债券、票据、外汇、金融衍生品等金融资产交易量不断增加、交易规模快速增长。货币经纪公司作为专门从事金融机构间资金融通和外汇交易等经济服务的非银行金融机构，能够为金融机构提供专业化、精细化的经纪服务，特别是能有效地帮助中小型金融机构拓宽信息获取渠道，提高议价能力，便于找到交易对手，有助于维护金融市场的公开透明，提高金融资产的配置效率。

霍学文指出，在一个市场上，有两类中介机构：一类叫作市商，既报价又买卖；另一类叫经纪商，不买卖，只提供中介服务。货币经纪公司重要功能是活跃金融市场，提升金融市场信息的对称性和交易的效率。

吴静春表示，金融业对外开放只有进行时，没有完成时，北京银保监局将继续按照稳步扩大金融对外开放的各项部署，予监管于服务中，为在京设立的外资金融机构提供规范、便利的准入辅导，提升行政许可的审批效率，优化金融领域外资营商环境，支持外资金融机构落地北京，服务首都经济社会高质量发展。

上田八目货币经纪(中国)有限公司筹建负责人黄洪指出，2019年7月国务院金融委办公室推出了11条金融开放措施，其中包括支持外资全资设立或参股货币经纪公司，上田八目短资株式会社了解这个信息后积极响应号召，组建团队，全力推进申请筹备货币经纪中国子公司。新公司将贯彻以客户为中心的服务理念，运用百年经纪业务经验和技术，审慎经营。通过完善货币经纪业务产品线，不断改善业务系统，全面服务客户需求，为境内外客户提供业界最前沿、最周到的服务。

资料来源：《中国证券报》，2020年9月9日。

第三节　外汇交易及其操作

一、外汇交易的概念与规则

（一）外汇交易的概念

外汇交易是指在不同国家的可兑换货币间进行买卖兑换的行为。即以约定汇率将一种货币转换为另一种货币，并在确定日期进行资金交割。既包括国际金融市场通过现代通信设备进行的批发性买卖行为，又包括通过银行等金融机构柜台交易的买卖行为。外汇交易体现的外币运动，实质上反映了国际有形贸易、无形贸易和资本投资中商品、服务与资本在国际上的运动。浮动汇率时期，外汇交易还具有满足贸易商、投资人避免汇率风险的作用。由于对未来汇率变动趋势及幅度的预测不同，许多外汇交易具有投机性质。

（二）外汇交易的规则

在外汇交易中，存在一些约定俗成的习惯和做法，最后逐渐被外汇交易员们认定为规则，在外汇交易中使用。这里列举交易中几种主要的规则：

第一，关于外汇交易的报价。外汇交易报价是外汇交易双方兑换货币成交的价格。理解时应把握以下 3 个概念：

双价制：银行报价时对每种货币应同时报出买入价（Bid Price）和卖出价（Offer Price），即所谓“双价制”。

大数与小数：汇价由两部分构成，即大数（Big Figure）和小数（Small Figure）。大多数汇价，小数点后第二位前的数据值为大数，之后的数据值为小数，如美元兑港币 USD/HKD 为 7.801 0/50，其中 7.80 为大数，10/50 为小数。仅有少数几个汇价的整数部分为大数，小数部分为小数，如美元兑日元（USD/JPR）为 110.30/50，其中 110 为大数，30/50 为小数。一个交易日内，外汇市场波动不大，外汇交易员为节省时间，尽力求简，只报最后两位数，让对方明了即可。

以美元为准：外汇交易员的报价须以美元为中心，即几乎全部外汇交易均采用以某种货币对美元的买进或卖出形式进行，除非有特殊说明。

第二，关于标价方法。汇率标价方法有直接标价法、间接标价法之分。为使交易迅速顺利进行，交易各方使用统一标价方法。除英镑、澳大利亚元、新西兰元和欧元采用间接标价法，其他交易货币一律采用直接标价法。

第三，关于交易单位。交易额通常以 100 万美元为单位。如交易中 one dollar 表示 100 万美元，four dollar 表示 400 万美元，如交易额低于 100 万美元，应预先说明，然后再报具体金额。

第四，关于交易诚信。交易双方必须恪守信用。双方须共同遵守“一言为定”原则和“我的话就是合同”的惯例，一经成交不得反悔、变更或要求注销。

第五，关于交易术语。迅速变化的汇率要求交易双方以最短时间达成交易。交易员为节省时间常使用简语行话，如买入可用 bid，buy，pay，taking，mine，卖出可用 offer，sell，giving，yours 等，我卖给你 200 万美元，可用 two yours。

二、外汇交易程序与交易员职责

第一，银行同业间的交易程序。银行同业间的外汇交易一般由银行内部资金部门或外汇交易室通过路透交易系统、德励财经资讯系统、电传和电话完成。以路透交易系统为例，交易员可通过交易机键盘输入某银行英文代号，呼叫该银行，叫通后荧光屏即显示双方交易内容，如询价、报价、买进、卖出、余额等。交易对话打印出来即为交易原始凭证或交易合约。

一笔交易成交后，交易员需根据交易内容填写交易单，并在头寸登记表记录交易头寸，作为清算机构进行资金清算和会计处理的凭证；头寸登记表可帮助交易员掌握头寸和盈亏变化，便于事后核查。随着电脑系统在金融领域的广泛应用，银行的交易室已采用先进的电脑风险管理系统，实现“无纸化”操作。交易员无须填写交易单和头寸登记表，电脑联网的交易系统可自动记录每一笔交易，显示交易头寸和盈亏情况。各级交易主管能通过该系统随时了解其下属交易员的交易情况，更加有效地规避风险。

第二，通过外汇经纪人的交易程序。银行根据自身需要或客户订单要求，通过路透交易系统或电传、电话直接呼叫，请经纪行报价后，银行当即决定买入或卖出货币，交易便告成功。然后，交易商通知该笔交易与哪家银行达成，双方互相交付货币。有时，银行或客户定下买卖基准，通过电话、电传以订单形式交给经纪行，经纪行根据众多订单要求，把买方或卖方订单结合起来，以电传形式通知买卖双方，确认并开出该笔交易佣金收取通知单。

第三，外汇交易的清算程序。银行同业间外汇交易与经外汇经纪人外汇交易都需要进行交易清算，即交易双方各自按对方要求，将卖出货币及时解入对方指定账户进行账务处理。交易达成，交易单送交清算机构后，清算人员首先审核交易单内容，查看交易内容与所附交易记录是否吻合。核对无误，清算人员将交易逐笔输入清算系统，制作交易证实书发送交易对手。交易证实书应包括该笔交易的详细内容，包括交易银行名称、汇价、买入卖出金额、起息日、双方账户的开户行等。

清算机构也会收到交易对手送达的交易证实书，需同交易单核对。假如两者有出入，应立即向交易室查询，随后再向交易对手查询。清算人员根据交易进行相应的账务处理，调拨资金，发挥风险监控作用。清算机构通过汇总、统计所有外汇交易头寸，能了解各项资金变化是否有异常情况，及时将资金风险状况反馈给交易室。先进的电脑风险管理系统能使交易系统和清算系统连为一体，提高资金清算和会计处理效率，随时反映资金和风险变化情况。

三、外汇交易系统与外汇交易中心

（一）外汇交易系统

随着国际金融一体化和信息系统的网络化，各金融中心的联系越来越紧密。为满足广大外汇交易者需要，通信与信息系统越来越灵敏、及时、便捷。目前，运用最广泛的有两个系统，即路透交易系统和德励财经资讯系统。

1. 路透交易系统

路透社终端由英国路透新闻社推出，利用分散在全球各地和金融中心的新闻记者，广泛采集有关政治、经济、金融、贸易等信息，通过卫星、交易机，以最快捷的速度向用户提供服务。

路透交易系统(Reuter Dealing System)是一部高速电脑系统，操作十分简便，主要包括控制器、键盘、荧光屏和打印机等。用户将自己的终端机和路透交易机连接后，交易员只需启动机器，通过键盘输入自己的终端密码，即可与对方银行联系。

全世界参加路透交易系统的银行数千家，每家银行都有一个英文代号，如中国银行总行代号为 BCDD。交易员若想与某银行交易，在键盘上输入对方银行代号，叫通后即可询价、还价。交易员可同时与 2—4 个交易对手询价，并择优成交。若与交易对手在议价中更改价格或其他项目，按动“介入”键便可重新控制对话。对话完毕，双方交易过程全部显示在终端机荧屏上，交易完毕后即可打印出来。它是双方交易的唯一文字记录和重要合同依据。

外汇交易员可通过路透社资讯系统终端机获得多项信息，包括以下几个方面。

(1) 即时信息：遍布全球的路透社记者将即时政治、财经、商品等新闻汇集到路透社编辑中心，再输送到各地终端。用户只需在自己的键盘上敲出预定代号，即可在屏幕阅读信息。路透终端信息内容丰富，可提供7000个版面，如“各国国内利率版面”“国际利率版面”“外汇市场汇率版面”“各国经济版面”“商业动态和商品行情版面”“国际政治新闻版面”“国际金融新闻版面”等。

(2) 即时行情：路透终端的即时汇率版面，为交易员即时显示世界各大银行外汇买卖的参考价。由参加路透社报价系统的数百家银行通过终端输入，而后由电脑自动选择有价值的报价显示在屏幕上。用户只需要按下所需代号，屏幕即可显示最新汇价。此汇价只作为参考价，不是市场交易的实际汇价。

(3) 市场走势：路透系统有许多高级经济学家、银行家、金融专家和分析专家负责每天撰写汇率评论和走势分析，然后输入路透电脑中心。用户可利用键盘调出所需内容作参考。

(4) 技术图表分析：路透社为用户提供图表终端机，绘出技术图表帮助用户技术分析。路透交易系统简易高效，可依市场汇率变动即时把握机会。

2. 德励财经资讯系统

德励财经资讯系统(Telerate System)隶属美国道·琼斯公司，1969年创设电子化金融信息市场，以即时同步方式提供全球最新经济金融信息。其资讯来自全球1900余家银行、证券交易所以及商品交易中心。

德励财经资讯系统提供的主要服务包括：① 货币汇价和经济新闻，提供汇率、利率、黄金、证券和期货等的即时同步报价，提供美联社全球性新闻服务。② 市场评论和图表走势，可提供1900家银行及其他专门金融机构的市场分析。

有了这些先进设备，交易员可快速有效地进行交易，了解随时影响市场的政治、金融、经济及突发事件、谣言等最新信息，获得最新行情报告。

(二) 外汇交易中心

1. 伦敦外汇市场

伦敦外汇市场是一个典型的无形市场，没有固定的交易场所，只是通过电话、电传、电报完成外汇交易。

在伦敦外汇市场上，有600多家外汇银行机构参与外汇交易，这些外汇银行机构包括本国的清算银行、商人银行、其他商业银行、贴现公司和外国银行，这些外汇银行参加伦敦外汇银行公会，由伦敦外汇银行公会负责制定外汇交易的规则和收费标准。

在1979年10月英国取消外汇管制之前，伦敦外汇市场上的外汇交易需要通过经纪人来进行，当时，约有250个指定经营商作为外汇经纪人，他们与外币存款经纪人共同组成外汇经纪人与外币存款经纪人协会。在取消外汇管制后，外汇银行间的外汇交易就不一定通过外汇经纪人了。

伦敦外汇市场的外汇交易分为即期交易和远期交易。汇率报价采用间接标价法，交易货币种类众多，最多达80多种，其中，交易规模最大的为英镑兑美元的交易，其次是英镑兑欧元、瑞士法郎和日元等。交易处理速度很快，工作效率高。伦敦外汇市场上外币套汇业务十分活跃，是外汇交易量最大的外汇市场。其交易时间为北京时间17:30至次日1:30，或16:30至次日0:30。由于伦敦外汇市场的交易时间和纽约外汇市场的交易时间的衔接重合，因此，每日北京时间 21:00 至次日 1:00 是各主要币种波动最为活跃的时间段。

2. 纽约外汇市场

纽约外汇市场是日交易量仅次于伦敦的国际外汇市场，是一个无形市场。外汇交易通过现代化通信网络与电子计算机进行，其货币结算都可通过纽约地区银行同业清算系统和联邦储备银行支付系统进行。目前，占全球 90%以上的美元交易最后都是通过纽约的银行间清算系统进行结算的，因此，纽约外汇市场成为美元的国际结算中心。

美国政府不实施外汇管制，不限制经营外汇业务，不指定专门的外汇银行，因此，在法律上，所有的美国银行和金融机构都可以经营外汇业务。但实际上，纽约外汇市场的参加者主要是商业银行，包括 50 余家美国银行和 200 多家外国银行在纽约的分支机构、代理行及代表处。

纽约外汇市场上的外汇交易分为三个层次：银行与客户间的外汇交易、本国银行间的外汇交易以及本国银行和外国银行间的外汇交易。其中，银行同业间的外汇买卖大多通过外汇经纪人办理。纽约外汇市场有 8 家经纪商，虽然有些专门从事某种外汇的买卖，但大部分还同时从事多种货币的交易。外汇经纪人的业务不受任何监督，对其安排的交易不承担任何经济责任，只是在每笔交易完成后向卖方收取佣金。

由于“二战”后建立了以美元为中心的国际货币体系，所以，在纽约外汇市场上，虽然交易非常活跃，但是，其交易主要与金融期货市场相关，以美元结算的国际贸易制度使得该市场所发生的和进出口贸易相关的外汇交易量较小。

纽约外汇市场是一个完全自由的外汇市场，汇率报价同时采用直接标价法（指对英镑）和间接标价法（指对欧元和其他国家货币），便于在世界范围内进行美元交易。交易货币主要是欧元、英镑、加拿大元以及中南美洲、日本等国货币。其交易时间为北京时间 21:00 至次日 4:00。

3. 巴黎外汇市场

巴黎外汇市场由有形市场和无形市场两部分组成。巴黎外汇交易所是有形市场的载体，每天公布官方外汇牌价，外汇对法郎汇价采用直接标价法。除此之外，还有大量的外汇交易是在交易所外进行的，主要是由交易双方通过电话直接进行买卖，或者是通过经纪人进行。

在巴黎外汇市场上，名义上所有的外币都可以进行买卖，但实际上，在欧元出现之前，在巴黎外汇市场标价的只有美元、英镑、德国马克、里拉、荷兰盾、瑞士法郎、瑞典克朗、奥地利先令、加拿大元等 17 种货币，且经常进行交易的货币只有 7 种。

原则上，所有银行都可以中间人的身份为它自己或客户进行外汇买卖，但实际上，巴黎仅有较大的 100 家左右的银行参加日常的外汇交易活动，约有 20 名外汇经纪人，参与大部分远期外汇交易和交易所外的即期交易。巴黎外汇市场的营业时间为北京时间 16:00～23:00或 15:00～22:00（夏令时时间）。

4. 东京外汇市场

东京外汇市场是一个无形市场，交易者通过现代化通信设施联网进行交易。东京外汇市场的参加者可分为 5 类：① 外汇专业银行，即东京银行。② 外汇指定银行，指可以经营外汇业务的银行，共 340 多家，其中日本国内银行 243 家，外国银行 99 家。③ 外汇经纪人 8 家。④ 日本银行。⑤ 非银行客户，主要是企业法人、进出口企业商社、人寿财产保险公司、投资信托公司、信托银行等。

在东京外汇市场上，银行同业间的外汇交易可以通过外汇经纪人进行，也可以直接进行。日本国内的企业、个人进行外汇交易必须通过外汇指定银行进行。汇率有两种：一是挂牌汇率，包括了利率风险、手续费等的汇率。每个营业日上午10点左右，各家银行以银行间市场的实际汇率为基准各自挂牌，原则上同一营业日中不更改挂牌汇率。二是市场连动汇率，以银行间市场的实际汇率为基准标价。

东京外汇市场的交易品种比较单一，主要集中在日元兑美元和日元兑欧元。日本作为出口大国其进出口贸易的收付较为集中，因此具有易受干扰的特点。交易时间为北京时间的8:00～11:00和12:30～16:00。

5. 苏黎世外汇市场

瑞士苏黎世外汇市场是一个历史悠久的外汇市场，在国际外汇交易中具有重要地位。这一方面是由于瑞士法郎是自由兑换货币；另一方面是由于"二战"期间瑞士是中立国，外汇市场未受战争影响，一直坚持对外开放。其交易量原先居世界第四位，但近年来被新加坡外汇市场赶超。

在苏黎世外汇市场上，外汇交易是以场外交易形式进行的，是由银行自己通过电话或电传进行的，并不依靠经纪人或中间商。由于瑞士法郎一直处于硬货币地位，汇率坚挺稳定，并且瑞士作为资金庇护地，对国际资金有很大的吸引力；同时，瑞士银行能为客户资金严格保密，吸引了大量资金流入瑞士。所以，苏黎世外汇市场上的外汇交易大部分是由于资金流动而产生的，只有小部分是出自对外贸易的需求。其营业时间是北京时间16:00～24:00。在该市场上，采用直接标价法，以美元来表示外币价格，银行之间的外汇交易也使用美元与其他外汇的汇率，不以瑞士法郎为媒介货币。瑞士银行、瑞士信贷银行和瑞士联合银行，是苏黎世外汇市场的中坚力量。此外，瑞士国家银行（中央银行）、外国银行在苏黎世设立的分支机构、国际清算银行以及经营国际金融业务的各种银行等均是该外汇市场的积极参与者。

6. 新加坡外汇市场

新加坡外汇市场是在20世纪70年代初亚洲美元市场成立后才成为国际外汇市场。这是一个场外交易的市场，交易时间是新加坡时间8:00～15:00，由于新加坡地处欧亚非三洲交通要道，时区优越，上午可与香港、东京、悉尼进行交易，下午可与伦敦、苏黎世、法兰克福等欧洲市场进行交易，中午可同中东的巴林，晚上还可同纽约进行交易。根据交易需要，一天24小时都同世界各地区进行外汇买卖。因此，新加坡外汇市场迅速发展为世界第四大外汇市场，日平均交易量仅次于东京外汇市场。新加坡外汇市场除了保持现代化通信网络外，还直接同纽约的CHIPS系统和欧洲的SWIFT（环球银行金融电讯协会）系统连接，货币结算十分方便。新加坡外汇市场的参加者由经营外汇业务的本国银行、经批准可经营外汇业务的外国银行和外汇经纪人组成。其中外资银行的资产、存放款业务和净收益都远远超过本国银行。

新加坡外汇市场的大部分交易由外汇经纪人办理，并通过他们把新加坡和世界各金融中心联系起来。交易币种以美元为主，占交易总额的85%左右。大部分交易是即期交易，掉期交易及远期交易合计占交易总额的1/3。汇率均以美元报价，非美元货币间的汇率通过套算求得。

7. 中国香港外汇市场

中国香港外汇市场是20世纪70年代以后发展起来的国际性外汇市场。自1973年香港取消外汇管制后，国际资本大量流入，经营外汇业务的金融机构数量不断增加，外汇市场越来越活跃，逐渐发展成为国际性的外汇市场。

香港外汇市场的交易属于场外交易，交易者通过各种现代化的通信设施和IT网络进行外汇交易。

香港外汇市场的参加者主要是商业银行和财务公司。该市场的外汇经纪人有三类：① 当地经纪人，其业务仅限于香港本地。② 国际经纪人，是20世纪70年代后将其业务扩展到香港的其他外汇市场的经纪人。③ 香港本地成长起来的国际经纪人，即业务已扩展到其他外汇市场的香港经纪人。

20世纪70年代以后，随着香港自由市场经济的发展以及国际化程度的深化，港币与英镑脱钩与美元挂钩，美元成为该市场交易的主要外币。香港外汇市场上的交易可以划分为两大类：一类是港币和外币的兑换，其中以与美元兑换为主；另一类是美元兑换其他外币的交易。香港外汇市场的交易时间为北京时间9:00～17:00。

四、主要外汇交易形式与操作

（一）即期外汇交易及其操作

即期外汇交易也叫“即期外汇买卖”“现汇交易”(Spot Transaction)，是指在外汇买卖成交后两个营业日内按成交时的市场汇率进行交割(Delivery)的外汇业务。这里所说的工作日不包括节假日，如遇节假日，按国际惯例自然顺延一天。

在即期外汇交易中，交割在成交后的两个营业日内进行的做法已成为一种惯例，而营业日是指两个结算国银行都营业的工作日。通常情况下，结算国是指外汇交易实际发生的两国，即交易中的货币发行国。而交易国是进行该笔外汇交易的外汇市场所在国。例如，在伦敦市场用日元买美元，结算国是美国和日本，交易国是英国。

交割日又称为“结算日”或“起息日”，是进行资金交割的日期。通常也就是售汇人交付外汇，收取本币；购汇人交付本币收取外币的时间。两个营业日是指两个结算国同时营业的两个工作日。一般大多数外汇市场都规定在第二个营业日进行交割。两个营业日不等于日历上的两天。

即期外汇交易随着交易市场和币种不同，其交割日期也不尽相同。即期外汇交易的交割有以下3种类型：

(1) 标准交割日。指在成交后第二个营业日进行交割。在世界一些主要的外汇市场，如伦敦、纽约、法兰克福、巴黎等地，即期外汇的交割是在两个营业日内进行。这是因为，国际货币的收付除了要考虑时差因素的影响外，还需要对交易的细节进行逐一的核对，并发出转账凭证等。

(2) 次日交割。指在成交后第一个营业日进行交割。如港元对日元、新加坡元、马来西亚林吉特、澳大利亚元就是在次日交割。

(3) 当日交割。指在买卖成交当日进行交割。如港元对美元的即期交易就是在当日进行交割的。

即期外汇交易是外汇市场上最普通、最常见的交易，而即期外汇交易的报价是达成交易的基础。即期外汇交易中行使的汇率是即期汇率。即期汇率是外汇市场的基础汇率，因此，即期汇率的确定无论对银行，还是对客户均具有重要的影响。

外汇市场开张后，主导汇率行情的权威银行及其竞争伙伴一般将以前一天的收盘汇率作为当日的开盘汇率。一般各主要国家的银行都首先办理世界主要货币同本国货币的外汇买卖，然后才办理别的主要货币的买卖。在外汇市场，一些客户在查询某种货币的美元标价汇率时，有时会被告知该种货币美元标价的参考汇率。参考汇率在外汇市场上往往是“该日已停止该种外汇的买卖业务”，或者是“该日由于某种原因，现不办理该种外汇的买卖”的同义词，因此，客户不能将参考汇率误认为是即期交易汇率。

外汇即期交易一般多为银行同业拆借，金额较大，双方完全凭信用，无需担保，一般都是通过电话等电讯方式成交。

下面便是一笔通过路透社交易系统成交的一笔典型的即期交易。通过它可以看出即期外汇交易的一般程序。

成交日为 8 月 11 日。

A：HIH1SPOTDM2.（即 A 银行向 B 银行要美元兑德国马克的即期价格，交易额为 200 万美元）

B：1.5950～1.5960.（报价，即 1 美元＝1.5950～1.5960 德国马克）

A：AT50.（击中 50）

B：OK，DONE.（好，成交）

NOW CONFIRM，AT 1.5950 WE BUY 2 MIOUSDAGAST DEM

VA1.UE13/AUG.CITI BK NYK FOR MY USD

WHERE IS YOUR DEM.（证实：在 1.5950 水平，我们买进 200 万美元兑德国马克，起息日为 8 月 13 日，请你把美元汇到花旗银行纽约我的账上，你的德国马克账户行在哪儿？）

A：DEUTSCHE BANK FF1.TNANKS ALOT BIBI.（请把德国马克付到德意志银行法兰克福，谢谢，再见！）

（二）远期外汇交易及其操作

远期外汇交易又称期汇交易（Forward Transaction），它是指外汇买卖成交时，双方以合同形式约定交易币种、金额、汇率和交割期限，以待将来按约定的时间办理交割的一种外汇交易。

远期外汇交易的期限通常有 1 个月、2 个月、3 个月、6 个月、9 个月和 12 个月等多种，其中外汇市场上最常见的是 3 个月期的。

远期外汇买卖可分为固定日期交割和择期交割两种形式：固定日期交割的远期外汇买卖其交割日一经确定，必须按时实现，不得提前或推后，买卖双方均无权更改交割日期。择期外汇买卖是交割日不固定的远期外汇买卖，择期的含义也就是客户可在将来某一段时间通常是一个半月内在任何一天，按约定的汇率进行交割。例如，某进出口商在签订购买商品合同后，一时还确定不了将来的收付款日期，比如只能大致定在 1991 年 3 月。为稳定进口成本，该进出口商就可购买远期外汇。可以同银行做一个择期外汇买卖，把交割日期定在 3 月 1 日至 31 日。一旦择期买卖合约成交后，买方即可按照约定的远期汇率，从 3 月 1 日至 3 月 31 日的任何一天均可根据进口付款的要求，随时通知银行在两个工作日后交割。

远期外汇汇率是远期外汇交易中所使用的汇率，它是在即期外汇汇率的基础上形成的。

远期汇率高于即期汇率的差额，被称为“升水”(Premium)；远期汇率低于即期汇率的差额，被称为“贴水”(Discount)；远期汇率与即期汇率持平的情况称为“平价”(Par)。

在远期外汇市场，远期汇率的标价方法也有两种：一种是直接标出实际的远期外汇汇率；另一种则是以远期外汇汇率与即期外汇汇率的差额，即升水或贴水的形式表示。

例如，当即期汇率 1 美元＝125.35～125.45 日元，1 个月美元远期外汇为升水 0.15～0.20日元时，直接标价的美元对日元的远期汇率可表示为：

即期汇率 1 美元＝125.35～125.45 日元；1 个月美元期汇升水 0.15～0.20 日元。

如果是美元远期外汇贴水 0.15～0.20 日元，则直接标价的美元对日元的远期汇率表示为：

即期汇率 1 美元＝125.35～45 日元；1 个月美元期汇贴水 0.20～0.15 日元。

再如，当即期汇率为 1 英镑＝1.7700～1.7710 美元，3 个月的美元远期外汇升水是 0.61～0.66 美分时，则间接标价的英镑对美元的远期汇率表示为：

即期汇率 1 英镑＝1.7700～1.7710 美元；3 个月美元期汇升水 0.0066～0.0061 美元。

如果是美元远期外汇贴水 0.61～0.66 美分，则间接标价的英镑对美元的远期汇率表示为：

即期汇率 1 英镑＝1.7700～1.7710 美元；3 个月美元期汇贴水 0.0061～0.0066 美元。

汇率的标价方法不同，计算远期汇率的方法也不同。在直接标价法下，远期汇率＝即期汇率＋升水额；远期汇率＝即期汇率－贴水额。在间接标价法下，远期汇率＝即期汇率－升水额；远期汇率＝即期汇率＋贴水额。

使用刚才的例子计算直接标价法和间接标价法两种标价情况下的远期汇率如下：

(1) 直接标价法(东京外汇市场)下

美元远期外汇升水时，美元兑日元的 1 个月远期汇率为

1 美元＝125.35＋0.15～125.45＋0.20＝125.50～125.65(日元)

美元远期外汇贴水时，美元兑换日元的 1 个月远期汇率为

1 美元＝125.35－0.20～125.45－0.15＝123.15～125.30(日元)

(2) 间接标价法(伦敦外汇市场)下

美元远期外汇升水时，英镑兑美元的 3 个月远期汇率为

1 英镑＝1.7700－0.0066～1.7710－0.0061＝1.7634～1.7649(美元)

美元远期外汇贴水时，英镑兑美元的 3 个月远期汇率为

1 英镑＝1.7700＋0.0061～1.7710＋0.0066＝1.7761～1.7776(美元)

影响远期外汇汇率升降的因素十分复杂。两国利率的差异、货币的供求关系、人们对货币的心理预期而产生的投机活动及两国的政治、经济形势变化都会对远期汇率产生很大的影响。但其中绝大部分因素对远期汇率产生的影响都难以进行精确的定量计算，比较容易进行定量分析的是由两国间利息高低差异引起的远期汇率变化。

假定影响远期汇率变化的其他因素不变，远期汇率、即期汇率和利率的大致关系是：远期汇率和即期汇率的差异，决定于两国的利率水平，并大致与利息差异保持平衡。一般情况下，若 A 国的利率高于 B 国的利率，则以 B 国货币表示的 A 国货币的期汇汇率与其现汇汇率相比应为贴水；若 B 国利率高于 A 国利率，则以 B 国货币表示的 A 国货币的期汇汇率与其现汇汇率相比应为升水。

远期外汇交易是在国际经济贸易的不断发展和国际货币制度的变革过程中产生并发展

的。它的产生适应了当代世界经济发展的需要，也适应了各国进出口商、外汇银行及其有关机构、团体希望保值避险或牟利投机的需要。因此，在当代国际外汇市场上，远期外汇交易的规模发展迅速，它已同即期外汇交易一样，成为两种最基本、最主要的外汇交易形式之一。远期外汇交易的作用主要体现在以下几个方面：

（1）可帮助进出口贸易商防止汇率变动的风险。由于任何一项国际商品交易，从签订合同到债务的清算，一般总是要经过一段时间。对于进口商来说，在此期间若外汇汇率上升，则意味着他将付出更多的本国货币购买定量的外汇，即所付增加；对于出口商来说，若在此期间，外汇汇率下降，他所能得到的以外币标价的货款折算成本币的数额则比汇率下降以前少，即所得减少。为了避免这种汇率变动带来损失的可能性，进出口商均有必要预先固定汇率。以确知并稳定未来的收支金额，而通过远期外汇买卖则可达到这一目的。

（2）可使资金借贷者防止其国外投资或所欠国外债务到期时因汇率变动而蒙受损失。因为在国际间债权债务得以清算以前，无论对于债权方还是债务方而言，外汇汇率的变动都可能导致他们的实际所得减少或所付增加，因此，双方都有固定未来结算日汇率的要求，远期外汇交易的开展为这一要求提供了可能性。

（3）可使外汇银行通过平衡其外汇头寸而达到避免汇率变动风险的作用。国际贸易商和资金借贷者利用远期外汇交易，将汇率变动的风险转嫁给了外汇银行，外汇银行为了避免这一风险，也必须通过远期外汇的买卖综合平衡其外汇头寸。例如，当远期外汇“超买”时，则需抛出这一部分期汇；若远期外汇“超卖”时，银行就需要补进同额的期汇，这样就可以平衡外汇银行的外汇头寸，避免汇率变动的风险。

（4）可为外汇投机交易提供市场基础。当外汇投机者预期未来一定时期某种货币的汇率变动程度与该时期这种货币的远期汇率存在差异时，就会通过买进或卖出远期外汇而从中获利。

（三）外汇掉期交易及其操作

掉期交易又称“时间套汇”，是交易者在买入或卖出即期外汇的同时，卖出或买入同额远期外汇的互换交易。

掉期交易具有以下几个特点：一是买卖同时进行；二是买卖某种货币的数额相等；三是交易的期限不同。凡符合这 3 个条件的，都可视为掉期交易。例如，某公司向国外借入一笔瑞士法郎，想把它转换为美元使用，或将暂时未用的部分转换为美元存款。与此同时，为了防止瑞士法郎将来升值，蒙受大的汇率损失，造成还款上的被动，就可以做一个掉期买卖。即卖出即期瑞士法郎，买进即期美元；买进同额远期瑞士法郎，卖出相应数量的远期美元。到时就可以防范瑞士法郎转换成美元后，可能发生的美元贬值损失。

掉期交易的作用主要表现在：

（1）可降低筹资成本。筹资者在筹资时只需要考虑采用所能借取低成本的资金方式，其后再通过调换转为最终需要的货币，不必过多考虑其他限制。

（2）可使外汇银行通过掉期交易进行外汇头寸和外汇资金的结构调整，也可通过掉期交易的运用获得利润，还可解决外汇合约的延期问题。外汇银行为了业务的顺利开展和避免汇率变动所带来的损失，需要不断地调整银行的外汇资金构成以及外汇头寸。而调整的方向是使银行的外汇头寸和外汇资金构成向同一方向同步变化。即银行在外汇头寸为多头时，要有相应增加的外汇资金补进；为空头时，要有相应减少的外汇资金抛出。如果外汇头寸和外汇资金能够同步向同一方向变化，那么，调整外汇头寸也就调整了外汇构成，调整外汇构成也就调整了外汇头寸。在多头时卖出外汇，是调整过剩的外汇资金；在外汇资金不足时买进外汇，则是调整外汇头寸的空头。然而实际上，外汇头寸与外汇资金往往并不同步向同一方向变化，外汇头寸多时，外汇资金并不马上增加；相反，空头时，外汇资金也不会马上减少。

例如，当银行议付10万美元的出口跟单90天远期汇票后，外汇头寸马上有了10万美元的多头，但实际上银行将汇票寄到代理行，代理行再从进口商处收回10万美元到议付行至少需要90天的时间，银行账户出现多头时，外汇资金并不马上增加。同样，如果银行卖出10万美元的远期外汇，外汇头寸马上出现10万美元空头，可10万美元外汇资金则在几个月后交割时才减少。

因此，调整外汇头寸，进行外汇交易时，还必须考虑外汇资金的流动情况；而调整外汇资金，进行外汇交易，也须考虑外汇头寸的情况。又如，当银行有10万美元的多头，而外汇资金又不足10万美元时，调整外汇头寸不能以即期外汇交易的方式卖出美元，而只能采用远期外汇交易的方式。如果银行的外汇资金用于业务需要10万美元，而这时银行账户上无头寸，买进10万美元的即期外汇虽可补充业务资金的不足，但却会使平衡的外汇头寸变为多头，对银行的外汇头寸管理不利。在此情况下，银行运用掉期交易便能解决这一问题，即在买进10万美元现汇时，卖出10万美元期汇，使外汇资金和外汇头寸都达到平衡状态。

掉期业务除了在银行同业之间使用外，也在银行对客户之间的交易时使用，其中比较多的是用于解决外汇预约的延期问题。例如，某出口企业向银行预约了50万美元3个月期外汇交易(银行买，出口商卖)。但由于进出口企业之间衔接不良，3个月后出口企业不能如期预约交易，因而希望银行能将预约交易延期3个月执行，这时银行一般做法是，卖给出口企业50万美元的现汇，同时买入3个月同额期汇，即进行掉期交易。通过掉期交易，出口企业解决了延期的问题。

掉期交易最常见的是即期对远期的交易，其过程如下：

一个顾客向一家银行询价后，该银行报出美元兑德国马克3个月掉期价为：

USD/DEM SPOT PRICE：1.6550～1.6560

SWAP POINTS：125～128

从而可以算出该银行直接标价下的远期价格

FORWARD OUTRIGHT PRICE：1.6675～1.6688

如果该顾客想做先买后卖，那么就说：

WE BUY/SELL USD I MIO.

也就是说即期、远期分别在1.6560～1.6675水平成交；相反，若先卖后买，则在1.6550～1.6688水平成交。

(四) 外汇期货交易及其操作

外汇期货交易是金融期货的一种。它是在有形的交易市场，通过结算所(Clearing House)的下属成员清算公司(Clearing Firm)或经纪人，根据成交单位、交割时间标准化的原则，按期货价格买卖标准化外汇期货公司的一种业务。

外汇期货交易的主要特点是：

(1) 在有组织的市场，通过公开叫价方式进行交易。

(2) 期货合约采用标准化形式，即除价格是交易时确定的外，其余各项如货币币别、交易金额、清算日期、交易时间等均已作了明确规定。

(3) 期货交易只限于交易所的会员之间，非会员要进行买卖必须通过经纪人，经纪人收取佣金。合约到期时实际交付的金额很少，通常不到交易额的1%。

外汇期货是20世纪70年代初浮动汇率制度取代固定汇率制度的产物。1972年5月16日，芝加哥商品交易所(CME)成立国际货币市场分部，推出包括英镑、加拿大元、德国马克、日元、瑞士法郎、荷兰盾、墨西哥比索在内的多种外汇期货合约，开始了外汇期货交易。

外汇期货适应了人们对变化不定的汇率进行套期保值的需要，因此很快为金融界和企业界所接受，发展成为三大主要金融期货之一。

外汇期货交易的功能主要表现在以下方面：

(1) 减少或消除汇率的不利变动可能给投资者带来的损失。任何企业和个人，都面临着汇率变动的风险，尤其是在当今如此频繁剧烈的汇率变动下，他们迫切需要寻找理想的回避汇率风险的金融工具，他们可以通过金融期货市场进行外汇期货套期保值，将风险转移给愿意承担该风险的投机者，以最大限度地减少因汇率变动造成的损失。

(2) 便于发现外汇价格。期货交易所是一个完全由供求法则决定的自由市场，它将众多的影响供求关系的因素集中于交易场内，并通过公开喊价竞争，将众多因素反映在一个统一的交易价格上，期货交易所起到了价格晴雨表的作用，它记录了世界范围内各种因素对所交易的外汇价格的影响。由于现货市场和期货市场都受同种经济因素影响和制约，外汇期货价格与现货价格在走向上是一致的。因此，两个市场之间的价格相关关系可以使套期保值者和投机者利用外汇期货价格来衡量相关外汇期货的近远期价格发展趋势。另外，外汇期货市场存在着大量投机因素，会增加外汇市场价格的波动。

外汇期货交易的核心是外汇期货交易合同。它是期货交易所制定的标准化的外汇远期合约，除价格外，其他内容都有统一的规定，即交易单位、币种、交易时间、交割时间和交割地点等内容是标准化的。这与外汇远期合同不同，外汇远期合同是交易双方协商决定的，内容根据需要而定。

外汇期货交易的程序是，首先客户要选定下达何种指令，即是限价指令、市场指令还是停止价指令等。限价指令，特指只能在客户指明价格水平上或比该价格更好的价格成交的指令，在下达这类指令时客户应标明一个具体的价格水平；市场指令，这类指令下达到交易池时，场内出市代表迅速以接到指令时的最好价格成交，在这类指令下达时，客户无须指明价格，只需表明买卖合约的商品品种、交收月份、数量及交易方向；停止价指令也称“止蚀指令”或“止损指令”，是当市场达到指定价格水平时即转为市价指令执行的指令，多用于对冲在手合约以达到减少损失或保持既得利益的目的。客户通过电话向经纪人发出买入或卖出的指令，经纪人利用电话、传真或计算机将指令传给交易大厅内代表，指令单加盖时间戳记后立即由指令传递员传递给相应交易他的场内经纪人，在每个指定进行不同外汇期货合同交易的交易池内，场内经纪人通过公开叫价执行委托。各交易池内交易所职员记录下每笔已完成的交易价格变动情况，并输入计算机控制中心。计算机接收到所有交易他的交易数据后立即在电子显示板上显示外汇期货交易的最新数字，并通过高速电传机向全世界主要新闻媒介及私人报价系统使用者传递交易数字信息。场内经纪人在买卖指令完成后，还须在交易卡及原有戳记指令单上记录每笔交易的详细情况，完成的交易确证后通知最初的经纪人，再由其告知客户。

（五）外汇期权交易及其操作

所谓“外汇期权”，是交易的买方（或卖方）签订买或卖远期外汇合约，并支付一定金额的保险费后，在合约的有效期内或在规定的合约到期日，有权按合约规定的汇价行使自己购买（或出卖）远期外汇的权力，并进行实际的货币交割。但这种权力并不是平等的，买方（或卖方）也可以在有效期内或合约到期日根据情况放弃买卖外汇的权力，让合约到期而自行作废。这种拥有履行购买（或出卖）远期外汇合约选择权的外汇交易，即是外汇期权交易。

购买期权的一方称为买方，出售期权的一方称为卖方。如果期权给予买方以在特定日期按特定价格购买相关资产的权利，就是看涨期权，如果期权给予卖方以在特定日期按特定价格出售相关资产的权利，就是看跌期权。

必须强调的是，期权的卖方在买方要求行使权利时，有义务交收相关的金融资产，但期权给予买方的只是一种权利，而不是一种义务。买方可自由选择行使或放弃行使期权赋予的权利。

外汇期权交易产生于1982年11月，地点是加拿大的蒙特利尔股票交易所的美元对加拿大元的期权交易。之后，外汇期权交易获得了迅速发展，目前，外汇期权交易的对象主要是6种货币的5种外汇期权合约，它们是美元对英镑、美元对德国马克、美元对瑞士法郎、美元对日元和英镑对加拿大元。

按期权的行使方式划分的外汇期权有美式期权和欧式期权两种基本类型。所谓“美式期权”是指期权买方可以在合约到期日之前的任何一天行使选择是否履约的权力。所谓“欧式期权”是指期权买方只能在合约到期日行使选择是否履约的权力。在上述两种基本类型之外，还有一些变化类型，例如，在OTC场外市场上，还有百慕大式期权和亚式期权。百慕大式期权可以在到期日之前的某些特定的日期行使权利；亚式期权则是按某一特定时期内相关资产的平均价值，而不是其最终价值计算盈亏。

按合约的标的不同划分为外汇现货期权和外汇期货期权。合约的标的是实际货币，称为“外汇现货期权”。合约的标的若是货币期货合约，称为“外汇期货期权”。

外汇期权费又称“期权价格”“保险费”等，是指市场上买卖期权的价格或费用。一般说来，期权价格是由期权市场的供给和需求决定的，它反映出买卖双方对这一权利做出的估价。外汇期权费主要决定的因素有3个：内在价值、时间价值和波动率。

内在价值是指立即履行期权合约时获得的利润。对于看涨期权而言，如果标的物（指期权交易的相关金融工具）的市场价格超过期权的行使价格，则期权的买方就可能行使其权利而获利，这时看涨期权就具有内在价值，它等于市场价格减去行使价格，也可以说期权处于实值状态。反之，如果标的物的市场价格低于期权的行使价格，此时行使期权无利可图，反而亏损，故期权持有人会放弃期权，因此内在价值为零，也就是说期权处于虚值状态。当标的物市场价格等于行使价格时，内在价格也为零，此时期权处于平值状态。

时间价值又称“外在价值”，是指期权价格超出期权内在价值的部分。由于在到期时的期权价格是绝对超不出其内在价值的，故拥有期权并无特别优势。只有期权未到期时，相应金融工具的市场价格才有可能向有利的方向变动，这时期权才具有时间价值。比如，对于看涨期权，如果还有一段时间才到期，这期间的市场价格有上升的可能，则买方所支付的价格就会超过该期权当时的内在价值，以补偿卖方的风险，所以时间价值又可视为风险补偿费。在到期前任何时间，实值期权的期权价格由内在价值和时间价值构成，而平值或虚值期权的价格无内在价值，仅由时间价值构成。

波动率是指价格波动的幅度，也是影响期权费的一个重要因素，它和时间价值相辅相成。因为时间愈长，波动的幅度加大，期权的卖方承担的风险就越大，因而索要的期权费也越高；而对期权买方而言，汇价波动幅度越大，期权向有利方向变动的可能性越大，期权的时间价值也越高。所以，波动率越大，期权价格越高，时间价值越大；反之，波动率越小，期权价格越低，时间价值越小。

与期货交易所一样，期权交易所一般也实行会员制，会员在交易所内拥有席位，只有他们才可以在场内直接进行交易。因此，非会员想要进行期权交易必须通过经纪公司。顾客将买卖期权的订单下达给经纪公司之后，经纪公司马上将订单传给其在交易所内的经纪人。经纪人接到订单后，立即按订单指令与交易所内其他会员进行交易。为保证市场的连续性，大多数交易所设有称为"造市者"(Market Makers，在香港一般称为"庄家")的会员。一般每种期权都有一个或几个造市者，他们负责在经纪人询价时，立即报出该期权的买价和卖价。造市者所报出的卖价总是大于买价，中间的差额就是价差，交易所一般对价差的上限都有规定。例如，期权价格低于0.50美元的，价差不得超过0.25美元；期权价格在10～20美元之间的，价差不得超过0.75美元等。造市者的存在保证了买卖订单不加延迟地以某一价格成交，增强了市场的流动性。造市者本身也可以从价差中赚取利润。下达给经纪人的订单有很多是限价订单，只有遇到合适的价格时才能成交。如果无法成交，经纪人可以将订单转给订单记录员，他们会将订单上的指令输入计算机中，这样一旦价格达到限价水平，订单就可以成交。当期权的买方选择行使权利时，他必须在通知日前向其经纪人声明。经纪人接到声明后通知期权清算所会员进行清算，该会员于是对清算所下达行使指令。期权清算所在拥有同样期权的空头头寸的会员中随机选择一个，该被选中的会员再从同样期权的卖方中按事先确定的程序，如先进先出法挑选某一个履约，如果是看涨期权，卖方按行使价格卖出相关资产；如果是看跌期权，买方按行使价格买进相关资产。在期权的相关资产是期货合约的情况下，如果看涨期权的买方行使权利，他除了按行使价格买入该相关期货合约外，还可以从卖方获得期货合约价格超过行使价格的现金值；如果看跌期权的买方行使权利，他除了按行使价格卖出该相关期货合约外，还可以从卖方获得行使价格超过期货合约价格的现金值。

资料链接2-3

探访中国银行外汇交易员工作

周末夜晚9点的西单，已经没有了白天熙熙攘攘的人群和川流的车辆，热闹的商场也慢慢安静下来了。在西单路口西北角的中国银行总行大楼这时还灯火通明，大楼二层的资金交易大厅里，一些年轻的外汇交易员正在紧张地工作着。晚上10点，他们就要进行今天的第三次交接班。

全球主要外汇交易市场是一个24小时不停歇的市场，每天从新西兰的惠灵顿开始，经过亚洲、欧洲，再到北美洲的纽约、芝加哥，因此外汇交易员也必须紧跟市场变化，一天不间断地工作。"我们每天分四班，这周我上夜班，从夜里10点上到第二天凌晨6点。"中国银行金融市场总部外汇交易台交易员李公辅说，"这段时间从伦敦过渡到纽约交易市场。从全世界来看，伦敦交易市场的外汇交易量是最大的，市场也最为活跃。"

宽敞的交易大厅里，密密麻麻摆放了数排办公桌，每位外汇交易员的办公桌上都安放了三四台电脑屏幕,分别显示着国内客户交易信息和外汇牌价、国际外汇交易市场外汇牌价和交易记录、外汇走势图和即时新闻。“每天客户的交易需求都会汇集到我们这里,我们利用现有的资金头寸,实时根据国际金融形势和外汇市场的变化,把握市场运行的先机,到国际外汇交易市场上进行交易,争取获得资本利得。”李公辅介绍他们平时的工作情况。

市场上任何一个微小的变动都会对外汇市场产生影响,交易员必须随时关注市场变化,对数据进行严密分析,工作压力非常大。“影响外汇市场变化的因素非常多,并且各种变化最终都会反映到外汇水平上来,因此我们平时要时刻关注各个国家的股市、国债、央行政策、CPI、GDP 等变化,有时还要关注特别小的新兴指数,来决定自己的交易策略。虽然最后只是几个简单的数字,但是后面却隐藏着巨大的信息量。”李公辅介绍说,每个交易员手头掌握着几百万至数千万美元的头寸,市场情况瞬息万变,一个小小的失误可能会导致巨大的损失。一个好的交易员必须保持一个平稳的心态,在把握市场先机的同时,能稳定地去执行自己的交易策略。

今年市场的流动性不足,汇率波动幅度也不大,这对交易员来说,市场难以把握,交易机会不多。“市场波动越大,机会越多,但风险也会越大。”李公辅回忆起 2008 年国际金融危机爆发时的情景。当时市场波动剧烈,一天能有几百个点的上下波动,而在此之前,一天的波动幅度只有 50 个点左右。那段时间,最紧张的时候,差不多每分钟要做一笔交易,一个下午下来要完成 150 多笔交易,每天要盯盘 15 个小时,工作强度非同一般。

深夜盯盘是外汇交易员的日常生活。这时已经到了夜里 11 点 23 分。如同警报声的电话铃声又响起来了,一位不上夜班的同事打来电话要李公辅帮他看看市场行情,因为在家里看不到小币种货币的市场变动情况。

有意思的是,正在这时又响起了布谷鸟叫声。李公辅解释说,这是系统在提醒外汇牌价有段时间没变动了,要交易员去确认是汇价真的没动,还是系统出了问题。一个晚上,各种奇怪的声音在交易大厅响起,不同的提示音在外汇交易员耳中都有明确的意义。“刚来的时候,就只觉得声音乱作一团,也不知道哪响了,要干什么,有时还把别人的声源听成自己的。现在练就了一双好耳力,声音从哪传来听得清清楚楚。”李公辅说。

“一个好的交易员对市场要有感觉,看着汇率走势图就像音乐家看着乐谱一样,而且还要有良好的职业道德,不能为了隐瞒亏损而隐藏交易。”李公辅从业 4 年颇有心得。

中行的外汇交易团队是一个年轻的队伍,平均年龄不到 30 岁。这群年轻人每天与变幻莫测的金融市场博弈,抓住稍纵即逝的市场机遇,获得资本利得的同时,也承担着常人难以想象的风险和压力。

目前,中行外汇交易水平正在逐步接近国际先进银行,每天的交易量以亿美元计,交易利润率也实现了翻番。“现在我们中行的外汇买入价和卖出价之间的点差很小,说明我们的报价水平提升了,这正是来源于我们外汇风险管理能力的提高。”李公辅解释说。

凌晨 1 点,走出中行大楼,宽阔的长安街已经安静下来。回望大楼,灯光依然明亮,那里的世界依然热闹而紧张,一群充满激情的年轻人还在国际金融市场上“激战”。

资料来源:欧阳洁,杨杰.探访中国银行外汇交易员工作,把握国际汇市脉搏[EB/OL].[2012-06-12]. http://finance.people.com.cn/bank/GB/18149317.html.

第四节　中国外汇市场分析

一、中国外汇市场的建立与发展

与国际外汇市场相比，中国的外汇市场是在近 40 年才逐步发展起来的，经历了从无到有、从小到大、从有形到无形、从简单到复杂的过程。总的来看，中国外汇市场的发展经历了以下几个阶段。

（一）中国外汇市场萌芽阶段（1979～1993 年）

1979 年以前，我国对外汇收支实行高度集中的指令性计划管理，没有外汇市场的概念。为调动出口企业创汇的积极性和配合外贸体制改革，1979 年，我国开始改革外汇分配制度，实行外汇留成管理，区别不同情况，适当留给企业一定比例的外汇额度，以解决发展生产、扩大业务所需要的物资进口。

实行外汇留成管理后，有些企业有外汇额度而暂时闲置但可能需要人民币资金，而有些企业急需外汇资金但又无外汇额度，客观上产生了调剂外汇额度余缺的需要。为此，1980 年 10 月起，中国银行在北京、上海等地开办外汇调剂业务，允许持有留成外汇的企业将多余的外汇额度转让给缺汇的企业。此后，调剂外汇的对象和范围逐步扩大。1985 年末，深圳首先设立了外汇交易所，1988 年 3 月，国家在北京设立了全国外汇调剂中心，各地也纷纷设立了地方外汇调剂中心。同年，上海创办了全国首家外汇调剂公开市场，把原来外汇调剂中心的柜台交易改为竞价交易，允许价格浮动，体现了公开化、市场化的原则，提高了透明度。类似的市场在全国陆续建立了 18 家。至 1993 年底，全国共建立了 108 家外汇调剂中心，形成了外汇调剂市场体系，促进了外汇调剂业务的发展。

这一时期，人民币实行官方汇率与外汇调剂市场汇率并存的双重汇率制度，外汇调剂市场的产生和发展，促进了反映市场供求状况、具有市场化特征的调剂汇率的形成，为后续的汇率并轨以及市场逐步发挥外汇资源配置的基础性作用奠定了基础。

（二）中国外汇市场初步发展阶段（1994～2004 年）

1993 年 11 月，党的十四届三中全会《关于建立社会主义市场经济体制若干问题的决定》提出，要“改革外汇管理体制，建立以市场供求为基础的、有管理的浮动汇率制度和统一规范的外汇市场，逐步使人民币成为可兑换货币”。从 1994 年 1 月 1 日起，我国开始实行银行结售汇制度，取消了外汇上缴和留成政策，也一并取消了用汇的指令性计划和审批。境内机构经常项目下的外汇收支可按照市场汇率在外汇指定银行办理兑换，形成了银行与客户之间的零售外汇市场。

为解决外汇指定银行对客户办理结售汇业务后相互平补结售汇头寸和中央银行汇率调控的需要，1994 年 4 月，全国统一的银行间外汇市场——中国外汇交易中心在上海成立运行。中心采用会员制，交易双方通过外汇交易系统自主匿名报价，交易系统按照“价格优先、时间优先”的原则撮合成交和集中清算。

以中国外汇交易中心为平台的银行间外汇市场，不同于以往的外汇调剂中心和外汇调剂市场，它通过计算机系统实现全国联网、统一交易，打破了地区分割；它也不同于传统上的国际外汇市场，融合了有形市场（固定交易场所）与无形市场（计算机网络）的特点。2004年，我国外汇市场交易量为9583亿美元，其中银行零售外汇市场和银行间外汇市场分别为7493亿美元和2090亿美元。

1994年，外汇市场的初步建立和平稳运行，保障了人民币汇率并轨的顺利实施，为实行以市场供求为基础的、单一的、有管理的浮动汇率制度提供了市场基础。

（三）中国外汇市场快速发展阶段（2005～2015年）

2005年7月21日，中国重启汇率市场化改革，开始实行以市场供求为基础、参考一篮子货币进行调节、有管理的浮动汇率制度。

在企业层面，买卖外汇的自由度进一步提升，企业和个人拥有更多保留和使用外汇资金的自由，结售汇行为在一定程度上体现了市场预期和需求。2008年4月，强制结售汇制度取消，企业账户限额和个人购汇额度扩大。

在银行层面，中国人民银行对各银行的结售汇周转头寸管理改为综合头寸管理，结售汇综合头寸限额的管理区间变成下限为零、上限为外汇管理局核定的限额，银行体系的结售汇综合头寸总限额有了一定程度的提高，但仍保留了结售汇综合头寸管理。

自此，我国银行间外汇市场进入快速发展阶段，持续进行产品创新。2005年推出人民币外汇远期交易、2006年推出人民币外汇掉期交易、2007年推出人民币外汇货币掉期交易、2011年推出人民币外汇期权交易。目前，银行间外汇市场已具有即期、远期、掉期、货币掉期和期权等衍生产品，可交易货币已扩大至27种发达和新兴市场货币，并形成了人民币兑非美元货币的直接报价和交易机制。银行间市场基础设施不断完善，交易清算模式逐步多样化，交易报告库建设初具雏形，中国外汇交易中心作为交易主平台和定价中心、上海清算所作为中央对手方集中清算机构的专业化服务功能日益成熟。

（四）中国外汇市场进一步发展阶段（2015年至今）

进一步健全完善我国外汇市场、扩大市场对外开放对于推进人民币国际化有重要意义，而人民币国际化又为中国外汇市场的发展开放提供了难得的机遇。

2015年，为推动中国外汇市场对外开放，境外央行类机构（包括境外央行和货币当局、国际金融组织以及主权财富基金），境外清算行和人民币购售业务的境外参加行三类机构被允许进入银行间外汇市场。

2015年11月30日，国际货币基金组织批准人民币加入特别提款权（SDR）货币篮子，并于2016年10月1日将人民币正式纳入，这是人民币国际化进程中重要的里程碑。

2018年6月，人民银行发布《人民银行关于完善人民币购售业务管理有关问题的通知》（银发〔2018〕1159号），规定境内代理行、境外清算行和境外参加行可为经常项下和直接投资、经批准的证券券投资等资本和金融项下的跨境人民币结算需求办理人民币购售业务，交易品种包括即期、远期、外汇掉期、货币掉期和期权等。

二、中国外汇市场的运行机制

中国外汇市场的核心是中国外汇交易中心，中国外汇交易中心暨全国银行间同业拆借中心合署办公，统称交易中心，其主要职能是：为银行间同业拆借市场、债券市场、外汇市场等提供交易、信息、基准、培训等服务；承担市场交易的日常监测工作；为中央银行货币政策操作和传导提供服务；根据中国人民银行的授权，发布人民币汇率中间价、货币市场基准利率(Shibor)等；提供业务相关的信息、查询、咨询、培训服务；经中国人民银行批准的其他业务。

交易中心总部设在上海张江，在上海外滩和北京建有数据备份中心和异地灾备中心。上海内设部门包括综合部(党委办公室)、市场一部、市场二部、清算部、工程运行部、技术开发部、研究部、信息统计部、国际部、风险管理部、人事部(党委组织宣传部、纪检监察办公室)、财务部、行政保卫部以及北京综合部、北京市场部、北京工程部16个部门。目前在成都、重庆、大连、福州、广州、海口、济南、南京、宁波、青岛、汕头、沈阳、深圳、天津、武汉、厦门、西安、珠海18个省会城市及经济区域中心城市设有由人民银行当地分支行管理、由交易中心业务指导的分中心。

银行间外汇市场是进行人民币和外汇之间交易的市场，是机构之间进行外汇交易的市场，实行会员管理和做市商制度，参与者包括银行、非银行金融机构和非金融企业等。

交易中心为银行间外汇市场提供统一、高效的电子交易系统，该系统提供集中竞价与双边询价两种交易模式，并提供单银行平台、交易分析、做市接口和即时通信工具等系统服务。

交易系统支持人民币对13种外币①[美元、欧元、日元、港元、英镑、澳大利亚元、新西兰元、新加坡元、加拿大元、林吉特、俄罗斯卢布、泰铢(区域交易)和坚戈(区域交易)]的即期，人民币对11种外币(美元、欧元、日元、港元、英镑、澳大利亚元、新西兰元、新加坡元、加拿大元、林吉特和俄罗斯卢布)的远期、掉期，人民币对5种外币(美元、欧元、日元、港元、英镑)的掉期和期权交易，9组外币对(欧元/美元、澳元/美元、英镑/美元、美元/日元、美元/加拿大元、美元/瑞士法郎、美元/港元、欧元/日元、美元/新加坡元)的即期、远期和掉期交易，以及与上海黄金交易所合作的银行间黄金询价即期、远期和掉期交易。

中国外汇交易中心实行会员制，符合条件的银行、非银行金融机构及非金融企业均可申请成为交易中心会员，参与外汇交易。

例如，经中国银监会批准设立，具有外汇业务经营权的银行及其分支机构，可向中国外汇交易中心申请人民币外汇即期会员资格，进入银行间即期外汇市场交易。非银行金融机构申请人民币外汇即期会员资格应具有主管部门批准的外汇业务经营资格；具有经国家外汇管理局批准的结售汇业务经营资格；保险公司注册资本金不低于10亿元或等值外汇，证券公司、信托公司、财务公司等注册资本金不低于5亿元或等值外汇，基金管理公司注册资本金不低于1.5亿元或等值外汇；具有2名以上从事外汇交易的专业人员；具备与银行间外汇市场联网的电子交易系统；自申请日起前两年内没有重大违反外汇管理法规行为等。非金融企业除应具备非银行金融机构一些必备条件外，其上年度经常项目跨境外汇收支还应达到25亿美元或者货物贸易进出口总额达到20亿美元以上。

三、中国外汇市场的主要特点

(一)双层结构：结售汇市场和银行间外汇市场

中国外汇市场可以分为：银行为客户(包括企业和个人)和自身办理人民币与外汇兑换

① 此处“外币”是指非人民银行发行的本币以外的货币。

业务的结售汇市场和银行之间进行人民币外汇买卖的银行间市场。

结售汇市场主要服务于客户和银行自身的实际用汇和套期保值需求，而银行间市场主要为银行和其他市场成员平补外汇头寸和调节外汇流动性。

银行对客户市场与银行间市场既分层又统一。分层性体现在，企业、个人只能作为金融机构的客户开展交易，而不能进入银行间市场，金融机构之间也不能在银行间市场之外进行交易，两个市场适度分离。统一性体现在，金融机构将代客结售汇头寸在银行间市场平盘，使得两个市场的资金、价格产生内在联系，银行对客户市场重在形成市场供求，银行间市场重在形成市场价格，量与价互联互通。

（二）交易规则：实需原则、市场准入和量价规定

在结售汇市场，外汇管理部门要求银行办理结售汇业务时，应当遵循实需原则，按照“了解业务、了解客户、尽职审查”的展业三原则对相关凭证或商业单据进行审核。银行为客户办理人民币与外汇衍生产品业务时也需要具有对冲外汇风险敞口的真实需求背景。

在银行间市场，人民币外汇买卖不受实需原则限制，但在市场准入和买卖价量上都需要符合相关规定。

（1）市场准入方面，银行间外汇市场实行会员制，境内机构只有具备国家外汇管理局批准的即期结售汇业务资格才能申请成为银行间人民币外汇即期会员，截至 2018 年 6 月底，银行间人民币外汇会员共有 667 家，除 2 家企业集团外，其余均为金融机构，其中境内中资金融机构 442 家，境内外资银行 134 家，境外金融机构 89 家。而要申请人民币外汇衍生品会员，除具备银行间外汇市场即期会员资格外，还需要取得相关金融监管部门批准的衍生品业务资格。

（2）交易价格方面，银行间市场人民币外汇即期交易价格需在当日中间价和波幅限制所确定的上下限范围内，目前人民币对美元即期交易的波幅限制为±2%，即每日银行间人民币兑美元的即期报价和成交价不得超过当日中间价上下 2%（结售汇市场、银行间人民币外汇衍生品市场没有价格限制）。

（3）交易规模方面，银行间外汇市场会员需遵守结售汇综合头寸管理的规定，结售汇综合头寸由银行代客和自身结售汇头寸以及银行间外汇市场交易头寸共同组成，外汇管理部门对结售汇综合头寸按照权责发生制原则进行正负区间限额管理，并按周进行考核和监管。

（三）控制杠杆：外汇市场的宏观审慎政策

2015 年 8 月 31 日，央行发布《中国人民银行关于加强远期售汇宏观审慎管理的通知》（银发〔2015〕273 号文），要求对开展代客远期售汇业务的金融机构收取外汇风险准备金，准备金率暂定为 20%。金融机构在央行的外汇风险准备金冻结期为 1 年，利率暂定为 0。2017 年 9 月，央行将远期售汇的外汇风险准备金率调整为 0，当时人民币兑美元汇率出现了明显的飙升。2018 年 8 月，央行又将其从 0 调升为 20%。那时人民币贬值压力较大。从 2020 年 10 月 12 日起，央行又将远期售汇业务的外汇风险准备金率从 20%下调为 0。

当人民币贬值预期较强时，上调外汇风险准备金率；当人民币升值预期较强时，下调外汇风险准备金率。通过价格手段抑制企业和境外主体在人民币单边非理性预期的情况下的投机行为。

四、中国外汇市场进一步改革方向

第一，进一步丰富产品，构筑完整的外汇市场。我国迟迟没有推出交易所市场的人民币外汇期货、期权产品；而境外已经十几家交易所推出了人民币外汇期货和期权产品，且交易日渐活跃。交易所市场与OTC市场相互补充，分工上各有侧重，共同构成一个完整的外汇市场。

第二，放松实需交易原则，积极回应我国家庭财富保值增值的现实、庞大、迫切的需要。应该放宽个人和企业参与外汇期货、外汇期权等交易的限制，允许他们使用相关工具来管理汇率风险和进行汇率投资。我国居民，尤其是高净值家庭群体，财富总量已经非常巨大，但是配置的外币资产却很少，面对汇率风险，有现实而强烈的汇率风险管理和外币资产配置的需要和需求，光靠堵是不行的。

第三，积极扩大外汇市场对外开放程度。跨境人民币业务发展以来，境外金融机构可以有限度地直接参与境内外汇市场，而境内金融机构基本不能直接参与境外人民币市场。这种境内外市场的分割状态存在以下弊端：一是不利于人民币汇率的价格发现。境内外汇市场半封闭性与人民币持续“走出去”之间的反差，制约了境内市场供求的全面性、充分性和多样性，影响了人民币汇率形成。二是不利于形成全球人民币市场。境内银行间外汇市场每日交易时段为9:30至16:30，因此无法满足在非交易时段参与境外人民币市场的需求。

资料链接2-4

2020年银行间外汇市场创新回顾与展望

2020年，银行间外汇市场在疫情的不利影响下，克服困难，与市场同仁携手奋进，持续推进市场产品与机制创新。成功上线银企交易平台，服务实体经济发展。落地多项创新业务，完善产品服务序列，通过上线主经纪业务、交易接口等新业态，着力提升交易效率。深化交易平台建设、完善交易和交易后等重点业务流程的机制建设，满足境内外市场成员的交易需求。

一、服务实体经济，成功上线银企交易平台

为支持实体经济发展，满足企业外币资金交易和风险管理需求，在监管部门的指导下，交易中心认真筹备，于11月2日正式推出银企外汇交易服务平台（简称银企平台）。银企平台通过独立于银行间交易的专用模块为银行对客结售汇业务提供电子化平台，支持实时询价、点击成交等多种模式，提供风险管理、做市接口和数据直通式处理等全流程服务，既提高了企业询价的时效性，又保障交易的合规安全。

上线以来，金融机构在银企平台积极报价，市场行情更新频率达到秒级，多个币种即期和远期等品种均有成交。

银企平台的推出是交易中心践行金融服务实体经济的使命担当，符合金融供给侧结构性改革的要求。银企平台综合运用交易中心组织批发市场电子交易的经验和技术积累，推动境内电子化外汇交易平台的内涵从银行间拓展至对客业务，形成面向企业和金融机构的外汇交易服务生态链。

二、着力提升交易效率，顺利落地多项创新业务

（一）上线主经纪业务

主经纪（Prime Brokerage）业务模式指参与机构以其他机构（主经纪商）名义和/或授信

与对手方达成交易。主经纪模式下，市场参与者可通过订立协议和支付保证金的方式使用主经纪商的市场授信，无需一对一自行与交易对手授信，因此有利于解决境外机构的授信制约问题，扩大市场参与者的交易对手方范围，获取更优的价格和流动性，提高交易效率。

2020 年 1 月 21 日，主经纪业务首先在银行间外币对市场上线，XTX 成为银行间外币对市场首家境外非银机构做市商，为外币对市场提供流动性，中国银行作为境内银行间外汇市场首家外汇主经纪商为 XTX 提供外币对主经纪业务服务。此后，为落实外汇局《关于完善银行间债券市场境外机构投资者外汇风险管理有关问题的通知》中的相关规定，在外币对市场试点主经纪业务的基础上，交易中心进一步在人民币外汇市场推出主经纪业务，上线初期暂仅适用银行间债券市场直接投资模式(CIBM Direct)的外汇风险管理。7 月 13 日，中国银行、交通银行成为首批银行间人民币外汇市场主经纪商并达成首笔业务。

银行间外汇市场主经纪业务成功落地，将为外汇市场对外开放和人民币国际化提供有力支持。一方面为境外投资者提供更多元的外汇风险对冲渠道，提升人民币资产吸引力；另一方面境外投资者通过主经纪业务可将交易对手方拓展至所有与主经纪商建立授信的银行间外汇市场会员，有效解决授信制约等问题，显著提升交易效率。

(二) 完善接口服务

上线交易接口功能。响应市场成员高效获取数据、提高交易效率的需求，交易中心于 4 月 20 日在外币对市场推出交易接口服务(LC API)。LC API 是自动化上下行接口服务，支持交易指令的上传和交易数据的下行。询价(含 RFQ 和 ESP)和撮合交易模式下，交易发起方通过接口提起订单或点击成交，支持外币对即期、远期和掉期交易。数据下行服务可发布经授信过滤的行情信息，为机构报价交易策略提供更完整的数据支持。11 月 9 日，首家上线交易接口的工商银行，通过接口自动化执行在外币对市场顺利达成多笔交易，交易模式涵盖撮合和点击成交。

推出外汇期权报价接口服务。交易中心于 6 月 20 日在人民币外汇期权和外币对期权市场推出报价接口服务，提高期权报价效率。期权报价接口支持机构对各货币对标准期限、标准波动率品种持续双边买卖报价，交易应答方可通过接口响应交易发起方的询价请求；还可通过接口实行弃权操作。

(三) 完善产品序列和业务功能

上线外币对撮合交易。撮合交易模式是银行间外汇市场的重要创新业务，以双边授信为基础，参与机构通过提交订单、点击订单簿中存量订单表达交易意向，系统按“价格优先、时间优先”的原则自动匹配成交，成交前匿名、成交后具名。在人民币外汇市场撮合交易份额稳步提升的基础上，交易中心分别于 3 月 30 日和 6 月 8 日在外币对市场推出即期撮合和掉期撮合业务。其中，即期撮合支持限价订单、市价订单、冰山订单和止损订单，EUR/USD 等 11 个货币对均可交易；掉期撮合初期支持 EUR/USD、USD/JPY、USD/HKD 等三个货币对共 9 个期限掉期合约的交易。撮合模式提高了外币对市场的价格透明度，进一步聚集境内外币交易流动性。

上线非美货币对询价点击成交业务。询价点击成交功能是即期做市机构通过报价接口向市场具名提供分组、分层带量可成交报价，会员机构通过点击所见价格或提交订单的方式与做市机构达成交易。11 月 2 日，交易中心在现有 USD/CNY 询价点击成交业务基础上，在 EUR/CNY、JPY/CNY、HKD/CNY、SGD/CNY 和 AUD/CNY 等五个非美货币对上线询价点击成交，进一步丰富了人民币外汇市场非美货币对的交易模式，提高了交易效率。

三、创新业务流程，满足市场多元化需求

（一）优化外币回购业务清算结算流程

外币回购业务自推出以来，凭借其在节约授信资源、提高交易灵活性、降低融资成本、拓展境内外交易对手等方面的优势，获得了市场参与者的广泛关注和欢迎。交易中心与境内外托管机构积极合作，共同优化交易结算流程，推进境内外币货币市场发展。

推出以境外外币债为抵押品的外币回购代收发报文业务。参与机构通过外汇交易系统达成回购交易后，交易中心根据机构授权代发结算指令报文至相应境外托管机构，实现交易与结算的直通式处理。该业务为参与机构提供了从交易、交易确认、代发报文指令、代收反馈报文，到显示指令状态、结算状态的闭环服务，有效降低市场成员人工操作风险，提高结算效率。

拓展外币回购结算方式。交易中心与上海清算所合作，针对跨币种抵押融资产品的难点，在尊重市场交易习惯的基础上，推出外币质押式回购首期见款付券、到期见券付款、券款对付(DVP)结算，以及一揽子交易和债券估值、结算状态等信息服务，放开外币回购首期结算日期限制、提升外币买断式回购标的券数量上限等。DVP服务支持同步完成外币资金和人民币债券交收，有效提高结算效率，增加结算安全性。随着一系列优化举措的落地，外币回购市场参与者的交易结算灵活性显著提高，有利于满足不同类型、不同交易目的机构的多样化外币融资需求，助力我国外币货币市场稳健发展。

（二）完善债券市场境外投资者汇兑流程

目前，境外投资者参与境内债券市场主要有直接入市(CIBM Direct)和债券通两个渠道。今年以来，人民币资产在全球金融产品中的表现亮眼，境外投资者进入债券市场的意愿高涨。交易中心发挥联结本币和外币市场的平台优势，为境外投资者管理债券头寸相关的外汇风险提供多种解决方案。

其中，直接入市渠道下，主经纪模式为境外投资者拓展了对手方范围，提供接轨国际惯例的交易解决方案，帮助机构获取更优的价格，降低对冲成本。同时，增加了通过银行对客市场管理汇率风险时的交易对手数量，境外投资者可作为客户与不超过三家境内金融机构直接开展外汇交易，并通过交易中心集中备案优化外汇交易信息采集，降低市场主体交易成本。

债券通渠道下，交易中心于9月24日发布《关于落实完善债券通渠道资金汇兑和外汇风险管理有关安排的公告》，明确了债券通投资者参与对客市场的相关安排，每家债券通投资者可选择不超过三家香港结算行办理资金汇兑和外汇风险对冲业务。结算行范围的扩大极大地便利了境外投资者的汇率风险管理。

四、深化外币市场建设，接轨新国际基准利率

为保证境内外币利率市场与国际新基准利率平稳衔接，交易中心密切跟踪基准利率改革进展，于4月20日推出挂钩新外币浮动利率相关产品的交易服务。在交易品种货币掉期、外币利率互换中的外币端增加美元担保隔夜融资利率(SOFR)、境内美元同业拆放参考利率(CIROR)、英镑隔夜指数平均值(SONIA)、欧元短期利率(ESTER)及东京隔夜平均利率(TONAR)等新的外币浮动基准利率，市场对新的基准利率接受度高，报价较活跃。挂钩SOFR的美元利率互换交易和人民币对美元货币掉期交易、挂钩CIROR的美元利率互换交易、挂钩SOFR和SONIA的GBP/USD货币掉期、挂钩SOFR和CIROR O/N的美元基差交易陆续在交易系统中达成，为市场参与机构管理外币利率风险提供了有力支撑。

五、创新交易辅助功能,共建银行间市场生态圈

交易中心坚持科技为交易赋能,秉持交易更智能、更便捷的理念,推动即时通信工具iDeal向交易辅助工具转型,与市场机构合作共建银行间外汇市场生态圈。一是在 iDeal 推出外汇经纪报价和外汇经纪一站式直通服务,汇聚五家货币经纪报价,支持外汇远期和掉期在 iDeal 上完成交易全流程。在日间交易活跃的时段,经纪报价更新频率在 1 分钟以内。市场成员可通过 iDeal 发起经纪询价,并获得经纪公司专属报价,满足私有行情需求,提高了外汇市场交易服务的及时性、扩大了辅助交易的覆盖面。二是丰富 iDeal 信息行情。在 iDeal 工作台中推出市场深度行情,支持图表分析。市场参与者可跟踪实时价格、回溯历史走势,纵观多个交易品种、多种交易模式的行情数据,还可获得人民币汇率中间价、人民币汇率指数、参考汇率和美元拆借资金面情绪指数等基准数据。

六、中国外汇市场展望

未来,交易中心将继续开拓创新,持续推进平台、产品、功能和机制建设,在金融市场高水平对外开放的背景下推动境内外汇市场高质量发展。

1. 持续创新产品体系和交易功能。一是推进升级银企平台系统功能,探索建设符合我国境内对客市场发展需求、更加安全、合规、高效的交易服务。二是探索科技赋能银行间外汇市场发展,提升金融基础设施的建设水平,推出历史交易回测平台和模拟仿真交易平台,为银行间市场探索程序化交易夯实技术基础。三是继续通过直接入市、主经纪模式以及银企平台等多种渠道相结合,延伸境内电子化外汇交易平台的服务范围,引入更多元的市场参与主体,优化银行间外汇市场的分层结构。四是通过交易机制创新、综合信息整合服务和互联互通业务合作等举措,为境内外参与主体的资金兑换和汇率风险管理提供更全面、更完善的服务。

2. 深化互联互通,扩大市场对外开放规模。加强与境内外托管机构合作,拓展更多外币回购业务应用场景。在外币对和外币利率互换等产品上,探索与国际平台建立流动性连通。

3. 完善监测分析体系,维护市场平稳运行。提升智能化监测水平,搭建智能监测平台,完善智能监测指标并逐步落实。同时完善监测与考评相关制度,促进市场良性竞争和健康规范发展。

资料来源:搜狐网,https://www.sohu.com/a/436138628_522914。

本 章 小 结

"对外汇兑"简称"外汇",具有动态和静态两层含义。我们在日常生活中所讲到的外汇主要是指狭义静态含义上的外汇。汇率,就是一国货币折算为另一国货币的比率。直接标价法和间接标价法是汇率常见的两种表达形式。外汇市场是专门从事外汇买卖、外汇交易和外汇投机活动的系统。在外汇市场上,主要有即期、远期、外汇掉期交易以及外汇期货和外汇期权等交易类型。与国际外汇市场相比,中国的外汇市场是在近 30 年内才逐步发展起来的,经历了从无到有、从小到大、从有形到无形、从简单到复杂的过程。目前,仍处在改革发展之中。

◆ 思考题

1. 外汇市场有何特征?
2. 如何利用外汇交易规避国际贸易中的汇率风险?
3. 中国外汇市场改革与发展的方向是什么?

参 考 文 献

[1] 夏英祝,郑兰祥. 国际贸易与国际金融[M]. 合肥:安徽大学出版社,2012.
[2] 魏秀敏. 国际金融[M]. 大连:大连理工出版社,2009.
[3] 朱箴元. 国际金融[M]. 北京:中国财政经济出版社,2009.
[4] 汪洪涛. 新编国际金融[M]. 上海:复旦大学出版社,2009.
[5] 朱海洋. 国际金融[M]. 上海:上海交通大学出版社,2008.
[6] 姜波克. 国际金融新编[M]. 4 版. 上海:复旦大学出版社,2008.
[7] 叶蜀君. 国际金融[M]. 2 版. 北京:清华大学出版社,2009.
[8] 信誉红. 国际金融学[M]. 北京:中国经济出版社,2005.
[9] 迟国泰. 国际金融[M]. 5 版. 大连:大连理工出版社,2011.
[10] 王晓光. 国际金融[M]. 北京:清华大学出版社,2011.
[11] 陈信华,殷凤. 国际金融学[M]. 上海:上海财经大学出版社,2004.
[12] 卢之旺. 外汇市场蓬勃发展[J]. 中国外汇,2014:23.

第三章 汇率形成及其理论

学习目标

通过本章学习，了解不同货币制度下汇率的形成机制，主要的汇率决定理论。在此基础上，较为全面地掌握在当前经济环境下影响汇率变动的因素以及汇率变动对经济运行可能产生的效应。

导入案例

“受美国疫情暴发后财政赤字猛增和美联储无限量放水影响，2020 年 4 月以来美元对主要货币汇率持续下跌。从 2020 年 4 月 1 日到 2021 年 1 月 22 日，中国外汇市场美元兑人民币中间价从 7.07 跌至 6.46，跌幅 8.7%。美联储公布的美元兑主要货币广义实际汇率指数，从 2020 年 4 月的 113.4246 跌至 12 月的 103.9972，跌幅 8.3%。前首席经济学家罗奇去年 10 月曾警告，美元汇率离崩跌不远，2021 年可能比 2020 年 3 月时的高峰下跌 35%。拜登政府候任财长耶伦 1 月 19 日在参院听证会上则表示，不会以压低本币汇率来获取相对优势。这又被市场解读为强势美元政策回归。

1971 年 8 月 15 日与黄金脱钩以来，美元一直处于强弱交替态势。直至 20 世纪 90 年代，强势美元或弱势美元大致是 10 年为一个周期。2008—2009 年金融危机改变了这一走势，但也呈现不定期轮回态势。美元兑主要货币广义实际汇率指数 2006 年 1 月为 100.0，到 2008 年 4 月跌至 86.8518。全球金融危机后美元避险功能增强，2009 年 3 月美元这一指数回到 101.5492，大致回到 2006 年 1 月原点。历时 3 年零两个月。随后在美联储量化宽松政策影响下再次走弱，2011 年 7 月跌至 83.9181 低点；随后回升，并在美联储 2013 年 7 月宣布结束量化宽松后加速。2015 年 6 月回到 99.6676，基本又回到原点。这次周期历时六年零三个月。接着美元继续走强，到 2016 年 1 月达到 107.6199，随后回落，2018 年 1 月跌回到 100.8332，又回到原点。历时两年零七个月。2018 年起，由于美国经济相对强于欧日，美元汇率再次走强，并于 2020 年 4 月达到前述高点，然后再次走弱。

因此，美元汇率走势需要在更长区间判断，当前的走弱是周期性，还是不可逆性，尚不能过早断言。应当看到，造成本轮美元走弱的基本因素比以往更强，特别是美国国债在特朗普任期四年内增加 7 万亿美元以上，2020 财年预算赤字达到相当于 GDP 的 15%左右严重超标后，2021 年随着拜登政府 1.9 万亿美元救助计划（如果国会批准）的实施，还会大幅攀升。美联储别无选择，只能继续放水再放水。去年 12 月 19 日美联储例会决定，零利率至少维持到 2023 年，且保持每月购买国债 800 亿美元，机构债 400 亿美元的水平。因此，2021 年美元总体继续走弱将是大概率前景”。一种货币汇率波动主要受哪些因素影响呢？

资料来源：雨果跨境网，https://www.cifnews.com/article/100593。

第一节　汇率的形成机制

一、金本位制度下的汇率形成机制

金本位制是以黄金为本位货币的汇率制度，它包括金币本位制、金块本位制和金汇兑本位制。金币本位制是典型的金本位制，金块本位制和金汇兑本位制是削弱了的、没有金币流通的金本位制。我们一般谈及的金本位制是金币本位制。

在金币本位制下，各国货币一般都规定了每一单位金币法定的含金量，即金平价。同时还规定：金币可以自由铸造和熔化；银行券和辅币可以按其票面价值自由兑换金币；黄金可以自由输入或输出国境。由于金币本位制有这些特点，在对外支付时就有两种方式：通过买卖外汇进行结算，或者通过输出、输入黄金进行结算。由于各国金属铸币所包含黄金的重量、成色、单位和名称不同，所以，在国际结算中，无论是用金铸币还是银行券办理支付，都应该折算成一定量的黄金。两国货币的比价就是它们各自含金量的对比，两国货币含金量的比价叫作“铸币平价”或“法定平价”。铸币平价是在金本位制下决定两种货币汇率的基础。

例如，在金本位制下，英国规定 1 英镑铸币的重量为 123.27447 格令，成色为 22K，因此 1 英镑铸币含金量为 123.27447×22/24＝113.0016 格令。而当时 1 美元铸币重量为 25.8 格令，成色为 90%，1 美元铸币含金量为 25.8×90%＝23.22 格令。根据含金量对比，两国货币的铸币平价为 113.0016/23.22＝4.8665，即 1 英镑＝4.8665 美元。

但是铸币平价只是决定汇率的基础，而不是外汇市场上买卖外汇时所用的实际外汇牌价。正如市场商品价格有时要背离价值一样，市场上实际外汇牌价也要受到外汇供求因素的影响。如果市场上对某一外汇的需求增加，需求大于对这一外汇的供给，则该外汇汇率就要上涨，高于铸币平价；反之，如果市场上对这一外汇的供给增加，造成这一外汇的供给大于需求，则该外汇汇率就要下跌，低于铸币平价。

但在金本位制下，汇率的波动不会是漫无边际、毫无约束的，它总是围绕着铸币平价上下浮动，并有一定的界限，这一界限就是黄金输送点。这是因为在金本位制下，黄金、外汇都可作为国际结算的支付手段。当由于汇率的变动，使用外汇结算对交易一方不利时，他将不使用外汇，而直接使用黄金进行结算。因此，在金本位制下，汇率的波动要受黄金输送点的限制。汇率波动的最高界限是铸币平价加运输黄金的费用，称作“黄金输出点”。汇率波动超过这一界限，黄金就会从国内输出。汇率波动的最低界限是铸币平价减去运输黄金的费用，称作“黄金输入点”。汇率波动超过这一界限，黄金就会从国外输入。

例如，在第一次世界大战以前，英国和美国之间运送黄金的各项费用（包装费、运输费和保险费）再加上远程中的利息，约为黄金价值的 0.5%～0.7%，以 1 英镑计算，运送黄金的各项费用加运程利息，约为 0.03 美元。在这种情况下，假定美国对英国有国际收支逆差，则对英镑的需求增加，英镑汇率就会上涨，如果英镑汇率上涨超过 1 英镑＝4.8965 美元（4.8665＋0.03）时，则美国负有英镑债务者，就不会购买英镑外汇以偿付债务，而宁愿在美国购买黄金运往英国以偿付债务。用直接运送黄金的方法偿还 1 英镑的债务，只需 4.8965 美元，因此，汇率波动不会超过黄金输出点（1 英镑＝4.8965 美元）。反之，假定美国对英国的国际收支为顺差,英镑的供给就会增加,英镑汇率就会下跌,如果英镑汇率下跌到1英镑=4.8365美元以下(4.8665-0.03)时,则美国持有英镑债权者,就不会在外汇市场上出售英镑,而宁愿在英国用英镑购买黄金运回美国。用运送黄金的方法收回1英镑债权,可以换回4.8635美元,因此,英镑汇率不会低于1英镑=4.8365美元。

总之,汇率的波动以铸币平价为中心,以黄金输出(入)点为上(下)限。由于黄金运送费用在黄金价值中所占比重较小,所以汇率波动幅度较小,基本是稳定的。

第一次世界大战后,金币本位制瓦解,各国分别实行了金块本位制和金汇兑本位制,金币不再流通,这两种货币制度严重削弱了的金本位制。此时,各国货币虽规定了一定的含金量,决定汇率的基础是货币各自代表的含金量之比,但由于这两种货币制度下,货币对黄金的可兑换性已大大削弱,汇率失去了稳定的基础。在1929—1933年资本主义经济危机的冲击下,金本位制终告彻底崩溃。

二、纸币流通制度下的汇率形成机制

金本位制崩溃以后,各国普遍实行了纸币流通制度。受纸币流通规律的支配,纸币所代表的价值量经常变化,很不稳定,因而决定汇率的基础较金本位制时复杂。纸币是作为金属货币的代表而出现的,由于纸币所代表的金属货币具有价值,所以纸币被称为“价值符号”。

在纸币流通制度实行的初期,各国都参照过去流通中金属货币的含金量,用法令规定纸币每一单位的含金量,即通常所说的“黄金平价”。从表面上看,决定汇率的基础应是纸币的黄金平价,但是由于纸币每一单位的黄金平价同金铸币的含金量是不同的,纸币不能自由兑换黄金,发行不受黄金准备的限制,纸币的法定黄金平价常与其实际代表的黄金量出现脱节。当流通中的纸币量超过所需的金属货币量时,其所代表的含金量就会减少,汇率就会产生波动。因此,从货币汇率及货币的本质来分析,纸币流通下的汇率决定基础应该是两国货币各自实际所代表的价值量或纸币所代表的实际价值,即一国货币的对内价值决定其对外价值。由于一国货币代表的价值与一国物价水平成反比,因而,也可以说,纸币流通制度下,两国物价水平的对比状况是汇率的决定基础。其波动则是由两国货币在外汇市场上的供求状况决定的,即外汇供小于求,则以外国货币表示的汇率就高,即本币汇率下跌,外币汇率上升;外汇供大于求,则以外国货币表示的汇率就低,即本币汇率上升,外币汇率下跌。

第二次世界大战后,在布雷顿森林货币体系下,实际上形成的是以美元为中心的固定汇率制。由于美元同黄金挂钩(黄金平价为1美元的含金量是0.888671克,即1盎司黄金官方价为35美元),各国货币同美元挂钩,即各国根据本国货币与美元的金平价,制定出本国货币对美元的官方汇率,各国有义务干预外汇市场,使外汇市场汇率的波动幅度不超过官方汇率上下的一定幅度,各国也不得轻易改变其货币的含金量。在这种货币体系下,黄金仍然是最后的支付手段。所以,从表面看,黄金仍是决定汇率的基础,但实际上,各国货币汇率围绕黄金平价上下波动范围非常有限,而且是人为强行限制的。可是,究其本质而言,纸币所代表的实际价值,是决定外汇汇率的基础。

布雷顿森林货币体系崩溃后,国际货币制度进入浮动汇率的时代。在这种货币制度下,各国政府不再规定本国货币的含金量,不再维持本国货币对外币汇价保持固定汇率,完全听任市场供求力量决定汇率,汇率变动基本上没有涨跌幅度的限制。在浮动汇率制度下汇率是由市场外汇的供求决定的,各国货币间的汇率不再以含金量来确定,而是由货币所代表的实际价值所决定的。

资料链接3-1

金本位制的形式

1. 金币本位制(Gold Specie Standard)

这是金本位货币制度的最早形式,亦称为“古典的或纯粹的金本位制”,盛行于1880～1914年。自由铸造、自由兑换及黄金自由输出入是该货币制度的3大特点。在该制度下,各国政府以法律形式规定货币的含金量,两国货币含金量的对比即为决定汇率基础的铸币平价。黄金可以自由输出或输入国境,并在输出入过程形成铸币-物价流动机制,对汇率起到自动调节作用。这种制度下的汇率,因铸币平价的作用和受黄金输送点的限制,波动幅度不大。

2. 金块本位制(Gold Bullion Standard)

这是一种以金块办理国际结算的变相金本位制,亦称“金条本位制”。在该制度下,由国家储存金块作为储备;流通中各种货币与黄金的兑换关系受到限制,不再实行自由兑换,但在需要时,可按规定的限制数量以纸币向本国中央银行无限制兑换金块。可见,这种货币制度实际上是一种附有限制条件的金本位制。

3. 金汇兑本位制(Gold Exchange Standard)

这是一种在金块本位制或金币本位制国家保持外汇,准许本国货币无限制地兑换外汇的金本位制。在该制度下,国内只流通银行券,银行券不能兑换黄金,只能兑换实行金块或金本位制国家的货币,国际储备除黄金外,还有一定比重的外汇,外汇在国外才可兑换黄金,黄金是最后的支付手段。实行金汇兑本位制的国家,要使其货币与另一实行金块或金币本位制国家的货币保持固定比率,通过无限制地买卖外汇来维持本国货币币值的稳定。金块本位制和金汇兑本位制这两种货币制度在20世纪70年代基本消失。

资料来源:凤凰财经,http://finance.ifeng.com。

第二节　汇率的决定理论

一、国际借贷(收支)论的主要思想及其评价

国际借贷论是阐述金本位制下汇率变动的重要学说,由英国经济学家戈森(G. J. Goshen)于1861年提出。戈森认为在金本位制下汇率的变动取决于外汇的供求,而外汇的供求又源于国际借贷,因此国际借贷关系的变化是汇率变动的主要因素。例如,在一定时期内,当对外债权大于对外债务时,会形成正的国际借贷;反之,当对外债务大于对外债权时,会形成负的国际借贷。正的国际借贷意味着该国对外收入大于对外支出,资金流入,外币供给相对增加,于是外币汇率下跌,本币汇率上涨;反之,负的国际借贷意味着该国对外收入小于对外支出,资金流出,外币需求相对增加,于是外币汇率上涨,本币汇率下跌。

国际借贷的本质就是现代意义上的国际收支,因此,随着金本位制解体,国际借贷论失去相应的客观背景后,一些经济学家运用国际借贷论的观点、方法提出了国际收支论,代表人物为美国学者阿尔吉(Argy,1981)。

国际收支论认为，国际收支经常账户差额(CA)主要取决于商品与服务的进出口，而进出口的状况又取决于本国收入、外国收入、本国物价、外国物价以及本币与外币之间的汇率，分别记为 Y_d、Y_f、P_d、P_f、e。由此可形成国际收支经常账户差额函数表达式：

$$CA = CA(X,M) = CA(Y_d, Y_f, P_d, P_f, e) \tag{3-1}$$

由于国际收支金融账户差额(FA)主要取决于国内利率、国外利率以及预期的汇率变化率，分别记为 i_d，i_f，$(e^e - e)/e$。同理，国际收支金融账户差额函数表达式可写为

$$FA = FA(i_d, i_f, (e^e - e)/e) \tag{3-2}$$

考虑到国际收支资本账户差额较小可忽略不计，同时假设不存在错误与遗漏，则国际收支实现均衡的条件为

$$CA = -FA$$

由此，可解出汇率：

$$e = e(Y_d, Y_f, P_d, P_f, i_d, i_f, e^e) \tag{3-3}$$

这说明凡是可引起国际收支状况发生变化的因素都是可以引起汇率变化的因素。根据经济学原理可知：如果本国收入水平上升，会导致进口增加，形成经常账户逆差，本币贬值。如果外国收入水平上升，会导致出口增加、形成经常账户顺差，本币升值。本国相对于外国物价水平上升，也会导致经常账户发生逆差，引起本币贬值。如果本国相对于外国利率水平上升，会引起资金流进增加，资金流出减少，形成金融账户顺差，本币升值。如果市场存在本币贬值预期，会引起抛售本币，抢购外币，从而导致本币实际贬值。

国际借贷(收支)论指出了汇率和国际收支间存在的密切关系，有利于全面分析短期内汇率的变动。但是，未能分析汇率的决定基础是什么。

二、购买力平价理论的主要思想及其评价

购买力平价理论，简称“PPP 理论”，最早由瑞典经济学家卡塞尔(Cassell，1922)提出。

购买力平价理论的基础是“一价定律”，即套利力量可导致国际间用同种货币表示的同样商品的价格趋于一致。用公式可表示为

$$P_d = eP_f \tag{3-4}$$

其中，P_d 为国内市场上某种商品用本币表示的物价水平，P_f 表示国外市场上该种商品用外币表示的物价水平，e 表示直接标价法下本币兑外币的汇率。

在某个时点上，如果“一价定律”成立的话，则可以解出该时点上的汇率水平，即

$$e_0 = \frac{P_d^0}{P_f^0} \tag{3-5}$$

该式被卡塞尔称为“绝对购买力平价”。它表示在某个时点上，汇率决定于两个国家同种商品的物价水平之比。这意味着在纸币本位制度下，我们仍然可以像在金本位制度下一样找到确定汇率水平的参照物，那就是两个国家纸币的购买力，而购买力表现为物价水平的倒数。可见，在纸币本位制度下，汇率的决定基础与物价水平有关。

如果在两个时点间，汇率发生了变化，那又是什么因素引起的呢？卡塞尔认为一段时间内汇率的变动也与物价水平有关，汇率的变动是由物价水平的变动引起的。

因为在 1 时点上，汇率的决定方式可表达为

$$e_1 = \frac{P_d^1}{P_f^1} \tag{3-6}$$

将式(3-5)与式(3-6)合并处理后,可得

$$\frac{e_1}{e_0}=\frac{P_{\mathrm{d}}^1/P_{\mathrm{f}}^1}{P_{\mathrm{d}}^0/P_{\mathrm{f}}^0}=\frac{P_{\mathrm{d}}^1/P_{\mathrm{d}}^0}{P_{\mathrm{f}}^1/P_{\mathrm{f}}^0} \tag{3-7}$$

因为

$$\frac{P_{\mathrm{d}}^1}{P_{\mathrm{d}}^0}-1=\%\Delta P_{\mathrm{d}} \tag{3-8}$$

$$\frac{P_{\mathrm{f}}^1}{P_{\mathrm{f}}^0}-1=\%\Delta P_{\mathrm{f}} \tag{3-9}$$

所以

$$\frac{e_1}{e_0}=\frac{1+\%\Delta P_{\mathrm{d}}}{1+\%\Delta P_{\mathrm{f}}} \tag{3-10}$$

$$\%\Delta e=\frac{e_1-e_0}{e_0}=\frac{\%\Delta P_{\mathrm{d}}-\%\Delta P_{\mathrm{f}}}{1+\%\Delta P_{\mathrm{f}}}\approx\%\Delta P_{\mathrm{d}}-\%\Delta P_{\mathrm{f}} \tag{3-11}$$

式(3-11)被卡塞尔称为“相对购买力平价”。它表示在两个时点内,汇率的变化率约等于两国货币通胀率之差。

由“相对购买力平价”可知,在两国通货膨胀率已知的情况下,我们就可以预测两国货币汇率的变动率。

购买力平价理论对于人们理解纸币本位制下汇率的决定基础有较大的帮助作用,但由于受到运输成本、贸易障碍、商品异质等各方面因素的制约,购买力平价预测的汇率与实际汇率仍存在较大差异。

三、货币主义汇率理论的主要思想及其评价

购买力平价理论的一大缺陷是过多关注国际间商品市场套利活动,而忽视了国际间资本流动情况。随着二战后国际资本市场的快速发展,一些经济学家开始运用货币主义的观点和方法试图构建一种新型汇率决定模型,以便把资金流动考虑进去。代表人物主要有富兰克尔(Frenkel,1976)、穆萨(Mussa,1976)以及比尔松(Bilson,1978)。

该理论认为,本国与外国货币需求函数的对数形式可用下式表达,即

$$m-p=\eta y-\sigma r \tag{3-12}$$

$$m^*-p^*=\eta y^*-\sigma r^* \tag{3-13}$$

假设购买力平价始终成立,则有

$$S=P-P^* \tag{3-14}$$

从式(3-12)和式(3-13)中分别解出国内和国外物价水平,可得

$$p=m-\eta y+\sigma r \tag{3-15}$$

$$p^*=m^*-\eta y^*+\sigma r^* \tag{3-16}$$

将式(3-15)和式(3-16)代入式(3-14),可得

$$s=(m-m^*)-\eta(y-y^*)+\sigma(r-r^*) \tag{3-17}$$

式(3-17)就是著名的货币主义简式汇率决定模型。它表示本外币即期汇率决定于该两国相对的货币供给量、相对的国民收入以及相对的名义利率水平。在其他因素不变的情况下,本国货币供给量、国民收入以及名义利率水平的增加,都会导致本币出现贬值。

货币主义汇率理论的主要贡献在于将资本流动和货币因素合并到汇率决定模型,对汇

率决定理论的发展起到推动作用,但是其理论基础仍建立在购买力平价理论基础之上,使其具有一定的局限性。

四、资产组合论的主要思想及其评价

汇率决定的资产组合论出现于20世纪70年代中后期。1975年,勃莱逊(W. Branson)提出了一个初步模型,后经霍尔特纳(H. Halttune)和梅森(P. Masson)等人进一步充实和修正。

资产组合论综合了传统的和货币主义的分析方法,把汇率水平看成是由货币供求和经济实体等因素诱发的资产调节与资产评价过程所共同决定的。它认为,国际金融市场的一体化和各国资产之间的高度替代性,使一国居民既可持有本国货币和各种证券作为资产,又可持有外国的各种资产。一旦利率、货币供给量,以及居民愿意持有的资产种类等发生变化,居民原有的资产组合就会失衡,进而引起各国资产之间的替换,促使资本在国际间的流动。国际间的资产替换和资本流动势必会影响外汇供求,导致汇率的变动。

例如,当本国央行通过购买本国政府债券向社会投放货币供给量时,就会使国内市场出现超额货币供给及超额债券需求,国内利率水平下降,导致资本外流、对外国资产需求增加,进一步加大外币需求,从而使外币升值、本币贬值。

当本国央行持有外国资产增加,从而以外汇占款形成的国内货币供给量增加时,同样会引起国内利率水平下降,外币升值、本币贬值。

当外国利率水平上升时,本国居民对外国资产的预期收益率也会随之上升,在国内外资产完全可替代的情况下,本国居民就会减少对国内资产的持有,增加对外国资产的持有,资本外流的结果造成外币升值、本币贬值。

当本国出现经常账户顺差,本国私人部门持有的外国资产就会增加,从而打破原有最佳的资产组合。为恢复平衡,本国私人部门就会减少国外资产的持有,增加国内资产的持有,造成外币贬值、本币升值。

当本国政府发行政府债券弥补财政赤字时,本国债券的供给量就会增加。如果新增的政府债券被本国央行所购买,就会导致本国货币供给量增加,本国利率水平降低,形成外币升值、本币贬值的局面。如果新增的政府债券被本国私人部门所购买,就会增加本国私人部门的财富总额,从而增加对外国资产的需求,也会导致外币升值、本币贬值。但是,值得注意的是,本国私人部门对本国债券持有的增加,反过来也会提高本国的利率水平,会诱使私人部门将一部分外国资产转换成本国债券,造成外币贬值、本币升值。由此可见,本国政府债券发行数量的增加对汇率的影响是不确定的,其净效应取决于哪一种影响效应较大。

当预期外币未来会升值时,本国私人部门对持有外国资产的意愿就会上升,而对持有本国资产的意愿会下降。重新平衡资产组合的结果是外币升值、本币贬值。

资产组合论对汇率的分析属于动态的、一般均衡分析,对货币因素和预期因素的强调更加符合了变化的现实。但是该理论的成立需要发达的国内外金融市场以及宽松的外汇管制,前提条件较为严格。

五、利率平价论的主要思想及其评价

在19世纪末金本位制的条件下,英国政策制定者就意识到通过调整利率能够影响汇率，即提高利率本币升值，降低利率阻止本币升值。早在1889年，劳兹(Lotz)在观察维也纳远期外汇市场的交易时，就曾用利率差来解释即期汇率与远期汇率之间的关系。但是直到1923年，才由John Maynard Keynes(1923)在《货币改革论》(A Tract on Monetary Reform)中才第一次系统地阐述了利率与汇率之间的关系，指出两国间的利差导致套利性资本的国际间流动，这种资本流动对汇率尤其是短期汇率具有决定性的作用。凯恩斯的上述汇率理论被称为古典利率平价理论。20世纪50年代，英国经济学家艾因齐格(Paul Einzig)提出了利率平价动态理论的"互交原理"(the Theory of Reciprocity)，从动态的角度考察了远期汇率与利率的相互关系，真正完成了古典利率平价体系。

20世纪50年代到70年代，很多西方学者在古典利率平价理论的基础上，联系变化了的国际金融市场新格局，对远期汇率做了更加系统的研究，提出了现代利率平价理论。现代利率平价理论主要包括非抛补利率平价(Uncovered Interest-Rate Parity，UIP)和抛补利率平价(Covered Interest-Rate Parity，CIP)。

抛补利率平价理论(Covered Interest-Rate Parity)认为，在完全资本市场上，不考虑交易成本和税收，假设一位投资者将一单位本币投资于购买某种本币证券，在这一持有证券时期，本币证券利率水平为i，这笔投资的最终受益为

$$1\times(1+i)$$

同理，该投资者也可以把一单位本币按当前的即期汇率(S)兑换成外币，然后用所得到的外币购买某种外币证券。外币证券在同一时期的利率水平为i^*。

与此同时，该投资者按照当前的远期汇率(F)出售外币证券投资的全部收益(包括本金和利息)。这笔外国证券投资的最终收益可用公式表示为

$$1/S\times(1+i^*)\times F$$

在市场均衡的情况下，可以得到

$$1\times(1+i)=1/S\times(1+i^*)F$$

我们可以把上式改写为

$$\frac{F}{S}=\frac{1+i}{1+i^*}$$

然后在等式两边减去1，整理得到

$$\frac{F-S}{S}=\frac{1-i^*}{1+i^*}$$

上式左边是用百分比表示的远期升水或贴水，右边为百分比表示的本外币利率差。由此，抛补利率平价理论用利率解释了远期汇率与即期汇率之间的关系。

非抛补利率平价理论(Uncovered Interest-Rate Parity)也称为国际费雪效应。它假设一位投资者花一单位本币购买利率为i的本币证券。该证券利息为一次性付清。那么这笔本币投资的最终收益为

$$1\times(1+i)$$

同样，这位投资者可以选择另一种投资方式，即将一单位本币按即期汇率S_t兑换成外币，然后将所得外币用来购买利率为i^*外币证券。假设该投资者预计未来的即期汇率为$E(S_t+1)$，那么这笔外币投资的最终收益为

$$1\times\frac{1}{S_t}\times(1+i^*)\times E(\widetilde{S}_{t+1})$$

在市场均衡情况下，两笔投资的最终收益值应相等，这样我们可以得到：

$$1\times(1+i)=\frac{1}{S_t}\times(1+i^*)\times E(\widetilde{S}_{t+1})$$

上式经过重新组合可以得到：

$$\frac{E(\widetilde{S}_{t+1})}{S_t}=\frac{1+i}{1+i^*}$$

等式两侧同时减去 1 得到：

$$\frac{E(\widetilde{S}_{t+1})-S_t}{S_t}=\frac{1-i^*}{1+i^*}$$

由此，非抛补利率平价理论得出了在当期汇率水平基础上，可通过两种货币利率的对比预计下一期汇率水平。

资料链接 3-2

巨无霸指数

巨无霸指数(Big Mac index)是一个非正式的经济指数，用以测量两种货币的汇率理论是否合理。这种测量方法假定购买力平价理论成立。

购买力平价的大前提为两种货币的汇率会自然调整至某一水平，使一篮子货物在两种货币的售价相同(一价定律)。在巨无霸指数，该“一篮子”货品就是一个在麦当劳连锁快餐店里售卖的巨无霸。选择巨无霸的原因是，巨无霸在多个国家均有供应，而它在各地的制作规格相同，由当地麦当劳的经销商负责为材料议价。这些因素使该指数能有意义地比较各国货币。

两国的巨无霸的购买力平价汇率的计算法，是以一个国家的巨无霸以当地货币的价格，除以另一个国家的巨无霸以当地货币的价格。该商数用来跟实际的汇率比较；要是商数比汇率为低，就表示第一国货币的汇价被低估了(根据购买力平价理论)；相反，要是商数比汇率高，则第一国货币的汇价被高估了。

例如，假设一个巨无霸在美国的售价为＄2.50，在英国的售价为￡2.00；购买力平价汇率就是 2.50÷2.00＝1.25。要是 1 美元能买入￡0.55(或￡1＝＄1.82)，则表示以两国巨无霸的售价而言，英镑兑美元的汇价被高估了 45.6%×[(1.81－1.25)÷1.25]×100%。

巨无霸指数是由《经济学人》期刊于 1986 年 9 月推出，此后该报每年出版一次新的指数。该指数在英语国家里衍生了 Burgernomics(汉堡包经济)一词。

2004 年 1 月，《经济学人》推出了 Tall Latte Index(中杯鲜奶咖啡指数)；计算原理一样，但巨无霸被一杯星巴克咖啡取代，标志着该连锁店的全球扩展。在 1997 年，该报也出版了一份“可口可乐地图”，用每个国家的人均可乐饮用量，比较国与国间的财富；该图显示可乐饮用量越多，国家就越富有。

用汉堡包测量购买力平价是有其限制的。比如说，当地税收、商业竞争力及汉堡包材料的进口税可能无法代表该国的整体经济状况。在许多国家，像在麦当劳这样的国际快餐店进餐要比在当地餐馆贵，而且不同国家对巨无霸的需求也不一样。例如在美国，低收入的家庭可能会一周几次在麦当劳进餐，但在马来西亚，低收入者可能从来就不会去吃巨无霸。尽管如此，巨无霸指数广为经济学家引述。

资料来源：腾讯财经，https://finance.qq.com。

第三节 汇率变动的经济影响

一、影响汇率变动的因素

汇率变动是一个极其复杂的问题,影响外汇汇率变动的因素很多,既有国内的因素,又有国外的因素;既有经济因素,又有非经济因素。现仅就经济因素来看,影响汇率变动的因素主要表现在以下几个方面:

(一)经济发展稳定状况

一国的经济发展及其稳定状况是影响该国货币汇率变动的基本因素。如果一国的出口基本不变,经济高速增长会使国民收入水平大幅度提高,进而导致该国对外国商品和劳务的需求高涨,因此该国的经常项目很可能出现逆差,并迫使本国货币的汇率趋于下跌。如果国内外投资者将该国经济增长率较高看作资本收益率较高的反映,该国资本的净流入很可能抵消或超过经常项目的赤字。在这种情况下,该国货币的汇率不是下跌,而可能是上升。如果一国经济的高速增长是由于出口竞争能力提高和出口规模扩大而推动的,该国的出口超过进口,经常项目的顺差会使本国货币的汇率趋于上升。

(二)国际收支均衡状况

国际收支是一国对外经济活动的综合反映,其收支差额直接影响外汇市场上的供求关系,并在很大程度上决定了汇率的基本走势和实际水平。可以说,一个国家的国际收支均衡状况是影响其货币汇率的直接因素。如果一个国家的国际收支发生逆差,为偿还对外债务,逆差国对外币的需求便会增加,逆差国的货币便会过剩,那么就必然会导致本币贬值、外币升值,影响着汇率的变动。如果一个国家的国际收支发生顺差,外国对顺差国货币的需求便会增长,外国货币便会过剩,那么就必然导致本币升值、外币贬值,影响着汇率的变动。

(三)外汇储备资产状况

一个国家的外汇储备资产状况,对其汇率的变动有着重要的影响。如果一个国家的外汇储备很少或严重不足,就自然表现为该国对外币需求强烈,导致外币升值。如果一个国家的外汇储备很多,并不断在增加,就自然表现为该国对外币需求的弱化,这样外币就会相对贬值。当然,一国外汇储备状况还是维持货币汇率保持稳定的力量。

(四)货币对内价值状况

一个国家货币对内价值的变动是影响其汇率(对外价值)变动的关键因素。如果一个国家的货币对内贬值了,发生了通货膨胀,致使物价上涨。在这种情况下,即使人为地控制汇率不变,但是到后来还是会引起汇率变动,即发生货币对外贬值。这是因为,高估本国货币的对外价值,便会引起进口增加,出口减少,致使外汇需求增加,结果必然引起本国货币对外贬值。反之,如果一个国家的货币对内升值了,发生通货紧缩,导致物价下跌。在这种条件下,即便人为地控制汇率不变,但是到后来还是会引起汇率变动,即发生货币对外升值。这是因为,低估本国货币的对外价值,便会引起进口减少,出口增加,致使外汇供给增加、需求减少,结果必然引起本国货币对外升值。由此可见,一个国家货币对内价值的变动必然影响其汇率的变动。

(五)政府干预状况

由于汇率是以一种货币表示的另一种货币的价格,汇率的变化将影响在国际间进行交易的商品和劳务的价格,进而对一国的资源配置和经济运行发挥重要的作用。出于宏观经济调控的需要,各国政府大多对外汇市场进行官方干预,希望汇率的波动局限于政策目标范围内。当一个国家在外汇市场上,一方面抛售外国货币,另一方面收回本国货币,那么就可以阻止本国货币汇率下浮和外国货币汇率上浮的局面。如果一个国家在外汇市场上,一方面抛出本国货币,另一方面购进外国货币,那么就可以阻止本国货币汇率上浮和外国货币汇率下浮的局面。政府干预外汇市场的常见方式包括进行公开市场操作(在外汇市场买卖外汇)、调整国内货币和财政政策、公开发表能够影响预期的导向性言论、与其他国家进行货币合作等。

(六)政府财政收支状况

人们常常把一国财政收支状况作为预测汇率变动的重要指标。如果一个国家的财政预算出现了巨额赤字,这就意味着政府支出已经过度了,通货膨胀和经常项目收支将进一步恶化,那么,该国货币将会出现贬值。如果一个国家的财政预算状况良好,这就意味着该国经常项目收支比较均衡协调,那么,其货币汇率就可能出现升值。当然,随着其他条件的变化,也可能出现相反的结果。比如,美国曾有过这样的情况:财政赤字多达 2000 亿美元,但其货币并未贬值。因为,巨额的财政赤字可能会推动利率上升,较高的利率又会推动资金流回,从而成为货币变得坚挺的一个重要因素。

(七)政府货币政策状况

一个国家的货币政策状况特别是其利率政策状况,也是影响其货币汇率变动的重要因素。当一个国家的利率水平降低时,可能会引起国内短期资本外流,这些外流资本首先要兑换成外国货币,于是出现外汇市场该国货币的供过于求的情况,那么,该国货币就会表现出疲软。如果一个国家的利率提高,会引起国际短期资本内流,这些内流资本首先要兑换成该国货币,于是出现外汇市场该国货币的供不应求的情况,那么,该国货币就会表现出坚挺。

(八)外汇市场的投机活动

外汇市场的投机活动对汇率的变动具有重要影响。特别是在世界金融市场上充斥着巨额“游资”的今天,这些资金根据各种信息和投机者对汇率变化的预期,在短期内从一种货币转换成另一种货币,为获取投机利润的跨国资本流动必然会对外汇市场产生较大的冲击,进而引起汇率的变动。一般说来,外汇市场上的投机活动有两种:一是稳定性投机,二是不稳定性投机。所谓“稳定性投机”是指在信息对称的情况下,通过理性决策而进行的投机活动。这种投机活动会使市场汇率变动趋缓,接近平价。但是稳定性投机只有在完全竞争及无摩擦市场上才会出现,现实生活中很难见到。所谓“不稳定性投机”是指在信息不对称的情况下,通过非理性决策而进行的投机活动。这种投机活动会通过“群羊效应”+“传染效应”形成追涨杀跌的局面,使市场汇率大幅度偏离平价。由于这种投机活动在不完全竞争和有摩擦市场上即可出现,因而,它是导致市场汇率大起大落的重要原因。

二、汇率变动对经济运行的影响

汇率作为一个重要的经济杠杆，是联结国内外商品市场和金融市场的重要纽带，在开放型经济中发挥着越来越大的作用。一方面，汇率的变动受制于各种因素；另一方面，汇率的变动又会对其他经济因素产生广泛的影响。汇率的变动和调整，影响着各国乃至全球经济的各个方面。

（一）汇率变动的测量

当外汇求过于供时，外汇汇率会由下往上升高，称为上浮，意味着外币升值，本币贬值。

当外汇供过于求时，外汇汇率就会由上往下降低，称为下浮，意味着外币贬值，本币升值。

基准货币对标价货币的变动率＝（新汇率－旧汇率）/旧汇率×100％

标价货币对基准货币的变动率＝（旧汇率－新汇率）/新汇率×100％

计算结果为正值，表明升值（上浮），结果为负值，表示贬值（下浮）。

（二）汇率变动对国际收支的影响

1. 对进出口贸易的影响

汇率稳定有利于国际贸易的发展，汇率不稳定，波动幅度过大，就会增加国际贸易的风险，因为在汇率波动情况下，贸易商难以准确计算进出口贸易的成本和收益。一国货币对外贬值，有利于扩大出口。因为本国货币贬值，在国际市场上，以外币表示的本国出口商品的价格比外国商品的价格相对低廉，诱发外国居民增加对该国商品的需求；另外，出口收入的外汇结转兑换成本国货币数额比本币贬值前增加，从而有助于增加出口。但是，一国货币贬值将抑制进口。因为，本国货币贬值，外币升值，以本币表示的进口商品价格将相对提高。在一定条件下，本币对外币贬值，将有助于进出口贸易收支状况的改善，这是贬值最重要的经济影响，也是一国货币当局实行货币对外贬值所考虑的主要原因。但贬值后能否取得预期结果，出口能增加多少，对进口影响如何，还要受到其他多方面因素的影响，诸如国际市场供求状况、商品供求弹性等。而且这种影响往往有一个“时滞”，即所谓的“J曲线效应”。相反，本币对外升值，则不利于出口，但有利于进口。不利于出口是因为本币升值，使该国出口商品在国际市场上以外币表示的价格相对较高，影响国外对本国商品的需求；同时，取得的外汇收入折合成本币数额较本币升值前少，这会影响该国商品出口。有利于进口是因为本币升值，使该国的进口商品折合成本币时，价格相对较低，增加本国居民对进口商品的需求。

2. 对非贸易收支的影响

在其他条件不变的情况下，一国货币贬值会增加该国非贸易收入。因为，本币贬值以后，外国货币的购买力相对提高，货币贬值国的劳务、交通、旅游等费用都相对便宜，增加了对国外旅游者的吸引力。对其他非贸易收入来说也是如此。同时，在贬值后，国外的旅游和其他劳务开支对本国居民来说相对较高，抑制了本国的对外劳务支出。相反，一国货币汇率上浮（本币升值），会减少非贸易收入。因为外国货币的购买力相对降低，外国居民对本国居民的劳务支出费用比上浮前增加，减少其劳务需求，从而减少劳务外汇收入。同时，该国货币升值，刺激本国居民到国外旅游等，增加外汇的流出，即增加非贸易外汇支出。

3. **对国际资本流动的影响**

国际资本流动是指货币资本通过在外汇市场的交换,从一个国家转移到另一个国家。它是由于各国为了达到某种经济目的而进行的国际经济交易而产生的,有输出和输入之分。外汇市场的汇率变动,对长期资本流动影响较小,因为长期资本的流动主要取决于利润和风险情况。在一国发生通货膨胀的情况下,若该国货币贬值幅度大于通货膨胀幅度,则贬值后的新汇率在扣除通货膨胀因素后,会低于基期时的汇率。此时,对外长期投资的成本就会上升,其盈利可能受影响,从而会影响投资决策。另一方面,若其他条件不变,则贬值后的外汇购买力相对上升,从而有利于国外资金流入货币贬值国进行投资。汇率变动对短期资本流动有较大影响。当本国货币贬值时,国内资金持有者或外国投资者,为了防范汇率变动的损失,就要把本国货币在外汇市场上兑换成其他货币进行资本逃避,导致资本外流。同时,将使外国在本国的投资者因持有以该国货币标值的资产价值下降而调走在该国的资金。这不仅使该国国内投资规模缩减影响其国民经济发展,而且由于对外支出增加,将恶化本国的国际收支。反之,如果本国货币汇率上升,则对资本流动产生相反影响。

(三) 汇率变动对物价和国内经济的影响

汇率代表着一国货币的对外价值。一国货币对外价值的变化必然会影响货币的对内价值,从而影响国内的物价水平。货币贬值将给国内物价带来不利影响,使通货膨胀压力增大。这种影响的表现反映在以下两个方面:一是通过贸易收支改善的乘数效应引起需求拉动的物价上升;二是通过国内生产成本的提高推动物价上升。因为,货币贬值后的直接结果是进口商品以本币表示的价格上升,其中消费品部分会直接表现在零售物价的上涨;进口原材料、中间产品和机器设备等资本商品价格的上升,则会造成国内生产中使用这些进口商品的成本提高,进而造成生产出来的商品价格上升。特别是在一国进口商品需求价格弹性较小的情况下,货币贬值造成的物价上涨压力更为明显。同时,与进口商品处于竞争地位的本国商品价格也会受进口商品价格上涨的带动而上涨。由于货币贬值会加剧通货膨胀的压力,故利用货币贬值来促进出口时,应选择在国内物价水平相对稳定,通货膨胀率较低的时候。相反,货币升值可能起到平抑国内物价水平的作用,但当一国经济处于萧条时期,本币汇率上升会加剧国内通货紧缩。此外,汇率变动对国内经济的影响还表现为对国民收入、就业以及产业结构调整等方面。例如,一国货币贬值的"奖出限进"作用,能够扩大该国的出口商品和进口替代品在国内外市场上占有的份额,从而为这些商品生产厂家的发展提供了更广阔的空间。由于生产的关联性,出口商品和进口替代品市场的扩大,又会直接或间接地推动整个工农业生产的发展。同时,一国货币贬值的"奖出限进"作用,还有利于增加该国的外汇积累,加大资本投入,形成新的生产能力。工农业生产的发展和新生产能力的形成,往往又使一国社会总产量明显增加。一国货币贬值有利于出口商品的生产规模扩大和出口创汇企业利润水平的提高,而这又会"牵引"国内其他行业生产的发展,因此,国内就业总水平也将提高。同时,贬值后的进口商品成本增加,其销售价格上升,一方面使对进口商品的需求转向国产商品,另一方面也提高了国内产品与进口产品的竞争力,从而促进了内销产品行业的繁荣,创造出更多的就业机会。但是,通过货币贬值来提高就业水平是有前提的,前提就是,工资基本不变或变动幅度要小于汇率变动的幅度。如果工资随着本币汇率的下降而同比例上升,那就会抵消贬值所产生的改善国际贸易收支、增加就业机会的效应。另外,一国货币贬值,能够吸引外来的长期直接投资。外国资本流入会增加国内固定资本和流动资本的数量,有利于创造新的就业机会。一国货币贬值,有利于扩大出口规模,增加出口创汇企业的利润,进而促使生产要素从非出口厂商和部门转向出口厂商和部门。同时,利润水平较高,可使出口厂商和部门的工资上升,实际收入增加,从而吸引大量的劳动力。另外,贬值造成进口商品的国内销售价格上升,会使一部分需求由进口商品转向国内产品,而且也提高了国内产品对进口产品的竞争能力,进口替代行业因此获得发展的机会。

在开放经济的条件下,各种资源较多地流向出口厂商和部门,流向进口替代行业,有助于加快产业结构的升级,优化资源配置,使该国的行业结构更接近国际市场的需求结构。这对发展中国家来说,具有十分重要的意义。

(四) 汇率变动对外汇储备和国际经济关系的影响

储备货币的汇率变动,会影响一国持有该储备货币的实际价值。若某种储备货币贬值,持有这种货币作为国际储备的国家就要遭受损失,而发行该种储备货币的国家就转嫁货币贬值的损失而减少了债务负担。若某种储备货币升值,则持有该种储备货币的国家就会得到汇率上涨的收益,而发行该种储备货币的国家则增加了债务负担。由于主要发达国家的货币起储备和计价支付手段的作用,因此,这些货币汇率的变化对世界各国,特别是发展中国家经济的影响很大。首先,作为国际储备货币的发达国家货币贬值,至少在短期内不利于他国的贸易收支,可能引起贸易战、汇率战,并影响世界经济;其次,主要发达国家的货币一般充当国际间计价手段、支付手段和储备手段,其汇率变动会引起国际金融领域的动荡;再次,主要货币汇率的不稳定还会给国际储备体系和国际金融体系带来较大的影响。

汇率变动对一国经济的各个领域都会产生影响,但其影响程度因各国的经济情况而异,这主要取决于以下条件:

(1) 一国的对外开放程度。对外开放程度越大,本国经济发展对外部依赖程度越强,进出口贸易总额占国民生产总值比重较大的国家,汇率的变化对该国经济的影响程度就较大,反之则较小。

(2) 一国经济多样化状况。汇率对经济多样化、出口商品多样化国家的经济影响相对较小;对经济单一、出口商品结构单一的国家影响较大。

(3) 与国际金融市场的联系程度。与国际金融市场联系密切的国家,如参加多种形式的外汇交易,而且交易数额大,流动性强,汇率变动对这些国家的经济影响较大;反之则影响较小。

(4) 货币的兑换性。由于自由兑换货币经常与其他货币发生兑换,因此,汇率变动对这些货币自由兑换的国家经济影响较大,而对货币非自由兑换的国家经济影响就较小。

此外,由于各国对经济的干预政策和外汇管理政策不同,汇率变动对各国经济所产生的影响和作用也是不同的。

资料链接 3-3

市场对汇率波动适应性进一步增强

2020 年,面对严峻复杂的国内外形势和新冠肺炎疫情大流行,境内外汇市场遭受冲击,全年人民币对美元汇率走势先抑后扬。前 5 个月总体承压,5 月底跌破 7.10∶1,跌至 12 年新低。6 月份起,在疫情控制好、经济恢复快、中美利差大、美元指数弱等多重利好支持下,人民币对美元汇率震荡走高,年底升至两年半来新高,升破 6.60∶1,后 7 个月累计升值 9%

以上,全年升值将近7%。

虽然人民币汇率宽幅震荡,但在主要货币中保持了基本稳定。从年平均汇率看,人民币汇率中间价为6.8976,与2019年6.8985基本持平。从多边汇率看,国际清算银行编制的人民币实际有效汇率指数全年仅上涨3.3%,远低于同期人民币对美元汇率涨幅。从最大振幅看,人民币汇率中间价9.3%的振幅也远低于国际货币基金组织披露的其他七种主要储备货币平均振幅16.9%的水平。与此同时,市场预期基本稳定,升贬值预期都比较弱,且大多数时间是交替出现。

外汇市场总体运行平稳,“低买高卖”的汇率杠杆调节作用正常发挥。前5个月,人民币汇率偏弱,市场卖外汇的多、买外汇的少,银行代客收汇结汇率为67.4%,较2019年四季度回升6.4个百分点,付汇购汇率为62.6%,回落2.4个百分点。后7个月,人民币汇率偏强,市场买外汇的多、卖外汇的少,付汇购汇率为64.9%,较前5个月回升2.3个百分点,收汇结汇率为63.7%,回落3.6个百分点。

2020年,反映境内主要外汇供求关系的银行即远期(含期权)结售汇顺差合计2152亿美元,远高于2019年顺差204亿美元,为“8·11”汇率改革以来年度最大规模顺差。这反映了去年人民币汇率升值背后的外汇供求力量。其中,即期结售汇顺差1587亿美元,2019年为逆差560亿美元,也是过去五年来首次转正。

境内外汇供求关系大逆转。即期结售汇顺差中,证券投资结售汇顺差357亿美元,仅相当于货物和服务结售汇顺差与直接投资结售汇顺差合计的20%。

这与去年我国相关国际收支活动的发展趋势相一致。前三季度,国际收支口径的货物和服务及直接投资顺差合计2695亿美元,同比翻了一番。银行代客涉外收付统计中,去年证券投资项下净流入934亿美元,其中反映了陆股通、债券通项下的跨境人民币流入。但同期银行代客涉外人民币收付累计净流出649亿美元,故对此因素不宜过分夸大。

市场对人民币汇率波动的适应性进一步增强。去年,银行代客结汇中,远期履约占比13.7%,较2019年提高了2个百分点。如果加上期权等交易,企业运用外汇衍生品主动套保的比重将会有所提高。同时,企业还运用外汇收付自然对冲汇率风险,人民币贬值时更多用自有外汇对外支付,升值时更多增持外汇头寸。

若说美中不足的话,一个是市场仍存在一定的“追涨杀跌”。去年12月份,受财务核算的年关效应影响,企业为规避人民币升值造成的损失,收汇结汇率环比上升8.3个百分点,付汇购汇率环比回落5.1个百分点;以远期结(售)汇签约额与当期海关出(进)口额之比衡量的远期结汇对冲比率环比上升4.9个百分点,远期购汇对冲比率环比下降2.6个百分点。当月,即远期结售汇(含期权)顺差合计984亿美元,环比增加近4倍。

另一个是市场主动管理汇率风险的意识和能力有待增强。要引导国内企业增强汇率风险中性意识,建立严格的财务纪律。”

资料来源:新华社新媒体,2021年1月25日。

本 章 小 结

不同货币制度下汇率的形成机制有明显差异。在金本位制下,铸币平价是决定两种货币汇率的基础,汇率的波动要受黄金输送点的限制。在纸币流通制度实行的初期,当流通中的纸币量超过所需的金属货币量时，其所代表的含金量就会减少，汇率就会产生波动。在布雷顿森林货币体系下，从表面看，黄金仍是决定汇率的基础，但实际上，各国货币汇率围绕黄金平价上下波动范围非常有限，而且是人为强行限制的。布雷顿森林货币体系崩溃后，各国货币间的汇率不再以含金量来确定，而是由货币所代表的实际价值所决定的。国际借贷论是阐述金本位制下汇率变动的重要学说，该理论认为国际借贷关系的变化是汇率变动的主要因素。购买力平价理论认为，在纸币本位制度下，汇率的决定和变动均与物价水平有关。货币主义汇率理论认为，汇率取决于该两国相对的货币供给量、相对的国民收入以及相对的名义利率水平。资产组合平衡论综合了传统的和货币主义的分析方法，把汇率水平看成是由货币供求和经济实体等因素诱发的资产调节与资产评价过程所共同决定的。汇率变动是一个极其复杂的问题，影响外汇汇率变动的因素很多，既有国内的因素，又有国外的因素；既有经济因素，又有非经济因素。汇率作为一个重要的经济杠杆，对整个经济运行都有着重要影响。

◆ 思考题

1. 试述不同货币制度下汇率的形成机制有何不同。
2. 试对主要的汇率决定理论加以分析评述。
3. 试析影响汇率变动的主要因素。
4. 试析汇率变动的经济影响。

参 考 文 献

[1] 夏英祝，郑兰祥. 国际贸易与国际金融[M]. 合肥：安徽大学出版社，2012.

[2] 魏秀敏. 国际金融[M]. 大连：大连理工出版社，2009.

[3] 朱箴元. 国际金融[M]. 北京：中国财政经济出版社，2009.

[4] 汪洪涛. 新编国际金融[M]. 上海：复旦大学出版社，2009.

[5] 朱海洋. 国际金融[M]. 上海：上海交通大学出版社，2008.

[6] 姜波克. 国际金融新编[M]. 4版. 上海：复旦大学出版社，2008.

[7] 叶蜀君. 国际金融[M]. 2版. 北京：清华大学出版社，2009.

[8] 信誉红. 国际金融学[M]. 北京：中国经济出版社，2005.

[9] 迟国泰. 国际金融[M]. 5版. 大连：大连理工出版社，2011.

[10] 王晓光. 国际金融[M]. 北京：清华大学出版社，2011.

[11] 陈信华，殷凤. 国际金融学[M]. 上海：上海财经大学，2004.

[12] 卢之旺. 外汇市场蓬勃发展[J]. 中国外汇，2014:23.

[13] 裴平. 国际金融学[M]. 南京：南京大学出版社，2006.

第四章　汇率政策与汇率制度

学习目标

通过本章学习，了解汇率政策的基本内涵、汇率制度的分类、汇率水平的管理；熟悉汇率制度的选择和政府对汇率变化的干预；掌握汇率政策的传导机制，汇率政策与其他经济政策的配合。

导入案例

一般认为，本币贬值有助于制造业成长，而本币升值则会导致本国制造业承受压力。为此，一些国家货币当局在本币大幅升值或贬值时，通常会采取相关政策加以调节。

自中国加入世贸组织以来，人民币名义有效汇率与中国出口增速之间具有较为稳定的负相关性。人民币兑美元和一篮子货币有一定程度的升值，会对出口增速产生一定程度的抑制。但在2018年以来，这种相关性明显地减弱并且不太稳定。主要的影响因素是中美贸易摩擦和新冠肺炎疫情带来的强烈的冲击。然而伴随全球疫苗接种人群进一步扩大和多国政府抗疫举措进一步加力。全球供给能力将逐步恢复，此时，一个时期以来人民币较大幅度的升值带来的边际效应可能会显现出来。

2020年5月以来，伴随着抗疫成功和经济恢复，人民币对美元汇率持续上升，资本流入境内的速度加快。2020年中国已成为吸收直接投资最大的国家。2020年底以来，证券投资流入资金每月以净流入为主，并有逐月扩大的趋势。从非储备性质的金融账户上看，2020年中以来，“其他投资”项下出现了大额逆差。“净误差与遗漏”项也显现大额净流出。与此同时外汇储备则较为平稳，表明央行并未在市场进行直接的干预，而作为经常账户和资本与金融账户的平衡项，“净误差与遗漏”则担起了平衡的作用。

近期，央行强调了继续实施以市场供求关系为基础、参考一篮子货币的有管理的浮动汇率制度。金融委表态要保持人民币汇率在合理均衡水平上基本稳定。这已经为未来一个时期的汇率政策定了基调。汇率和其他金融变量一样，很容易发生超调。汇率属于十分敏感的国际经济变量，牵动着利益攸关国家的政策中枢，大国的货币汇率更是如此。因此，汇率制度和政策的选择要统筹考量、审慎选择和综合平衡。长期来看，人民币汇率机制改革应坚定不移地坚持市场化方向，不断增强市场力量在人民币汇率形成机制中的作用。

如何看待人民币汇率政策和汇率制度？

资料来源：新华网，http://www.xinhuanet.com。

第一节　汇率政策及其传导机制

一、汇率政策的基本内涵

汇率政策是指政府在一定时期内，为实现宏观经济政策目标而对汇率变动施加影响的制度性安排与具体措施。制定汇率政策是国家经济主权的重要表现之一，也是开放的市场经济条件下，政府对国民经济进行宏观调控的必要手段。汇率政策主要涉及汇率制度选择、汇率水平管理、政府对外汇市场干预，以及汇率政策与其他经济政策配合等内容。

汇率政策的总体目标是调节国际收支状况，促进宏观经济内外部均衡，实现国民经济持续增长。

在封闭经济条件下，经济增长、充分就业与物价稳定是一国政府追求的主要经济目标，这三个目标概括了经济处于内部均衡运行状态的主要条件。在开放经济下，国际收支平衡与内部均衡的政策目标一同被纳入政府调控的范围，成为一国调节内外均衡的主要政策目标。四大经济目标的实现必须通过一系列必要的财政政策、货币政策和汇率政策以及它们之间的政策协调搭配。财政政策是政府利用财政收入、财政支出等进行宏观调控的经济政策，其调节工具主要有财政预算、税收以及公债等。货币政策是中央银行通过调节货币供应量、利率以影响宏观经济活动的经济政策，其主要工具是公开市场操作、再贴现率和法定存款准备金率等。汇率政策是对汇率的变动施加影响的一系列政策和措施。其可供选择的政策工具主要由汇率制度选择、汇率水平管理、对外汇市场的干预以及汇率政策和其他经济政策配合等。其中，由于财政政策和货币政策的作用对象是社会总需求水平，又称为支出变更或支出增减政策；汇率政策直接作用于社会总需求内部结构，又称为支出转换政策。

汇率政策作为支出转换政策，其总体目标是通过必要的制度安排和措施，最终达到平衡国际收支，维持汇率稳定以及促进本国经济发展。首先是调节国际收支状况，促进宏观经济内外部均衡。对于一些国际收支逆差、外汇紧缺的国家来说，通过本币法定贬值，利用汇率价格信号调节外汇供求，可以调节国际收支的长期根本性失衡。其次是汇率政策通过对社会总需求的转换机制可以增加一国的有效需求，提高就业和收入水平；保护本国工业，发展民族经济；集中外汇收入，实现外汇资源的最优配置；也可以参与外汇交易、课征外汇税，进而增加财政收入，达到促进本国经济发展的最终目的。

汇率政策的具体目标主要体现在以下四个方面：

一是货币政策的自主权。保持一国货币政策的自主权，就是各国中央银行不再因为在固定汇率制度下为保持汇率稳定而被动干预货币市场，使货币政策能够自主调节内部和外部平衡，实现政府预期的经济目标。在固定汇率制度下，由于各国货币政策对国际收支的平衡承担重要责任，中央银行为维持汇率稳定被迫在外汇市场上购进或售出国外资产，使通货膨胀或紧缩的国际传递成为可能，因而货币政策的运用将受到国际收支状况和汇率水平的制约，导致货币政策的自主权也在维持外部均衡的同时逐渐被弱化。作为汇率政策的具体目标，保持货币政策的自主权就是通过汇率的自动调整隔绝国外货币因素对本国国内经济的影响，真正发挥汇率政策在自主调节外部均衡中的作用，从而维持本国经济的稳定。

二是维护本币的价值稳定。一般在汇率稳定的情况下，国际通货膨胀可以经由商品贸易传入国内，导致诸如进口型的通货膨胀。那些存在巨额国际收支盈余、货币趋于坚挺的国家，常常面临外国资本的冲击，国际通货膨胀往往通过资本流动传入国内。这种情况下，通过外汇管制，限制商品进口和资本输入，可将国际通货膨胀拒之门外，使国内物价水平得以保持稳定。

三是调节国际收支状况。若一国国际收支长期出现逆差，该国可采取本币贬值的汇率政策。通过货币贬值，使得该国出口商品的外币价格下降，国外对本国出口商品的需求上升，出口规模得以扩大；同时，该国进口商品的本币价格上升，会抑制国内对进口商品的需求，进口规模得以缩小。如果贬值后该国出口商品的外币价格没有下跌，但出口所获取的同样数量的外汇收入可换到较多的本币，这也能使出口厂商的利润增加，进而对扩大出口起积极的作用。此外，即使贬值后该国对进口商品的需求并未减少，但由于进口商品本币价格的提高，国内替代行业能够生存和发展起来，仍然可以对进口起抑制的作用。

四是提高产品国际竞争力。一国国际收支出现大量顺差，本国货币必然遭受升值的压力，而货币升值将削弱该国商品的出口竞争能力。因此，顺差国政府往往利用外汇管制限制长、短期资本流入，减轻本国货币蒙受的压力，以保持其商品的国际竞争能力和国际市场份额。此外，通过对非居民的贸易收付采取种种限制，也可以更有效地占有国外销售市场。

二、汇率政策的传导机制

汇率政策发挥作用离不开有效的传导机制。汇率政策的传导机制是指汇率政策的变化影响汇率运动及汇率与其他经济变量相互作用的原理、方式和过程。对汇率政策传导机制的研究重点在于揭示汇率政策的变化影响汇率运动的规律，以及汇率信号与其他经济变量的一般关系，从而为政府制定汇率政策提供理论基础。对汇率政策的研究偏重于政府制定和实施汇率政策的目的、手段以及效果，这是研究汇率政策传导机制的目的和归宿。

（一）传导机制的模型

汇率政策的传导机制，意指汇率政策的变化影响到汇率变动，汇率变动影响到不同国家之间的商品、服务、资产以及资本相对价格的变动，进而通过传导媒介使其他相关经济要素发生变化，最终促使宏观经济目标的实现。图 4-1 表示这一流程。

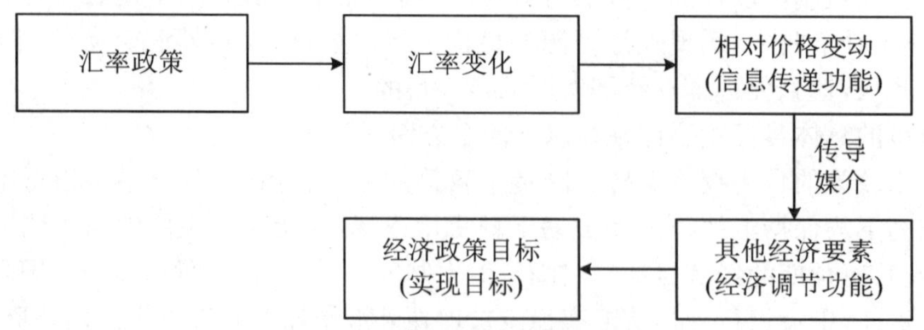

图 4-1　汇率政策传导机制流程

从图 4-1 可以看出，汇率政策传导过程的基础是相对价格的形成。汇率的本质是两国货币所具有的或所代表的价值的交换比率。汇率不仅反映出两国货币之间的价值比关系，而且还体现出汇率在国际金融和国际贸易中执行的价格转换功能。在国际金融活动中，汇率将不同的货币单位折算成外汇市场中所需的外币单位，使国际资金融通和资本流动成为可能；在国际贸易交往中，外国商品和劳务的价格通过汇率转换成本国的价格，从而使各国物价具有可比性，使各国的国内价格和国际价格联系在一起。也可以说，无论从宏观来看，汇率的变动影响国民收入、消费投资水平及货币供给和需求，还是从微观来看，汇率的变动影响企业和消费者行为及资源配置，都要经过汇率的变动从而影响相对价格这一初始环节。因此，研究汇率政策的传导机制，即汇率运动如何通过传导媒介，在发挥信息传导和经济调节功能的过程中实现宏观经济目标，就必须研究相对价格变动与其他经济要素之间的变动关系。

在汇率政策的传导过程中，汇率传递经济信息和调节经济的功能主要体现在相对价格通过作用于一定的传导媒介引起其他经济因素的变化，从而实现预定的经济目标。例如，一国政府通过本币法定贬值来改善国际收支状况，这一政策首先作用于汇率水平，使本币贬值，而本币的贬值直接改变了本国与外国的商品劳务以及资产的相对价格。即用外币表示的本国商品劳务以及资产的价格下降，而用本币表示的外国商品劳务以及资产的价格上升，起到“奖出限入”的作用。同时，也改变了本国的贸易条件；并使本国可供外销商品的外销价格区间扩大，进口价格区间减小；本国的资金、劳动力和土地等生产要素的相对价格下降，从而使本国的总供求、出口竞争力、边际进出口倾向以及国内就业水平、产业结构等经济要素发生变化，促使该国实现国际收支平衡。

目前，在汇率政策传导机制研究中考虑的传导媒介主要是贸易条件、内外销比价和生产要素的相对价格等。

1. 贸易条件

贸易条件定义为出口商品价格指数与进口商品价格指数的比率，用公式表示为

$$\Phi = \frac{p}{ep^*} = \frac{p/e}{p^*} \tag{4-1}$$

式(4-1)中，Φ 为贸易条件；e 为汇率（采用直接标价法）；p 为出口商品的本币价格指数，p/e 为出口商品的外币价格指数；p^* 为进口商品的外币价格指数，ep^* 为进口商品的本币价格指数。Φ 上升，表示出口商品或劳务的价格比进口商品或劳务的价格相对上涨，则每一单位的出口商品能够换到更多的进口商品。其他条件不变，能增加该国的贸易利益，即贸易条件改善。

假定国际市场的价格需求弹性很小，本币升值，即 e 下降，会提高出口商品的外币价格(p/e)，如进口商品的外币价格不变，出口一个单位的商品可换到较多的进口商品，这样资源会更多地向贸易部门转移。相反，本币贬值，即 e 上升，会降低出口商品的外币价格(p/e)，从而提高本国商品的出口竞争力。

2. 内外销比价

内外销比价定义为一定时期内，一国生产的若干商品，其在国际市场的外销价格与国内市场的内销价格的比率。用公式表示为

$$V = \frac{P_T}{P_N} = \frac{eP^*}{P_N} \tag{4-2}$$

式(4-2)中，V 表示内外销比价；P_T 为外销价；P_N 为内销价；e 为汇率（直接标价法）；P^* 为国际市场价格。V 上升，即本国商品的外销价比内销价的相对价格上涨，则出口比内销有利，在其他条件不变时，出口部门福利增加，刺激本国商品出口。

假定本国商品内销价格不变和国际市场需求价格弹性很小，若本币贬值，即 e 上升，则外销商品的本币价格上涨，本国出口积极性提高，资源向出口部门转移；同时，本币贬值可能造成进口原材料成本上涨，导致进口商品国内价格上涨，从而抑制进口，刺激本国进口替代行业的发展。相反，若本币升值，即 e 下降，则外销商品的本币价格降低，本国商品内销积极性提高，资源从出口部门流出。

3. 生产要素相对价格

汇率政策的变化可能影响到生产要素的相对价格的变化，为生产要素在不同国家、不同部门之间流动赋予了动力。例如，汇率的变化会导致“利息平价”关系的破坏，根据费雪理论：$r_A - r_B = \frac{F-E}{E}$，其中 r_A、r_B 分别表示 A、B 两个国家的利率，F、E 分别表示用 A 国货币表示的 B 国货币的远期和近期汇率。

（二）传导机制的制约因素

汇率政策通过贸易条件、内外销比价和生产要素相对价格等三种传导媒介影响宏观经济变量，但是汇率政策传导能否准确有效，还受到一系列诸如社会经济形态、经济体制、经济运行状况、对外开放程度以及市场供求状况等因素的制约。

1. 社会经济形态

一般而言，汇率作为价格信号直接对相对自由的经济实体产生影响。在发达市场经济下，市场规则起着主导作用，汇率传导机制的灵敏度相对较高，可以更好地发挥调节作用。而不发达的市场经济下，政府大多采用外汇干预或行政命令手段来干预经济活动，因而汇率政策传导机制的信息传递和经济调节功能相对来说受到较大的约束。

2. 经济体制

一般认为，市场经济环境中汇率政策传导机制发挥作用较为充分。因为市场经济条件下经济活动更多依赖于市场价格信号进行调节，政府干预较少。而计划经济条件下更多采用行政命令手段来调控经济活动，价格信号往往遭到排斥、限制甚至扭曲，汇率很难发挥出真正意义上的杠杆作用。

3. 经济运行状况

任何一国的汇率形成与变化都与其相关经济条件相互联系。由于各国在一定时期内的相关条件不一致，因而汇率传导机制发挥作用的效果与程度也存在差异。例如，一些面临高通胀压力的国家可能正在实施通货紧缩的调控政策；而一些通胀较温和、经济发展比较健康的国家，则可能较多采用汇率价格信号来调节经济。

4. 对外开放度

如果一国对外开放程度较高，汇率就能够反映大量重要的经济信息，汇率政策的传导机制也更加灵敏。反之，一国开放度较低，汇率几乎不能反映任何有价值的信息。比如在一个自给自足、完全封闭的国家，汇率甚至没有存在的价值，更谈不上传递信息和调节经济。

第二节　汇率制度及其选择

汇率制度选择是一国政府制定汇率政策的重要内容，它为政府实施影响汇率变化的具体措施提供了制度性的框架，意味着在不同的汇率安排下政府实现内外均衡的经济目标需遵循不同的规则，因此汇率制度的选择是一国汇率政策的核心。

一、汇率制度的概念与分类

汇率制度(Exchange Rate Regime)，又称汇率安排(Exchange Rate Arrangement)，是指货币当局就确定、维持和管理汇率的原则、方法和机构所做的制度安排或制定的严格规则(Frankel，1999)。由于汇率制度设定了本币对外币比价的确定原则和方式、货币比价变动的界限与调整手段以及维持货币比价所采取的措施等。因而，汇率制度决定了名义汇率可变化的程度、范围以及变化的方式，直接决定了一国经济与国外经济联系的方式，是开放宏观经济决策中重要的组成部分。汇率制度的确定，一方面与本国自身经济发展水平以及宏观经济目标等个体差异有关，另一方面也受制于国际大背景。如布雷顿森林体系时期、区域货币合作等。汇率制度是重要的汇率政策工具，汇率制度的选择是制定汇率政策的主要任务之一。

汇率制度分类有两个基本方法：一是名义(de jure)分类法，即对汇率制度的分类是以一国政府对其汇率制度的公开承诺为依据，即以各国宣称的汇率政策、制度为基础，但可能出现名实不副的问题。二是实际(de facto)分类法，即根据实际观察到的汇率的波动情况，并通过对汇率制度运行中可观察变量及相关信息的评估，特别是汇率行为的评估进行推导归类。

国际货币基金组织(IMF)从1999年开始按其成员实际汇率制度，而不是官方宣布的汇率安排对各国汇率制度进行了分类。2009年，基于现实情况对各国汇率制度分类做了进一步调整(表4-1)。

表4-1　IMF 1999年和2009年汇率制度分类及其份额

	1999年的实际制度	份额	2009年的实际制度	份额
硬钉住		23		23
	无独立法定货币的安排	10	无独立法定货币的安排	10
	货币局	13	货币局	13
软钉住		81		78
	传统固定钉住	68	传统固定钉住	45
			稳定化安排(类似钉住)★	22
	软盯住中的中间钉住	13		11
	水平带钉住	3	水平带钉住	3
	爬行钉住	8	爬行钉住	5

续表

		1999年的实际制度	份额	2009年的实际制度	份额
	爬行带		2	类似爬行★	3
浮动制度			84		75
	管理浮动		44	浮动★	39
	独立浮动		40	自由浮动★	36
其他有管理的安排★			n. a.		12
总价			188		188

资料来源:K. Habermeier, A. Kokenyne, R. Veyrune, and H. Anderson(2009)。

依据2009年的修改,国际货币基金组织(IMF)成员的汇率制度可以分为硬钉住、软钉住、浮动及剩余四大类。其中,硬钉住又可分为无独立法定货币安排和货币局制度2个小类;软钉住又可分为传统钉住安排、稳定化安排、爬行钉住安排、类爬行安排及水平区间钉住安排5个小类;浮动安排又可分为浮动安排和自由浮动安排3个小类;剩余类别主要包括其他有管理的安排1个小类。

1. **无独立法定货币的汇率安排**(Exchange Arrangements with No Separate Legal Tender)

一国采用另一国的货币作为唯一法定货币,包括美元化或货币联盟(Dollarization or Monetary Union),美元化的典型特征就是美元替代本国货币进行流通,如巴拿马和厄瓜多尔等拉美国家。货币联盟的典型代表是欧元的形成,在联盟内流通着超越国家主权的单一货币,建立统一的中央银行。

2. **货币局制度**(Currency Board Arrangements)

货币当局暗含法定承诺按固定汇率来承兑指定的外汇,并通过对货币发行权的限制来保证履行法定承兑义务。即指货币当局规定本国货币与某一外国可兑换货币保持固定的交换比率,并且对本国货币的发行作特殊限制以保证履行这一法定义务。货币局制度要求货币当局发行货币时,必须有等值的外汇储备作保障,并严格规定汇率,没有改变平价的余地,也对货币政策形成了制度性制约。当然,货币局制度有助于稳定市场信心,在一定程度上防范汇率风险。但一国或地区为此要付出高昂的代价,主要在于:丧失货币政策的自主性;央行不能充当最后的贷款人;易招致投机力量的攻击。实行货币局制度的多为小型经济开放体,如中国香港和爱沙尼亚等。

3. **传统钉住安排**(Conventional Peg Arrangements)

指将本国货币按公开宣布的固定比率与单一货币或篮子货币挂钩,不需承诺永久保持平价,只是通过干预使得至少在6个月时间内汇率围绕中心汇率波动幅度不超过1%,市场即期汇率波动不超过2%。如约旦、也门、沙特、阿联酋等。

4. **稳定化安排**(Stabilized Arrangement)

又称为类似钉住(Peg-like)制度,该制度要求无论是对单一货币还是对货币篮子即期市场汇率的波动幅度要能够保持在2%的范围内至少6个月(除了特定数量的异常值(Outliers)或步骤调整),并且不是浮动制度(Floating)。作为稳定化安排要求,汇率保持稳定是官方行动(包括结构性市场刚性 Structural Market Rigidities)的结果。该制度类别并不意味着国家当局的政策承诺，如伊拉克、新加坡和越南等。

5. 爬行钉住安排(Crawling Peg)

指汇率按预先宣布的固定范围作较小的定期调整或对选取的定量指标(诸如与主要贸易伙伴的通货膨胀差或主要贸易伙伴的预期通胀与目标通胀之差)的变化做定期的调整。在爬行钉住制度下，货币当局每隔一段时间就对本国货币的汇率进行一次小幅度的贬值或升值，如尼加拉瓜和博茨瓦纳等。

6. 类爬行安排(Crawl-like Arrangement)

指至少 6 个月内，汇率偏离其统计趋势值的幅度不超过 2%。通常，其汇率最小变动幅度比稳定安排下的汇率波动幅度要大。如果汇率以充分单调和持续的方式升值或贬值，其年均汇率变化幅度应在 1%以上。IMF 将中国、阿根廷、瑞士划分为这种汇率安排。

7. 水平区间钉住安排(Pegged Exchange Rates within Horizontal Bands)

指本币对外币仍规定中心汇率，但允许汇率围绕中心汇率上下波动超过 1%，或者汇率最大值和最小值的差额超过 2%。

8. 浮动(Floating)

指汇率在很大程度上由市场决定，没有一个确定的或可预测的汇率路径。外汇市场干预可以是直接的或间接的，旨在缓和变化率和防止汇率的过度波动，但是以一个特定的汇率水平为目标的政策与浮动制度是不相容的。浮动制度下可以出现或多或少的汇率波动，取决于影响经济冲击的大小，如泰国、土耳其、印度等。

9. 自由浮动安排(Free Floating)

指只有在特殊情况下才进行外汇市场干预，并且这种干预旨在解决无序的市场形势且如果当局已经提供信息和数据证明在以前的 6 个月中至多有 3 例干预，每例持续不超过 3 个营业日。如果 IMF 不能得到所要求的信息或数据，该制度将被归类为浮动制度(floating)，如澳大利亚、加拿大、日本等。

10. 其他有管理的安排(Other Managed Arrangement)

这是一个剩余类别，当汇率制度没有满足任何其他类别的标准时使用它。

二、汇率制度选择应考虑的因素

(一) 影响汇率制度选择的主要因素

汇率制度的选择应相机抉择，因为没有任何一种汇率制度安排对于所有国家或者一个国家的不同时期都是最优的选择。也就是说，不同国家或者同一国家不同的发展时期，对汇率选择的要求和标准都是不一样的。以下是一国在选择汇率制度时所要考虑的主要问题，汇率制度的选择是个非常复杂的问题。

1. 经济体的结构性特征

(1) 经济规模与开放程度。最适度货币区理论(The Theory of Optimal Currency Zone)提出所选的汇率制度应与国家的经济结构特征契合，有利于提高国家的整体福利水平。例如，生产、出口结构单一，贸易地区分布集中的小型开放经济体更适合于选择固定或钉住汇率制度。反之，则宜选择浮动汇率制度，因为出口与贸易地区分布多元化可以以丰补歉,出口收入相对稳定,汇率变化影响不大。

(2) 劳动力和资本的流动性。对此问题首先进行研究的蒙代尔(Mundell, 1961)认为:浮动汇率制度只能解决不同通货区之间的需求转移问题,不能解决同一通货区内不同地区间的需求转移问题。因此,同一通货区内在汇率制度之外要有一个调节需求转移和国际收支的机制。在蒙代尔看来,工资是刚性的,调节任务只能由要素流动来承担。只要劳动、资本等要素跨国流动没有障碍,采取固定汇率制度的几个国家之间也能实现物价稳定、充分就业和国际收支平衡。后来的经济学家又对此进行深入研究,他们指出,劳动力流动性的提高有助于降低固定汇率制度国家的调节成本,但这种流动性提高本身的代价却是很大的;资本流动性的提高往往是非均衡的,流动性越大,维持固定(钉住)汇率制度的困难也越大。

2. 金融市场的发育程度

汇率制度选择要与金融市场的基础相适应。

(1) 金融市场规模的大小。规模较小,则容易受到汇率变化的冲击。

(2) 国内外资产的可替代程度。替代程度低,意味着外国解决波动和外汇市场变化对本国经济的影响小。

(3) 货币市场和期汇市场的完善程度。完善的货币市场和远期外汇交易能分散风险,约束投机行为,在汇率变化的情况下稳定外汇市场。

(4) 市场投机的性质。弗里德曼(Friedman,1953)把外汇市场的投机分为稳定性投机和不稳定性投机。稳定性投机低价时买进,高价时卖出,在获利的同时也能自动熨平外汇市场上的汇率波动。而不稳定性投机则会放大汇率风险,迫使货币当局不得不采取固定汇率制度。

(5) 外汇管制的程度。严格的外汇管制限制了外汇和资本的国际流动,扭曲了价格信号,使实际汇率与名义汇率背离,汇率浮动的有利之处不能得到发挥。

总之,金融市场发育程度低的国家不能享受到浮动汇率制度的好处,相反会面临汇率变化的种种威胁。

3. 宏观经济冲击的来源及性质

汇率制度应能够稳定经济形势,使消费、投资、物价和其他经济变量的波动达到最小。宏观经济冲击的来源和性质不同,则汇率制度的选择不同。如果冲击来自国内且属于名义量的变化(货币供给、货币需求的异常波动),则固定汇率制优于浮动汇率制。如果冲击属于实质经济的变化(来自国内或国外的,如消费需求从国产品转向进口品),那么浮动汇率制是较好的选择。国内名义量变化产生的冲击具有整体性。与其他冲击相比,较少地影响国内商品的比价关系,实行固定汇率制的空间和余地较大。

4. 国家的信誉

汇率制度选择隐含着国家信誉度与汇率灵活性之间此消彼长的替代关系。一般认为,出于稳定物价目的而宣布实行固定汇率制表明了政府反通货膨胀的决心。当国家的信誉度在逐渐丧失时,应该及早放弃固定汇率制,否则该汇率制度也将被市场力量摧毁。对于没有建立起健全的财政、货币政策体系的发展中国家来说,固定汇率制简便易行,透明度高。

(二) 关于汇率制度选择的争论

长期以来,对于汇率制度选择,存在诸多的争议。有的主张全面实行浮动汇率制度,有的主张回到固定汇率制,也有的主张在浮动汇率和固定汇率之间选择“中间地带”。但就现实经济生活来说，不存在完全的浮动制度和完全的固定制度。这里为讨论方便，也为学术讨论的抽象性，将汇率的选择具体到两个极端进行讨论。

支持浮动汇率制度主要理由：浮动汇率可以保证经济稳定增长；浮动汇率能够自发调节国际收支均衡；浮动汇率制可以免受货币冲击；浮动汇率制度能隔绝通货膨胀和经济周期的国际传递；浮动汇率制更有利于国际贸易和国际投资；浮动汇率制可以消除汇率决定的不对称性，便于经济政策的国际协调。

支持固定汇率制度的主要理由有：固定汇率支持者否认了浮动汇率制能保证经济稳定增长的观点；固定汇率支持者认为浮动汇率对国际收支的自动调节作用有限；反对浮动汇率者认为，固定汇率下固然存在投机资本攻击的可能，但是很多实行浮动汇率的国家，并未发现如浮动汇率支持者所说的汇率是基本稳定的，相反汇率的波动幅度常常很大；固定汇率支持者不认为浮动汇率能完全隔绝通货膨胀和经济周期的国际传递；固定汇率支持者从另一个角度分析指出，浮动汇率制不利于国际贸易和国际投资；固定汇率制维护者认为，浮动汇率制度下，由于对汇率缺乏有效的约束，各国首要考虑国内经济目标的实现，容易利用汇率的自由波动推行竞争性贬值的政策，造成国际经济秩序混乱。

资料链接 4-1

阿根廷的美元化道路

20 世纪 90 年代初，为了降低国内通货膨胀，增强政府政策的可信度，阿根廷建立了一种独特的货币委员会制度。将阿根廷比索等价钉住美元(1 美元＝1 比索)。它与典型货币委员会的区别在于允许一定的灵活性。中央银行必须确保本国基础货币完全取决于持有的美元储备。央行大部分美元储备都以美元存款或短期政府债券的形式持有，同时最多可以动用储备美元的 1/3 来购买阿根廷政府发行的美元债券。虽然中央银行没有行使过这种权力，但还是赋予其一定的政策自由度。

20 世纪 90 年代后期，阿根廷已经将通货膨胀率拉低到美国水平，但利率水平还是要比美国高很多。一些经济学家认为利率缺口是由于阿根廷政府没有完全获得投资者信任造成的。由于政府的美元储备充足，而且有 75％的阿根廷货币事实上已被美元化了，所以当时阿根廷政府开始考虑是否完全实行美元化。但到了 2002 年，20 世纪 90 年代的光辉岁月已经成为遥远的回忆。2002 年前期，难以忍受的四年衰退已经使失业率上升到了 25％，阿根廷 1550 亿美元的公共债务出现了违约。货币局制度被废除，到 2002 年中期比索贬值到了 3.5 比索兑 1 美元。

资料来源：http://jpkc.wdu.edu.cn/economic/?page_id＝254。

第三节　汇率水平管理

汇率水平管理是指汇率水平的确定与调整，也是一国实施汇率政策的具体措施之一。通常货币当局对本国的汇率安排主要表现为三种形式：一是单一汇率制，即本国货币与外国货币的交换比率只有一个；二是混合汇率安排，是指将不同水平的汇率混合使用的安排，目的是对不同的交易主体实行差别待遇；三是差别汇率安排，一般是指一国货币当局根据外汇的不同来源和使用情况，规定两种或两种以上的汇率水平的安排。后两种汇率安排因本国货币与外国货币的交换比率有两个或两个以上，被称为复汇率(Multiple Exchange Rate)。单一汇率符合一价定律，是市场经济条件下占主导地位的汇率安排，特别在外汇管制不严格的国家较为普遍。复汇率安排是以外汇管制为基础，一国货币当局人为地、主动地制定和利用多种汇率，以达到预期的政治经济目的。从政策研究的角度出发，复汇率安排更具有实际意义，它包括混合汇率安排和差别汇率安排两种方式。

一、混合汇率安排及其评价

混合汇率安排就是将官方汇率与自由汇率按不同比例混合使用的制度，以对不同的交易实行差别对待。这种制度规定某类项目外汇收入的全部或一部分可以不按官方汇率出售给指定银行，允许这类外汇收入者在自由市场按自由汇率出售外汇。相反，规定对某类外汇需求者不按官方汇率供给全部或部分外汇，而是要求他们以一定比例在自由市场按自由汇率购买外汇。由于自由汇率高于官方汇率，出售外汇者可以因此多收入本国货币，购买外汇者则因此得多支付本国货币。虽然国家未公开宣布差别汇率，但通过这种官方汇率和自由汇率混合使用的方法，事实上已形成了复汇率制度，只不过这种复汇率制度更加隐蔽罢了。例如，有些国家为了抵制游资的侵扰与冲击，规定出口贸易的外汇按官方汇率在官方市场进行交易(这种汇率称为贸易汇率)，资本交易涉及的外汇在自由市场按自由汇率进行交易(这种汇率称为金融汇率)。这样就可在一定程度上避免国际游资对正常国际贸易的侵扰。

例如，我国取消双重汇率制以前，出现官方汇率和外汇调剂中心汇率、场外交易汇率以及黑市汇率并存的汇率安排。在人民币混合汇率安排上，对不同外汇持有者采用了不同的外汇价格，例如对国有企业、三资企业、民营企业和个人分别适用于不同的汇率水平，体现了对不同的所有制主体进行外汇交易的歧视原则。这种混合汇率安排，虽然可以维持一定数量的外汇储备、隔绝来自国外的冲击、达到某种经济目的，但也会导致较高的管理成本，扭曲价格，形成不公平竞争，而且还必须以严格的外汇管制为前提。另外，在人民币混合汇率安排上，也体现了不同行业的歧视性原则。对于行业歧视性汇率安排，虽然可以对不同的行业起到政策导向作用，但是其要求一国政府能够对行业发展进行准确定位，否则，将可能导致政策效果失灵，外汇市场秩序混乱。

二、差别汇率安排及其评价

根据外汇的不同来源和使用情况，规定两种或两种以上的高低不同的官方汇率，这就是差别汇率安排。差别汇率安排有狭义和广义之分，狭义的差别汇率一般是指官方决定实际汇率，其与平价相差1%以上。广义的差别汇率安排是指，考虑到关税、补贴等影响实际外汇价格要素后，所做出的差别汇率安排。也就是说，一国政府在规定有差别的官方汇率时，充分考虑了关税、补贴等因素，以体现政府对特定进出口商品实行的惩罚性或优惠性汇率安排。从这个意义上讲，各个国家都在实行差别汇率安排。

差别汇率安排有其自身的特征。主要体现在：① 在外汇管制条件下，以官方汇率为基础。② 政府希望集中调度和使用外汇资源。③ 是临时性政策工具。

1. 进口与出口的差别汇率安排

20 世纪 70 年代许多发展中国家采用进口和出口的差别汇率安排。假设汇率表达式为直接标价法，不同的进出口汇率组合代表不同的政策导向，能够达到预期政策的效果。例如，第一种是较高的进口汇率与较低的出口汇率，其预期政策效果是不仅限制了进口，而且也限制了出口；第二种是较低的进口汇率与较高的出口汇率，不仅鼓励了进口，而且对出口也起到鼓励作用；第三种较低的进口汇率与较低的出口汇率，该汇率安排组合只鼓励了进口，而限制了出口；第四种较高的进口汇率与较高的出口汇率，可以起到限制进口、鼓励出口的预期效果。进口与出口的差别汇率安排对进出口的影响，其实质也是对进出口进行变相的“加税”与“减税”。

2. 进口多元差别汇率

发展中国家在对外开放初期，特别是在出口导向和进口替代阶段常采用进口多元差别汇率安排。采取进口多元化差别汇率的国家，一般有其特定的预期目标，诸如鼓励重要物资和先进技术的进口，限制非必需物资的进口；调整进口结构，推进进口替代，提高工业化水平；避免全面汇率调整造成的社会振荡；缓解通货膨胀的压力；等等。可以看出，广大发展中国家在对外开放初期，为减少国外商品对本国市场所产生的冲击，鼓励国内特定商品或原材料的出口，实施进口差别汇率安排，是行之有效的，而且也是可以理解的。但实施进口差别汇率也存在一定的困难。例如，何种进口物资适用何种汇率，不易准确合理确定；为防止以较低汇率进口的货物按较高汇率确定成本、售价，进而牟取暴利的行为，必须配合以严格的物价管制；以较低汇率进口的物资过多时，不仅会降低财政收入（政府出售外汇的收入减少），而且也不利于保持国际收支平衡（进口成本低，进口倾向加强）；各种汇率的相互支持与配合，可能将适用较低汇率的进口改为适用较高汇率的进口，最后向最高汇率逐渐统一；如果为鼓励原料进口而采用较低的汇率，又为鼓励产品出口而采用较高的汇率，这两种汇率的差额过大时，就是对这种产品的生产与出口实行补贴，不仅会使该产品的生产和出口依赖汇率优惠，而且会受到国际社会指责；对重要产品的进口适用较低汇率，等于对该产品进口给予补贴，从而限制了该产品国内生产厂商生存与发展的空间，不利于国民经济持续增长；对与国内产品构成竞争与替代的进口实行较高汇率，如果不加选择或扩大范围，容易产生消极的保护效果。

3. 出口多元差别汇率安排

出口多元差别汇率安排是指一国为限制或鼓励特定商品的出口而对该商品出口时使用的汇率进行的多元化差别安排。与采用进口多元汇率安排相比，出口多元汇率安排使用较少。根据对出口的调节效果不同，出口差别汇率安排可分为惩罚性出口汇率安排和优惠性出口汇率安排。前者也称加税型出口汇率，主要是为限制某种产品出口，而采用这种汇率安排。一般来说，出口汇率低于平均进口汇率，使政府获得部分出口利润。后者也称为补贴性出口汇率，其目的是鼓励出口，促进该产品的生产，其出口汇率高于平均进口汇率。

与进口多元差别汇率一样，实施出口多元差别汇率也存在一些困难。在汇率安排中，主要应注意以下几点：对某种出口产品适用惩罚性汇率或优惠性汇率的界定，需慎重确定；对某种产品适用优惠性汇率，等于对其他出口产品适用惩罚性汇率，有碍公平竞争；在资源紧缺和经济条件较差时，采用优惠性出口汇率，会加剧国内经济困难；对经济效益低下或亏损的出口产品适用优惠性出口汇率，就是保护落后；如果优惠性出口汇率不合理，就等于打击有价值的重要生产活动，鼓励或扩大不重要或价值不大的生产活动。实施出口多元差别汇率的政策效果取决于优惠性出口汇率对出口的边际贡献是否大于惩罚性出口汇率所造成的出口损失。

通过差别汇率安排，一国政府可以更加有效地实施“奖出限入”的政策，进一步鼓励资本净流入，从而改善一国国际收支状况。但是，从本质上说，这种汇率安排是一种歧视性的金融措施，它针对不同的贸易对象国和不同的进出口商品规定不同的汇率，以限制同某些国家的贸易，容易引起国际间的矛盾和别国的报复，从而不利于国际经济合作和国际贸易的正常发展；同时，差别汇率安排从某种意义上来说还是一种变相的财政补贴，还会使国内不同企业处于不同的竞争地位，不利于建立企业间的公平竞争关系；另外，还会使商品价格关系变得复杂和扭曲，影响资源的合理配置；最后，从管理成本上说，由于汇率种类繁多，差别汇率安排势必会耗费大量的人力成本。而且管理人员主观知识上的缺陷，官僚作风及信息不通都会导致汇率制度的错误运用，不法商人的逃汇、套汇或虚报货价，加之政府官员的受贿作弊等都会影响复汇率的实施。实践经验表明，差别汇率制度的收效不明显，但代价很高。有鉴于此，国际货币基金组织反对其会员国实行歧视性汇率安排或采用复汇率制度，在国际货币基金组织的监督下，实行复汇率制的国家也有逐步减少的趋势。

第四节　政府对汇率变化的干预

对汇率变化进行干预是指以政府部门为主体，以汇率变化为对象，通过政府言论或权威人士发言、实施外汇管制或者公开市场操作，达到影响外汇市场运行的目的，最终促进宏观经济内外均衡，实现国民经济持续增长，是政府实施汇率政策的具体措施之一。

一、政府干预汇率变化的目的

一国政府为维护开放经济下国际收支平衡，达到内外均衡经济目标的同时，都在不同程度地对汇率变化进行干预，引导外汇资源的合理配置。一般认为，一国政府对汇率变化进行干预的目的主要包括以下几个方面：

（一）实现汇率政策的总体目标

政府对汇率变化进行干预，是一国政府实施汇率政策的一部分。从这个意义上讲，政府对汇率变化的干预应服从于汇率政策总体目标。假设一国国际收支账户长期逆差，政府打算通过本币对外贬值的方法来改善国际收支状况，则可以通过权威性的言论和政府发言传递政府对本币贬值的政策导向，引导外汇市场参与者改变对未来汇率变化的预期；也可以对外汇实行“奖出限入”的数量管制和有利于提高出口商品国际竞争力的汇率管制；或者通过公开市场操作，在外汇市场上大量买进外汇，增加本币投放，推动外汇升值和本币对外贬值，但必须配合适度从紧的财政政策，以减轻国内通货膨胀的压力。政府对汇率变化的干预使本币贬值从而刺激出口抑制进口，改善国际收支状况，促进内外部均衡。同时，对外出口的扩大可以增加社会总产量，提高就业水平和国际竞争力，加快产业结构升级，优化资源配置，实现国民经济持续增长。

（二）防止汇率短期内过分波动

开放经济条件下，汇率短期内过分波动将降低资源配置效率，影响到一国开放经济的稳定运行。但是,汇率在短期内过分波动的因素大量存在。例如,任何对未来货币政策宏观条件波动的预期都将对即期汇率产生影响。在弱势有效市场中,大量充斥的新闻效应的影响下,噪声交易者的操作行为可能加剧汇率对其基本价值的偏离,导致即期汇率的过分波动。由于商品市场价格存在黏性,货币市场和商品市场的价格调节时间不一致,短期内商品市场的调节慢于货币市场,因而可能出现的"汇率超调"现象也将影响短期汇率的稳定。另外,当今的国际资本市场,数万亿计的国际游资凭借各种金融衍生工具兴风作浪,投机因素已成为汇率短期内大幅波动的主要原因。政府对外汇市场干预的首要目标,就是防止汇率在短期内过分波动。

(三)作为与财政货币政策搭配的工具

对汇率变化的干预是政府实施货币政策的重要组成部分。开放经济条件下,一国政府实施扩张性的货币政策,意味着投放的基础货币数量增加,影响本币汇率相对稳定,这时可以利用汇率政策在外汇市场抛售外国资产,以抵消因实施扩张性货币政策而导致的汇率政策波动。如果一国采取扩张性的财政政策,在货币供应量不变的情况下,意味着本币有升值压力。为保持本币币值稳定,该国中央银行需在外汇市场购买外国资产,增加对本币的投放,以稳定本币汇率。政府对外汇市场的管制与财政政策搭配,可以起到稳定物价、增加就业、保护特定产业发展以及增加财政收入的作用。因此,也可以说,中央银行对外汇市场的干预不是一项独立的政策工具,一般与其他财政货币政策搭配使用。

(四)实现其他的政治经济目的

政府为达到其他特定的政治经济目的,可以通过对汇率变化进行干预来实现。例如,一国政府可能人为地造成本币低估而刺激本国出口的增加;中央银行可以在外汇市场上进行不同种类的外汇交易以改善本国外汇储备的结构;一国政府也可以利用汇率变化,来抑制通货膨胀的国际传递,也可以对其他国家的汇率政策进行人为地制裁和报复等等。

总之,各国出于不同的目的对汇率变化进行干预也可以成为政府干预外汇市场的理由。随着国际金融市场及外汇市场的不断发展完善,政府对外汇率变化的干预方式也在发生变化。

二、政府对汇率变化干预的方式

根据不同的角度,政府对汇率变化的干预可分为不同的类型。例如,按干预的手段不同,可分为直接干预和间接干预;按是否引起货币供应量的变化,可分为冲销性干预(Sterilized Intervention)和非冲销性干预(Unsterilized Intervention);按干预的策略不同,可分为熨平每日波动型(Smoothing Out Daily Fluctuation)、逆向型(Learning Against the Wind)和非官方钉住型(Unofficial Pegging);此外,按参与干预的国家不同,可分为单边干预和联合干预。

一般认为,政府对汇率变化的干预方式主要有以下几种:

(一)通过政府言论或权威人士发言,间接影响汇率变化

政府可以通过言论或权威人士的发言向市场发出信号,表明政府的态度及可能采取的措施,以影响市场参与者的心理预期,从而达到实现汇率相应调整的目的,此可称之为干预的信号效应(Paul R. Krugman,国际经济学)。当政府对现行汇率不满意或者迫于外界压力

不得不改变现行汇率时，政府可以公开宣布将通过货币政策或财政政策来改变汇率或者邀请专家学者等权威人士发表言论支持政府举措，此时信号效应将变得非常重要。此时，政府可能利用信号效应而没有实施货币政策或财政政策也能获得某种暂时利益。对市场参与者而言，如果不能确定宏观经济的未来走向，那么政府权威性言论可以为其提供一个汇率变动的信号，这一信号能够改变市场对未来的预期。在投资预期存在的情况下，当前汇率取决于对未来基本经济状况的预期，并按折现因子贴现到现值，因而对未来预期的微小变化，将可能导致即期汇率的大幅度变化，从而间接影响外汇市场。

（二）公开市场操作

即中央银行以交易者身份进入外汇市场，通过吞吐外汇影响外汇供求，从而达到影响汇率变化的效果。一国政府若要促使汇率下降，中央银行可以交易者身份卖出外汇，以影响市场均衡汇率。相反，若要促使汇率升值，中央银行可以交易者身份买进外汇，以影响均衡汇率。

通常情况下，一国政府通过公开市场操作对汇率变化进行干预的结果，可能未引起一国货币供应量的变化，也称之为冲销性干预。即政府进入外汇市场上进行交易的同时，通过其他货币政策工具（主要是国债市场的公开业务）来抵消外汇市场对货币供应量的影响，使货币供应量保持不变。相反也可能引起货币供应量的变化，称之为非冲销性干预，即指不存在相应冲销措施的公开市场操作。这两种干预方式是通过改变国内外资产结构、比例和各种资产的数量，从而对在资产市场上确定的汇率产生影响，又可称为外汇干预的资产调整效应。

常见的政府公开市场操作的制度安排之一是外汇平准基金（Exchange Stabilization Fund）制度。该制度以自由外汇市场为前提，市场的价格机制仍然存在。政府仅仅是作为一个交易者进入外汇市场，通过买卖外汇，改变市场供求来达到稳定汇率的目的，汇率原则上仍由市场决定。换句话说，这是一种利用经济手段对汇率变化进行的间接干预。一般来说，采用经济手段干预汇率变化要优于直接管制，但实行外汇平准基金制度也需要具备一定的客观条件，诸如外汇资金较为充裕，有比较健全的外汇市场和金融市场，以及政府具有公开市场操作的经验等。当这些条件不具备时，政府自然就不得不借助外汇管制。此外，在经济或政治不稳定的特定时期，外汇平准基金对于资本外逃和外汇投机的抑制难以奏效。这时，只有依靠外汇管制才能促进国际收支平衡和维持汇率的稳定。

（三）外汇管制

外汇管制（Foreign Exchange Control）是指一国政府为平衡国际收支，维持汇率稳定，以及实现其他政治经济目的，通过调整交易规则和交易条件，直接控制交易数量和汇率水平，对境内和其他管辖范围内的外汇交易实行的限制，包括对外汇的买卖、外汇汇价、国际结算、资本流动以及银行的外汇存款账户等各方面外汇收支与交易所作的规定。

当一国政府不能够或不愿意用紧缩或膨胀的财政货币政策去调节其国际收支失衡，并且在本国货币自由浮动的条件也不具备时，它就必须采用对其国际经济交易进行直接控制的方法来恢复国际收支平衡。这种控制的最主要方法就是实行外汇管制。外汇管制作为政府干预汇率变化的主要方式之一，除了用以实现国际收支平衡、稳定外汇汇率外，还被政府用于实现某些其他的经济目的或政治目的。

1. 外汇管制的阶段

由于外汇收支涉及国际收支平衡表的所有国际交易项目，因此外汇管制的范围非常广泛。从历史发展过程来看，外汇管制大体上可分为两个阶段。第一阶段的外汇管制是以禁止资本外逃和外汇投机为目的，其范围以资本交易项目为限。当一国政治与经济局势动荡不安时，不但本国资本可能外逃，投资于该国的外国资本，特别是流动性较强的短期资本也可能逃离该国。在资本外逃的心理普遍存在时，金融政策有时不但不能阻止其外逃，反而可能进一步动摇人们对该国货币的信心，从而加剧该国的危机。1931 年金融恐慌时，欧洲各债务国(主要是德、奥两国)遭遇的便是这种情况。在此情况下，外汇管制不失为解决危机的必要而有效的手段。第二阶段的外汇管制是以调整国际收支为目的的全面管制，因而管制的范围扩大到包括贸易收支与非贸易收支在内的一切外汇交易项目。在这种制度下，政府垄断了全部外汇交易，一切外汇交易都必须通过外汇管制机关。虽然，外汇管制涉及的范围很广，但并非所有的国家和地区都对国际收支的全部项目进行管制，在具体项目上，外汇管制措施的宽严松紧程度也不尽相同。不同的国家对外汇管制的范围和松紧程度也大相径庭。

2. 外汇管制的方法

外汇管制的方法很多，但其共同特征是政府对外汇交易实行限制。通常是对外汇交易的数量进行限制，或对外汇交易的价格作出不同的规定。

(1) 外汇数量管制

外汇数量管制主要是指一国外汇管理当局通过对经常项目收支、资本输出入、非居民的银行存款账户以及黄金、现钞输出入等进行管制，达到政府对汇率变化进行干预的目的。

(2) 外汇汇率管制

对外汇汇率的管制实质是规定各项外汇收支按什么汇率结汇。在外汇管制的国家，管制国货币对外国货币的比价往往难以维持稳定，因此该国政府借助于控制外汇交易的方式来缓解本国国际收支失衡，维持本国货币汇率的稳定。

作为外汇管制手段的汇率制度是指外汇管制当局人为地、主动地制定和利用多种汇率并存的局面以达到其预定目的。其主要方法有外汇转让证制度、固定的差别汇率制和混合汇率制度。外汇转让证制度是复汇率制度下的一种特殊形式。这种制度规定，出口商向指定银行结售外汇时，除按官方汇率取得本币外，银行还另外发给一种叫作汇转让证(Foreign Exchange Surrender Certificate)的证明，该证明记有出售外汇的币种与金额，它可以在自由市场上出售，出售所得的本币是对出口商的一种补贴，这实际上是一种变相的出口优惠汇率。同时，对某项目的外汇需求者，指定银行要求其交出相应的外汇转让证，然后才能按官方汇率售给外汇。这样，外汇需求者通常需要在自由市场上购买外汇转让证。这就加大了外汇需求者的外汇成本，它实际上是对这类项目的外汇需求者实行了另外一种惩罚汇率。另外，有些国家为了增加收入或实行控制，常常对某些外汇交易征收外汇税或进行补贴，从而达到影响汇率变化的政策目的。

资料链接 4-2

20 世纪 80 年代西方国家对美元汇率的联合干预

1985 年 9 月美国、英国、法国、德国和日本五国对外汇市场的干预是一场成功的速决战。

里根上台后，美元就开始一路走强，1984 年 2 月 25 日达到最高点，对马克的汇率高达 1 美元兑 3.4794 马克。经过春季和夏季的调整后，美元在该年 9 月又开始上涨。美国、英国、法国、德国和日本五国的财政部长与中央银行行长在纽约广场饭店开会讨论外汇干预问题。9 月 22 日星期天，五国发表声明，在声明中五国财长和中央银行行长一致同意，"非美元货币对美元的汇价应该进一步走强"，他们在必要时将进一步合作，进行干预。第二天早上，外汇市场上美元便立刻下跌，对马克的汇率从 2.7352 跌至到 2.6525 马克，跌幅达 3%以上。美元从此也一路下跌，直到 1987 年初跌势才停止下来。

第五节　汇率政策与其他经济政策的配合

在开放的市场经济条件下，内外部均衡的要求及其冲突直接影响经济政策的选择和国民经济的运行。这种要求与冲突导致经济政策目标多元化，因此，经济政策的配合十分重要。

一、内外部均衡的冲突

凯恩斯革命使宏观调控成为经济学研究的重要对象。随着经济全球化的发展，如何采用政策配合来解决内外均衡的矛盾，又成为现代经济学，特别是国际经济学的研究热点问题。这里，首先介绍存在于内外部均衡过程中的"二元冲突"和"三元冲突"。

（一）二元冲突

所谓"二元冲突"，通常被认为是固定汇率制和资本自由流动在内外部同时实现均衡过程中存在的不可协调性或者冲突。即在固定汇率制度下，必须实行严格的资本管制，否则资本的自由流动将会冲垮固定的汇率制度。本书主要介绍米德关于"二元冲突"的观点。

詹姆斯·米德(Meade)在 1951 年出版的《国际经济政策理论》第一卷《国际收支》中指出，在固定汇率制度下，由于放弃了汇率政策工具，存在着实现内部平衡和外部平衡目标的冲突(米德冲突，Meade Conflict)。另外，考虑到一国经济政策对另一国经济的影响，各国同时实现内外部均衡时面临的冲突更加明显和严重。米德认为，要保持固定汇率制度，就必须实施资本和外汇管制，也就是必须控制资本尤其是短期资本流动。换句话说，固定汇率制度和资本自由流动两者不可同时存在。否则，资本自由流动会冲垮固定汇率制度。这就是在固定汇率制度和资本自由流动之间存在的"二元冲突"。"二元冲突"在不同的国家表现程度不一样。在货币自主性强的国家表现比较激烈，在货币自主性弱的国家比较缓和。

米德指出，要实现内外部平衡必须同时使用支出变更政策和支出转换政策。支出变更政策又称支出增减政策，具体包括财政政策和货币政策。支出转换政策，包括汇率政策、直接管制政策以及贸易保护政策等。当经济处于任何一个不均衡点时，都需要两种政策的配合，若配合得当，就一定能够解决任何不均衡问题。例如，若经济处于内部平衡和国际收支逆差状态，为了使经济向内外部均衡点移动，必须同时采用汇率贬值或刺激出口政策和紧缩的财政货币政策。如果经济处于外部平衡和内部失业状态，则必须同时采取扩张的收入政策和提高竞争力的政策。米德认为，支出变更政策和支出转换政策对于实现内外部均衡必不可少，而且在支出转换政策中，汇率政策又是最佳选择。米德主张用支出变更政策与支出转换政策的组合同时达到内外部均衡。

（二）三元冲突

“三元冲突”提出于浮动汇率制度替代布雷顿森林体系以后，国际投机资本不断发展壮大，国际经济社会的不稳定因素增多，货币当局要求有更大的政策自主权来实现内外部平衡。而在国际资金流动、固定汇率和货币政策自主性之间存在着的“三元冲突”，成为各国为实现宏观经济目标而进行政策协调搭配需要考虑的重点。

1. 罗伯特·蒙代尔(Robert Mundell)的“不可能三角”

在20世纪50年代，米德已经发现国际资本流动和固定汇率制度之间的“二元冲突”。即实行固定汇率制度的前提条件之一是资本管制。如果允许资本自由流动，那么就会加剧固定汇率制度的不稳定性。加入货币政策之后，“二元冲突”演化为“三元冲突”。当一国参与国际经济活动时，便面临着如何安排汇率制度、管理资本市场和实现国内宏观经济目标的选择。即政府只能在利用国际资本市场吸引外资、实现固定汇率的稳定效益和实施独立的货币政策实现内部经济的稳定之间权衡(Trade-off)。

蒙代尔认为，在资本完全流动的情况下，如果一个小国开放经济采用的是完全固定汇率安排(即追求汇率稳定的目标)，则货币政策是完全无效的；如果采用的是完全浮动汇率安排(即放弃汇率稳定的目标)，则货币政策是完全有效的。这就是蒙代尔提出的国际经济学著名论断——“不可能三角”即货币政策独立性、汇率完全稳定和资本自由流动三个目标不可兼得。

若要同时实现资本自由流动和货币政策独立性，则需要采取汇率自由浮动的形式，但需放弃稳定汇率的政策目标；若要同时实现资本自由流动和汇率稳定，则需采取货币联盟或货币局制度安排，就可能丧失货币政策独立性的目标；同样，若要同时实现汇率稳定和货币政策独立性，则要对资本流动进行严格管制。

2. 克鲁格曼(Krugman)的三难选择

在蒙代尔-弗莱明模型的基础上，克鲁格曼提出了“开放经济的三难选择”(Open Economy Trilemma)，即开放经济存在多种目标，却不能同时实现。主要目标如下：一是调节能力。即一国能够根据自己的需要独立自主地制定货币政策，熨平经济周期波动，达到适当的产出和就业水平。二是信心。即国内外公众对当局稳定汇率能力的信赖程度。三是流动性。即国际资本可以畅通无障碍地流入或流出。三个目标各居一角，就形成克鲁格曼的“永恒的三角”。克鲁格曼利用三难选择理论对东南亚金融危机进行了深入的分析，指出陷于金融危机的东南亚诸国由于开放了资本账户，允许资本自由流动，所以为了实现独立的货币政策，就只能放弃稳定汇率目标，让本币自由贬值；而当时的中国因为尚未开放资本账户，所以能够同时实现独立自主的货币政策和汇率的相对稳定。

二、内外部均衡的政策协调

通常认为，一国可以利用自动调节机制和政策引导机制，实现国际收支均衡，即外部均衡。但在许多情况下，外部均衡的实现是以牺牲内部均衡作为代价的。以一国出现国际收支逆差为例，实行紧缩性的财政货币政策，虽然可以消除逆差，但也可能会引起失业和经济衰退。因此，面对错综复杂的内外经济问题，任何单一政策都显得捉襟见肘，这在客观上要求政策当局对各项政策要配合使用。

（一）丁伯根(Jan Tinbergen)法则

第一届诺贝尔经济学奖获得者(1969 年)荷兰计量经济学家丁伯根在米德研究的基础上，对政策目标和政策工具之间的关系进行了深入研究，于 1952 年在“经济政策理论”中提出丁伯根法则，即要想实现一个给定目标，就必须有一个有效工具；要想实现多个目标，就必须有数量相同的有效工具。如果目标多于工具，则至少有一个目标不能实现；如果工具多于目标，则有不止一种方法实现目标集。一国通常所需要的相互独立的政策工具的数目，必须与所要达到的独立目标的数目一样多。因此，为了同时实现内外部均衡，就必须有两种政策并配合运用。

（二）斯旺(Trever Swan)的政策配合图解

澳大利亚经济学家斯旺为对丁伯根法则做进一步分析，将政策工具分为支出变更政策和支出转换政策两大类，并试图通过两个政策工具的相互配合，以同时实现内外部均衡的目标。斯旺模型表明，在一国内部平衡与外部平衡可以在不同支出增减政策与支出转移政策力度下达到平衡。

YY 线向右下倾斜是由于货币贬值与国内支出增加对国内经济目标具有类似作用。也就是货币贬值会导致通货膨胀，而国内支出增加也会带来通货膨胀；相反地，货币升值会带来失业率高，国内支出减少也会达到同样的效果。

EE 线向右上倾斜是由于货币贬值与国内支出减少具有类似作用。也就是货币贬值将带来国际收支逆差的减少或顺差的增加，国内支出减少具有相同的作用；相反地，货币升值将带来国际收支逆差的增加或顺差的减少，国内支出的增加具有相同的作用。

在图 4-2 中，横轴表示支出变更政策，即财政政策和货币政策；纵轴表示支出转换政策，即汇率政策和外汇管制等。*YY* 曲线表示内部均衡曲线，即达到内部均衡所要求的政策组合，斜率为负，意指本币升值，本国出口下降，通过外贸乘数减少国民收入，失业增加；为保持内部均衡，必须采用扩张的财政与货币政策，以增加收入和就业。在 *YY* 曲线右上方的区

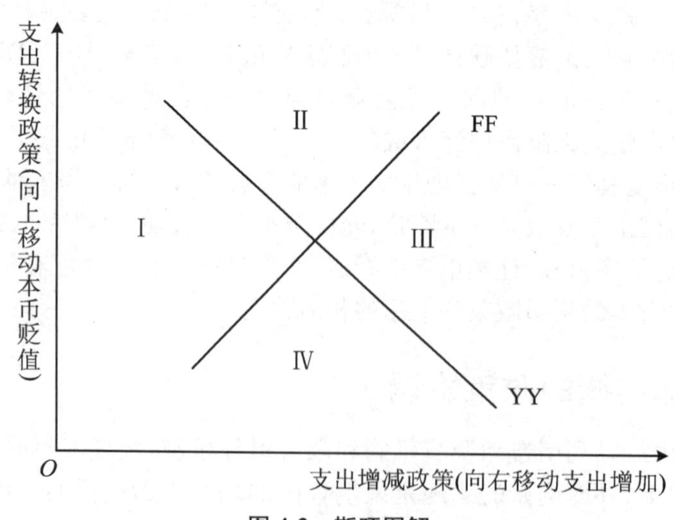

图 4-2 斯旺图解

域，表示在既定的国内支出水平下本币币值偏低，或在既定的汇率水平下国内支出偏高，这都会引起物价上涨。因此，*YY* 曲线的右上方为通货膨胀区域。反之，*YY* 曲线的左下方为失业区域。*FF* 曲线表示外部均衡曲线，即达到外部均衡所要求的政策组合，斜率为正，意指本币贬值，贸易收支出现顺差，为保持外部均衡，就必须增加国内支出（增加进口或减少出口），以消除顺差。在 *FF* 曲线左上方的区域，表示国内支出偏低或本币币值偏低，会出现国际收支顺差。因此，*FF* 曲线的左上方为国际收支顺差区域。反之，*FF* 曲线的右下方为国际收支逆差区域。内外均衡在 *YY* 曲线和 *FF* 曲线的交点处实现。这样，*YY* 曲线和 *FF* 曲线将整个经济状况分为四个区域，Ⅰ区是顺差和失业不均衡点的集合；Ⅱ区是顺差和通货膨胀不均衡点的集合；Ⅲ区是逆差和通货膨胀不均衡点的集合；Ⅳ区是逆差和失业不均衡点的集合。

斯旺认为，同时解决经济发展中的内外部均衡问题，需要支出增减政策和支出转换政策两大政策工具的相互配合。根据不同的内外部均衡问题，要首先采用效果明显的政策，并需以另一种政策配合，然后两种政策交替使用，最终同时实现内外部均衡（表 4-2）。

表 4-2　支出增减政策和支出转换政策的配合

区间	经济状况	支出增减政策	支出转换政策
Ⅰ	失业/*BP* 顺差	国内支出扩张	本币升值
Ⅱ	通胀/*BP* 顺差	国内支出紧缩	本币升值
Ⅲ	通胀/*BP* 逆差	国内支出紧缩	本币贬值
Ⅳ	失业/*BP* 逆差	国内支出扩张	本币贬值

斯旺模型清楚地解释了丁伯根法则，表明为同时实现内外部均衡，就必须有一项政策影响总支出，而由另一项政策影响总支出的构成，其中任何一项政策的缺失都会使宏观经济调控在内部均衡或外部均衡两个目标之间作出艰难的选择，甚至还会使宏观经济调控在两大目标之间处于进退两难的境地，一项政策不可能同时达到内部均衡和外部均衡的两个目标。

（三）蒙代尔的“政策指派法则”

根据丁伯根法则，内外部均衡至少需要两种政策工具。斯旺将政策工具分为支出变更政策和支出转换政策两大类，在他的眼里，支出转换政策实际上就是汇率政策。米德曾经指出，实行固定汇率制等于放弃了汇率政策工具，政策工具的缺失难以同时实现内外部均衡。针对政策配合这一理论问题，米德的学生、美国哥伦比亚大学教授罗伯特·蒙代尔（Robert Mundell）在研究中发现：在不同的汇率制度和资本流动条件下，同一政策变量对内外部均衡具有不同的作用。他指出根据货币政策和财政政策在解决内外部均衡中发挥的作用不同，可以用货币政策解决外部均衡问题，用财政政策解决内部均衡问题。这样，即使放弃汇率政策工具，仍然可以满足“两个工具，两种目标”的丁伯根法则，只用支出变更政策也能同时实现内外部均衡目标。

1962 年，在向国际货币基金提交的《适当运用财政货币政策以实现内外稳定》报告中，蒙代尔提出了在固定汇率制度下如何运用财政政策和货币政策，同时实现内外部均衡的政策搭配学说。政策工具应该指派给其最具直接影响力的政策目标，如把财政政策指派给内部均衡目标，把货币政策指派给外部均衡目标，这就是蒙代尔的“政策指派法则”。在固定汇率制和资本自由流动的假定条件下，蒙代尔的“政策指派法则”可由表 4-3 表示。

表 4-3 财政政策与货币政策的配合

经济状况	财政政策	货币政策
通货紧缩/国际收支逆差	扩张型	紧缩型
通货膨胀/国际收支逆差	紧缩型	紧缩型
通货膨胀/国际收支顺差	紧缩型	扩张型
通货紧缩/国际收支顺差	扩张型	扩张型

在图 4-3 中,横轴表示政府支出水平 G,代表财政政策,从左向右意味着采取扩张性的财政政策;纵轴表示利率水平 r,代表货币政策,从下往上意味着采取紧缩性的货币政策。IB 为内部均衡曲线,线上任意一点都代表使内部均衡得以实现的财政政策(政府支出)与货币政策(利率水平)的组合。IB 曲线斜率为正,是因为扩张性财政政策将导致国内总需求增加,为保持总需求与总供给的平衡,必须同时实行紧缩性货币政策,即提高利率来抵消需求的增加。IB 曲线左上方的任意点都意味着国内存在失业,IB 曲线右下方的任意点都意味着国内出现通货膨胀。EB 线为外部均衡曲线,线上任意一点都代表使国际收支达到均衡的财政政策与货币政策的组合。EB 曲线斜率也为正,是因为实行扩张性财政政策会导致该国贸易收支恶化,为恢复外部均衡,必须同时实行紧缩性货币政策,即提高利率以吸引资本净流入。EB 线左上方的任意点都意味着国际收支顺差,EB 线右下方的任意点都意味着国际收支逆差。因为蒙代尔假定政府支出对国民收入和就业等国内经济变量的影响较大,而利率则对国际收支的影响较大,所以 IB 曲线比 EB 曲线更加陡峭。

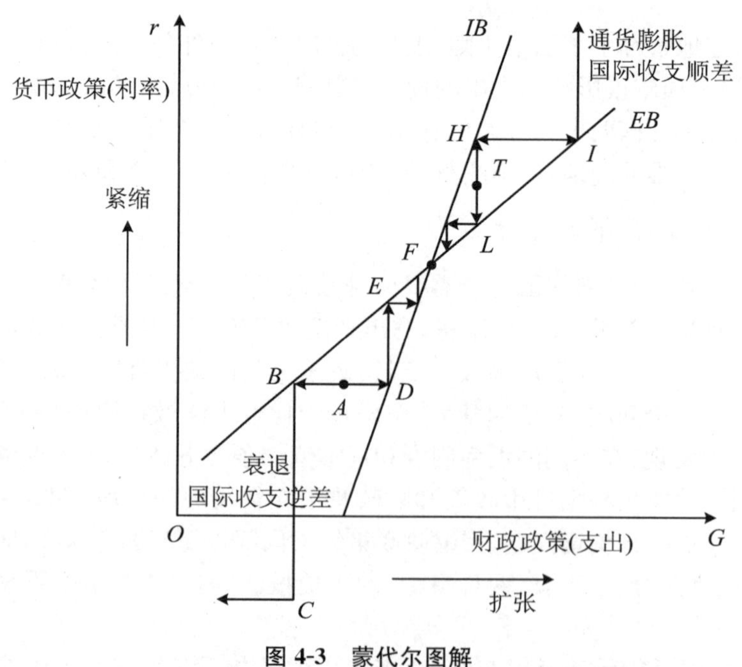

图 4-3 蒙代尔图解

假定一国经济处于图 4-3 的 A 点(逆差和失业)。为同时实现内外部均衡,有两种政策配合的方式可供选择:一是从 A 点开始,先采用增加政府支出的扩张性财政政策解决失业问题,在 B 点实现内部均衡,但仍存在国际收支逆差;再从 B 点出发,采用提高利率的紧缩性货币政策,在 C 点实现国际收支均衡,但会出现失业问题。如此交替采用扩张性财政政策和紧缩性货币政策,可以使国民经济逐步逼近内外部均衡点 F。二是从 A 点开始,先采用减少政府开支的紧缩性财政政策解决逆差问题,在 G 点实现外部均衡,但会加剧失业问题;再从 G 点出发,采用降低利率的扩张性货币政策解决失业问题,但又会增加国际收支。如此交替采用紧缩性财政政策和扩张性货币政策,会使国民经济越来越偏离内外均衡点 F。合理的选择是前一种政策配合方式,即以财政政策解决内部均衡问题,而以货币政策解决外部均衡问题。同样可以分析一国经济处在 T 点的情况。

三、不同汇率制度下的政策配合:蒙代尔-弗莱明模型

如何在不同汇率制度下进行政策配合以实现宏观经济均衡,越来越受到各国经济学界和政府部门的关注。著名经济学家蒙代尔(R. Mundell)和弗莱明(J. M. Flemingel)以标准的凯恩斯宏观经济 IS-LM 模型为基础,通过分析决定经常账户平衡和资本净流入的不同条件,进而提出开放经济条件下一国商品市场、货币市场和国际收支的一般均衡模型,即蒙代尔-弗莱明模型(M-F 模型)。M-F 模型出色地分析了开放经济条件下,为实现内外部均衡,汇率政策与财政、货币政策配合的效应,在国际金融学领域产生了重大影响。

(一)基本模型

蒙代尔-弗莱明模型的分析对象是一个小国开放经济,并假定资源尚未充分利用,总供给具有完全弹性,无论总需求如何变化,本国和外国的价格水平都维持不变。在其基本模型中,纵轴为利率 i,横轴为产出 Y,IS 为商品市场均衡曲线,LM 为货币市场均衡曲线,BP 为国际收支均衡曲线(图 4-4)。

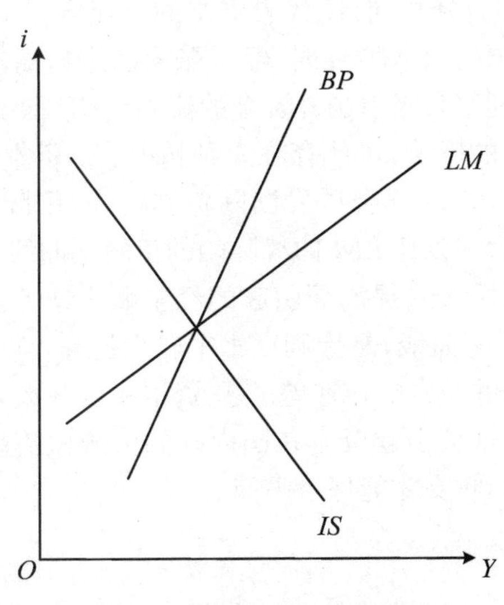

图 4-4　蒙代尔—弗莱明模型

1. 商品市场均衡线(*IS* 曲线)

IS 曲线表示使商品市场处于均衡状态的利率和产出的各种组合,其基本方程式为

$$Y = C(Y) + I(i) + G + X(S) - M(S,Y) \tag{4-3}$$

其中,Y 代表国民收入,C、I、G 分别代表消费支出、投资支出和政府支出,X 和 M 分别代表出口和进口,i 和 S 分别表示利率和汇率水平。IS 曲线斜率为负,是指随着利率的提高,产

出将下降，以保持商品市场均衡。在开放经济条件下，因为利率降低所引起的收入提高，只有部分用于国内消费，另一部分被用于进口，形成国民收入的“漏出”，所以 *IS* 曲线的斜率较大。同时，政府支出增加会提高利率和产出，进而促使 *IS* 曲线向右移动，但由于开放经济的乘数效应较小，*IS* 曲线向右移动的幅度也相对要小些。另外，如果一国货币贬值并满足马歇尔-勒纳条件，该国净出口会增加，*IS* 曲线将向右移动；如果一国货币升值会使该国的净出口减少，*IS* 曲线则将向左移动。

2. 货币市场均衡线(*LM* 曲线)

LM 曲线表示使货币市场处于均衡状态的各种利率和产出的组合，其方程式为

$$M_S = M_d = hY - ki \tag{4-4}$$

其中，M_S 代表实际货币供应量，等于实际货币需求量 M_d。$M_d = hY - ki$，是国民收入 Y 的增函数，本国利率水平 i 的减函数。开放经济下的 *LM* 曲线斜率为正，是因为当货币供给为既定时，利率提高，对货币的投机性需求就会减少，只能提高产出以增加交易性货币需求，以维持货币市场均衡。在实行固定汇率制的开放经济，国际收支失衡会直接作用于货币供给，从而促使 *LM* 曲线的移动。例如，一国的国际收支出现逆差，为维持固定汇率，中央银行不得不抛售外汇购买本币，使一国外汇储备下降，基础货币减少，并通过货币乘数作用降低货币供应量，使 *LM* 曲线向左移动。反之，如果国际收支出现顺差，则将使 *LM* 曲线向右移动。

3. 国际收支均衡线(*BP* 曲线)

BP 曲线表示使一国国际收支处于均衡状态的各种利率和产出组合，其方程式为

$$X(S) - M(S,Y) + K(i) = 0 \tag{4-5}$$

其中 X 和 M 与式(4-3)中的解释相同，K 代表资本的净流入，是本国利率水平的函数。*BP* 曲线的斜率为正，因为当一国的收入增加时，经常账户随进口需求的增加而恶化，为维持国际收支平衡，必须通过提高利率来吸引国外资金的流入。*BP* 曲线的斜率大小受资本净流量的利率弹性和边际进口倾向的影响，可能存在 4 种情况：① 资本完全管制，*BP* 曲线为一条垂直于横轴的直线，是指利率变动不会诱发国际资本流动，国际收支均衡即为经常账户均衡。② 资本管制，*BP* 曲线为一条比 *LM* 曲线陡峭的正斜率曲线，是指利率的提高造成的资本账户顺差不足以弥补因国民收入提高而引起的经常账户逆差。③ 资本开放，*BP* 曲线为一条比 LM 曲线平坦的正斜率曲线，是指利率水平较少提高，就会吸引大量资本流入，足以抵消因国民收入提高所引起的经常账户逆差。④ 资本完全开放，*BP* 曲线平行于横轴 Y，是指国内利率的任何微小变化都会引起资本在国内外的大规模流动，只有在国内利率等于世界利率的情况下，该国的国际收支才能保持平衡。

（二）*IS-LM-BP* 的均衡

如图 4-4 所示，*IS* 曲线与 *LM* 曲线的交点决定了本国产品市场和货币市场同时达到均衡的利率和产出组合。垂直的 *BP* 曲线表示资本完全管制下，外部均衡的实现；比 *LM* 曲线陡峭的 *BP* 曲线表示资本管制下，外部均衡的实现；比 *LM* 曲线平坦的 *BP* 曲线表示资本开放下，外部均衡的实现；水平的 *BP* 曲线表示资本完全开放下，外部均衡的实现。当 *BP* 曲线、*IS* 曲线和 *LM* 曲线交于一点时，一国经济达到了内外部均衡。根据蒙代尔-弗莱明模型关于资源未得到充分利用，总供给具有完全弹性的假定，从理论上看，一国政府是可以通过财政政策、货币政策以及汇率政策的合理配合，最终实现国民经济内外部均衡目标的。

第六节　人民币汇率制度分析

一、人民币汇率制度演进历程

(一) 1949～1977 年:特殊时期汇率制度

1949～1977 年,这一时期人民币汇率制度总体上难以统一概括,汇率主要是由官方定价,人民币汇率高估;也就是说,相对市场均衡价格,人民币兑美元定价过高。这是中国当时的经济现实所决定的。新中国成立之初,中国的汇率调整比较频繁,1 美元兑换人民币在 2.1～2.8 元之间不断变化。根据汇率决定理论,汇率取决于两国国际收支、经济增长、物价和利率等因素,结合当时中美两国的经济指标,人民币显然采取了本币高估的政策。本币高估(升值)对进口和物价稳定有利,因为解放初期收拾国民党政府留下的经济烂摊子,需要大量进口,国内物价也居高不下,因此在这一阶段人民币主要表现为升值。1950 年 3 月全国财经工作会议后,国内物价下降,逐渐趋于稳定;中国的人民币汇率制度制定原则由"有利于进口"调整为"进出口兼顾"。自 1953 年起,中国实行社会主义计划经济体制。对内完成了私人资本主义工商业社会主义改造,对外由国营进出口公司按国家计划统一经营,对外贸易基本被政府垄断。这时人民币汇率对进出口不起调节作用,而仅仅在对外贸易中作为内部结算和规划编制的一种会计工具。同时在国际上,各国的货币在布雷顿森林体系下保持稳定,实行的是固定汇率制,并与美元挂钩,而美元与黄金挂钩。因此 1953～1972 年,人民币汇率基本稳定。直到 1973 年布雷顿森林体系崩塌,固定汇率制逐步退出历史舞台。之后,西方各国普遍采取浮动汇率制,各国之间的汇率调整不断。为了推动人民币对外计价的作用,中国自 1973 年起采用了钉住合成货币浮动的形式,人民币兑美元的年平均汇率由 1972 年的 1 美元兑 2.2401 元调至 1.5771 元。

(二) 1978～1993 年:复汇率制度

1978～1993 年,这一时期牙买加体系取代了布雷顿森林体系,黄金非货币化,除了美元和英镑之外,西德马克、日元等货币地位不断上升,国际货币呈现多元化趋势,西方国家也进入汇率制度多元化时代。在此期间,中国对内改革、对外开放,开始实行外贸体制改革。为了鼓励出口、抑制进口,就必须解决人民币被高估的问题,进一步发挥人民币汇率对外贸的调节作用。但是,由于这一时期大部分西方国家处于物价高、工资高和通货膨胀严重的环境,从非对外贸易的角度看,要改变非对外贸易外汇兑换不合理的情况,增加第三产业收入及其他非对外贸易外汇收入,反而要将人民币汇率升值。一种汇率无法同时解决两方面的问题,所以必须实行复汇率制。1979 年 8 月,国务院颁布了《关于大力发展对外贸易增加外汇收入若干问题的规定》,决定从 1981 年 1 月 1 日起,除人民币的公开牌价 1 美元兑换 1.5 元用于非贸易收支之外,实行一种有利于出口贸易结算和外贸单位经济效益核算的汇率,称为贸易外汇内部结算价格,内部结算价为 1 美元兑 2.8 元,这是根据 1978 年全国平均出口换汇成本 2.53 再加 10%的利润计算出来的。内部结算价的实施,与官方汇率相比,实际上是对人民币进行了贬值,标志着人民币汇率重新开始对中国的出口贸易发挥积极的作用。

但复汇率制同时带来了一些问题，例如，国际社会对于复汇率制不利的舆论和政策反应、现实经济生活中内部结算价和公开牌价使用时难以划分清楚等。1982 年借助美元汇率强劲之势，中国将公开牌价逐步下调直到与内部结算价持平，事实上取消了内部结算价。1979 年起中国实行外汇留成制度。由于经济现实中存在官方渠道之外部分外汇调剂转让的客观要求，国内从 1980 年开始办理外汇调剂业务。但是，在 1980～1984 年由于对调剂价格实行限制，规定以内部结算价加 10％为最高限价，导致调剂外汇的供给难以满足需求，外汇调剂基本上处于有价无市的状态。就官方汇率而言，1985 年以后汇率继续向下调整。

1985 年，伴随着内部结算价的取消，外汇调剂价比官方汇率高 1 元，加上外汇留成比例的提高和先后在全国设立外汇调剂中心，外汇调剂数量迅猛增长。到 1990 年，随着进出口业务的增长，外汇调剂价放开，一个初具规模的外汇积聚和使用的平行市场（外汇调剂市场）已经形成，外汇调剂价成为与官方汇率并列的重要的人民币汇率对中国的对外经济贸易发挥着积极的推动作用。1985 年后，中国外汇调剂业务发展迅速，因此形成了外汇调剂市场及相应的外汇调剂价格，继而又出现了官方汇率与外汇调剂价并存的复汇率制。

这一时期，中国实行复汇率制是适应经济发展需要的。首先，复汇率制可以避免由于国际收支账户下资本账户冲击所造成的汇率波动，从而让国际投机者无机可乘，同时在复汇率制下配置资源的效率更为优越。因为复汇率制形成的税收是对所有资本交易均匀分布的，有助于提高社会福利水平；其次，官方可以通过不同汇率的差额来观测市场的变化，及时利用外汇储备来调整两者之间的差额，使其保持在一个合理的区间，避免出现大规模的非法交易和套利行为；最后，复汇率制为中国从固定汇率制转变为浮动汇率制提供了良好的过渡。随着改革开放的不断深化和中国经济实力的提高，实行市场化主导的浮动汇率制是必经之路；但根据中国经济总量大、涉及范围广等具体国情，通过复汇率制逐步向浮动汇率制转型是比较合理的选择。

（三）1994～2005 年：钉住汇率制

随着改革开放的深入，1993 年底，中国进行了一次全面的外汇体制改革，从 1994 年 1 月 1 日起官方汇率与市场调剂汇率并轨，实行“以市场供求为基础的、单一的有管理的浮动汇率制”。在这种新的体制下，人民币汇率有以下几个特点：第一，人民币汇率由外汇指定银行自行确定和调整，而不再由官方行政当局直接决定和公布。第二，由外汇指定银行确定出的汇率是以市场供给和需求情况为基础。这是因为新体制实行外汇收入结汇制，取消了外汇留成和上缴，一般企业在对外贸易来往时不得持有外汇账户，所有贸易往来项目下的外汇供给均进入外汇市场，同时实行银行售汇制，取消贸易往来项目下支付用汇的经常性计划审批，还取消了外汇收支的指令性计划。这意味着经常账户项目下的绝大部分外汇需求可以且必须通过外汇市场来满足。第三，以市场供求为基础形成的汇率是统一的。新的汇制实施后，官方汇率自然就不复存在，同时在结售汇制度下，外汇的供给和需求均以外汇指定银行为中介，企业之间禁止直接相互买卖外汇。外汇调剂市场就此完成历史使命，外汇调剂价格也相应地趋近于市场汇率，这就是“汇率并轨”。由于汇率是官方指定的各个外汇银行自行确定的，但外汇供求在各银行业务范围内的分布又是不一样的，人民币汇率的全国统一性就必须通过建立全国银行同业间的外汇交易市场来实现。可以看出，汇率并轨使中国的外汇管理体制发生了深刻的变化，在一定程度上放开了对于汇率的管制并活跃了外汇市场，标志着在市场经济的背景下，人民币汇率机制更多地融入了市场的力量。

（四）2005～2015年：有管理的浮动汇率制

2001年加入世界贸易组织(WTO)后，中国的对外贸易发展势头强劲，这主要源自中国廉价的劳动力、丰富的自然资源和政府出台的各项优惠政策。大量外商被吸引到国内参与投资，特别是沿海城市与经济开发区有大量外资投资建设的工厂和企业，产生的对外直接投资净增额大幅度上涨，同时贸易盈余也产生巨大的经常账户、资本账户顺差和外汇储备。据统计，2005年中国的经常账户顺差加上资本账户顺差达到2200亿美元，外汇储备更是高达8188亿美元，以美国和日本为首的发达国家在国际社会上多次提出对人民币升值的要求。2005年7月21日央行发布《关于完善人民币汇率形成机制改革的公告》，正式开启了汇率改革的新篇章。

此次改革的主要内容有：第一，人民币汇率不再单一钉住美元，而是实行以市场供求为基础、参考一篮子货币进行调节、有管理的浮动汇率制度。参考的一篮子货币是按照国内外发展实际情况，选择若干种中国主要贸易对象国的货币，并赋予相应的权重组成的货币篮子，人民币参照这个货币篮子进行汇率调节。第二，从2005年7月21日19时起，人民币兑美元的汇率由8.27元一次性升值2.1%到8.11元作为次日银行间市场的中间价。第三，从2006年1月开始，央行在市场中引入做市商，并且将询价交易的方式纳入外汇汇率定价当中，基本的流程为央行参考做市商报价，在每天闭市后确定中国主要贸易对象货币与人民币汇率的收盘价作为隔天工作日的汇率中间价，同时规定隔日汇率中间价的波动幅度为3‰。2005年的“721汇改”打开了中国由钉住汇率制转为浮动汇率制的新篇章。虽然在2008年金融危机时中国收窄了汇率浮动的区间，但是人民币汇率灵活性的提高和市场化脚步的加快是与中国未来经济发展的方向和适应国际大环境的需求密不可分的。

（五）2015年至今：汇率弹性不断加大

2015年8月11日，中国又掀开了新一轮汇改的大幕，央行正式宣布做市商在银行间外汇市场每个工作日开盘前参考前一个工作日银行间外汇市场收盘汇率，综合考虑外汇市场供求情况以及主要贸易对象汇率变化报出外汇中间价，同时，人民币汇率参考以市场供求为基础、一篮子货币计算出的汇率。这意味着央行将对于外汇中间价干预的权力正式移交给市场，中国在汇率市场化的路上又推进了坚实的一步，同时这也是人民币汇率机制改革重要的一步。尝试增加弹性和市场波动意外导致了资本外流加速，市场普遍存在对人民币的贬值预期。为了防止汇率大幅波动增加经济中的不确定性，央行不得不入市进行干预。2016年年初，央行要求做市商对外报价“既要考虑CFETS货币篮子，又要参照BIS和SDR篮子，以消除货币篮子变化中的噪音。在外汇干预以及央行对中间价机制的指导更加清晰的背景下，人民币在2016年年中到2017年底与CFETS篮子汇率大体保持稳定。

为了进一步引导市场走向稳定，2017年5月26日，中国外汇交易中心调整了对做市银行中间价报价的指导。银行被要求在其报价中加入“逆周期因子”(Counter-cyclical Adjustment Factor，CCAF)，目的是减少“非理性”贬值预期和“顺周期”的羊群效应。央行对于“逆周期因子”没有给出任何定义，每个银行都使用自己的参数进行计算，反映其对经济基本面的评估。许多市场参与者认为CCAF是当局依靠前一日人民币兑美元汇率变动而制定的工具。事实上，在推出CCAF之后，前一日的人民币兑美元收盘价就转化为当日中间价汇率。随着资本流动和汇率压力的减小，CCAF在2018年1月被设定为中性。然而逆周期因子并没有被完全弃用，市场预期认为CCAF可能会在未来“非理性”外汇市场行为导致汇率超调时被重新启用。

与2005年中国开始汇率制度改革时相比，人民币现在与CFETS一篮子货币挂钩，相对于美元汇率更加灵活了。这种CFETS篮子货币挂钩制度，使中国能够对更多的贸易伙伴管理货币竞争力，而不仅仅是盯着美国。人民币兑美元汇率在每天的窄幅范围内继续交易，特别是从2018年初以来，虽然人民币汇率弹性有所提升，但其波动性仍然低于其他浮动货币。汇率虽然在短期内仍处于管理之下，但在长期已经允许根据市场力量进行调整。

二、人民币汇率制度改革的规律与特点

（一）人民币汇率的弹性越来越大

一国或经济体的汇率制度往往是和综合国力紧密相关的，当国力较弱时，为了防止汇率大范围波动导致经济不稳定，通常采用固定汇率制，而当国力不断增强并且拥有调控汇率的能力时，便可能采取浮动汇率制。新中国成立初期至改革开放前，中国还处于计划经济时期，发展脚步较慢，外汇储备较少，出于谨慎的考虑，中国采用了稳定的汇率制度。改革开放后，中国逐渐放开汇率，实行官方汇率和贸易内部结算价并行、官方汇率和外汇调剂价格并行的复汇率制。随着改革开放不断深入，1994年实行了汇率并轨；2005年的“721汇改”、2015年的“811汇改”则是汇率弹性不断加大的证明。

（二）汇率的生成机制越来越市场化

以往的汇率大多是由政府根据特定时期的经济发展状况、国际社会经济大环境、下一阶段的发展需求和目标来制定，同时央行管制较严。到2006年1月4日，央行宣布引入做市商制度，每日的汇率中间价参考前一日做市商的报价，这一重大举措意味着央行正式放权给市场，自己更多地担当宏观调控的角色，进一步发展了外汇市场，完善了人民币汇率生成机制，提高了外汇市场交易的流动性。

（三）汇率制度对于宏观经济的调控作用越来越显著

人民币汇率在中国对外经济中发挥着越来越重要的作用。具体而言，汇率可以有效调节贸易与非贸易部门的资源配置，防止国际“热钱”流入，更重要的是汇率对中国产业结构调整也能起到推动作用。随着汇率形成机制越来越灵活，中国也由最初严重依赖农业、工业的大国逐渐转型为三大产业均衡发展的国家，同时由于经济结构的调整，第三产业的增加带来了大量的就业机会。

（四）人民币汇率的国际化程度越来越高

随着中国实力的不断增强，对外贸易对象、贸易范围的扩大，人民币国际化是必然的趋势。目前国际货币中美元仍占据主导地位，中国的外汇储备中超过三分之二是美元，因此随时面临美元贬值、外汇大幅缩水的风险。人民币国际化一方面可以降低对外汇安全的威胁，减少中国对美元的依赖程度，另一方面也可以推动人民币在国际上自由兑换和在国际贸易中充当计价和结算货币。2015年12月11日，国家外汇中心公布了CFETS人民币汇率指数，这正是为人民币国际化铺路，也在为人民币汇率浮动区间扩大和双向浮动奠定基础。央行通过此举向国际社会表明改变人民币汇率形成机制，人民币将逐渐与美元脱钩，实现参考一篮子货币的汇率，并且发布的时间点恰好在人民币被纳入SDR后不久。这一现象说明，

未来人民币将不再跟随美元的变化趋势，人民币国际化之路将加快步伐。

资料链接4-3

国家干预汇率的经验教训

1973年布雷顿森林货币体系崩溃后，国际货币体系进入浮动汇率时代。但是，没有哪一个国家货币的汇率是完全自由浮动的，不论是发达国家还是发展中国家，都不同程度地对汇率进行干预，其中既有成功的经验，也有失败的教训。借鉴国际经验，对积极应对人民币汇率的波动具有重要意义。

1. 卡特政府阻止美元贬值的政策以失败而告终

两次石油危机之后，美国的经济处于高通胀、低增长和高失业率的滞胀状态。卡特政府为了刺激经济，决定采取扩张性的财政政策和货币政策，虽然利率在上涨，但通货膨胀率更高，外汇市场不断地抛美元，美元不断贬值。

1978年11月1日，卡特总统宣布美元汇价太低，美国财政部和中央银行将直接进行干预，宣布了两项政策。一是将实施紧缩货币政策。联邦储备银行将把贴现率提高一个百分点，使贴现率达到当时历史高点的9.5%。二是美国中央银行将调用300亿美元干预外汇市场，平稳美元的汇价。其中150亿将从其他中央银行借调，50亿从国际货币基金组织提取和特别提款权的销售，50亿为所谓“卡特债券”，即财政部在国外销售的以马克和瑞士法郎记账的债券。卡特计划宣布后，在这一天美元对主要外汇的汇价平均上升了7%～10%。在以后的两个星期内，外汇市场仍有抛美元风，以试探美国等中央银行干预市场的决心，但美国联邦储备委员会联合德国、瑞士和日本中央银行，一次又一次地在干预市场。到11月底，美国干预市场的总额达350亿美元，美元明显回升。但是，到12月初，外汇市场开始怀疑美国是否会真正采取货币紧缩政策，又开始抛美元，使美元再度下跌。到12月底，美元汇率已低于11月的水平。美元真正走强是1979年10月新的联储会主席保罗·沃尔克上台宣布货币供应控制以后。

2. 广场和反广场协议均取得了预期效果，并导致了经济格局的变化

里根上台后，美元一路走强，1985年2月25日达到最高点，对德国马克的汇率高达1美元兑3.4794马克。经过春季和夏季的调整后，美元在该年9月又开始上涨。美国、英国、法国、德国和日本等五国的财政部长与中央银行行长在纽约广场饭店开会讨论外汇干预问题。9月22日星期天，五国发表声明。在声明中，五国财长和中央银行行长一致同意，“非美元货币对美元的汇价应该进一步走强”，他们“在有必要时将进一步合作，进行干预”。这就是所谓的“广场协议”。美元从此一路下跌，以至到1986年底，日本和德国的中央银行又被迫采取支持美元的干预措施，收效仍然甚微，美元的跌势到1987年初美元中央银行也参加市场干预时才止住。对“广场协议”的有效性，外汇市场存在着争论。有人认为，美元在干预前已经开始走弱，即使中央银行不干预，它也会在9月份反弹后继续走弱。但更多的意见认为，这次干预还是有效的。

“广场协议”把美国制造业推向繁荣，东亚地区则因货币与美元挂钩，出口导向的制造业取得了前所未有的繁荣，与此同时，日本和德国制造商开始经历长期的危机而不能自拔。1995年，为了避免日本经济危机的爆发，美、日、德三国签署了所谓的“反广场协议”，允许日元贬值、美元升值，日本和德国制造业走向了复苏之路，但美国制造业利润不可避免地受到侵蚀。东亚则陷入了本币升值、出口停滞、股市泡沫的困境，并以金融危机的爆发告终。

3. 索罗斯阻击英镑,英国大幅贬值

20 世纪 90 年代初,英国加入了欧洲货币体系,欧盟 12 个成员组织签订了"马斯特里赫特条约",约定成员组织需要将汇率和利率水平和德国马克维持在同一水平。但是当时英国经济比较萧条,需要通过降息来刺激经济,然而由于德国没有降息的需求,英国由于协议的限制也无法降息。索罗斯正是利用了英国经济萧条,而又无法动用货币政策来刺激经济的局限,在期货和期权市场大举做空英镑,英国央行提高利率,并且干预英镑汇率,但提高利率造成英国经济更加难以负担,英镑出现崩盘。英镑兑美元从 1992 年 9 月初的 2.0,单月下跌了 15%,英国在 1992 年的 9 月 15 日被迫退出欧洲货币体系,到 1992 年 12 月英镑兑美金下跌到了 1.5 的水平,三个月下跌了 25%。

4. 以泰国为首的东南亚国家汇率危机演化为金融危机

20 世纪 90 年代中期,东南亚国家经济迅猛发展,吸引了大量海外资本投资,海外资本的投资迅猛推高了当地的房地产,以泰国为首的东南亚国家累计了大量的资产泡沫,经济的发展速度无法维持泡沫的增长。当时泰铢采取固定汇率制度锁定美元,索罗斯大量抛售泰铢引发了国际资本大举撤离。泰国政府开始进场抛售美元买入泰铢来稳定汇率,1997 年 5 月份泰国央行动用了 120 亿美元的外汇储备干预汇率,泰铢才有所升值。但是泰国经济泡沫破裂之势已经形成,当年 6 月泰国央行耗尽了所有的 300 亿外汇储备之后,7 月 2 日被迫宣布放弃固定汇率,当天泰铢暴跌 20%,泰国的金融体系完全崩溃,到 1997 年底泰铢暴跌了超过一半,之后东南亚金融危机蔓延。

5. 俄罗斯应对卢布危机由积极应对转向

俄罗斯的外汇储备从 2013 年年中的高点 5300 亿美元,下降至 2015 年 9 月的 3600 亿美元,其下滑的主要原因是俄罗斯央行在外汇市场的干预行为。与此同时,卢布兑美元的汇率从 2013 年的 1 美元兑 31 卢布贬值至 1 美元兑 66 卢布,贬值幅度超过一倍。但从效果来看,俄罗斯的外汇市场干预最多只是延缓了卢布的贬值,并没有从根本上改变其趋势。

除了抛售美元外,俄罗斯央行还通过大幅度加息来提高做空卢布的成本,2014 年 11 月,俄罗斯央行将关键利率从 8%上调至 9.5%;2014 年 12 月,俄罗斯央行两次加息,将关键利率从 9.5%的水平大幅上调至 17%。而这时候,市场的分析人士都很清楚,俄罗斯经济在短期内难以恢复,超高的利率虽然可以打击做空力量,但对整体经济的侵蚀也将是长期的。

2015 年 1 月份,俄罗斯央行最后一次使用了 20 亿美元对外汇市场进行干预,此后再无行动,但是,卢布汇率由当时约 1 美元兑 70 卢布的高点逐步回归至年中的 1 美元兑 50 卢布的水平左右。不过,伴随油价的进一步下跌,俄罗斯经济陷入衰退,从 6 月开始,卢布再度出现贬值,并一路下跌至 9 月份的 66 卢布兑一美元的水平。

资料来源:国家信息中心,http://www.sic.gov.cn。

本 章 小 结

汇率政策主要涉及汇率制度选择、汇率水平管理、政府对外汇市场干预,以及汇率政策与其他经济政策配合等内容。汇率政策发挥作用需要有效的传导机制,汇率的传导机制具有信息传递功能和经济调节功能,其主要传导媒介包括贸易条件、内外销比价和生产要素的相对价格等。汇率制度选择居于一国汇率政策的核心地位,而影响一国汇率制度选择的主要因素涉及该国经济的结构性特征、金融市场的发育程度、宏观经济冲击的来源及性质以及国家的信誉等。一国对汇率水平的管理，体现于混合汇率安排和差别汇率安排两种方式。政府对汇率变化的干预方式主要是通过政府或权威人士的言论间接影响汇率变化、公开市场操作和外汇管制这三种。在经济全球化背景下，各国政府所面临的内外部经济均衡发展目标显得尤为迫切，因此需要政府合理地将汇率政策与其他经济政策相搭配，而米德冲突、三元冲突、丁伯根法则、政策指派原则以及蒙代尔-弗莱明模型等相关理论为政府的这种政策搭配提供了依据和指导。

◆ 思考题

1. 汇率政策的基本内涵是什么？
2. 试述汇率政策的传导机制。
3. 影响一国汇率制度选择的主要因素有哪些？
4. 比较浮动汇率制度和固定汇率制的优缺点。
5. 如何理解汇率水平管理？
6. 政府对汇率变化的主要干预方式有哪些？
7. 试述内外部经济均衡的冲突及其解决方法。
8. 简述蒙代尔—弗莱明模型。

参考文献

[1] 裴平. 国际金融学[M]. 南京：南京大学出版社，2013.
[2] 杨长江，姜波克. 国际金融学[M]. 北京：高等教育出版社，2008.
[3] 于凤芹，等. 中国汇率制度改革40年：变迁与发展[J]. 经济与管理研究，2018(12).
[4] Sonali Das. 人民币汇率制度的演进：2005～2019年[J]. 新金融，2019(5).

第五章　最优通货区与货币联盟

学习目标

通过本章学习，掌握单一指标分析法和成本-收益分析法，了解欧洲货币体系和《马约》的主要内容。

导入案例

“2021 年行至年末，随着新冠疫苗接种取得进展，叠加大规模宽松货币政策以及财政政策支持，欧元区经济已经摆脱了今年年初的萎缩困局，实现反弹，制造业以及服务业都出现了不同程度的复苏，劳动力市场指标持续改善，失业率保持稳定，经济数据正在向好发展。然而，这并不意味着欧元区经济的复苏之路将是一片坦途。当前，奥密克戎变异毒株来势汹汹，已经开始在欧洲大陆迅速传播，包括荷兰以及法国在内的多个欧洲国家都已经升级了疫情防控措施。疫情的阴霾将继续对欧元区经济复苏造成负面影响。与此同时，在能源危机大幅推升原油等大宗商品价格的情况下，近几个月以来，欧元区通胀上行压力持续增强，这令欧洲央行在调整货币政策上不得不思考如何平衡推动经济复苏与平抑通胀之间的关系”。

你知道欧元区是怎么回事吗?

资料来源：潇湘晨报，2021 年 12 月 23 日。

第一节　单一指标分析法

与货币一体化密切相关的理论是最优通货区理论(the Theory of Optimum Currency Areas，简称“OCA”)，它主要研究如何给通货区确定一个最佳范围，即具有什么样特性的国家或地区相互之间可以结合成为一个通货区。最优通货区理论包括单一指标分析法和成本收益分析法。

所谓“单一指标分析法”，是试图找出单一标准去界定恰当的通货区范围。1961 年，美国经济学家蒙代尔在最早引入最优通货区概念时，首次运用了单一指标分析法，他提出应以生产要素的流动性特别是劳动力的流动性作为界定最优通货区范围的标准。此后，麦金农(R. McKinnon)、凯南(P. Kenen)和伊格拉姆(J. Ingram)等学者也对这一问题进行了较为深入的研究，提出了各自的划分标准，进一步发展和丰富了最优通货区理论。国际金融学术界对利用单一指标分析法研究最优通货区存在很大的争议，各方的分歧主要集中于最优通货区的适用标准存在显著差异。具体而言，单一指标分析法对最优通货区的标准确定主要分为以下 5 种。

一、要素流动性分析

要素流动性分析是在 1961 年由蒙代尔提出的一种最优通货区理论，他主张用生产要素的高度流动性作为确定最优通货区的标准。

蒙代尔首先假定世界上有两个经济体 A 和 B(两个国家或两个地区)，他们最初都处于充分就业、物价稳定和国际收支均衡状态。假定需求转移是引起经济体 A 和 B 收支不均衡的主要原因，当人们对经济体 B 的商品需求转向经济体 A 的商品需求时，在 A、B 之间生产要素不能自由流动的情况下，必然会发生经济体 A 的贸易顺差和通货膨胀，经济体 B 的贸易逆差和失业；如果经济体 A 和 B 是拥有各自货币的两个国家，货币当局可以采取货币升值或者贬值的汇率政策来调节国际收支。在满足马歇尔-勒纳条件的情况下，A 国货币汇率上升会有助于降低 A 国的贸易顺差和通货膨胀压力，B 国货币汇率下跌将有助于减轻 B 国的贸易逆差和失业。但如果 A、B 是一个具有共同货币的国家内的两个地区，或者是一个实行固定汇率的货币区内的两个国家，则不能通过汇率变动来解决需求转移所引起的不平衡问题，而只能够通过生产要素的流动来解决。因为在允许生产要素自由流动的条件下，资本和劳动力会由经济体 B 流向商品价格和工资水平较高的经济体 A，通过供给的转移来满足需求的转移，在两个不同的区域同时达到物价稳定和充分就业。

由于当今世界各国之间要做到生产要素尤其是劳动力的完全自由流动仍然十分困难，因此蒙代尔认为现阶段解决问题的办法只能是区域性的最适度货币区，而不是全球性的共同货币。要保证国际经济社会的稳定，至少应有两个以上的区域性货币，也就是说最适度的货币区并不是全球，而是全球中的一部分区域。具体关于最适度货币区的界限，蒙代尔指出应以经济疆界，即要素的流动性而不是政治疆界来划分。由于区域内不同国家的需求转移引起的外部失衡可通过生产要素的流动来调节，因此要素流动替代汇率变动成为区域内的平衡机制；而不同的区域之间由于种种限制，不具备要素流动性，因而浮动汇率替代要素流动，成为区域间的平衡机制。可见，蒙代尔并不是简单地否定了浮动汇率，只是否定了区域内的单独浮动，同时提出了实行区域性的固定汇率制和共同浮动的新颖主张，这就为以后欧共体发展成为一个共同的货币区奠定了理论基础。

虽然蒙代尔提出的生产要素高度流动性标准具有非常重要的意义，但其局限性也十分明显，主要表现在蒙代尔并没有把对劳动力流动和资本流动的经济效应加以区分。当 A 国和 B 国结成一个保持固定汇率的通货区时，劳动力流动与资本流动的流向和调节效应是有显著差别的。比如，在上面的例子中，当 A 国发生贸易顺差和通货膨胀、B 国发生贸易逆差和失业时，劳动力从 B 国向 A 国的流动，有助于使 A、B 两国恢复均衡。但因为 A、B 两国间在气候、生活、习惯、文化、宗教和风俗等诸多方面存在差异，劳动力的迁移实际上是很难完成的。即便迁移可以完成，但因迁移成本高、迁移数量少以及迁移时间长等原因，劳动力迁移可能对两国经济均衡在短期内不会产生巨大的影响，只有经过一段时间以后，其调节效应才能发挥出来。对于资本流动而言，在 A 国发生贸易顺差和通货膨胀、B 国发生贸易逆差和失业的情况下，资本很有可能不仅不从 A 国流向 B 国以调节两国的经济失衡，反而可能从 B 国流向 A 国，从而更加恶化 A 国的通货膨胀和 B 国的失业。综合以上所做的分析，在 A、B 两国出现经济失衡时，劳动力的迁移只能影响经济的长期发展，而资本的高度流动很可能是非均衡性的，因此仅以生产要素的高度流动性来判断最适度通货区是存在局限性的。

二、经济开放性分析

蒙代尔的最优通货区理论提出以后，引起国际金融学界的广泛讨论。1963 年，美国经济学家罗纳德·麦金农提出，应以经济的高度开放性作为确定最优通货区的标准。

麦金农将社会总产品区分为可贸易商品和不可贸易商品，他认为经济的开放性通常是由生产和消费中的贸易品对非贸易品的比例来度量。如果贸易品对非贸易品的比重越大，则该国经济的开放度越高。反之，该国经济的开放度就越低。根据麦金农的观点，要运用调整名义汇率的方法实现内外均衡的经济目标，必须通过调节贸易品对非贸易品的相对价格发挥作用。以一国出现国际收支逆差为例，本币贬值要达到预想的效果，必须有贸易品对非贸易品相对价格的上升，引发本国生产转向贸易品，本国消费离开贸易品，从而使该国经济恢复均衡。但麦金农认为，在典型的开放经济中，汇率的变动不会改变贸易品和非贸易品的价格比例，从而也就不会对经济均衡产生良好的效果。这是因为：① 在本币贬值引起贸易品价格上涨以后，会引起国内物价的全面上涨。② 在开放经济中，由于贸易品所占比例很大，贸易品价格的上升会迅速而明显地引起消费价格指数上涨。由于货币幻觉不太明显以及工会和劳工力量的强大，人们会明显感觉到消费支出的增加和实际收入的减少，并要求提高工资，从而引起非贸易品价格随贸易品价格的上涨而上涨。③ 对于一个开放经济，由于国内对进口商品的依赖性很强，进口需求弹性较低，要纠正外部失衡所需要的汇率变动幅度也就很大。而在经济相对封闭的情况下，由于贸易品占整个社会总产品的比例较低，贸易品价格与消费价格指数的联系较小，再加上很大的非贸易品部门也可以在一定程度上吸收部分转移过来的需求，本币贬值对通货膨胀的影响不大，有利于经济均衡的恢复。因此，麦金农认为，浮动汇率对于相对封闭的经济是有效率的，而对于开放经济则是效能低下的。所以，对于一些相互间贸易往来比较密切的开放国家，应该组成一个相对封闭的共同货币区，在区内实行固定汇率安排，而对于那些与其贸易往来关系不多的国家，区内国家货币应该对其货币实行联合浮动。

麦金农理论的局限性表现在 3 个方面：① 他是以世界各国物价普遍稳定作为前提条件来考察汇率变动结果的。但是，这一假设是缺乏现实依据的，即使在 20 世纪 60 年代中期以前物价相对稳定的情况下，发达国家也通过固定汇率向外传递通货膨胀和经济不稳定性，如果将这个前提颠倒一下，经济高度开放的国家反而应以浮动汇率隔绝外来的不稳定影响。② 麦金农的分析以经济高度开放的小国为对象。如果一个小国的贸易伙伴主要是一个大国，并且其汇率钉住该大国货币，或几个小国彼此在贸易上有密切联系而结成货币同盟，则经济开放性标准是有意义的；但若一个小国的贸易分散于几个大国而这些国家的货币又彼此浮动，则麦金农的标准就失去了意义。③ 麦金农的分析重点在贸易账户，忽略了资本流动对汇率安排和国内经济的影响。

三、产品多样性分析

任何一种冲击，无论是消费者需求偏好的改变，或者是其他生产者的技术提高，都会对一国经济均衡产生影响。凯南与蒙代尔的理论相似，假设这种冲击来自于宏观经济的需求波动。他认为，这种需求冲击对一国经济所产生的影响，取决于该国产品的多样性程度。对于产品相当多样化的国家，这种影响是相当有限的。这是因为，产品高度多样化的国家能够出口范围较宽的各种商品，单一品种的出口商品在整个出口中所占的比重不大，对某一产品或部门的需求减少，可以通过资源向其他产品和部门的转移，来缓解需求减少的冲击。多样化的生产结构还使整体经济对单一产品和部门的依赖性降低，对单一产品或部门的冲击，不会对整体经济产生太大的影响。因此，对于产品高度多样化的国家来说，采用汇率变动缓解外部冲击的必要性较低，这类国家可以承受固定汇率的后果。相反，对低程度产品多样性的国家来说，其出口产品的多样性也是低程度的，若外国对本国出口商品的需求下降，就必须对汇率作较大幅度的变动，才能维持原有的就业水平。因此，对于产品多样性低程度的国家，宜采用汇率灵活安排的独立通货区。

作为确定最优通货区的重要标准，凯南的理论特别强调了对产品多样性程度的分析，具有重要的理论价值和现实意义。但凯南的理论同麦金农的理论一样，都重视划分最适度通货区的实物标准，注重贸易项目而对资本移动未予以考虑。

四、金融一体化程度分析

1969年，詹姆斯·伊格拉姆提出应在决定最优通货区规模时考虑一国的金融特征，并于1973年正式提出以金融高度一体化作为划分最优通货区标准的理论。伊格拉姆特别关注资本流动，并视之为促使国际收支均衡的力量。伊格拉姆认为，国际收支失衡与资金的移动状况有关，尤其与缺乏长期证券的自由交易密切相关。在国际金融市场一体化不充分的情况下，由于可以通过远期市场的抵补交易来规避买卖短期证券的外汇风险，所以人们会把短期外国证券作为主要交易对象，从而导致各国长期利率的结构发生明显的差异。相反，在国际金融市场高度一体化尤其是长期资本市场高度一体化的情况下，只要国际收支失衡导致利率发生微小变动，就会引起均衡性资本(非投机性短期资本)的大规模流动，使国际收支恢复均衡，从而避免汇率的波动。因此，可以由金融市场高度一体化的国家组成一个最适度货币区，区域内实行固定汇率，对区域外实行浮动汇率，以实现内外均衡。

伊格拉姆金融高度一体化标准的缺陷在于，它忽视了经常账户的作用，而只强调资本要素的流动。但资本要素的流动不一定能成为国际收支的一种有效调节机制，更不可以将资金融通视为平衡国际收支的唯一方法。事实上，即使在货币同盟内部，顺差国也肯定是不愿意无止境地向逆差国提供融资的。因此，仅仅用消除对国际资本流动的限制和实现金融市场高度一体化作为划分最优货币区的标准，是明显欠妥的。

五、通货膨胀相似程度分析

1970年和1971年，哈伯勒(G. Harberler)和弗莱明(J. M. Flemming)分别提出以通货膨胀的相似程度作为确定最优通货区的标准。他们认为，除了由于各国的经济结构不同和工会力量不同以外，国际收支失衡最有可能是由货币政策不同所引起的通货膨胀的离散趋势所造成的。通货膨胀的离散性所产生的影响主要体现在，较大的通货膨胀率差异，会导致贸易条件发生显著变化，在贸易条件变化影响商品流动的范围内，会引起经常账户的失衡，从而要求出现与之相抵的汇率变化。而在通货膨胀率相近的情况下，对贸易条件不会产生什么影响，货币区内的经常账户交易成为起到均衡作用的力量。除此以外，通货膨胀率的巨大差异，还会引起短期资本的投机性移动，使整个国际收支出现失衡和汇率发生波动。所以，具备相同或相近的通货膨胀率，应该是组成最优货币区的重要标准。

哈伯勒和弗莱明将分析的注意力从宏观经济的供需波动转移到宏观经济的货币层面，这与当时正在形成之中的国际收支货币分析法密切相关。按照国际收支货币分析法的观点，国际收支失衡本质上是一种货币现象，国际收支失衡是货币市场失衡的反映。当货币市场供不应求时，会出现国际收支顺差；当货币市场供过于求时，会出现国际收支逆差。通货膨胀是货币市场失衡的反映，也是国际收支失衡的重要原因，因此，具有相似的通货膨胀率，理应成为划分最适度货币区的重要标准。但需要注意的是，虽然通货膨胀会使国际收支状况恶化，但如果把通货膨胀说成是国际收支失衡最经常、最主要的原因，有时也是不完全符合现实的。造成国际收支失衡的原因是多方面的，通货膨胀不一定是国际收支失衡的主要原因，因此以通货膨胀的相似性作为最优通货区的唯一标准也是缺乏依据的。

第二节　成本-收益分析法

以上分析表明，以某一指标作为判断最优通货区的唯一标准都是存在片面性和局限性的。虽然所有这些指标都从某个特定的角度或多或少地反映了国际经济形势的客观变化，但却无法对区域性货币一体化做出完满的理论解释与说明。20 世纪 90 年代以来，随着宏观经济学理论的不断发展，最优通货区的理论也不断得到修正和补充，逐渐由传统的单一指标分析法向综合分析法发展。成本-收益分析法就是通过分析比较一国加入通货区的货币效率收益与经济稳定性损失成本，来综合判断一国是否应该做出加入通货区的决策，以及加入通货区给该国所带来的净收益。

一、加入通货区的收益分析

加入通货区的最主要收益在于简化经济结算，并且与浮动汇率相比，在进行国际贸易决策时，可以提供一个更具预测性的基础。可以假设一下，如果美国 50 个州都各有自己的货币，而且都实行浮动汇率制度，美国商界和顾客每天将会浪费多少时间和资源。同样，如果允许汇率浮动，通货区加入者在与通货区进行国际贸易时，也将面临同样的困难。加入通货区的货币效率收益，等于加入者所避免的浮动汇率带来的各种不确定性、复杂性和结算与贸易成本等的损失。

至于加入通货区所带来收益的大小，或者说可避免的浮动汇率损失的多少，是很难进行精确估计和计算的。但至少有一点是非常明确的，即加入通货区的收益与加入者和通货区之间的经济一体化程度密切相关。如果经济一体化程度越高，加入者与通货区成员组织之间的贸易量很大，加入者与通货区之间允许包括资本和劳务在内的各种生产要素自由流动，则加入通货区会给加入者带来更大的利益。反之，如果经济一体化程度较低，则给加入者带来的收益也越小。*GG* 曲线如图 5-1 所示。

在图 5-1 中，横轴代表通货区加入国与通货区之间的经济一体化程度，纵轴代表加入国的货币效率收益，*GG* 曲线是加入国的货币效率收益曲线，反映的是加入国的货币效率收益和加入国与通货区经济一体化程度之间的关系。

GG 曲线是一条向右上方倾斜的曲线，它的斜率为正，表示如果该国与通货区之间的经

济一体化程度提高，则其加入通货区的货币效率收益也会随之上升。

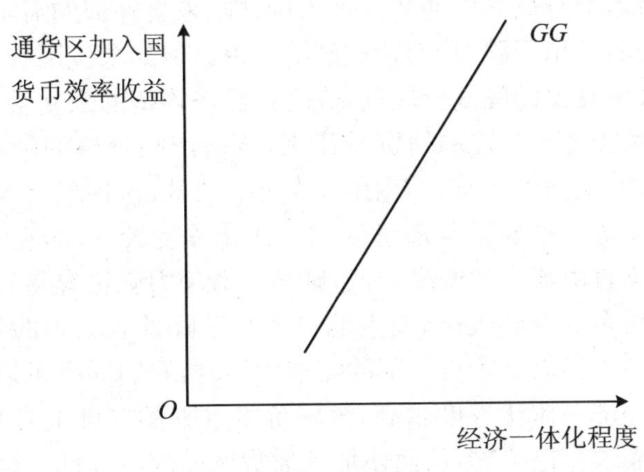

图 5-1　*GG* 曲线

还有一点需要提出的是，在以上所作的分析中，我们假定通货区的价格水平是稳定的和可预测的。如果通货区的价格不稳定，通货区加入国的价格水平就会发生很大的波动，从而可能会抵消该国加入通货区所获得的部分货币效率收益。反之，在通货区价格水平稳定或者是存在低通货膨胀率的情况下，有助于通货区加入国引入通货区以防止通货膨胀，该国国内的通货膨胀率也很容易降低，而且还能为政府获得实行低通货膨胀的可信度。因此，加入价格水平越是稳定的通货区，加入者的收益会越大。另外，人们对一国加入通货区后维持固定汇率的坚定性，也会对所获得的货币效率收益产生影响。当人们对通货区加入国是否真的实行固定汇率表示怀疑，或者说，通货区加入国做出的固定汇率承诺没有得到市场充分信任的话，汇率变动的不确定性将会继续存在，通货区加入国所获得的货币效率收益将会比事先预期的要少。反之，如果执行固定汇率的决心得到确认，甚至采用单一货币实现不可逆转的固定汇率，则通货区加入国的收益会明显增加。综合以上分析，只有在通货区内价格水平稳定且固定汇率的承诺有保证的前提下，参加国才能从固定汇率安排中获益，而且经济一体化的程度越高，这种货币效率收益也越高。

二、加入通货区的成本分析

在加入通货区以后，一国在获得货币效率收益的同时，也要付出一定的成本，即使加入通货膨胀率比较低的货币区也是如此。这是因为，一国加入通货区就意味着放弃了运用汇率政策和货币政策实现产出目标和就业稳定的权力。在该国面临来自外部的需求冲击下，如果实行浮动汇率，它会允许国内外商品的相对价格立即发生变化，从而自动缓解这种外部冲击对该国经济所产生的扰动。但如果该国加入某一通货区以后，在固定汇率安排下，货币政策无法影响该国国内产出，达到理想的经济稳定将变得非常困难。除非通货区内的国家也面临同样的外部冲击，使该国货币和通货区内其他国家的货币同时相对于区外货币联合浮动，否则，只是该国受到来自外部的需求冲击，必然会引起该国就业和产出的不稳定。这种由固定汇率安排所引起的经济稳定性损失，就是加入通货区的成本。

如何来判断由经济稳定性损失所引起的加入通货区成本的大小呢？与加入通货区的货币效率收益相似，加入通货区的成本也与加入国和通货区之间的经济一体化程度密切相关。

一般而言,经济一体化的程度越高,经济稳定性损失会越小,加入通货区的成本也会越低;反之,则加入通货区的成本会越高。以通货区加入国面临来自外部的需求减少为例,需求减少会引起该国价格、工资和产出下跌,从而造成经济衰退。但如果该国与通货区之间经济一体化程度很高,则该国经济衰退的幅度会较低,或者说经济均衡的恢复会更快。原因有两个方面:① 如果该国与通货区之间有较多的贸易往来,该国产品价格的微小下跌都会使通货区对该国商品的需求增加,从而促进该国产出和就业率回升,该国经济均衡得以恢复。② 如果该国的劳动力和资本等生产要素与通货区的一体化程度较高,即在该国与通货区之间劳动力和资本等生产要素自由流动的壁垒较低,则该国劳动力就很容易转移到通货区,资本也会在通货区内寻找到更多的获利机会,要素的自由流动降低了该国的失业率和减少了投资者的亏损。当通货区加入国面临来自外部的需求增加时,我们同样可以得出类似结论:如果该国与通货区之间的经济一体化程度越高,该国价格水平的轻微上升与外国资本和劳动力的涌入都会使其超额需求很快消失,从而使加入通货区的成本降低。综合分析,无论通货区加入国面临来自外部的何种需求冲击,都可以得出如下结论:与通货区之间的经济一体化程度越高,经济稳定性损失就会越小,加入通货区的成本越低。反之,则加入通货区的成本会很高。

我们可以用图 5-2 所示的 LL 曲线来表示这种关系。在图 5-2 中,横轴代表通货区加入国与通货区之间的经济一体化程度,纵轴代表通货区加入国的成本,LL 曲线是加入国的成本曲线,它是一条向右下方倾斜的负斜率曲线,表示该国与通货区之间的经济一体化程度越高,加入通货区的成本会越低。

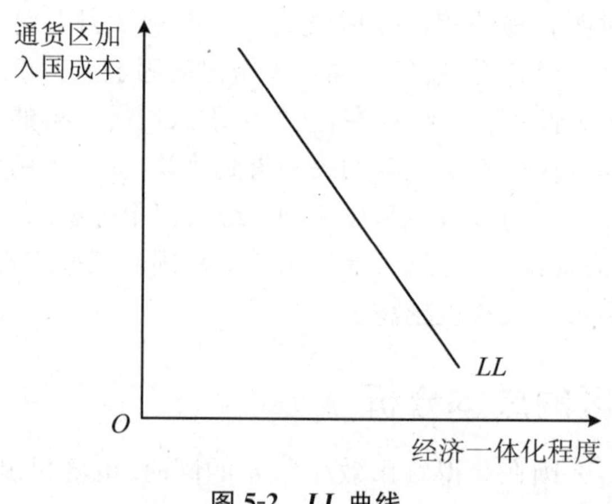

图 5-2 *LL* 曲线

三、加入通货区的决策:成本-收益分析

根据以上分析,将 GG 曲线和 LL 曲线结合在一起,我们就可以利用图 5-3 来判断一国是否应该加入通货区。

在图 5-3 中,当一国与通货区之间的经济一体化程度小于 θ_1 时,GG 曲线在 LL 曲线的下面,加入通货区的经济稳定性损失大于货币效率收益,该国不应该加入通货区;当经济一体化的程度等于或高于 θ_1 水平时,GG 曲线在 LL 曲线的上面,加入通货区的货币效率收益等于或高于经济稳定性损失,该国加入通货区有利可图,因此应该做出加入通货区的决定。θ_1 成为一国与通货区之间经济一体化程度的临界值,一国就是根据 θ_1 来做出是否加入货币区的决定的。

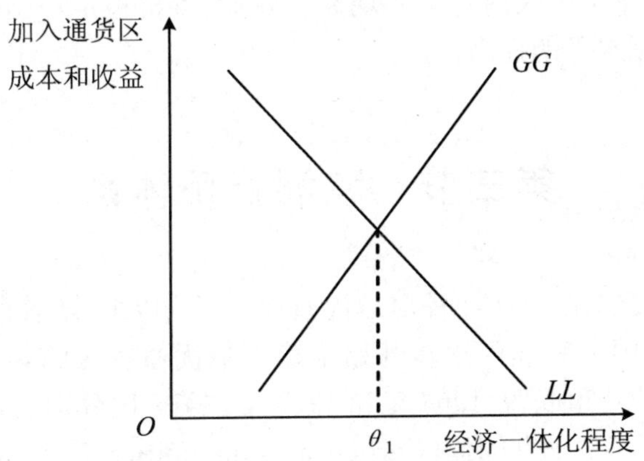

图 5-3　是否加入通货区的决策

根据成本-收益分析法，我们还可以研究一国经济环境的变动或政府偏好函数的变化是如何影响该国加入通货区的选择的。假设一国外部经济环境发生变化，来自外部需求冲击的范围和频率增加，则在任何给定的经济一体化水平上，加入通货区使该国产出和就业的不稳定性加大，使加入通货区的成本曲线向右上方移动，从图 5-4 中的 LL_1 曲线移至 LL_2 曲线，经济一体化程度的临界值从 θ_1 上升到 θ_2。这意味着在其他条件不变的前提下，产品市场变动性的加大将使一国加入通货区的意愿降低，该国将不再愿意加入通货区。反之，当一国外部的经济环境变得更加稳定时，加入通货区的成本曲线会向左下方移动，经济一体化程度的临界值会下降，该国将更愿意加入通货区。

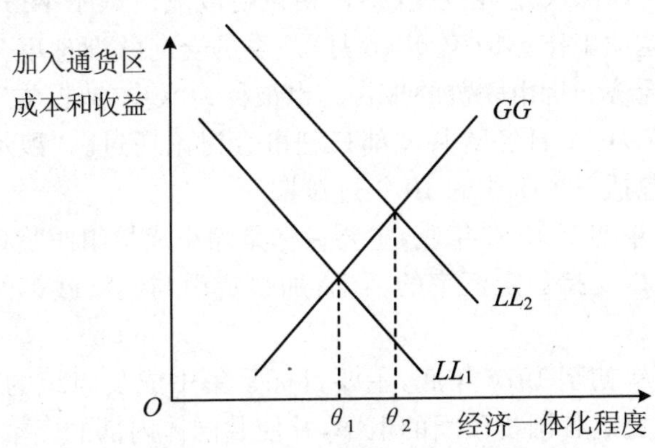

图 5-4　外部经济环境变动的影响

以上我们研究了确定最优通货区的两种分析方法，两种分析方法的目的一致，都是为了更好地解决内部均衡与外部均衡的关系，以共同实现经济的内外均衡；所采用的方法是互补的，成本-收益分析法是建立在单一指标分析法基础之上的，当单一指标分析法的诸多指标得以满足时，实际上也就意味着该国与通货区之间的经济一体化程度相当高，加入通货区所带来的货币效率收益将大于加入通货区的成本，加入通货区自然也就成为一国的理性选择。综上所述，最优通货区实际上是由商品、劳动力和资本等生产要素自由流动、经济和金融高度开放、经济发展水平和通货膨胀相近以及经济政策相互协调的国家所组成的独立货币区。

在最优通货区内，成员组织货币之间的兑换比率实行固定汇率，通货区的货币效率收益将超过通货区的成本，有助于货币区内各国实现充分就业、物价稳定和国际收支的均衡目标，促进各国经济增长和福利水平的提高。

第三节　欧洲货币体系

自从罗伯特·蒙代尔在 1961 年提出最优通货区理论以来，随着世界经济特别是区域经济一体化的发展，部分国家和地区逐步开始了建立最优通货区的尝试与实践。比如，1962 年西非 6 国成立了西非货币联盟，1968 年和 1977 年拉美 5 国分别成立了安第斯开发公司和安第斯储备基金，1972 年欧洲共同体(European Communities，简称“欧共体”)国家实行货币汇率联合浮动，并于 1979 年演变为欧洲货币体系等。在众多区域货币一体化的实践中，欧洲货币体系十分引人注目。它不仅是最优通货区理论的具体应用与典型实践，还是欧洲货币一体化进程的重要阶段，为实现欧洲货币联盟和启动单一货币欧元奠定了良好的基础。

一、欧洲货币体系的建立

1950 年欧洲支付同盟成立，标志着欧洲货币一体化的开始。1958 年，欧洲经济共同体各国签署了欧洲货币协定以代替欧洲支付同盟，促进了各国货币自由兑换的发展。1969 年 3 月在海牙举行的欧洲经济共同体首脑会议，提出了建立欧洲货币联盟(European Monetary Union，简称“EMU”)的概念。同年 12 月，欧共体首脑就建立欧洲货币联盟进行磋商并取得一致意见。根据这次会议的决定，由卢森堡首相兼财政大臣魏尔纳(Pierre Werner)为首的一个委员会开始审议这项工作。1970 年 10 月，该委员会向欧洲理事会提交了一份《关于在共同体内分阶段实现经济和货币联盟的报告》，也被称为“魏尔纳报告”。该报告在几经讨论和修改后，于 1971 年 3 月 22 日经欧共体部长理事会讨论通过。“魏尔纳报告”为实现欧洲货币联盟规定了一个包括三个阶段的 10 年过渡期。

第一阶段从 1971 年初至 1973 年底，主要目标是缩小成员组织货币汇率的波动幅度，着手建立货币储备基金，以支持稳定汇率的活动，加强货币与经济政策的协调，减少成员组织经济结构的差异。

第二阶段从 1974 年初至 1976 年底，主要目标是集中成员组织的部分外汇储备以巩固货币储备基金，进一步稳定各国货币间的汇率，并使共同体内部的资本流动逐步自由化。

第三阶段从 1977 年初至 1980 年底，共同体将成为一个商品、资本和劳动力自由流动的经济统一体，固定汇率制向统一的货币发展，货币储备基金向统一的中央银行发展。在欧共体部长理事会达成协议后不久，就爆发了严重的美元危机，国际金融市场出现剧烈动荡，该项计划因此被耽搁下来。直到 1972 年初，欧共体部长理事会才继续着手推进货币联盟计划，主要措施包括实行联合浮动汇率；建立欧洲货币合作基金(European Monetary Cooperation Fund，简称“EMCF”)；创设欧洲计算单位(European Unit of Account，简称“EUA”)。所谓“联合浮动汇率”，也被称为“可调整的中心汇率制”，它是指对内规定成员组织货币汇率的波动幅度为上下 1.125%，对外则实行联合浮动。由于欧共体对内规定的汇率波动幅度 1.125%小于史密森协议规定的 2.25%，所以又被称为“蛇形浮动汇率”。1973 年布雷顿森林体系崩溃以后,史密森协议规定的2.25%的幅度不复存在,而欧共体成员组织货币依然实行联合浮动,但联合浮动极易受美元汇率波动的影响。为避免汇率的剧烈波动给成员组织造成冲击,促进欧共体国家的经济发展,联邦德国总理斯密特和法国总统德斯坦在1978年4月哥本哈根欧共体首脑会议上动议建立欧洲货币体系,并于同年12月6日由欧共体首脑在布鲁塞尔达成协议,决定于1979年1月1日建立欧洲货币体系(European Monetary System,简称"EMS")。后因联邦德国与法国在农产品贸易补偿额问题上发生争执,该体系延迟到1979年3月13日才正式成立。最初参加的国家包括欧共体中除英国以外的法国、联邦德国、意大利、荷兰、比利时、卢森堡、爱尔兰和丹麦等8个国家,虽然英国暂时没有加入,但英格兰银行却按规定的比例认缴黄金和美元储备,参加了欧洲货币基金。

二、欧洲货币体系的主要内容

欧洲货币体系主要包括3个内容:创设欧洲货币单位(European Currency Unit,简称"ECU");实施稳定汇率机制(Exchange Rate Mechanism,简称"ERM");建立欧洲货币基金(European Monetary Cooperation Fund,简称"EMCF")。

(一) 创设欧洲货币单位(ECU)

欧洲货币单位由欧洲计算单位演变而来,是欧洲货币体系的核心。欧洲货币单位是一个"货币篮子",最初是由欧洲经济共同体12个成员组织中的9种货币所组成。每一种货币在欧洲货币单位所占的比重,是根据各国在共同体内部贸易额和国民生产总值所占份额加权计算的。"货币篮子"的权数构成每5年调整一次,但如果其中任何一种货币比重的变化超过25%时,则可随时对权数进行调整。

欧洲货币单位的创设和发行,是通过一种特殊的程序进行的。在欧洲货币体系成立之初,各个成员组织将其20%的黄金储备和20%的美元储备提供给欧洲共同体于1973年4月设立的"欧洲货币合作基金",然后由该基金以互换的形式向成员组织发行相应数量的欧洲货币单位。其中,黄金是按前6个月的平均市场价格或按前一个营业日的两笔定价的平均价格计算,美元储备则按市场汇率定值。

欧洲货币单位的作用主要表现在:① 作为成员组织货币之间中心汇率的计算标准;成员组织在确定货币汇率时,以欧洲货币单位为依据,其货币与欧洲货币单位保持固定比价,再据此中心汇率套算与其他成员组织货币的比价。② 作为决定成员组织货币汇率偏离中心汇率的"指示器"。③ 进行干预活动和信贷业务的计算标准。④ 作为成员组织货币当局的储备资产和中央银行之间的结算工具。

(二) 实施稳定汇率机制

实行联合浮动汇率制,减小成员组织之间的汇率波动幅度。各成员组织的货币对欧洲货币单位确定一个中心汇率,并根据这一中心汇率来确定彼此之间的货币汇率,各成员组织的中央银行要保证各自的货币汇率波动幅度上下限各不超过2.25%(意大利里拉及后来加入的英镑不得超过6%),如果一国的货币汇率波动幅度超过规定的上下限,则该国中央银行有责任、其他各成员组织也有义务对外汇市场进行干预。从长远看,汇率波动幅度应当逐步缩小,为最后实现统一货币创造有利条件。

当一种货币超越差异界限时,有关国家就要采取措施进行干预,通常进行干预的办法有

3 种：① 通过各中央银行间的相互贷款以干预外汇市场，即抛出硬币以减轻对硬币的压力，吸收软币以加强对软币的支持。② 在国内实行适当的货币政策和财政政策，如软币国家提高利率，紧缩银根，而硬币国家则降低利率，放宽信贷。③ 改变中心汇率作为最后的手段，即在干预难以奏效的情况下，各国就必须重新确定中心汇率，以避免整个体系崩溃。

（三）建立欧洲货币基金

以原有的“欧洲货币合作基金”为基础，建立“欧洲货币基金”，其资金来源为集中成员组织缴纳的 20% 的黄金储备和外汇储备，再加上与此等值的各成员组织本国货币，总计约 500 亿欧洲货币单位。该基金除了是发行欧洲货币单位的储备金外，其作用一方面可用来加强干预外汇市场的力量，打击货币投机，稳定成员组织之间的货币汇率；另一方面可以对成员组织的国际收支出现的困难进行短期和中期的资助，加强成员组织之间的货币合作。

三、对欧洲货币体系的评价

（一）积极作用

欧洲货币体系是一个以欧洲货币单位为核心，以汇率运行机制为主体、以信贷体系欧洲货币基金为辅助手段的区域性可调整固定汇率制度。欧洲货币体系的建立，使欧共体国家形成一个实力雄厚的货币集团，不仅对欧洲而且对整个世界都发挥了重大的影响，取得了令人瞩目的成就。

1. 促进了欧共体经济与货币联盟的建设，推动了欧洲国家政治联合的发展

欧洲货币体系的建立，使成员组织在货币金融、财政税收、国际收支、农业等各方面更加密切地合作，政策更加协调，对于欧洲经济的一体化和政治联合，起到了重要的推动作用。

2. 稳定了欧共体国家货币的汇率，促进了各国经济和贸易的发展

欧洲货币体系采取了双重的汇率干预机制，放宽了对弱币的波动界限，并扩大了信贷机制的资金力量，因而更好地保证了成员组织货币汇率的稳定。据欧共体统计资料表明，在 1979～1983 年，体系内成员组织货币对马克的月平均汇率变动仅有 0.5%～0.8%，而体系外的美元、日元和英镑的月汇率变动幅度则是其 3 倍，达到 2.4%～2.7%。汇率体系的相对稳定，有力地抑制了欧洲的外汇投机活动，减少了外汇风险，促进了共同体内部商品、资本、劳动力的自由流动以及贸易和投资的顺利进行，并推动了各国经济均衡稳定的发展。

3. 加强了欧共体国家货币的作用，打击了美元的霸权地位

欧洲货币体系的汇率机制主要使用成员组织货币而不是美元作为干预货币，汇率稳定的标准是欧洲货币单位，而欧洲货币单位“货币篮子”中不包括美元，这就在相当程度上避免了美元等外部货币汇率波动对共同体的冲击，同时也缩小了美元的使用范围，对美元的霸主地位构成了严重的威胁。

4. 发展了区域性的货币体系，推动了全球性国际货币制度改革的进程

欧洲货币体系的建立对浮动汇率制是一个有力的挑战，它改变了传统的僵硬的固定汇率，采取了有弹性的可调整固定汇率，并强化了稳定固定汇率的措施。作为一种区域性的货币体系，它在稳定成员组织货币汇率、协调各国货币政策、调节国际收支、建立储备资产等方面的改革尝试，为全球性国际货币制度的改革提供了有益的经验和可操作的模式。

（二）消极作用

虽然欧洲货币体系在其运行的初期发展顺利，在稳定汇率方面取得了巨大成就，为欧洲经济和货币一体化提供了宝贵的经验。但自20世纪90年代以来，遇到了严峻的挑战。1992年9月，欧洲货币体系爆发了自成立以来最严重的一次危机。外汇市场投机活动十分猖獗，投机者纷纷抛售弱币，迫使意大利宣布里拉贬值7%，西班牙宣布比塞塔贬值5%。在短短4天时间内，欧洲货币体系就两度调整汇率，而在此之前的13年内总共才调整了12次。受到冲击最大的是英镑和里拉。英国政府为遏制资本外流，在一天之内两次提高基础贷款利率，从10%提高到15%，法国也将利率提高到13%，并与德国联手拿出数百亿美元干预市场，但效果并不明显。英镑和里拉不得不退出欧洲货币体系汇率机制。1993年7～8月间，汇率机制出现第二次危机，迫使欧共体在1993年8月1日决定，允许成员组织之间的汇率对中心汇率的波动幅度由原来的±2.25%扩大到±15%（德国马克和荷兰盾除外），等于实行了自由浮动。

20世纪90年代初爆发的两次危机，从表面上看是国际投机资本冲击的结果，但其背后有深刻的原因，主要表现在两个方面：① 汇率机制本身存在一定的局限性。在稳定汇率机制下，各成员组织很难随意根据本国国民经济和国际收支状况调整汇率，从而使一些国家的货币汇率严重高估，进而导致市场产生贬值预期并引发投机活动。而面对强大的贬值压力，各国中央银行干预外汇市场的能力非常有限，往往难以奏效，从而引发货币危机。② 欧共体各国经济政策内外目标上的差异与政策不协调。20世纪90年代初期，联邦德国政府为实现两德统一和复兴原民主德国地区经济，投入了巨额资金，财政赤字和货币发行明显增加，国内通货膨胀压力显著加强。为了抑制通货膨胀的压力，德国政府不顾其他国家的强烈反对，于1991年起开始调高中央银行的贴现率，从1990年底的6%上调到1991年6月底的8.8%，这给其他西欧国家造成很大压力。当时西欧其他国家为摆脱萧条，刺激本国经济复苏，先后调低利率，结果造成资金流向利率相对较高的德国形成马克坚挺的局面。在这种情况下，这些西欧国家面临两难选择：若要维持其货币与德国马克和欧洲货币单位的固定比价，进而维持欧洲货币体系的稳定汇率机制，它们就必须调高利率；若要通过降低利率来刺激本国经济复苏，它们又必须被迫使其货币对德国马克贬值。经过一段时期的挣扎、协商及协调干预以后，英国和意大利终于首先抵挡不住外汇市场的强大压力，不得不于1992年9月13日宣布英镑和里拉“暂时”退出欧洲货币体系的汇率机制，由此酿成欧洲货币体系史上著名的“9月危机”。这场危机因德国高利率的延续而一直持续到1993年夏天，西班牙货币比塞塔和法国法郎也先后遭到冲击，被迫“暂时”退出欧洲货币体系的汇率机制或对德国马克大幅度贬值，从而使欧洲货币体系的汇率机制遭受沉重打击。这场危机表明，欧共体成员组织之间在内外均衡问题上存在很大的分歧，成员组织如何处理及协调好一国内部均衡与外部均衡的关系，如何在经济和货币政策方面让渡更多的主权并进行更有效的协调，对维系欧洲稳定汇率机制和促进欧洲货币一体化进程至关重要。

资料链接5-1

欧洲货币体系危机的直接原因

1992年9月中旬欧洲货币市场上发生了一场自二战后最严重的货币危机，其根本原因就是德国实力的增强打破了欧共体内部力量的均衡。当时德国经济实力因东西德统一而大大增强，虽然德国马克在欧洲货币单位中用马克表示的份额不高，但由于马克对美元汇率升高，马克在欧洲货币单位中的相对份额也不断提高。因为欧洲货币单位是欧共体成员组织商品劳务交往和资本流动的记账单位，马克价值的变化或者说德国货币政策不仅能左右德国的宏观经济，而且对欧共体其他成员的宏观经济也会产生更大的影响。而英国和意大利经济则一直不景气，增长缓慢，失业增加，他们需要实行低利率政策，以降低企业借款成本，让企业增加投资，扩大就业，增加产量，并刺激居民消费以振作经济。但当时德国在东西德统一后，财政上出现了巨额赤字，政府担心由此引发通货膨胀，引起习惯于低通货膨胀的德国人不满，爆发政治和社会问题。因此，通货膨胀率仅为 3.5%的德国非但拒绝上次七国首脑会议要求其降息的要求，反而在 1992 年 7 月把贴现率升为 8.75%。这样，过高的德国利息率引起了外汇市场出现抛售英镑、里拉而抢购马克的风潮，致使里拉和英镑汇率大跌，这是 1992 年欧洲货币危机的直接原因。

资料来源：百度百科，https://baike.baidu.com。

第四节　欧洲货币联盟与欧元

20 世纪 80 年代下半期以来，欧洲经济一体化的步伐开始加快。1985 年 12 月，欧洲理事会卢森堡会议拟就《单一欧洲法案》。该法案规定于 1992 年实现的欧共体内部统一大市场是一个没有内部边界的地区，区域内实行商品、人员、劳务和资本的自由流通。据此，进一步强化欧洲货币体系就成为形成统一内部市场、实现资本流动完全自由化的必要条件，卢森堡会议也就此将欧洲货币体系确定为深化货币合作的出发点。1988 年 6 月，欧共体汉诺威首脑会议决定，成立由当时的欧共体委员会主席雅克·德洛尔主持的"经济和货币联盟委员会"。1989 年 4 月，德洛尔向 12 个欧共体国家财政部长提出了《关于欧洲共同体经济与货币联盟》的报告，又称"德洛尔报告"，并在该年 6 月提交欧洲理事会马德里会议讨论，12 月报告在经过激烈辩论后在欧洲议会上通过。"德洛尔报告"继承了 20 世纪 70 年代"魏尔纳报告"的基本框架，再次强调了建立欧洲经济与货币联盟的要求和重要性，提出了分阶段实现经济和货币联盟的计划。

为实现欧洲经济和货币联盟，推进欧洲的统一，欧共体首脑于 1991 年 12 月 9 日和 10 日在荷兰马斯特里赫特开会，就欧共体建立内部统一大市场后，进一步建立政治联盟和经济与货币联盟问题达成协议。会议通过了《政治联盟条约》和《经济与货币联盟条约》，统称《马斯特里赫特条约》(以下简称《马约》)。按照《经济与货币联盟条约》规定，最迟于 1998 年 7 月 1 日成立欧洲中央银行，于 1999 年 1 月 1 日起实行单一货币。

一、《马约》的主要内容

《马约》包括《政治联盟条约》和《经济与货币联盟条约》，后者为建立欧洲经济与货币联盟规定了明确的目标和时间表，这就是最终要在欧洲联盟内建立一个负责制定和执行共同货币政策的欧洲中央银行并发行统一的欧洲货币。

为实现这一目标，条约规定了分三阶段实施的货币一体化计划：第一阶段，从 1990 年 7 月 1 日至 1993 年 12 月 31 日，主要任务是实现所有成员组织加入欧洲货币体系的汇率机制，形成欧洲统一大市场，实现商品、人员和资本的自由流动，协调各成员组织的经济政策，并建立相应的监督机制。第二阶段，从1994年1目1日到1997年，进一步实现各国宏观经济政策的协调，加强成员组织之间的经济趋同；建立独立的欧洲货币管理体系——欧洲货币局，作为欧洲中央银行的前身，为统一货币作技术和程序上的准备；进一步缩小成员组织货币之间汇率的波动幅度。第三阶段，从1997年至1999年1月1日，最终建立独立的欧洲中央银行，制定和执行共同货币政策；发行统一的欧洲货币，成员组织的货币逐步停止使用。

根据《马约》的有关规定，拟取得欧洲经济与货币联盟成员资格的国家必须在以下6个方面达标：① 通货膨胀率不能超过欧共体3个通货膨胀率最低国家平均数的1.5%。② 长期名义利率不得高于欧共体3个通货膨胀率最低国家的平均水平的2%。③ 财政赤字占国内生产总值的比重必须低于3%。④ 政府债务占国内生产总值的比重不超过60%。⑤ 货币汇率必须维持在欧洲货币体系规定的幅度内，并且至少有两年未发生过贬值。⑥ 成员组织中央银行的法则法规必须与《马约》规定的欧洲中央银行的法则法规相兼容。此外，考虑到静态达标的实际困难，意大利代表团曾在马斯特里赫特会议上提出一个动态解释方案，即在评估各国是否达标时，以动态趋势取代静态水平来评估各国是否有条件进入第三阶段。所谓“动态趋势”，是指各项指标的变化趋势是否多年来一直朝向《马约》规定的绝对值标准，如果是向这个标准靠近的成员组织，就有资格进入第三阶段。该方案已被《马约》所采纳。

在上述6项趋同指标中，除了第⑤、⑥两项指标以外，其余4项指标都是量化指标。根据1990年的统计数据，在12个欧共体国家中，满足4项指标的国家有丹麦、德国、法国和卢森堡，满足3项指标的国家有爱尔兰和英国，满足两项指标的国家有比利时和荷兰，西班牙只满足1条指标，而希腊、意大利和葡萄牙3国的4项指标均未达到要求。按照马斯特里赫特会议的决定，在1996年底将由欧共体理事会就各成员组织经济状况是否符合上述指标进行一次评估。如果至少有7个成员组织能够满足上述指标，并且当时欧共体的情况允许，这些达标的成员组织将首先进入第三阶段，其余国家待到条件成熟时再加入。如果达标国家少于7个，或者欧共体理事会认为于1997年实施阶段三不合适，则已达标国家应推迟到1999年1月1日进入第三阶段，其余国家同样待到条件成熟时再加入。换句话说，1999年1月1日是开始实施阶段三的最后期限，不管当时有多少国家达标，欧洲货币一体化都将会进入《马约》规定的第三阶段，建立独有的欧洲中央银行和发行统一的欧洲货币。

二、《马约》的实施与欧元的诞生

根据《马约》规定的建立欧洲经济与货币联盟的目标和时间表，欧盟采取了一系列的举措，为欧洲货币一体化的实施做了大量的准备工作。

1993年1月1日，欧盟实现了商品、人员、服务和资本的自由流动，建立了欧盟内部的统一大市场，并宣告其单一银行业市场的成立。设立单一银行业市场的目的，在于减少各国政府对银行业市场的管制，形成统一的欧洲联盟银行体系，保证自由竞争，提高市场效率，为1999年1月1日启动单一货币建立货币联盟铺平道路。

1994年1月1日，欧盟在法兰克福成立了作为未来欧洲中央银行前身的欧洲货币局(European Monetary Institute，简称“EMI”)，从事欧洲中央银行的各项技术准备工作。该机构对欧洲中央银行政策运作框架的设计主要是以德意志联邦银行的运作模式为蓝本的。在制度架构上，欧洲中央银行体系主要由欧洲中央银行与成员组织现行的中央银行组成。欧洲中央银行的决策机构是理事会，它负责制定重大的货币政策，日常管理职能则由执行委员会行使。按照规定，欧洲中央银行将不得为成员组织政府的财政赤字提供资金融通，从而使其具备了独立地位。欧洲中央银行体系的首要目标是保持物价稳定，其次是为欧盟的经济政策提供一定的支持。它的任务还包括实施对外汇市场的干预、持有并管理成员组织的官方储备、促进支付体系有序地运行等。此外，欧洲中央银行体系还要协助各国政府对信贷机构进行谨慎的管理。

1995 年 12 月 15 日，在马德里召开的欧盟首脑会议上，欧盟将未来单一货币的名称正式确定为“欧元”(euro)，并确定了单一货币实施的具体时间表。按照这一时间表，欧元的启动应分为三个阶段进行：第一阶段从 1998 年 1 月 1 日至 1998 年底，欧盟将在 3～4 月确定搭乘欧元启动头班车的成员组织名单，在年中成立欧洲中央银行(ECB)，在年末开始生产(而不是发行)欧元钞票和硬币。第二阶段从 1999 年 1 月 1 日至 2001 年底，欧元正式成为一种货币，与各国自己的货币同时使用，平行流通，欧洲货币单位(ECU)消失，各国中央银行继续开展业务，但货币流通方面的业务将在欧洲中央银行的领导下进行，欧洲中央银行、各国中央银行和各商业银行、证券市场、保险市场和企业都可用欧元计价交易。第三阶段从 2002 年 1 月 1 日以后，正式发行欧元现钞和硬币，欧元成为成员组织唯一的法定货币，各国原来的货币退出流通。

1996 年 12 日中旬，欧盟成员组织首脑在都柏林会议上就欧元的法律地位、欧元与暂不参加单一货币的欧盟成员组织货币之间的兑换机制以及约束货币联盟参加国的财政纪律的预算稳定公约达成了一致意见。在 1997 年 6 月中旬的阿姆斯特丹会议上，欧盟各国首脑正式批准了《稳定和增长公约》《欧元的法律地位》和《新的货币汇率机制》3 个文件。这些文件对欧洲货币联盟的建设和正常运行具有重要意义，是货币联盟进入第三阶段和保障未来单一货币的稳定，以及保证成员组织与非成员组织货币汇率相对稳定和统一大市场秩序的重要举措。

1998 年 5 月 2 日，欧盟 15 国首脑在布鲁塞尔举行的特别会议上决定接受欧盟委员会和欧洲货币局的推荐，确认奥地利、比利时、芬兰、法国、德国、爱尔兰、意大利、卢森堡、西班牙、荷兰和葡萄牙等 11 国于 1999 年 1 月 1 日率先进入欧洲经济货币联盟第三阶段，成为欧元创始国，组成欧元区。欧盟的另外 4 个国家，英国、丹麦和瑞典根据《马约》选择暂时不加入 EMU 第三阶段，而希腊则因为没有达到《马约》规定的趋同标准，而暂时不能进入 EMU 第三阶段。

1999 年 1 月 1 日至 2001 年 12 月 31 日，为欧元区内各国货币向欧元转换的过渡期。欧元同成员组织货币之间的兑换比率被永久地不可更改地固定下来，欧元作为 11 个参加国的非现金交易货币，以支票、信用卡、股票和债券等方式进行流通，欧洲货币单位按 1∶1 的比例兑换成欧元，欧洲中央银行实施独立的货币政策。2002 年 1 月 1 日至 2002 年 6 月 30 日，欧元纸币和硬币作为法定货币进入流通领域，同尚存的各国货币一并流通。从 2002 年 7 月 1 日起，欧元区各国货币全部退出流通领域，市场只流通单一货币欧元，欧洲统一货币正式形成。

三、欧元启动的经济影响

欧元的启动是国际政治和经济生活中的一件大事，也是布雷顿森林体系崩溃以来国际金融史上最重大的事件。它不仅会有助于推动欧元区经济一体化的进程、促进欧元区的经济增长，而且还会对整个国际金融市场和国际货币体系产生深远而重大的影响。

（一）欧元启动对欧元区经济的影响

欧元的启动，是欧洲经济一体化进程和欧洲联盟发展过程中的重要里程碑，它对欧元区经济的影响是全方位的，将有助于为欧元区的经济发展创造良好的宏观环境，促进欧元区贸易和投资的发展，提高欧元区企业的竞争力，推动欧元区经济持续稳定增长。

1. 有助于创造良好的经济环境

为了达到趋同标准，欧盟各国都采取了控制公共财政支出、削减政府预算、改革税制等财政措施，这将会为欧元区经济创造一个低通货膨胀的运行环境。同时，由于欧洲中央银行不得为成员组织政府的财政赤字提供资金融通，欧洲中央银行独立制定货币政策的首要目标就是保持物价稳定，其次是为欧盟的经济政策提供一定的支持，各成员组织丧失了制定本国汇率政策和货币政策的自主权，都将共同执行统一的货币政策，这会使成员组织之间的经济政策逐步协调与趋同，在相当程度上避免由成员组织相互之间经济政策的冲突所带来的不利影响，从而为欧元区经济的稳定增长提供良好的宏观经济环境。

2. 有助于促进国际贸易发展

欧元区的国际贸易主要集中在成员组织内部，成员组织之间的贸易占欧元区进出口贸易总额的60%以上，欧元的使用将使区内贸易货币汇率波动的风险不复存在，进出口商可以减少为规避汇率风险所花费的套期保值费用，也可以节省相当数量的货币兑换费用。同时，由于单一货币的实施，各成员组织都采用欧元作为贸易商品的计价货币，这就避免了由于用不同货币标价商品所带来的麻烦，使成员组织之间的价格比较变得更加容易，这将有助于减少价格搜寻成本和价格信息成本，加快商品流通的速度，降低商品交易的成本，促进欧元区成员组织之间贸易的快速发展。

3. 有助于吸引外国直接投资

欧元启动以后，将使欧元区形成一个蕴藏巨大商机的统一大市场，消费者只要手持欧元，就可以在欧元区的任何地点购买和享受来自各国的商品和服务，不存在任何阻碍商品自由流动的各种贸易壁垒，外国投资者只要在某一成员组织进行直接投资，就能将其商品和服务很快销售到区内其他国家的市场，这对外国投资者具有相当强的吸引力。不仅如此，在实行单一货币以后，由于区内劳动、资本、技术和信息等生产要素的跨国界流动将变得更为通畅，这也使外国投资者可以充分利用区内各种资源，发挥规模经济的优势，降低生产成本，提高生产效率，为其从事国际直接投资提供巨大便利。

4. 有助于提高企业国际竞争力

欧元的启动将使欧元区企业面临的机遇与挑战并存：一方面，统一货币的实施和区内生产要素的自由流动，将为欧元区企业大规模兼并和重组提供良好的机遇，欧元区企业可以在更大范围内进行生产要素的重新配置，加快企业结构改革和调整的步伐，加速企业兼并和收购的活动，从而提高企业的国际竞争力；另一方面，欧元区统一大市场的形成，也使欧元区企业面临更为严峻的挑战，市场范围的扩大和透明度的提高，将使欧元区企业面临国内外企业特别是跨国公司的双重竞争压力，欧元区企业将不得不加快知识创新和技术进步的步伐，这从客观上也提高了企业应对挑战的能力和国际竞争力，并成为促进欧元区经济持续稳定增长的根本保证。

（二）欧元启动对国际金融市场的影响

欧元的启动，不仅会对欧元区经济产生积极的影响，而且作为一种金融制度和金融工具的创新，会吸引各国投资者持有以欧元计价的多样化的金融资产，将原来各自分割的欧洲各国金融市场逐步整合为一个统一的、在规模上可与美国相当的资本市场，对国际金融市场产生广泛和深远的影响。

1. 欧元对世界债券市场的影响

欧元启动后，随着各项制度的统一，欧元所带来的一体化效应将使欧元区债券市场的广度、深度和流动性都有明显改善，欧元区债券市场及国际债券市场因此将发生一系列变化：① 从欧元区内部来看，主要有以下两个变化：首先，债券市场的规模会随欧元启动而扩大。这是因为币种的统一将使各国投资者出于以对本国货币的感情为基础的投资选择偏好不再存在，同时欧元区内部汇率风险的消除，使投资者信用风险的分析能力和承受能力增强，也不必为规避风险设计币种匹配，再加上欧元区内的投资管理人为改善其经营业绩而从事的跨越国界的债券投资活动的增加，都会导致各国债券所面对的市场规模急剧扩展。其次，债券市场的发行成本将大大降低。这是由于随着一体化进程的不断发展，市场不再被币种所分割，各国承销商原来在承销本币债券上的优势将部分丧失，使承销竞争更加激烈，并会进一步降低债券发行者的发行成本。同时由于债券流动性提高，承销商通过在期货或现货市场上卖出债券以规避风险的保值成本也会降低。两者结合在一起，将使债券发行者相对比较容易地以较低的筹资成本筹集大量资金，从而大大促进欧元区债券市场的繁荣。② 从国际上看，随着欧元的启动及一体化程度的发展，欧元区内部债券市场的相关性将大大加强，而与美国债券市场的相关性相对减弱，这就为来自全球的投资者提供了一个多元化投资的理想场所，亦为国际债券市场的进一步繁荣奠定了基础。同时，随着欧元的启动，全球债券发行的币种比例格局亦将发生改变，欧盟债券市场流动性和市场深度的改善，将会使国际上对以欧元为面值的国际债券的需求量大于原先对各成员组织债券需求量之和。在当今国际债券市场上，欧元债券在国际债券中所占的比例已经远远超过日元和英镑债券，成为仅次于美元债券的第二大债券，并有不断增长的倾向。

2. 欧元对世界股票市场的影响

长期以来，欧盟国家股票市场的发展一直落后于美国。欧洲股票市场的筹资能力比美国低很多，长期以来欧洲一直以银行中介为主导，其银行资产占全部金融资产的54%，而美国则一直以资本市场中介为主导，银行资产仅占22%。美国股票市场的规模也远远超过欧盟，美国为6.8万亿美元，欧盟11国仅为2.1万亿美元；从股市交易量看，美国为3.6万亿美元，欧盟11国为1.5万亿美元；在全球股票市场融资中，美国占45%，而欧洲仅占15%。因此，许多欧洲公司不得不去美国上市，按美国的法律交易、结算，这极大地限制了欧洲公司的发展。在没有产生欧元之前，多种货币形成的市场壁垒是造成欧洲资本市场分散、狭小的主要原因。进入欧洲资本市场需要对多种货币做出评价和判断，交易成本很高，虽然各国的股市都对外开放，但实际上都还只是各自为政的本地化市场，联盟各国的股市作为一个整体的合力作用还没有发挥出来。欧元的启用是一个直接的契机，它将大大地加速欧盟股市一体化的进程。欧元的产生，将给资本在欧盟各国之间的流动带来莫大的便利，有助于打破市场壁垒，使融资双方获得更大的选择范围，扩大欧洲股市的交易规模，吸引更多区外投资者和融资企业进入这一市场，使欧洲股票市场从广度、深度方面都有较大的提高。

3. 欧元对其他金融市场的影响

欧元的启动，除了对世界债券市场和股票市场产生影响以外，对基金市场和衍生交易市场等金融市场也会产生重大影响。从基金市场来看，欧洲的基金市场规模已达到2万亿美元，占全球总量的1/3，伦敦、法兰克福、巴黎和卢森堡是世界上著名的基金管理中心，各国的基金市场也具有一定的开放度。欧元启动后，基金可以按欧元计价和交易。由于基金投资范围很广，而且注重对风险的控制，在众多基金转换成以欧元计算时，为了分散欧元可能带来的不确定性，欧盟内部的基金市场将进一步的开放，同时对区城外市场投资比重也会加大。考虑到股票、债券市场的逐渐统一为基金投资奠定了扎实的基础，而且欧元的启动将使汇率风险消失，各国对养老基金之类的投资限制也会有所放开。从对衍生交易市场的影响来看，欧元启动后，与原有区内货币有关的金融衍生工具将失去存在的必要性。与此同时，将会出现众多针对欧元的新兴金融衍生工具。无论是衍生交易的品种以及交易规模，都是过去任何一个欧洲国家货币所难以达到的。

（三）欧元启动对国际货币体系的影响

现代国际货币体系是以牙买加协议为基础建立起来的。自布雷顿森林体系崩溃以来，国际货币金融关系极为混乱，各国货币汇率剧烈波动，直到1976年1月“国际货币制度临时委员会”在牙买加首都金斯敦达成牙买加协议、并于同年4月通过了国际货币基金组织第二次修正案，才奠定了现代国际货币体系的格局。

牙买加协议的主要内容是：① 浮动汇率合法化，会员国可自由选择浮动汇率与固定汇率，但其汇率政策应接受监督。② 黄金非货币化，废除黄金条款，取消黄金官价，各会员国中央银行按市场价自由进行黄金交易。③ 提高特别提款权的国际储备地位。④ 扩大对发展中国家的资金融通。⑤ 增加会员国的基金份额。与布雷顿森林体系相比较，在牙买加协议后的国际货币体系中，虽然美元原有的国际货币地位有所削弱，马克和日元的国际货币地位在逐步上升，国际货币呈现出多样化的倾向，但由于德国和日本的经济规模和经济实力还远不能与美国抗衡，国际收支顺差又使马克和日元不能充分满足国际金融市场对这两种货币的需求。因此，马克和日元在全球国际经济交易中所占比重仍远低于美元，不能形成对美元霸主地位的挑战，国际货币实现了多样化和分散化，却难以实现多元化，国际货币体系的本质特征仍是以美元为主导的单极格局。

在欧元启动以后，情况将会发生重大变化。与过去单个国家相比，随着欧元的诞生和欧元区经济一体化的不断深入，欧元区已经在经济总量上发展成为一个与美国不相上下的经济体。欧元区的人口超过3亿，国内生产总值已经与美国相当；欧元区国际贸易额占整个世界国际贸易额的比例约为20%，而美国大约只有16%；欧元区国家存在大量的贸易顺差，而美国却存在巨额的贸易赤字；虽然欧元区股票市值和债券市值远远低于美国，但银行资产大大超过美国，欧元区的金融总资产已和美国并驾齐驱。因此，随着欧元区经济实力的增强，作为一种由诸多主权国家组成的货币联盟，欧元将依靠欧元区国家的整体经济实力，逐步演变成为一种能与美元相抗衡的国际货币，对在现存国际货币体系中处于霸主地位的美元形成强有力的挑战和制约，使国际货币体系由战后以美元为主导的单极格局逐步向多极化格局演变，促进整个国际货币体系和国际金融体系的稳定。

资料链接5-2

欧盟、欧元区、申根区傻傻分不清?

欧盟即同属欧洲联盟的国家;欧元区是指在同一区域内的国家,均使用欧元为统一货币单位;而申根区则是为了方便通行而设立的区域,这三个组织成立的原因各有不同:

欧盟由欧洲共同体发展而成,是一个集政治及经济实体于一身的联盟,亦是具有重要影响力的区域一体化组织。欧盟的历史可追溯至1952年建立的欧洲煤钢共同体(仅6个成员组织),其后1958年成立的欧洲经济共同体和欧洲原子能共同体,最后在1993年转变成欧盟。欧洲国家的语言有相通性,拥有共同的地域、文化传统和价值观。截至现时,欧盟有27个成员组织,正式官方语言有24种,总部设于比利时首都布鲁塞尔。27个欧盟成员组织包括(以加入联盟日期排列):德国、荷兰、比利时、卢森堡、法国、意大利、丹麦、爱尔兰、希腊、西班牙、葡萄牙、瑞典、芬兰、奥地利、塞浦路斯、爱沙尼亚、拉脱维亚、立陶宛、波兰、捷克共和国、斯洛伐克、匈牙利、马耳他、斯洛文尼亚、罗马尼亚、保加利亚及克罗地亚。

欧元区由部分欧盟成员组织组成的货币同盟,即欧元的国家区域。自1999年起,欧盟成员组织开始实行单一货币——欧元(€)以及实施统一货币政策。2002年7月起,欧元成为欧元区唯一的合法货币。截至现时,使用人口超过3亿3千万。19个欧元区国家包括(以加入日期排列):奥地利、比利时、塞浦路斯、爱沙尼亚、芬兰、法国、德国、希腊、爱尔兰、意大利、拉脱维亚、立陶宛、卢森堡、马耳他、荷兰、葡萄牙、斯洛伐克、斯洛文尼亚及西班牙。并非所有欧盟成员组织都在欧元区内,余下的8个欧盟成员组织,均使用自己国家的货币,包括:丹麦(丹麦克朗)、瑞典(瑞典克朗)、捷克共和国(捷克克朗)、克罗地亚(克罗地亚库纳)、罗马尼亚(罗马尼亚列伊)、波兰(波兰兹罗提)、匈牙利(福林)及保加利亚(保加利亚列弗)。

申根区由1985年起签署,直至1995年全面实行的《申根公约》,由一众欧洲签约国履行,此区域现有26个成员组织。申根区的成立,是为了取消成员组织之间的边境检查点及管制,并协调对申根区之外的边境控制。持有任何一个成员组织的有效身份或签证,可以在所有成员组织境内自由流动。根据协定,可以为短期往返访问的外国人士签发申根统一签证,得到其中一国的签证便可前往其他申根国家,方便经商人士或旅游爱好者往来欧洲各国。26个申根区成员组织包括(以签署公约日期排列):比利时、法国、德国、卢森堡、荷兰、意大利、葡萄牙、西班牙、希腊、奥地利、丹麦、芬兰、冰岛、挪威、瑞典、捷克、爱沙尼亚、匈牙利、拉脱维亚、立陶宛、马耳他、波兰、斯洛伐克、斯洛文尼亚、瑞士及列支敦士登。26个申根区成员组织中,并非全部都是欧盟国家,当中22个为欧盟国家;而挪威、瑞士、冰岛和列支敦士登4国,为非欧盟国家,她们属于另一个组织——欧洲自由贸易联盟(EFTA)的成员组织。

资料来源:搜狐网,https://www.sohu.com。

本章小结

最优通货区理论是国际货币体系的核心理论,其主要内容是研究固定汇率的最佳实行范围。自1961年美国经济学家蒙代尔提出最优通货区概念以来,该理论经历了由单一指标分析法向成本-收益分析法演变的发展过程。单一指标分析法最早由蒙代尔提出,他主张用生产要素的高度流动性作为确定最优通货区的标准。在此以后,许多经济学家对其进行了修正与发展。而克鲁格曼和奥伯斯法尔德则运用成本-收益分析法，通过分析比较加入通货区的货币效率收益与经济稳定性损失成本，对一国是否应该作出加入通货区的决策及其所带来的净收益，做出了全面分析和综合判断，进一步补充和发展传统的单一指标分析法。20世纪60年代以来，随着世界经济特别是区域经济一体化的发展，最优通货区理论也在部分国家和地区进行了尝试与实践。在众多区域货币一体化的实践中，欧洲货币体系十分引人注目，它不仅是最优通货区理论的一个具体应用，也是实现欧洲货币联盟和启动单一货币欧元的客观基础。本章对欧洲货币体系的建立和主要内容进行了全面的分析，并在此基础上，就欧元启动的具体过程、欧元启动的经济影响等问题进行了深入探讨。

◆ 思考题

1. 试述最优通货区理论单一指标分析法的主要内容。
2. 试述最优通货区理论成本-收益分析法的主要内容。
3. 试述欧洲货币体系的主要内容并进行评价。
4. 试分析欧元启动的经济影响。欧元的建立分别对欧洲的消费者、欧洲的企业和欧洲之外的企业意味着什么？作为主要的储备货币，欧元地位的上升，并导致美元地位的下降，这对世界各国央行意味着什么？

参考文献

[1] 裴平. 国际金融学[M]. 南京：南京大学出版社，2013.

[2] 张望. 金融争霸：当代国际金融中心的竞争、风险和监管[M]. 上海：上海人民出版社，2008.

[3] 杨长江，姜波克. 国际金融学[M]. 北京：高等教育出版社，2008.

第六章　国际储备及其管理

学习目标

通过本章学习，了解国际储备、国际清偿能力的含义；准确理解国际储备的特征和作用；说明国际储备的构成、来源；掌握特别提款权的分配方式与用途；了解国际储备多元化的局面；熟悉国际储备管理的原则、内容与方法；恰当运用国际储备的规模管理方法和结构管理方法，结合我国目前的国际储备状况，分析我国外汇储备水平及构成的合理性。

导入案例

"截至2021年11月末，中国外汇储备规模为32224亿美元，较10月末上升48亿美元，升幅为0.15%。外汇局副局长、新闻发言人王春英对记者表示，2021年11月，外汇市场交易保持活跃，跨境资金流动总体平稳。国际金融市场上，受新冠肺炎疫情进展、主要国家货币政策预期等因素影响，美元指数上涨，主要国家债券价格总体上涨。外汇储备以美元为计价货币，在汇率折算与资产价格变化等因素综合作用下，当月外汇储备规模上升。中国民生银行首席研究员温彬认为，11月的外汇储备规模是连续第二个月回升，也是连续第七个月保持在3.2万亿美元之上。本月外汇储备规模回升，主要由估值因素导致，贸易和资本流动因素也对外汇储备规模保持稳定形成一定支撑。温彬称，下一阶段，中国外汇储备规模将继续保持稳定。中国经济总体保持恢复态势，宏观政策加大跨周期调节力度，促进经济运行在合理区间，为外汇储备规模保持稳定奠定了基础。同时，全球经济的复苏有望对贸易形成支撑，国内证券投资具有良好前景，资金有望保持流入态势，有助于促进国际收支和外汇供求保持基本平衡。王春英也强调，当前新冠肺炎疫情仍在全球起伏反复，世界经济复苏面临较多不确定不稳定因素，国际金融市场波动较大。但中国科学统筹疫情防控和经济社会发展，经济运行总体平稳持续恢复，有利于外汇储备规模保持总体稳定"。中国持有外汇储备有何作用？

资料来源：新浪财经，https://baijiahao.baidu.com。

第一节　国际储备概述

一、国际储备的概念

国际储备(International Reserves)是一国货币当局为弥补国际收支逆差，维持本国汇率的稳定和作为对外偿债保证的各种形式资产的总称。它是衡量一国金融实力的标志。与国际储备相关的一个概念是国际清偿力，国际清偿力是广义的国际储备，是一国的自有储备和借入储备之和。自有储备包括货币性黄金、外汇储备、在 IMF 的储备头寸和特别提款权 4 种形式；借入储备由备用信贷、借款总安排、互惠信贷协议和一国商业银行的对外短期可兑换货币资产组成。国际储备的管理包括量的管理和质的管理两个方面，其中量的管理又包括需求和供给两方面，需求管理的核心是使国际储备的供应保持在最适度国际储备需求量的水平上。国际储备质的管理即国际储备的结构管理，主要是指黄金储备与外汇储备的结构管理、外汇储备的币种管理与外汇储备的资产形式的管理三个部分。一国进行国际储备资产的结构管理时应以统筹兼顾各种资产的安全性、流动性与盈利性为基本原则，重点在于外汇储备的币种管理与外汇储备的资产形式的管理。我国的外汇储备在储备资产中占绝对比例。目前我国国际储备的供给相对充裕，我国的实际情况也要求持有较高水平的国际储备量。在储备资产的结构管理方面，我国目前还存在较多的问题，需要进一步改进。

二、国际储备与国际清偿力比较

国际清偿力(International Liquidity)，又称"国际流动性"，简言之，是指一国的对外支付能力。具体说，是指一国直接掌握或在必要时可以动用的作为调节国际收支、清偿国际债务及支持本币汇率稳定的一切国际流动资金和资产。它实际上是一国的自有储备(亦称"第一线储备")与借入储备(亦称"第二线储备")的总和。

国际清偿力的概念比国际储备的概念要广一些，是指一个国家为本国国际收支赤字融通资金的能力。它不仅包括货币当局持有的各种国际储备，而且包括该国从国际金融机构或国际资本市场融通资金的能力、该国商业银行所持有的外汇、其他国家希望持有这个国家资产的愿望以及该国提高利率时可以引起资金流入的程度等。

国际清偿力就像是家庭或个人对外的经济实力，它是一个国家国际经济贸易实力的一个重要的体现。在学术界一般认为所谓"国际清偿力"是指一国直接掌握或不直接掌握，但在必要时可以用于调节支持本国货币对外汇率安排以及清偿国际债务的一切国际流动资金与资产。也就是说，国际清偿力包括一个国家的储备以及一切可能有的对外清偿力。

国际储备的作用有很多，但主要有以下几个方面：

(1) 可以充作干预国际金融和本国经济的资产。

(2) 可以弥补国际收支的逆差。

(3) 国际储备是一个很重要的信用保证。

国际清偿力与国际储备的区别有以下几点：

(1) 国际清偿力是自有国际储备、借入储备及诱导储备资产的总和。其中，自有国际储备是国际清偿力的主体，因此，国内学术界亦把国际储备看成是狭义的国际清偿力。

(2) 外汇储备是自有国际储备的主体，因而也是国际清偿力的主体。

(3) 可自由兑换资产可作为国际清偿力的一部分，或者说包含在广义国际清偿力的范畴内，但不一定能成为国际储备货币。只有那些币值相对稳定，在经贸往来及市场干预方面被广泛使用，并在世界经济与货币体系中地位特殊的可兑换货币，才能成为储备货币。

从内容上来看，国际清偿能力除了包括该国货币当局直接掌握的国际储备资产外，还包括国际金融机构向该国提供的国际信贷以及该国商业银行和个人所持有的外汇和借款能力。就这两种资产的性质而言，国家货币当局可以直接和无条件地使用当局直接掌握的国际储备。而对于国际储备以外的、并非由货币当局直接持有的国际清偿能力的构成部分的使用，通常是有条件的。从两者的数量关系上看，一国的国际清偿能力是该国政府在国际经济活动中能动用的一切外汇资源的总和，而国际储备只是其中的一部分。

正确认识国际清偿力及其与国际储备的关系，对一国货币当局充分利用国际信贷或上述的筹款协议，迅速获得短期外汇资产来支持其对外支付的需求，具有重大意义；对理解国际金融领域中的一些重大发展，如欧洲货币市场对各国国际清偿力的影响，一些发达国家国际储备占进口额的比率逐渐下降的趋势，以及研究国际货币体系存在的问题与改革方案等，都是十分有帮助的。

总的来说，它们的关系是，国际储备是国际清偿力的重要组成部分，国际清偿力包含国际储备。

三、国际储备的构成

国际储备的构成亦即国际储备的形式，是指用于充当国际储备的资产种类。在不同的历史阶段，国际储备的形式有所不同。

在第二次世界大战之前，国际储备的形式分为黄金和可兑换成黄金的外汇两种。

“二战”以后，国际储备的形式有 4 种：黄金储备、外汇储备、在 IMF 的储备头寸和特别提款权。

（一）黄金储备

黄金储备(Gold Reserves)是指一国货币当局持有的货币性黄金(Monetary Gold)。

由于黄金具有可靠的保值手段和不受超国家力量干预的特点，它一直是国际储备的主要来源之一，并作为国际支付和清算的最后手段。在金本位制度下，黄金是最重要的国际储备形式。在布雷顿森林体系下，黄金仍是很重要的国际储备形式。在 20 世纪 70 年代中期，IMF 开始实行黄金非货币化政策，使黄金储备在各国国际储备中的地位有所下降。目前世界黄金储备的实物量大约有 10 亿盎司(Ounce，1 金衡盎司＝31.1035 克)，所以说黄金储备至今仍是各国国际储备的重要组成部分。以黄金作为储备有其特殊的优点：

(1) 黄金是最可靠的保值手段，在出现国际政治经济动荡时，黄金更是最理想的财富化身。

(2) 黄金储备完全是一国主权范围内的事情，可自动控制，不受任何超国家权力的干预。

(3) 其他货币储备具有“内在不稳定性”，须受承诺国家或金融机构的信用和偿付能力的影响，债权国往往处于被动地位，远不如黄金储备可靠。

(4) 一国黄金储备，代表了一国的金融和经济实力。

以黄金作为储备也有其缺点：

(1) 黄金的流动性较低。“牙买加协议”的实施，使得黄金不能作为直接的支付手段使用。一国为了弥补其国际收支逆差，必须首先将黄金资产变现为外汇资产。在变现过程中，涉及两项成本：一项是变现成本，另一项是因短期集中抛售黄金导致金价下跌的成本。

(2) 黄金的收益率不稳定。黄金的收益来自于金价的上涨扣除保管黄金的费用，黄金价格波动频繁。

(3) 持有黄金的机会成本较高。黄金本身不能生息，不能直接用于生产活动。

(4) 增加黄金储备有实际困难。日益高昂的产金成本使黄金产量增长有限,影响了黄金的供给,而工业、艺术、保值等用金需求日益增长。

(二) 外汇储备

外汇储备(Foreign Exchange Reserves)是一国货币当局持有的国际储备资产中的外汇部分,其形式主要表现为国外银行存款和外国国库券。因此,人们可以这样认为:外汇储备由各种能够充当储备货币的资产组成。

外汇储备的优势是明显的:首先,外汇储备无论是以银行存款还是其他投资性金融资产的形式存在,都会产生一定的利息收益;其次,外汇储备便于政府随时动用,及时保障国际收支调节和外汇市场干预的需要。外汇储备也因而成为当今世界各国储备资产中最主要的形式。

外汇储备的缺点则表现为:一是易受外汇资产贬值的损害;二是会受制于储备货币发行国主权的制约,如美国经常冻结其敌对国家存放在美国的外汇储备资产。

1. 充当国际储备的货币必备特征

一般来说,充当国际储备的货币必须具备下列特征:① 必须是可自由兑换货币。② 必须为各国普遍接受,能自由兑换成其他国家的货币。③ 购买力必须具有稳定性。目前,外汇储备在 IMF 会员国国际储备资产总额中所占比重最大。

2. 储备货币的演变——多元化趋势

当今世界储备货币多元化的主要原因是世界各国特别是美国与其他主要西方国家之间经济发展不平衡,相对经济实力发生变化。

在第一次世界大战前,英国作为殖民统治大国和经济大国,其经济实力最强,英镑是最主要的储备货币。

20 世纪 30 年代后,随着美国经济实力崛起,英镑和美元共享主要储备货币的地位。第二次世界大战后,英国的经济实力大大削弱,美国的经济实力空前膨胀,使美元取代英镑成为最重要的国际储备货币。

20 世纪 50 年代以来,美国经济实力相对下降,国际收支持续出现逆差,美元作为国际储备货币的地位逐步下降,外汇储备随之走向多元化。目前,充当外汇储备的重要货币有美元、德国马克、日元、瑞士法郎、英镑、法国法郎、荷兰盾等。

3. 美元储备货币地位的削弱

布雷顿森林体系崩溃后,美元在世界外汇储备总额中所占比重下降,德国马克和日元的比重稳步上升。这是由于美国的经济实力相对削弱,前西德和日本的经济实力相对加强所致,具体原因如下:

(1) 美国有严重的国际收支问题,1977～1992 年,美国出现了巨额经常项目逆差,而日本和前西德则积累了巨额贸易顺差。

(2) 美国的通货膨胀和物价上涨情况严重。1974～1983 年,美国通货膨胀率年平均高达 8.4%,高于前西德和日本。

(3) 美元汇率极不稳定。

上述原因促使各国货币当局在储备资产的组成上采取减少美元和增加马克和日元的措施,以避免或减少美元贬值所造成的外汇储备资产贬值的风险损失,致使美元的储备货币地位减弱的情况。

(三) 在IMF的储备头寸

在IMF的储备头寸(Reserve Position in the Fund),又称为"普通提款权"(General Drawing Rights),它是指会员国在IMF的普通账户中可以自由提取和使用的资产,包括成员组织向IMF认缴份额(Quota)中的外汇部分和IMF用去的本国货币持有量部分。

具体来说,一国在IMF的储备头寸包括以下3个部分:

(1) 会员国向IMF所交份额中25%的黄金或外汇部分。

(2) IMF为满足会员国借款需要而使用掉的该国货币持有量部分,亦即该国货币的持有量下降到不足该国本币份额75%的差额部分。

(3) IMF向该会员国借款的净额。

普通提款权在IMF会员国国际储备资产总额中所占比重较小。

(四) 特别提款权

1. 特别提款权的含义及其作用

特别提款权(Special Drawing Right,简称"SDR")是国际货币基金组织于1969年创设的一种新的国际储备资产和记账单位,其目的是为了补充国际储备资产的不足。1970年,国际货币基金组织开始分配特别提款权,分配的依据是会员国所缴纳的基金份额。

国际货币基金组织的会员国可用分配到的特别提款权归还国际货币基金组织的贷款和用于会员国政府之间支付国际收支逆差。所以对于基金组织的会员国来说,已分到而尚未使用的特别提款权,就构成该国国际储备资产的一部分。但是特别提款权不能用于兑换黄金,也不能直接用于国际间贸易和非贸易的支付,它只是会员国在国际货币基金组织的一种账面资产。

2. 特别提款权的定值

特别提款权的定值分为以下几个阶段。

第一阶段:特别提款权刚创立时,以黄金代表其价值量,1个特别提款权的含金量为0.888671克,与当时的美元等值,即1个特别提款权等于1美元。

第二阶段:从1974年7月1日起,国际货币基金组织决定特别提款定值与黄金脱钩,改用一篮子16种货币作为定值标准。

第三阶段:从1980年9月18日起,又改为以美元、前西德马克、日元、法国法郎和英镑来定值。这5种货币在特别提款权中的比重,每5年调整一次,从1996年1月1日起,美元的比重为39%,前西德马克为21%,日元为18%,法国法郎为11%,英镑为11%。

第四阶段:2016年10月1日起,人民币正式"入篮",改为美元(41.7%)、欧元(30.9%)、人民币(10.9%)、英镑(8.1%)和日元(8.3%)五种货币可自由使用货币共同定值。

四、国际储备的作用

国际储备是衡量一个国家经济实力强弱的重要指标之一。其基本作用体现在以下3个方面:

(1) 充当干预资产。对于实行货币自由兑换的国家来说,其货币当局可以利用外汇储备干预外汇市场,通过抛售外币、收购本币或进行相反的操作影响外汇供求,达到维持本国汇率稳定的目的。

(2) 弥补国际收支逆差。当一国发生短期的临时性的国际收支逆差时，可运用国际储备来平衡，使其国内经济免受采取调整政策产生的不利影响，有利于国内经济的稳定发展。

(3) 作为偿还外债的保证。国际储备是一国向外借款和偿还本息的一项重要保证，也是衡量一国对外资信的一项重要指标。一国在必要时，可将国际储备用于支付对外债务。

资料链接6-1

外汇储备对中国经济有何影响?

外汇储备对中国经济的积极影响：

1. 增强了国家的综合国力，提高了国际自信

大量的储备资产是中国经济快速发展的产物，是中国综合国力强大的体现。外汇储备持续增长改善了我国外汇供给的短缺情况，增强了对外支付能力，而且提高了我国综合国力，坚定社会各界对国家宏观经济政策的信心。为借用外债提供了可靠的保障，提高了外资吸引力，有助于解决发展中国家经济发展中的资金短缺问题。我国外汇储备的不断增长，标志着我国对外支付能力和调节国际收支实力的不断增强，为我国举借外债以及债务的还本付息提供了可靠保证，对维护我国在国际上的良好声誉、吸引外资、争取国际竞争优势奠定了坚实的基础。

2. 充足的外汇储备可以使国家中央银行有效干预外汇市场，支持本币汇率

外汇储备是央行进行市场干预的底牌。一国所拥有的外汇储备表明了其干预外汇市场和维持本币汇率的能力，各国中央银行可以通过在外汇市场对外汇和本币的抛售或收购等操作来影响外汇供求关系，从而达到调节外汇市场，稳定汇率的目的。央行通过在外汇市场上抛出和购进外汇，调节外汇的供求关系，以保持人民币汇率的稳定。强大的外汇储备对国际金融市场上的投机者形成威慑，保障了国内金融市场的安全。

3. 充足的外汇储备有力地促进了国内经济发展

自改革开放以来，外商直接投资一直是我国经济发展的主要推动力之一。由于中国稳定的政治经济环境、良好的投资机会和较低的劳动力成本以及巨大的市场潜力，吸引国际产业加快投向中国。我国的经济建设取得了巨大成就，但由于起步晚，相比于两个世纪之前就进行了工业革命的西方国家，我国在科学技术、生产工艺等很多方面都还有很大差距。持有巨额的外汇储备，我们有资本买入先进的技术设备，可以用最小的代价实现最大的收益。随着国内对矿物燃料、生产资料的需求日益增加，充足的外汇储备保障了关键物质的源源不断地流入，促进了国内经济的可持续发展。

外汇储备对中国经济的消极影响：

外汇储备不是越多越好，它有一个适度范围，超过了这个范围，不仅造成资源的浪费，产生机会成本，对经济发展和金融安全还会产生各种消极影响。

1. 不断对人民币产生升值压力

外汇储备作为一种金融资产，它需要等价值的人民币来交换，外汇储备增加越多，人民币的投放增长越快，导致基础货币量增多，然后再通过货币乘数效应，造成了货币供应量的大幅度增长，加剧了通货膨胀的压力。

2. 增加了储备资产管理的难度与风险

国家财富的外汇储备，它的大规模增长会使国家财富处于巨大风险中，高额的外汇储备

给储备资产的保值增值管理带来了难度。随着外汇储备规模的增长,外汇储备面临的风险也越来越大,主要表现为利率风险和汇率风险。我国外汇储备已达3万亿美元,而其中的70%都是美元债券,美国债券利率和美元汇率的小小波动都会引起我国外汇储备的极大变动。

3. 面临资产缩水的风险

2002年以来,由于美元对人民币持续贬值,使我国大量的外汇储备面临缩水的风险。在一定程度上将引发中国债务危机,政府为吸收非贸易领域内的外汇,需要发行大量的人民币。为减轻由此导致的通货膨胀,同时需要发行大量的央行票据或国债去回笼货币。如果我们把发行货币理解成增加政府的隐性债务,那么中国外汇储备积累的过程可以看成中国政府以扩大债务为代价兑换外币资产的过程。随着中国外汇储备的大幅增长,显性的中央政府内债也急剧增长。

4. 不利于宏观经济的稳定发展

国际收支平衡是我国货币政策的四大目标之一,对一国的宏观经济来说,也是最好的状态。但目前的国际收支状况是经常项目和资本金融项目的双顺差,还有热钱的净流入。热钱的流入对宏观经济造成极大的冲击。一是加剧人民币升值的压力。由于我国实行的是强制结售汇制,热钱涌入国内会造成对人民币需求的增加,引起人民币升值。二是对金融市场的冲击。热钱在股票市场上兴风作浪,造成股价震荡,扰乱了股市秩序。三是对房地产市场的冲击。热钱流入房地产市场,导致房价上涨。

资料来源:中油网,http://www.cnoil.com。

第二节　国际储备的供给与需求

一、影响国际储备供给的因素

国际储备的供给量取决于国际储备的4个构成要素的增减变化。总的来说,影响国际储备供给量的因素可以分为两类:一是决定和影响一国出口创汇和换汇能力以及对外投资收益的因素;二是决定和影响一国获得国际信贷的能力。这两类因素对国际储备供给量的影响主要表现在以下几个方面:

1. 国际收支顺差

一国的国际储备资产实质上是由该国的国际收支盈余累积而成的。一国的国际收支出现盈余,意味着该国的国际储备存量增加。

2. 国际信贷

一国从国际上取得的国外政府贷款或国际金融机构贷款,各国中央银行之间的互惠信贷以及非官方的金融机构在国际金融市场上的筹资等都可以充当外汇储备。

3. 干预外汇市场所得的外汇

一国货币当局通过干预外汇市场而收进的外汇,可以增加国际储备的存量。

4. 黄金存量

一国货币当局所拥有的货币性黄金存量的增加,也会相应地增加该国的国际储备。官方黄金储备增加主要有两条途径：一是国内收购黄金；二是在国际黄金市场上购买黄金。中央银行通过这两条途径收购黄金，都可以增加国际储备。

5. 特别提款权的分配

特别提款权是 IMF 分配给成员组织的一种国际流通和支付的手段，是各成员组织国际储备的一个构成部分。特别提款权每 5 年分配一次，由于它是根据"篮子货币"进行定值的，因而其内在价值相对比较稳定，但是其分配的数量有限。

6. 在 IMF 的储备头寸

在 IMF 的储备头寸是一国国际储备的来源之一，但是其数额取决于 IMF 分配给各成员组织的配额，而且在使用时还要受到各种条件的限制。

二、影响国际储备需求的因素

国际储备需求是国际储备理论和政策中的中心议题。一国对国际储备的需求，主要来自以下几个方面：

1. 弥补国际收支逆差

当一国的国际收支出现逆差时，必须动用国际储备来进行平衡，因而需要保持一定规模的国际储备。

2. 干预外汇市场，维护汇率稳定

当一国汇率大幅度下跌以致影响到本国货币的国际信誉或危害国内经济发展时，该国货币当局必然要动用外汇储备来干预外汇市场，支持本国货币的汇率，从而导致对外汇储备的需求。

3. 应付因突发事件引起的紧急国际支付

当发生战争、自然灾害或政治动荡等突发事件时，一国货币当局需要有一定的国际储备用于应付紧急的国际支付。它属于对国际储备的临时性需求。

4. 国际信贷保证

一国的国际储备充足与否直接关系到该国的国际信誉，充足的国际储备不仅可以作为一国对外借贷和国际融资的信誉保证，而且有助于提高一国的债信和货币稳定性的信心。由于以上原因，一国需要保持一定存量规模的国际储备。各国究竟需要多少国际储备，国际上并没有一个统一的标准。不同类型的国家因为经济发展状况不一样，对国际储备的需求是不一样的。即使是同一个国家，在不同的经济发展阶段，对国际储备的需求也是不一样的。因此，各国必须从本国的实际情况出发，综合考虑各种影响因素来确定最佳的国际储备量。

5. 持有国际储备的成本

一国持有国际储备的成本等于投资收益率与利息率之差。这一差额越大，表明持有国际储备的成本越高；差额小，则表明持有国际储备的成本低。受经济利益的制约，一国需求国际储备的数量会同其持有国际储备的成本呈反方向变化。

6. 汇率制度

储备需求同汇率制度有密切的关系。如果一国采取的是固定汇率制，并且政府不愿意经常性地改变汇率水平，就需要持有较多的储备以应付国际收支可能产生的突发性巨额逆差或外汇市场上突然爆发的大规模投机。反之，实行浮动汇率制的国家其储备的持有量就相对较低。

7. 金融市场的发育程度

发达的金融市场能提供较多的诱导性储备，这些储备对利率和汇率等调节政策的反应比较灵敏。因此，一国金融市场越发达，政府保有的国际储备便可相应越少；反之，金融市场越落后，调节国际收支对政府自有储备的依赖就越大。

8. 货币的国际地位

一国货币如果处于储备货币地位，它可以通过增加本国货币的对外负债来弥补国际收支逆差，而不需要较多的储备；相反，则需要较多的储备。

9. 国际资金流动情况

一国对外开放程度越高，外汇管制越松，用于抵消国际资金流动冲击所需的储备就越多，特别是在不能有效、及时利用国际金融市场借入储备的情况下，自有储备的数量需求就大大增加；相反，一国所需的储备就可少些。

10. 国际货币合作状况

如果一国政府同外国货币当局和国际货币金融机构有良好的合作关系，签订有较多的互惠信贷备用信贷协议，或当国际收支发生逆差时，其他货币当局能协同干预外汇市场，则该国政府对自有储备的需求就少。反之，该国政府对自有储备的需求就大。一国承受国际收支政策调节的能力以及与之相关的政府采用政策调节的意愿，也会影响对储备需求的估计。

资料链接6-2

储备进口比率法

储备进口比率法是美国经济学家罗伯特·特里芬(Robert Triffin)教授在1947年提出采用储备进口比率法来衡量外汇储备适度规模的方法，在1960年出版的《黄金与美元危机》一书中总结了几十个国家的历史经验，并得出结论：一国的国际储备额应同其进口额保持一定的比例关系，这个比例关系应以40%为最高限，20%为最低限。一般认为，一国持有的国际储备应能满足其3个月的进口需要。照此计算，储备额对进口的比率为25%。

储备进口比率法的优点是：简明易行。这是它广为各国与国际组织所采用的原因所在。但是，储备进口比率法也有明显的缺点：第一，它在理论上存在缺陷，即：国际储备的作用并非是支付进口，而是弥补国际收支逆差。第二，各国情况不同，比如，各国对持有的国际储备的好处与付出的代价看法不同，各国在世界经济中所处的地位不同，等等。这些差异决定了各国储备政策的差异，因而各国对储备的需要量也就不同，所以，只用进口贸易这个单一指标作为决定各国国际储备需求数量的依据，自然就失之偏颇。

资料来源：百度百科，https://baike.baidu.com。

第三节　国际储备的规模与结构

一、国际储备规模管理

国际储备规模管理，又称为“总量管理或水平管理”，就是对国际储备的规模进行有效的选择和确定，以便把国际储备规模维持在一个相对合理的水平上。所以，国际储备规模管理的实质，就是确定和保持国际储备的适度规模水平。而一个国家如何实现国际储备的适度规模，主要取决于该国国际储备资产的供求状况。外汇储备适度规模测定方法主要有：

1. 经验分析法

经验法则又被称为拇指法则(Rules of Thumb)。它是指测度国际储备适度规模的具有较强操作性且简便易行的方法。

(1) 储备/进口比率法(R/IMPORT)。Robert Triffin(1970)提出的以储备/进口比率判断国际储备规模的经验法则，该方法把满足进口贸易需要作为衡量外汇储备的标准。从时间来看，最低外汇储备应能支持至少三个月的进口需求量，标准值是能满足 3～6 个月的进口需要。

(2) 储备/短期外债比率法(R/STED)。阿根廷前任财政部副部长圭多惕(P. Guidotti)认为储备需应能保证偿还在一年内需要偿还的外债。如果低于这一标准会打击投资者信心，引起资本外逃，导致金融危机。这就是著名的 Guidotti 规则。正常范围≥100%。

(3) 储备/外债余额比率法(R/ED)。这是 20 世纪 80 年代中期兴起的一种理论观点。该理论认为外汇储备规模与外债规模之间应保持一定比例关系。该比率反映了一国支付外债的能力，是一国增加国际清偿力和国际信誉的重要保证。根据国际惯例，这一比率应该保持在 30%～50%。

(4) 储备/广义货币比率(R/M2)。该指标由约翰逊(Johnson)提出，他认为国际收支是一种货币现象，收支逆差就相当于国内货币供给过多，顺差相当于国内货币需求过度，国际收支的差额意味着官方储备的增减，等于本国货币需求减本国所创造的货币。该指标并没有一个合理的界限，应该结合各国国情进行具体分析。一般以 25%为适度。

2. 定性分析法

(1) F. Machlup(1965)提出外汇储备需求决定的“衣柜效应”(Wardrobe Effect)。即：一国货币当局对于外汇储备的需求类似“夫人对其衣柜中的时装的需求”，即一国外汇储备越多越好；并且，一国的储备需求是一个递增的独立变量，并且不存在各国通用的适度规模。

(2) Carbauhg(1975)和 Fan(1976)等认为，影响一国外汇储备需求量的因素有几个方面：一是一国储备资产质量；二是各国经济政策的合作态度；三是一国国际收支调节机制的效力；四是一国政府采取调节措施的谨慎态度；五是一国所依赖的国际清偿力的来源及稳定程度；六是一国国际收支的动向以及一国经济状况等。

3. 定量分析法

(1) 成本-收益方法

Agarwal(1971)建立了一个发展中国家的储备需求模型。在他的模型中成本和收益都用产量表示，即持有储备的机会成本指用储备购买进口必需的投入后能生产出来的那部分国内产品；持有收益指一国出现收支逆差时由于持有储备而避免的不必要的调节所节省的国内产出。

(2) 回归分析法

M. J. Flanders(1971)较早地用多元回归法详细分析了影响国际储备需求量的一些经济变量，包括出口收益率的不稳定性、私人外汇和国际信贷市场的存在、持有储备的机会成本、储备的收益率、储备的变动率、政府改变汇率的意愿、政府调节所支出的成本、贸易商品存货水平及其变化、贷款成本和收入水平等十大因素对储备/进口比例的决定作用。该储备需求函数是比较全面的，具有一定的代表性，但由于一些变量无法定量，或者难以获得统计数据，并没有得出一个实际的结果。

J. A. Frenkel(1973)认为决定发展中国家和发达国家国际储备需求函数的主要因素大致相同，其中进口倾向、国际收支变动率和进口水平为三个主要的影响变量。他提出可建立储备需求的双对数模型加以预测。

M. A. Iyoha(1976)采用滞后调整模型，建立了发展中国家的动态储备需求函数，主要选取的变量为经济体的开放度、外汇存款的利率、出口创汇的变动率和预期的出口收入，促使外汇储备适度规模问题的研究从传统的静态分析步入动态分析。

二、国际储备结构管理

国际储备结构的管理主要指一国对其国际储备结构的确定和调整，使各种储备资产的分布格局处于最佳水平，以确保储备资产具有流动性、收益性和安全性。各国进行此项管理的目的是要保持合理的储备结构。

国际储备结构管理的原则主要包括：

(1) 安全性：是指外汇储备存放风险低，不容易受损。

(2) 流动性：需要动用外汇储备时能迅速实现无损变现。

(3) 盈利性：储备资产的增值、获利，收益率由汇率变化率和名义利率来决定。

国际储备结构的管理包括 4 种储备资产形式的结构管理和各种储备货币的结构管理两部分内容。

(一) 黄金储备、外汇储备、普通提款权和特别提款权的结构管理

黄金储备、外汇储备、普通提款权和特别提款权结构管理的目标，是使这 4 种储备形式之间保持适当的比例关系，以确保储备资产流动性和收益性的适当结合。但由于国际储备的主要作用是为了弥补国际收支逆差，因而在管理实践中，各国货币当局更注重保持储备资产的流动性，这样做的结果必然要牺牲掉一部分收益。如存放在发达国家银行的活期外汇存款，可以随时办理转账支付，但利息收入很低，甚至没有利息收入。这表明在现实中，储备资产的流动性和收益性是一对矛盾。

（二）各种储备货币的结构管理

1. 管理的目标

在浮动汇率制下，各种储备货币的结构管理包括储备货币币种的选择及其在储备中所占比重的确定。因此，各国货币当局进行储备货币结构管理的目标是使外汇储备中的各种储备货币之间保持适当的比例关系，并根据储备货币汇率和利息率的变动情况，随时调整外汇储备的结构安排和储备资产的投资决策，实现结构上的最优化，使其发挥最大的效能。

2. 影响外汇资产收益率的因素

影响储备货币外汇资产收益率高低的因素有两个，即汇率和利息率。

在浮动汇率制下，当某种储备货币汇率急剧下跌时，会使以该种储备货币表示的外汇储备资产的实际价值减少；反之，当某种储备货币汇率迅速上升时，则会增加储备资产的实际价值。此外，外汇储备属于金融资产，可以通过利息收入使自己得到增值。

外汇资产收益率与汇率和利率之间的关系：外汇资产的收益率＝汇率变化率＋名义利率。

3. 管理的难点及其解决办法

在现行的浮动汇率制下，外汇资产收益率具有较强的不确定性。这是因为在影响收益率的两个因素中，汇率常常会发生剧烈的波动。这就使各国货币当局在储备货币结构管理的实践中面临这样一个难题：如何减少或避免因储备资产汇率下跌而造成的外汇储备资产实际价值减少的风险损失。

一般来讲，解决上述难题的常用办法有以下两种：

第一，使各种储备货币的结构同贸易赤字的货币结构，清偿外债本息的货币结构和干预外汇市场所需用的货币结构一致。

第二，实行多元化的储备货币币种安排，用一部分储备货币升值所带来的收益，来抵补另一部分储备货币贬值所造成的损失。

资料链接 6-3

全球六大主要国际储备货币是哪些？

根据国际货币基金组织的统计，这些年全球各国货币里被其他国家作为外汇储备排在前六名的主要货币有 6 个，就是美元、欧元、日元、英镑、人民币和加元，以 2020 年 12 月底时为例，这些货币在全球外汇储备的占比都超过了 2%，其背后的经济体也基本上都是全球 GDP 体量排在前十之内的，当然，现有的货币外汇储备占比并不一定与 GDP 总量成正比，有些还很不匹配，如我国 GDP 总量和人民币在国际外汇储备的占比就很不相称，这些不同步的现象都是有历史形成原因的。

以下以 IMF 公布的 2020 年 12 月 31 日的六大主要外汇储备货币的数据为准，其中以美元为统一单位，其他货币为统一对比，也已折算成美元为单位。

美元是全球第一的外汇储备货币，被世界各国储备 70058.4 亿美元，占世界全部外汇储备的 59%。美国的经济总量占世界全部经济总量的 24%，显然，美元作为外汇储备货币的数量是远远超过它的经济实力的，远不匹配，这主要是历史形成的，第二次世界大战后，基本上就只有美国一个国家是超级大赢家，其 GDP 当时占世界全部的 56%，黄金占世界全部的

75%,其他主要国家被战争打得一塌糊涂,所以,美元顺势就成为世界货币,另外,当时产业分工也是美国主导的,所以,美元一直到今天在外汇储备及结算上还是遥遥领先的。

欧元是全球第二的外汇储备货币,被世界各国储备25220亿,占世界外汇储备的21%,在英国脱欧之后,欧盟的经济总量占世界全部经济总量已经不到20%,所以,欧盟作为外汇货币的数量也有点超出它的经济实力,但大体上超出不多,与其经济总量还是匹配的。欧元其实就是欧洲国家不满美国利用美元收割他们的财富而诞生的,本来发展势头不错,后来被美元打压,现在只能勉强维持,但也在蓄势待发。

日本是全球第三的外汇储备货币,被世界各国储备7158.3亿,占世界全部外汇储备的6%,日本的经济总量也占世界经济总量的6%,因此,这个比例与其经济总量还是比较匹配的,但日本经济已经20年停滞不前了。

英镑是全球第四的外汇储备货币,被世界各国储备5571.9亿,占世界全部外汇储备的4.69%,英国的经济总量占世界经济总量的3.23%,显然,英镑作为外汇储备也是超过英国经济实力的,这也是历史形成的,英国在美国之前,曾经作为世界老大200年,作为老牌殖民帝国还是有些家底的,但已经日渐衰落。

人民币是全球第五的外汇储备货币,被世界各国储备2675.2亿,占世界全部外汇储备的2.25%,中国的经济总量占世界经济总量的17.6%,显然,人民币作为外汇储备还是远远不够的,特别是我们的国际贸易早已是世界第一。这主要是由于我国是近40年才在经济及贸易上迅速崛起的,并且一直在美国主导的产业经济分工里发展,自身货币还来不及跟上,世界各主要大宗商品及其他贸易还是以美元作为结算货币。

加元是全球第六的外汇储备货币,被世界各国储备2457.7亿,占世界全部外汇储备的2.07%,加拿大的经济总量占世界全部经济总量的1.96%,所以,加元虽然略超一点,但大体还是与其实力相匹配的。

因此,世界外汇储备六大货币里,日元、欧元和加元这三大货币的占比大体上与其经济实力匹配的,另外的美元、人民币和英镑都与其经济实力不匹配,英镑占比超出其经济实力比较多,美元占比是远远超出其经济实力的,而人民币占比却是远远的不及其经济实力的,这些都是历史形成的,必然会得到修正的,只是时间问题,人民币已经在努力追赶的路上了,这几年已经在不断进步,而美元也一直在往下掉,已经掉到60%以下了,此消彼长,10年后肯定是一个完全不同的结果。

资料来源:正眼视界,https://baijiahao.baidu.com。

第四节　国际储备体系

一、国际储备体系的演进

国际储备体系的演进,实际上就是中心货币或资产在国际经济交易中的延伸与扩大。整个演进是随着国际货币体系的变迁,从单元的储备体系逐步向多元的储备体系发展。

(一)第一次世界大战以前单元化的储备体系

在典型的金本位制度下,世界市场上流通的是金币。因此,国际储备体系单元化,其特点就是国际储备受单一货币支配。

由于金本位制度率先在英国实行(1816 年),各国只是后来仿效,于是逐渐形成了以英镑为中心,金币(或黄金)在国际间流通和被广泛储备的现象。因此,在这个制度下的储备体系,又称“黄金-英镑储备体系”。在这个储备体系中,黄金是国际结算的主要手段,也是最主要的储备资产。

(二) 两次世界大战之间过渡性的储备体系

第一次世界大战后,典型的金本位制崩溃,各国建立起来的货币制度是金块本位制或金汇兑本位制(美国仍推行金本位制)。国际储备中外汇储备逐渐朝多元化方向发展,形成非典型性的多元化储备体系,不完全受单一货币统治。但由于该体系不系统、不健全,因此,严格地说是一种过渡性质的储备体系。当时,充当国际储备货币的有英镑、美元、法郎等,以英镑为主,但美元有逐步取代英镑地位之势。

(三) 二战后至 20 世纪 70 年代初以美元为中心的储备体系

第二次世界大战后,布雷顿森林货币体系建立了起来。美元取得了与黄金等同的地位,成为最主要的储备货币。这时的储备体系称为“美元—黄金储备体系”,其特点是储备受美元统治。

在这个体系中,黄金仍是重要的国际储备资产,但随着国际经济交易的恢复与迅速发展,美元成为最主要的储备资产。这是因为,一方面,当时世界黄金产量增加缓慢,产生了经济的多样化需要与黄金单方面供不应求的矛盾;另一方面,黄金储备在各国的持有量比例失衡,美国持有了黄金储备总量的 75%以上,其他国家的持有比例则相对较少。因此,在各国国际储备中,黄金储备逐渐下降,而美元在国际储备体系中的比例却逐渐超过了黄金而成为最重要的国际储备资产。如在 1970 年,世界储备中外汇储备占 47.8%,而美元储备又占外汇储备的 90%以上。因此,从总体上看,这时期各国的外汇储备仍是美元独尊的一元化体系。

必须注意,二战后的“美元-黄金储备体系”与金本位制下的“黄金-英镑储备体系”是有区别的:

(1) 在典型的金本位制度下,各国的货币直接同黄金挂钩,黄金是国际储备体系中的主要中心货币,并且由于黄金具有稳定的内在价值,因此,不存在信用和汇率危机等问题。

(2) 在二战后以美元为中心的货币制度下,各国货币并不直接与黄金挂钩,而是直接同美元联系,然后再通过美元兑换黄金,美元成为最主要的中心货币。由于美元是纸币,本身没有价值,美元之所以被广泛接受并流通,是因为当时美国具有以下条件:① 大量的黄金储备。② 强大的经济实力。③ 政府的信用保证。由此保证了美元作为中心储备货币的特殊地位。一旦发生美国经济衰退,国际收支恶化、美国政府信用保证下降以及黄金储备大量流失等情况,美元这个中心储备货币也就随之动摇了。

(四) 20 世纪 70 年代后至今的多元化储备体系

布雷顿森林货币体系崩溃后,国际储备体系发生了质的变化。这表现在储备体系完成了从长期的国际储备单元化向国际储备多元化的过渡,最终打破了某一货币如美元一统天下的局面。30 多年来,形成了以黄金、外汇、特别提款权、储备头寸以及欧洲货币单位(ECU)等多种国际储备资产混合构成的一种典型性的国际储备体系。其特点是国际储备受多种硬货币支配。多种硬货币互补互衡，共同充当国际间的流通手段、支付手段和储备手段。

二、多元化储备体系的形成原因

（一）“特里芬难题”的出现

“特里芬难题”的出现及其补救措施的失败，是促使国际储备体系多元化的一个重要原因。

如前文所述，保证美元的中心储备地位必须有 3 个条件，但自 20 世纪 60 年代开始，这些条件均不同程度地丧失或被破坏。

(1) 美国自 20 世纪 60 年代开始，持有的黄金储备逐年降低，从战后初期的 245 亿美元降至 1967 年的 121 亿美元，1971 年再降至美元第一次贬值时的 102 亿美元。美国的黄金储备已远远不能满足其他国家官方美元储备向美国兑换黄金的需要。

(2) 由于只存在单元的中心储备货币，因此，随着各国持有的美元储备的增长，对美元的需求压力也会增大，美国国际收支必然逆差。美国从 20 世纪 50 年代开始，国际收支就连年出现逆差，至 1970 年，其逆差累计高达 492 亿美元。从 1971 年开始，曾连续 80 年之久的贸易顺差也转变为逆差，从而加剧了美元外流。1977 年和 1978 年美国国际收支经常项目逆差两年都在 140 亿美元以上。

(3) 黄金大量外流，国际收支连年逆差，导致了美元信用下降进而导致人们抛售美元，抢购黄金和其他硬货币，最后导致美元危机爆发。

这里出现了这样一个矛盾现象：一方面，储备货币发行国即美国要满足世界各国对储备货币的需求，其国际收支就会发生逆差，而国际收支逆差又会降低该储备货币的信誉，导致储备货币危机；另一方面，储备货币发行国美国要维持储备货币信誉，则必须保持国际收支顺差，而国际收支顺差又会断绝储备货币的供给，导致他国国际储备的短缺，最后影响国际清偿力。由于最初揭开这个矛盾现象的是美国经济学家罗伯特·特里芬(Robert Triffin)，因此称为“特里芬难题”。为解开这个难题，国际货币基金还于 1969 年 10 月创设了特别提款权，试图以此作为国际储备资产的补充，减轻不断增长的国际储备需求对美元的压力，缓和美元危机，并最终取代黄金和美元而成为中心储备货币。但由于特别提款权的“纸黄金”性质以及其他局限性，这一措施未能从根本上解决这个“难题”，美元危机仍不断产生。据统计，从 1960 年 10 月爆发了战后第一次美元危机，至 1973 年 2 月美元战后第二次贬值为止，先后共发生了 10 次美元危机。美元危机又反过来削弱了美元的信用，且进一步加剧人们对美元储备的心理预期，只要外汇市场一有风吹草动，就会抛售美元，去寻找新的国际储备来源。

（二）日元、德国马克等货币地位的上升

随着战后日本、西欧经济的恢复与发展，相应地，这些国家的货币也被人们不同程度地看好而成为硬通货。当美元信用逐渐削弱而使美元危机迭生时，这些硬货币也就成了人们作为中心储备货币的最佳选择。因此，许多国家在预期到美元贬值时，就纷纷将美元储备兑换成日元、德国马克、瑞士法郎等硬货币，甚至还抢购黄金，从而使国际储备资产分散化和多元化。1979 年 11 月，美国对伊朗资产的冻结，又加速了储备货币多元化的进程。石油输出国为避免储备美元的风险，将大量的石油美元从美国调往日本和欧洲，并兑换成日元、德国

马克和其他硬货币。这样储备货币中美元所占的比重就不断下降，而其他硬货币所占的比重则不断上升。据统计，到1979年底，美元在诸多储备货币中所占的比重从1973年的84.6%降为1979年的65.1%，而其他货币所占比重则由1973年的15.4%上升为34.9%。到20世纪70年代末期，国际储备构成已包括美元、英镑、法国法郎、瑞士法郎、荷兰盾、日元和欧洲货币单位以及黄金等，一个新的、系统的、以多元化为特征的国际储备体系建立起来了。

（三）西方主要国家国际储备意识的变化

一个储备体系的建立，除必须具备一定的客观条件外，还必须具备一定的主观条件。这个主观条件，主要是指各国对国际储备的意识。多元化国际储备的形成很大程度上是受这一意识的变化推动的，表现在以下两个方面：

1. 美国愿意降低美元的支配地位

战后美国一直坚持维护美元在储备体系中的垄断地位，这样，美国可借助于储备货币的发行国这个优势，用直接对外支付美元的方式弥补其国际收支逆差，还可以用美元大量发放贷款或进行投资，获取高额利息，甚至控制其他国家的经济。但20世纪70年代以来，因美元危机对内外经济造成巨大的压力，迫使美国改变意识，表示愿意降低美元的支配地位，同各国分享储备中心货币的利益。

2. 联邦德国、日本等硬货币国家愿意把本国货币作为中心储备货币

这些国家最初是不愿将本国货币成为中心储备货币的。因为一旦成为中心储备货币，就成为储备货币发行国，它虽然可获得一定的好处，但必须对外完全开放国内金融市场，对资本输出、输入也不加任何限制，这样就会影响国内的货币政策乃至经济发展。同时任何一国货币作为储备货币都会遇到“特里芬难题”，即随着储备货币发行量的增长，其信用保证必然下降，进而影响货币汇率。但自1979年遭到第二次石油危机冲击后，这些国家改变了态度，放松了对资金的管制，鼓励外资内流以及外国中央银行持有本国货币的增加，加速了这些货币作为国际储备货币的进程。

（四）保持国际储备货币的价值

从1973年开始，浮动汇率制成了国际汇率制度的主体，随之而来的是汇率剧烈波动，且波幅很大。为了防止外汇风险，保持储备货币的价值，各国就有意识地把储备货币分散化，以此分散风险，减少损失。这种主观保值行为也推动了国际储备体系走向多元化。

三、多元化储备体系的优点

（一）缓和了国际储备资产供不应求的矛盾

在美元-黄金储备体系或以美元为中心的储备体系下，美元是单一的储备货币，但随着各国经济的发展，对美元的需求不断扩大，美国无法满足，造成了国际储备资产供不应求的矛盾，这显然不利于除美国以外的其他国家的经济发展。而在多元化国际储备体系下，同时以几个经济发达国家的硬货币为中心储备货币，使各国可使用的储备资产增加，为各国提供了满足多样化需求和灵活调节储备货币的余地。

（二）打破了美元一统天下的局面，促进了各国货币政策的协调

在美元—黄金储备体系下，美国可利用其特殊地位，推行对外扩张的经济政策，操纵国际金融局势，控制他国经济。多元化体系的建立，使美国独霸国际金融天下的局面被打破，各国经济不再过分依赖美国。同时因国际储备货币多样化，可以很大程度上削弱一国利用储备货币发行国的地位而强行转嫁通货膨胀和经济危机的可能性。此外，多元化储备货币的付诸实践本身就是一个国际化的问题，为了维持多元化储备体系的健康发展和国际金融形势的稳定，各国必须互相协作、共同干预与管理。这些都有利于各国加强在国际间的金融合作，改善相互间的经济关系。

（三）有利于各国调节国际收支

一方面，各国可以通过各种渠道获取多种硬货币用于平衡国际收支逆差，这比起只有单一美元储备可用于弥补国际收支逆差方便得多；另一方面，多元化国际储备体系处于各国实行浮动汇率制度的环境中，在此制度下，各国可以采取相应的措施调节国际收支，但在单一储备体系下，各国为调节国际收支而需变更汇率时，须征得 IMF 同意后才可进行。

（四）有利于各国调整储备政策，防范、分散因储备货币汇率变动而带来的风险

这是因为多元化国际储备体系可为各国提供有效组合储备资产、规避风险的条件，即各国可根据金融市场具体的变化情况，适时、适当地调整储备资产结构，对其进行有效的搭配组合，从而避免或减少因单一储备资产发生危机而遭受的损失，保持储备价值的相对稳定，并尽力获取升值的好处。

四、多元化储备体系的缺点

（一）国际储备资产分散化，一定程度上加剧了世界性的通货膨胀

世界性通货膨胀的一个导因是国际储备货币总额的过分增长，而多元化国际储备体系恰好能“制造”出更多的储备货币，促使国际储备总额成倍增长。例如，国际储备在1969 年底才达 397.93 亿特别提款权，至 1980 年底却增长了 7.4 倍，达 2931 亿特别提款权，每年平均增长超 20%，大大超过 20 世纪 60 年代平均增长 7.5%的水平。而 1985 年更达到 4368.66 亿特别提款权，从而使西方国家的通货膨胀率由 60 年代的平均 2%～3%增加到 20 世纪 70 年代的平均两位数以上，直至 80 年代中后期，才使通货膨胀率回落至 4%左右。

（二）多元化国际储备体系增加了管理的难度

国际储备资产分散化以后，储备资产的稳定性如何，就成了国际性问题。因此，一国在管理国际储备时，必须要密切关注诸多储备货币国家的政治经济动态，密切关注外汇市场上这些货币汇率的变化，根据各种储备货币的外汇风险和利息收益，不断调整储备资产的货币构成，而这需要极发达的通信系统、灵敏的判断力以及过硬的操作技术，因此增加了储备货币管理的难度。

(三) 多元化国际储备体系尚无法彻底平抑外汇市场投机,甚至有时还会刺激国际金融市场动荡不安

多元化国际储备体系扩大了储备供给,同时增加了世界储备总额,但与此同时,市场短期资本或游资也在成倍增长。国际游资天生有两个特性,即趋利性与投机性,且“光速般”地流动。目前,国际货币基金组织的资料表明,在国际金融市场上流动的短期银行储蓄和其他短期证券至少有7.2万亿美元,约等于全世界经济产出的20%。此外,当今世界国际金融工具创新层出不穷,而这些金融工具的创新又对短期资本的流动起了乘数作用,使其流动规模不断扩大。各国国际储备尽管也一直在增长,但仍然有限,因此就一国来说,是无法抵御庞大游资的冲击的。正是出于这个原因,国际社会在1985年成立了联合干预机制,以期通过联合的力量来捍卫主要货币。但从现实来看,货币汇率危机仍不断出现。20世纪90年代以来发生的重大货币危机,都与国际游资在全球的“游击”密切相关。

由于国际游资的存在和制造机会赚取高额利润的投机家处处可见,因此,就多元化国际储备体系来说,一旦该体系中某个储备货币因某种原因日益坚挺时,就会在市场出现竞相抛售其他货币而抢购此硬货币的行为,其结果就会导致储备中的相对软货币去“追逐”硬货币的现象,导致储备货币的汇率大起大落,当市场投机力量过大时,就会刺激国际金融市场动荡不安。

此外,这种资金的流动又会给各国经济政策的运用带来负效应。如一国为控制通货膨胀采取了紧缩信用的措施,提高利率使大量游资流入,在一定程度上支撑了一国经济的增长,但很显然,大量游资的流入,又抵消了紧缩的经济政策效力,从而影响国内经济发展。

可见,多元化国际储备体系的建立与发展,具有它不可替代的优点,但同时也带来了不少管理上的困难。因此,如何利用这些优点,克服它的缺点,制定符合实际的储备政策与管理体制是摆在各国面前亟待解决的问题。

第五节　中国外汇储备制度分析

一、中国外汇储备制度演进

(一) 新中国成立至社会主义建设时期(1950～1977年)

新中国成立之初,外汇储备极度匮乏,新生的人民共和国为了发展经济,实行外汇集中强制管理的制度。这一时期的制度变迁主要内容是:建立了外汇的供汇和结汇制度;对外汇收支实行以收支两条线管理为特征的全面的计划管理;实行高度集中的贸易外汇管理,加强非贸易外汇的管理;建立外汇指定银行管理制度;中央银行实行统一经营,高度集中、统收统支、统一分配。

(二) 改革开放至汇率并轨前(1978～1993年)

1979年中国经济进入了改革开放的新阶段,外贸体制随之发生变化,外汇管理相关制度进入活跃时期,外汇储备也进入快速增长时期。这一时期,外汇管理制度变迁的内容主要

包括以下几点：

第一，颁布实施外汇政策法规，初步构建外汇监管制度。1980 年 12 月，国务院公布了《中华人民共和国外汇管理暂行条例》，1981 年 3 月实行。随后又公布了一系列外汇管理暂行细则及其他外汇管理办法。第二，强化经常项目外汇管理。实行外汇留成办法与额度账户管理，改革外汇资源配置制度。实行外汇兑换券、外汇人民币和购物支付证的汇兑制度。放宽对国内居民的外汇管制。推行出口收汇核销管理制度，加强贸易外汇管理。实施“以进养出”周转外汇管理办法，调动企业出口创汇积极性。第三，完善资本项目外汇管理制度。建立和完善了对外商投资企业的外汇管理制度，确定了外商投资的方向及设立外商投资企业的行业。对外投资企业进行全过程的外汇管理，对外商投资企业外币计价结算、外汇收支平衡进行管理。此外，针对外商投资企业外汇余缺，国家允许其通过进入外汇调剂市场调入或调出外汇。外债管理方面，明确了国家计委和外管局在外债方面的职责。对外举债实行计划管理，建立了外债的登记制度，从外汇管理角度对外债管理从企业借款、存款、开户、结汇和还贷等方面均作出相应的规定，而且对外债的偿还做了制度规定。境外投资外汇管理方面，颁布了企业境外投资管理办法，确立相关的外汇管理机构。第四，建立指令性计划与指导性调节相结合的交易制度，在全国范围启动外汇调剂业务。1979 年实行外汇留成制度后，有的企业本身有留成而自己不用，有的企业急需外汇而本身又没有外汇来源，无法进口发展生产所需要的原材料和先进技术，从而产生了调剂余缺的需要。1980 年 10 月，国家外汇管理局、中国银行发出试办调剂外汇工作的通知，同时制定《关于外汇额度调剂工作暂行办法》，创办外汇调剂市场，开展外汇调剂业务。此后，调剂业务得到快速发展，调剂市场成为中国外汇市场的雏形。第五，建立多种金融机构并存的外汇经营体制。随着外贸体制发生了根本性的变化及各地经济开发区和经济特区的建立，使中国银行一家办理外汇业务难以满足需要，国家开始扩大了外汇指定银行的范围。从 1979 年开始，中国国际信托投资公司等主体获得外汇业务经营权。第六，汇率形成机制的市场性开始显现，为了发挥汇率在宏观调控和微观经济管理中的重要作用，国务院决定改革汇率制度，从 1981 年起实行双重汇率，即适用于贸易外汇收支的贸易内部结算汇率和适用于非贸易收支的官方公布汇率。

（三）汇率并轨到加入世贸前（1994～2003 年）

1994 年中国出台了重要的改革制度，迎来外汇储备进入快速增长时期。第一，1993 年 12 月 28 日，中国人民银行发布了《关于进一步改革外汇管理体制的公告》，标志着中国开始由计划性外汇制度向市场化外汇制度演进。其特点是汇率方面实行人民币官方汇率与外汇调剂市场汇率并轨。第二，经常项目从有条件可兑换到完全可兑换，并且对进出口收付汇核销制度进行改革。1994 年我国实行有条件的经常项目可兑换。绝大部分经常项目交易的用汇和资金转移不再受到限制，但还存在若干经常项目的汇兑限制：一是外商投资企业，国家允许其保留外汇，但其外汇需求需要在外汇调剂市场才能得到满足。二是个人用汇尚需批准，供汇范围和标准存在限制。三是某些非贸易、非经营性的经常性外汇也有某些限制。1996 年 12 月 1 日，接受国际货币基金组织协定第八条第 2、3、4 节义务，实行经常项目可兑换。第三，开始推行结售汇制度。1994 年国家取消外汇留成，实施银行结售汇制度，是我国外汇制度的重大变革。结汇分为强制结汇、意愿结汇、限额结汇等形式。第四，这一期间外汇调剂市场继续运营。从 1994 年 1 月 1 日起，取消中资自营商，外汇调剂通过外汇指定银行和经营外汇业务的其他金融机构代理进行。1994 年 4 月，全国统一的银行间外汇市场在上海正式运营，标志着中国外汇市场进入全新的发展阶段。此后，国家继续采取措施完善外汇市场建设。主要变化在：推出远期结售汇试点，允许中资企业开立外汇账户、提高因私购汇的标准，将外商投资企业纳入银行结售汇体系，大力打击非法外汇资金流动。第五，建立国际收支申报制度。1980年恢复IMF合法席位，同年，国家外汇管理局会同中国银行试编了中国国际收支平衡表。1985年经国务院批准，国家外汇管理局公布了1982～1984年国际收支概览。1995年8月30日，中国人民银行发布《国际收支统计申报办法》，规定自1996年1月1日起，中国居民与非居民进行的交易，必须及时、准确全面进行国际收支申报。第六，审慎推进资本项目可兑换。从1999年开始逐步放松了资本项目管理，如对境外带料加工装配项目、援外项目、实物出资的境外投资免交汇回利润保证金、允许购汇投资等。

（四）加入世贸至今（2004年至今）

中国加入世贸组织标志着中国更深入地融入世界经济。在外部力量的推动下，我国外汇管理体制进一步深化。2004年，国家外汇管理局开始编制国际投资头寸表。2007年8月外汇管理局取消了经常项目外汇账户限额管理，意味着意愿结汇制度取代了我国自1994年以来沿袭13年的强制结汇制度。2007年9月成立了中国投资有限责任公司作为专门从事外汇资金投资业务的公司，积极探索外汇投资渠道。2005年7月21日，中国人民银行发布《关于完善人民币汇率形成机制改革的公告》。一是实行以市场供求为基础，参考一篮子货币进行调节、有管理的浮动汇率制度；二是美元兑人民币交易价格从1美元8.28元上升为8.11元，升值2%；三是现阶段每日美元兑人民币波动幅度限定为千分之三；四是以银行间外汇市场美元等交易货币兑人民币汇率的收盘价，作为下一个工作日该货币兑人民币交易的中间价格。这一时期，中国以贸易便利化为目的，积极微调经常项目外汇管理，并继续推进人民币资本项目可兑换。

二、未来外汇储备管理体制改革的思考

第一，将中国外汇储备管理体制的改革放在中国改革开放的大背景下加以考虑，强化顶层设计。当前我国外汇储备管理领域的许多问题是由特定时期采取的特定政策造成的。客观地说，这些政策在当时的社会经济环境下确实发挥了重要的作用，为中国筹集建设需要的外汇发挥了重要的作用。改革中产生的问题还需要通过改革来解决。党的十八届三中全会开启了经济领域的许多重大改革，内容包括财税政策的改革、发展民营经济、推进城镇化等，这些变革迸发出更大的活力，同时也意味着会释放出巨大的消费潜力，释放更加巨大的改革红利。同时，以上海自贸区的设立为标志，中国启动了新一轮的对外开放进程。外汇储备管理体制的改革是打造改革开放升级版的重要内容，是新一轮经济金融改革开放的关键。因而，需要将外汇储备管理体制的改革放在新一轮经济金融体制改革的大背景下加以设计，包括外汇储备管理体制与其他经济金融制度改革的先后顺序与相互关系。

第二，将外汇储备管理体制改革放在内外部双重失衡调整的大背景下加以考虑，强化外汇储备管理改革与国内经济结构调整的协调推进。外汇储备的问题是国际失衡问题的反映，也是国内经济失衡的反映。双重失衡调整的关键环节在国内经济，在十八届三中全会精神指引下，中国经济发展方式将会得到较大幅度的矫正，逐步跳出高投资保高增长的窠臼；中国经济结构会发生较大幅度的变化，内需在经济增长中的作用将会更大，今后对外贸顺差的依赖将会逐步降低。国际收支双顺差的局面会逐步消失，国际收支结构也将发生变化，国

际收支基本平衡和动态平衡将呈现。这是矫正我国外汇储备高速增长内生机制的重要环节。

第三,将外汇储备管理体制改革放在释放市场活力的大背景下加以考虑,坚持市场化改革方向。外汇储备制度演进和数量的变化一定程度上反映了市场和政府力量的消长。今后推进外汇储备管理体制的改革一个重要的方向也是市场化。以外汇储备与汇率的关系为例,在固定汇率制度与浮动汇率制度下,对外汇储备的需求是不一样的。在有管理的浮动汇率制度下,若浮动区间不同,则对外汇储备的需要也是不一样的。此外,若资本账户全部放开,人民币成为可兑换货币,届时人民币汇率能够发挥调节国际收支的作用,则我国外汇储备形成的机制就将发生较大变化。同样,如果人民币可兑换之后,外资通过资本项目进入国际收支平衡表的可能途径大大增加,因而,外资与国内经济的互动增强,国际收支平衡的管理难度增加,外汇储备管理就需要考虑更多的可能性。

资料链接6-4

人民币国际化取得积极进展,储备货币功能上升

2020年以来,面对复杂严峻的内外部环境,特别是新冠肺炎疫情带来的严重冲击,人民银行坚持以习近平新时代中国特色社会主义思想为指导,坚决贯彻党中央、国务院决策部署,做好"六稳"工作、落实"六保"任务,推动形成以国内大循环为主体、国内国际双循环相互促进的新发展格局,稳慎推进人民币国际化,更好发挥跨境人民币业务服务实体经济、促进贸易投资便利化的作用。人民币的支付货币功能进一步增强,投融资货币功能深化,储备货币功能上升,计价货币功能有新的突破,人民币国际化取得积极进展。

2020年,人民币跨境收付金额较快增长,银行代客人民币跨境收付金额合计为28.39万亿元,同比增长44.3%,收付金额创历史新高。人民币跨境收支总体平衡,全年累计净流出1857.86亿元。2021年上半年,银行代客人民币跨境收付金额合计为17.57万亿元,同比增长38.7%。据环球银行金融电信协会(SWIFT)发布的数据显示,2021年6月,在主要国际支付货币中,人民币排在第五位,人民币支付金额占所有货币支付金额的2.5%,较上年同期上升0.7个百分点。

2021年一季度,在国际货币基金组织(IMF)官方外汇储备货币构成(COFER)中人民币排在第五位,人民币在全球外汇储备中的占比为2.5%,较2016年人民币刚加入特别提款权(SDR)篮子时上升1.4个百分点。

经常项目和直接投资等与实体经济相关的跨境人民币结算量较快增长,大宗商品等重要领域及东盟等地区使用人民币进一步增加。人民币汇率弹性增强,双向波动成为常态。为规避汇率风险,更多市场主体倾向在跨境贸易投资中选择使用人民币。跨境人民币业务政策框架更为完善,在跨境贸易投资中使用人民币更加便利。

境外投资者积极配置人民币资产,证券投资等资本项下使用人民币成为人民币跨境收支增长的主要推动力量。我国经济基本面良好,货币政策保持在正常区间,人民币相对于主要可兑换货币有较高利差,人民币资产对全球投资者的吸引力较强。截至2021年6月末,境外主体持有境内人民币股票、债券、贷款及存款等金融资产金额合计为10.26万亿元,同比增长42.8%。

下一阶段,人民银行将坚持以习近平新时代中国特色社会主义思想为指导,坚决贯彻落实党中央、国务院决策部署,坚持稳中求进工作总基调,统筹好发展和安全,以顺应需求和

"水到渠成"为原则，坚持市场驱动和企业自主选择，进一步完善人民币跨境使用的政策支持体系和基础设施安排，推动金融市场双向开放，发展离岸人民币市场，为市场主体使用人民币营造更加便利的环境，同时进一步健全跨境资金流动的审慎管理框架，守住不发生系统性风险的底线。

资料来源：中国人民银行《2021 年人民币国际化报告》。

本章小结

国际储备是一国具有的现实的对外清偿能力，而国际清偿能力则是该国具有的现实的对外清偿能力与可能具有的对外清偿能力的总和。货币黄金作为国际储备的地位逐步下降，但完全退出国际储备的历史舞台还有一个相当长的时期。特别提款权是一种依靠国际纪律而创造出来的储备资产，它的分配是无偿的，它具有价值尺度、支付手段、储藏手段等职能，但不具备流通手段的职能。储备货币多元化既是世界经济发展的必然，也是 20 世纪七八十年代以来发展中国家和发达国家态度转变的结果。国际储备适度规模的管理包括适度规模的确定和适度规模的实现。

◆ 思考题

1. 什么是国际储备？它与国际清偿能力是怎样的关系？
2. 简述国际储备的作用。
3. 简述国际储备的构成及其发展变化。
4. 简析国际储备货币多元化形成的原因。
5. 简述国际储备货币多元化的利弊。
6. 为什么一国的国际储备水平必须保持适度？
7. 简述影响一国国际储备适度规模的因素。
8. 简述一国国际储备结构管理应遵循的原则。
9. 简述我国国际储备管理中存在的问题及改进的措施。

参考文献

[1] 沈国兵. 国际金融[M]. 上海：上海财经大学出版社，2004.
[2] 闫屹，杨丽. 国际金融[M]. 北京：人民邮电出版社，2003.
[3] 卜伟，等. 国际贸易与国际金融[M]. 北京：清华大学出版社，2005.
[4] 罗航. 外汇储备与风险管理[M]. 武汉：武汉出版社，2009.
[5] 奚君羊. 国际储备研究[M]. 北京：中国金融出版社，2000.
[6] 吴念鲁，杨海平. 中国外汇储备制度演进、数量变化的经济学逻辑及其启示[J]. 西南金融，2014(8).

第七章　国际金融市场及其运作

学习目标

通过本章学习，掌握国际金融市场、欧洲货币市场、离岸金融中心、国际黄金市场的概念；理解国际金融市场以及欧洲货币市场对世界经济的积极影响和不利影响；了解国际金融市场的构成、黄金交易的主要方式、离岸金融中心的主要类型及欧洲货币市场产生和发展的原因；熟悉欧洲货币市场和世界主要黄金市场的特点。

导入案例

将一如既往支持香港国际金融中心建设

人民银行行长易纲表示，人民银行将一如既往支持香港国际金融中心建设，希望香港发挥好联结内地与国际市场的桥头堡作用，为一带一路提供更大的支持，进一步提高人民币计价资产的吸引力，大力发展金融科技和绿色金融，不断巩固香港国际金融中心地位。易纲说，香港可为一带一路资金融通提供更大的支持。作为内地企业走出去的重要门户，香港可完善金融服务，助力内地企业参与一带一路建设。作为全球资产管理中心，香港也可吸引更多的国际投资者参与共建“一带一路”。香港可进一步发展人民币产品和工具。香港在人民币国际化过程中发挥着重要的作用，未来可基于沪深港通、债券通、跨境理财通等机制，进一步扩大人民币计价产品体系，完善风险管理工具。香港可积极探索金融科技。国际清算银行首批设立的三家创新中心之一就落户香港，在该中心的支持下，人民银行、香港金管局、泰国央行与阿联酋央行共同推进了多边央行数字货币桥项目。人民银行还与香港金管局签署了《关于在粤港澳大湾区开展金融科技创新监管合作的谅解备忘录》。未来，可继续推动在央行数字货币和监管科技等方面的合作探索，充分挖掘金融科技的发展潜力。此外，香港可大力发展绿色金融。易纲说，人民银行与香港金管局均是央行与监管机构绿色金融网络(NGFS)和可持续金融国际平台(IPSF)的成员，将继续支持香港绿色金融体系的发展。

你知道什么是国际金融中心吗？

资料来源：中国证券报，2021 年 12 月 10 日。

第一节　国际金融市场概述

一、国际金融市场的概念

国际金融市场又称“外部金融市场”，是相对于国内金融市场而言的，是指资金在国际间进行流动或金融产品在国际间进行买卖和交换的场所。若资金的借贷超越国界，发生在居民与非居民之间，则形成国际金融市场。

从市场中交易的内容看，国际金融市场有广义和狭义之分。广义的国际金融市场是指进行各种国际金融活动的场所，这些活动包括各种期限资金的借贷、黄金和外汇的买卖，因此广义的国际金融市场包括国际货币市场、国际资本市场、黄金市场和外汇市场。20 世纪 80 年代以来发展并形成的金融衍生品市场也是国际金融市场的组成部分。狭义的国际金融市场仅指国与国之间资金借贷和融通的市场，所以也称“国际资金市场”。

二、国际金融市场的分类

1. 在岸国际金融市场(Onshore Financial Market)

在岸国际金融市场是在各国国内金融市场的基础上形成和发展起来的，是国内金融市场的对外延伸。18 世纪中期到第一次世界大战前，英国伦敦形成了最初的国际金融市场，第二次世界大战后到 20 世纪 60 年代前，逐渐形成了美国纽约、瑞士苏黎世和英国伦敦“三足鼎立”的在岸国际金融市场，其中，美国纽约居首位。

在岸国际金融市场一般以市场所在国雄厚的综合经济实力为后盾，依靠国内优良的金融服务和较完善的银行制度发展起来的。在岸金融市场的特点主要有：以市场所在国发行的货币为交易对象；交易活动一般是在居民与非居民之间进行；受市场所在国法律和金融条例的管理和制约。

2. 离岸国际金融市场(Offshore Financial Market)

20 世纪 50 年代以后，在欧洲形成了“欧洲美元”市场，随后，出现了欧洲英镑、欧洲德国马克、欧洲法国法郎。20 世纪 70 年代以后，欧洲货币市场快速扩张到巴黎、法兰克福、阿姆斯特丹、卢森堡、新加坡、香港、东京、巴哈马、开曼群岛、中东巴林等国家和地区，也称欧洲货币市场。

离岸国际金融市场突破了国际金融市场首先必须是国内金融市场的限制，使国际金融市场不再局限于少数发达国家的金融市场。离岸国际金融市场主要特点有：以市场所在国以外国家的货币为交易对象；交易在市场所在国的非居民之间进行；不受市场所在国及其他国家法律法规和税收的管辖。

三、国际金融中心及其形成途径

国际金融中心是从地理概念上对国际金融市场的描述。具体指从事国际金融业务的金融机构比较发达，进而导致国际金融业务比较集中、规模较大的城市或地区。

该城市或地区能够提供最便捷的国际融资服务、最有效的国际支付清算系统及最活跃的国际金融交易。国际金融中心的基本特征主要有：金融市场齐全；服务业高度密集；对周边地区甚至全球具有辐射影响力。

国际金融中心的形成途径有：① 自然演进型。国际金融市场是由国内金融市场逐步发展起来的，这一类型的特点都是经历了由地方性金融市场到全国性金融市场再到国际金融市场的三个阶段，这一类型的市场主要集中在欧洲，以伦敦金融市场为主要代表。② 人工创造型。国际金融市场是依靠优越的地理位置和实行各种优惠政策人为建立起来的。新加坡金融市场是这一类市场的典范。

2007 年 3 月，Z/Yen 公司开始对全球范围内的金融中心进行评价，并于每年 3 月和 9 月定期更新，以显示金融中心竞争力的变化。2016 年 7 月起，Z/Yen 与中国（深圳）综合开发研究院联合发布全球金融中心指数（GFCI 指数）。该指数将构成金融中心竞争力的诸多因素划分为五个核心领域，即商业环境、人力资本、基础设施、金融部门发展及声誉。

根据 2021 年 3 月发布的第 29 期全球金融中心指数（GFCI29），在研究的 126 个金融中心中，全球前十大金融中心分别为纽约、伦敦、上海、香港、新加坡、北京、东京、深圳、法兰克福及苏黎世。

四、国际金融市场形成的条件

1. 稳定的政治局势

这是一个地区成为国际金融中心最基本的条件。只有一个国家政治局势和谐稳定，才能降低投资者的投资风险，增强投资者的信心，才能聚集向外国借款者提供所需的资金，因而才会形成国际金融市场。无论是传统的国际金融中心，如伦敦和纽约，还是新兴的国际金融中心，如中国香港和新加坡，当地长期稳定的政治局势在国际金融中心形成过程中都起到了非常重要的作用。中东地区的贝鲁特因遭受连年战争和骚乱而丢失国际金融中心的功能。

2. 发达的金融体系

只有规模庞大的金融机构、自由开放的金融市场、健全的法律法规、完善的金融市场体系才能让资金供求双方在高效安全的环境下，以合理的价格完成资金的借贷融通。

3. 优越的地理和时区位置

随着金融全球化步伐不断加快，跨境、跨时区的金融交易活动大量增加。这就要求每一个金融中心只是成为全球连续交易中的一环。亚洲的新加坡和中国香港不仅是亚、欧、美三大洲的交通枢纽，同时在时区上也填补了伦敦和纽约等国际金融中心的空隙。

4. 相对宽松的金融政策和优惠措施

现代新兴的离岸金融市场如巴林、开曼群岛、百慕大等都是通过极其宽松的金融政策来吸引世界各地的金融机构。在这些地区货币可以自由兑换，低税率甚至免税，极少甚至取消外汇管制。

5. 完善的基础设施和专业的金融人才

伴随着现代通信技术的发展，金融交易已经实现了无纸化，几乎每一笔交易都是通过网络完成。高效安全的通信技术能大大降低金融交易成本，因此良好的基础设施对某一地区形成国际金融中心至关重要。另外，任何金融交易归根到底都是人与人的交易行为，巨额的资金和完善的机构都需要掌握专业知识的金融人才来运作和经营。

五、国际金融市场的积极作用

1. 促进资源在全球范围内合理配置

金融市场的基本功能就是对资源进行合理配置。国际金融市场使得资金跨越国境，在全球金融体系内合理流动，提高了资金的使用效率，促进国际投资的进一步发展。

2. 促进经济全球化

国际金融市场提供不同形式货币间的国际结算服务，能够满足不同类型的资金融通需求，不仅扩大了国际投资，有利于国际分工，也促进了国际贸易的发展，最终加快全球经济一体化进程。

3. 有利于调节国际收支

各国中央银行通过国际金融市场上汇率的变动调整国际贸易结构，进而影响国际收支。另外，贸易逆差国可以通过国际金融市场融通大量资金来弥补国际收支逆差，贸易顺差国则可通过国际金融市场为盈余资金找到合理的出路。

4. 支持世界各国的经济发展

国际金融市场积极发挥着世界资金再分配的职能，为各国经济发展提供了资金。如战后欧洲货币市场为促进日本和前西德经济的复兴发挥了重要的作用，特别是发展中国家经济发展所需的大量资金要通过国际金融市场来筹措。

六、国际金融市场的消极作用

国际金融市场的迅速发展也带来一些负面影响。由于国际金融市场聚积着大量跨国流动的资本，动荡的国际金融环境和这些流动性很高的巨额资本势必影响到一些国家国内金融政策实施的效用，进而引发一些国家的经济和世界经济的动荡，严重时会给一些国家带来经济、金融危机甚至政治危机。国际金融市场的无度发展，容易助长各国的通货膨胀，带来泡沫经济，加剧世界性的通货膨胀；同时也将造成外汇市场的不稳定和国际储备的自发增长，使得官方清偿能力的数量和构成更加难以控制。国际金融市场加剧了国际垄断资本集团之间的矛盾和竞争，导致排他性和保护性措施实施，不利于国际分工的推进以及国际间经济发展及其政策的协调。

资料链接7-1

上海国际金融中心建设“四步走”再上新台阶

上海市委常委、常务副市长吴清表示，“十四五”时期，上海将进一步围绕两个中心、两个枢纽、两个高地的目标，不断推动上海国际金融中心建设迈向更高台阶。

吴清指出，上海正在全力强化四大功能，推进五个中心建设，努力打造成为国内大循环中心节点和国内国际双循环战略链接点。上海已经基本建成与中国经济实力和人民币国际地位相适应的国际金融中心，全球资源配置功能不断增强。从框架体系来看，金融中心的主体架构初步确立，金融产品、服务体系不断完善。数据显示，2021 年 1～11 月，上海金融市场成交总额达 2256 万亿元，已经超过去年全年水平，有望再创新高。目前上海持牌金融机构近 1700 家，金融从业人员超过 47 万人。吴清认为，从金融中心的内涵功能来看，上海在定价、支付清算等核心功能方面日益完善，配置全球资源的能力也在进一步增强。吴清展示了“十四五”时期上海国际金融中心建设的“路线图”，将重点聚焦在以下领域进一步发展。

一是进一步建立更加完善的金融服务体系，促进数字化转型，深化大数据普惠金融应用的 2.0 版。他指出，目前上海公共数据平台为中小企业服务的能力越来越强，下一步要进一步扩大公共大数据对中小企业、银行和其他金融机构的开放，让中小企业通过普惠的大数据金融平台能够更便利获得金融服务，从而进一步提升金融服务于中小企业、服务于创新创业的能力，支持实体经济发展。

二是进一步服务“双碳”战略，创新绿色信贷、绿色保险、绿色证券等各类绿色金融产品，加快发展科技金融。要打造金融科技的中心，同时也要打造绿色金融的国际枢纽，进一步发展科技金融为科创企业包括硬科技企业提供各类金融服务。

三是进一步推动更加深入的改革开放和创新，配合国家金融管理部门推进金融市场改革，提高直接融资，特别是股权融资的比重。

四是进一步扩大对外开放，进一步深化包括 QDLP 等在内的开放试点，进一步拓展自由贸易上网，更好地服务企业自贸业务。

吴清强调，要塑造更加优良的金融生态环境，吸引集聚更高能级的各类总部型、功能型的金融机构在上海落地，同时也为高水平的金融人才在上海落户服务，为这些人才的落户、就医、子女就学等各方面提供更便利的服务并打造良好的营商环境。

资料来源：上海证券报，2021 年 12 月 27 日。

第二节　欧洲货币市场

一、欧洲货币市场概述

在介绍欧洲货币市场之前，首先需要说明欧洲货币的含义。欧洲货币是指在货币发行国境外流通的货币。因为最早产生于欧洲，所以称为“欧洲货币”。这里的“欧洲”已经超越了地理上的意义，而是从经济学的角度理解，是“境外”和“离岸”的意思。例如，在英国境外作为借贷对象的英镑称为“欧洲英镑”。在亚洲某国借贷的美元仍称为“欧洲美元”。因此，欧洲货币市场就是前文所称的离岸国际金融市场，指借贷或融通欧洲货币的场所及其运行机制的总和。

二、欧洲货币市场的产生与发展

1. 东西方冷战是产生欧洲货币的最初原因

第二次世界大战刚刚结束，为了与西欧各国结成反苏同盟，美国政府实施了著名的马歇尔计划。一方面美国向西欧各国提供巨额的援助资金，另一方面美军在欧洲很多国家拥有驻军，伴随着驻军，大量美元源源不断地流入欧洲。此外，以苏联为首的社会主义国家政府出于意识形态的不同，担心美国冻结他们存放在美国境内银行的资金，纷纷将存放在美国国内银行的美元存款转移到欧洲国家，这样就进一步增加了欧洲美元的数量。

2. 英镑危机是产生欧洲美元的重要条件

1956 年英、法两国为了重新控制苏伊士运河，不顾美国反对联合入侵埃及。美国为了报复英国，在国际外汇市场上大量抛售英镑，美国还阻止英国从国际金融机构借款，英国的金融市场开始恶化。为了提供国际信贷，英国各大商业银行纷纷吸收美元存款，向海外客户贷放美元，由此在伦敦形成了贷放美元的市场。

3. 欧美金融体制差异刺激欧洲货币市场的发展

首先，受著名的"Q条例"的限制，美元在美国的储蓄存款和定期存款的最高利率低于西欧各国美元的存款利率。因此，美国境内的大公司或金融机构将大量资金转移到欧洲各国的商业银行，为欧洲美元市场注入了中长期信贷资金。其次，西欧国家放松外汇管制，实现美元与本国货币自由兑换，并在兑换后可自由调拨转移。最后，欧洲各国中央银行对欧洲美元不收缴存款准备金；对所获得的收益也不征收所得税，因此各国的商业银行和大公司把其拥有的美元资产纷纷转入到欧洲美元市场，以获得更大的利润。

4. 石油美元促进欧洲美元市场更快发展

20世纪70年代，中东地缘政治危机导致石油价格大幅上涨，以石油输出国组织(OPEC)为代表的产油大国出现巨额的顺差。大量的石油美元流向欧洲货币市场，为市场提供资金来源。与此同时，各石油输入国出现巨额的逆差。为了平衡国际收支，贸易逆差国纷纷在欧洲货币市场筹集资金，从而加速欧洲货币市场的发展。

三、欧洲货币市场的特点

欧洲货币市场作为一种完全国际化的金融市场，突破货币发行国各种金融政策法规的约束。与传统的国内金融市场相比，欧洲货币市场有如下明显的特点：

1. 市场范围广，交易币种多，交易规模庞大

由于现代通信网络的使用，遍布世界的各类参与者都能轻松便捷地参与欧洲货币市场。在欧洲货币市场上交易的币种不仅有传统的美元、日元、欧元和英镑，还有瑞士法郎和加拿大元。随着中国越来越多地参与全球经济活动，欧洲货币市场也不断活跃着人民币的身影。由于欧洲货币市场的参与者主要是政府、商业银行、大公司，因此在欧洲货币市场上的交易规模庞大，单笔交易最低为100万美元，一般的交易额都是几亿甚至数十亿美元。

2. 独特的市场利率结构

欧洲货币市场的利率以英国大银行间短期借贷利率(LIBOR)为基础。存款利率略高于货币发行国的存款利率水平，而贷款利率略低于货币发行国的贷款利率水平。一般情况下，欧洲货币市场存贷款利差只有0.25%～0.5%，欧洲货币市场利率如图7-1所示。

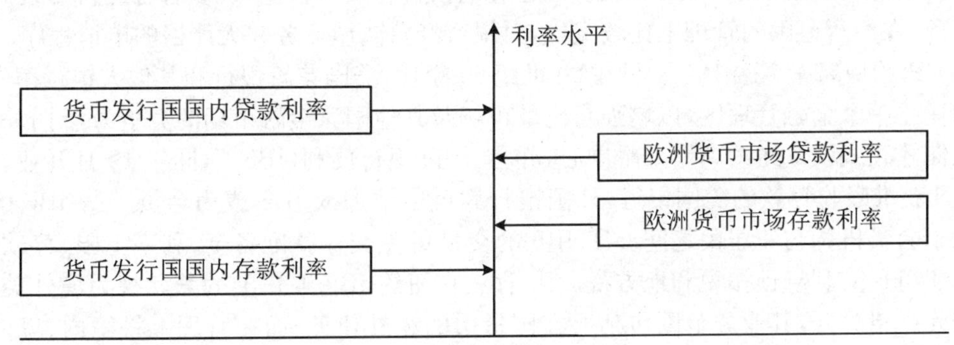

图7-1　欧洲货币市场利率

3. 管制较少，资金调度灵活

由于欧洲货币市场是一个完全自由的金融市场，不仅没有法定存款准备金的要求，也没

有存款利率最高的限制，因此融资成本较低。欧洲货币市场所在国政府往往采取各种优惠措施，吸引更多的境外资金以扩大信贷规模。参与欧洲货币市场的金融机构经营方法灵活，手续简便，服务费用较低。

4. 交易品种多，金融创新活跃

欧洲货币市场的贷款利率有固定利率也有浮动利率；贷款的期限有短期的，也有中长期的。另外，由于市场上的限制较少，金融工具的创新非常活跃。

四、离岸金融中心及其类型

1. 离岸金融中心的含义

二战后欧洲美元市场最早出现于伦敦，从英国的立场出发，它是经营非居民之间国际金融业务而基本不受英国法规与税制的一种新型的国际金融市场，这就是离岸金融市场的开端。

国际离岸金融中心是一些国家和地区，特别是加勒比和南太平洋地区资源匮乏的发展中岛国，通过立法手段培育和发展一些特殊的经济区，允许国际自然人或者法人在其领土上从事各种离岸业务，并主要依靠低税或者免税政策大力发展离岸金融业来吸引逃避本国税收和其他目的的国外资本，以发展本国经济。目前发展比较好的几个离岸金融中心是英属维尔京群岛、巴拿马、开曼群岛、百慕大等。我国的澳门特别行政区也于 1999 年 10 月 31 日颁布了《离岸法案》，并于 2000 年正式实施，希望能够充分利用香港的国际金融中心地位、内地的生产基地和澳门的税务优惠政策，促进澳门的发展和大珠江三角地区的经济融合。

2. 离岸金融中心的类型

(1) 伦敦型离岸金融中心。20 世纪 50 年代初，前苏联和东欧国家政府担心其在美国的资产被冻结而将美元存款转移到伦敦的银行，这是最早出现的境外美元，进入 20 世纪 60 年代，美国为限制资金外流，采取了一系列的限制性措施，导致美元资金的加速外流，当时由于英国对英镑的管制很严，英国银行的兴趣转向美元。大部分美元转移到伦敦的银行，这样首先在伦敦形成了一个新兴的国际金融市场，即欧洲美元市场。其特点主要有：① 交易的币种是市场所在国以外的货币，这种交易仍只能通过英国海峡群岛的离岸中心（如泽西岛）达成，银行在此设有机构，不一定派人去，可通过电信进行交易。② 其参与者经营传统和离岸金融业务，在经营范围的管理上比较宽松，对银行经营离岸业务并无严格的申请程序。

(2) 纽约型离岸金融中心。早在 20 世纪 60 年代，美国花旗银行和其他大银行率先提议在纽约建立一个金融管理区，以增强与伦敦市场及其他国家金融市场的竞争力，到 1981 年 6 月美联储才正式设立纽约离岸金融中心，亦称"国际银行便利(IBF)"，同年 12 月开业。其特点：① 凡获准吸收存款的美国银行，外国银行均可申请加入 IBF 成为会员。② IBF 的交易严格限于会员机构与非居民之间。③ IBF 的交易可免交存款准备金、利率上限、存款保险，交易者还可免交利息预扣税和地方税。④ 存放在纽约 IBF 账户上的美元视为境外美元，与国内美元严格分开，其业务范围包括所在国货币的境外业务，而在管理上将境内、境外美元分开。

(3) 避税港型离岸金融中心。20 世纪 70 年代起，不少美国银行将资产大量转移到加勒比海的巴哈马、开曼等国，因其政局稳定，资金不受任何管制，并免征税费，其资金来源于非居民并投放于非居民，成为离岸中心。事实上，资金的提供和筹集并不在此进行，而是一些国际性的银行在此仅开设账户，作为一个记账中心。除此之外，还有百慕大等都属于避税港型离岸金融中心。

3. 国际离岸金融中心的影响

(1) 对国际金融业的影响。国际离岸金融中心的出现与发展，对国际金融业产生了极其深远的影响。缩小了传统的国际金融市场之间时间与空间上的距离；使参与者免受金融管制，能自由进行金融交易；离岸金融中心是减轻税负和外汇管制的理想场所，降低资金成本；增强了国际金融市场的竞争性，有助于形成合理的国际利率水平。

(2) 对离岸中心所在国的影响。国际离岸中心促进了所在国经济和金融的发展。具体表现为：① 通过离岸业务的费用收入可提高金融服务业和外汇收入，进而提高本国的国民收入。② 国际资金的流入有利于本国利用外资。③ 可增加本国的就业机会。④ 有利于提高本国金融业的技术水平和银行从业人员的素质。⑤ 振兴本国的金融市场，提高所在国的声誉和其在国际金融界的地位等。

同时，对所在国有可能产生消极影响。由于经营成本低，有可能冲击国内市场的利率水平，离岸市场的账户与国内账户的分离只是相对的，两者之间可能发生资金转移，将使国内市场的信用规模受影响等。

资料链接 7-2

在岸人民币和离岸人民币有什么区别?

我们在说人民币汇率的时候经常会听到两个专业名词，一个是在岸人民币，一个是离岸人民币。两个都是人民币，为什么要分成在岸和离岸呢？它们究竟有什么区别？我们不妨来听听工商银行杭州分行个人金融部跨境业务推动团队的介绍。

对于刚接触外汇的新人而言，大家首先得搞清楚在岸和离岸分别是什么？所谓的在岸，是在国内经营的人民币业务；与之相对应的离岸，自然就是指在中国境外经营的人民币业务。所以，离岸价就是在境外人民币换汇汇率，而在岸价则是境内人民币换汇汇率。

在岸人民币市场很好理解，就是我们平时接触的银行换汇业务和外贸公司的人民币兑换业务。在岸市场虽然发展时间长，比较成熟，但受到的管制也比较多，而央行作为在岸市场的主要参与者，因此也很容易受央行政策的影响。离岸人民币市场发展时间较短，但是受限制较少，国际传导性强，像中国香港就是典型的主要离岸人民币市场，同时它也是人民币国际化的重要桥头堡。

理解了在岸人民币和离岸人民币的基本概念后，我们来说一个在岸人民币和离岸人民币的具体案例。以人民币兑美元为例，当人们在全球市场抢购人民币抛售美元时，离岸市场的人民币就会急缺，从而升值。而往往在岸市场会有些滞后，因此这时离岸与在岸的价差会拉大；反之，当人们抢购美元抛售人民币时，离岸市场的人民币供给就大量增加，贬值压力上升，如果离岸市场更加敏感或者在岸市场有些滞后的话，价差同样也会拉大。

不过汇率的价差会随着不断的套利而逐渐减少，并始终保持在动态平衡的状态。比如离岸人民币比在岸的要便宜，那么出口企业就更愿意在离岸市场卖出美元，换回人民币。但这样一来，换的人多了，离岸人民币变少了，最终又升值了。

资料来源：都市快报，2021 年 9 月 16 日。

第三节　国际资本市场

一、国际资本市场概述

国际资本市场是指国际资金借贷或融通期限在一年以上的市场。该市场上的资金需求者是各国政府、工商企业和国际或区域性金融机构，资金供应者是各类金融机构。根据不同的交易对象，可以把国际资本市场划分为国际信贷市场和国际证券市场。其中，国际证券市场又可分为国际债券市场和国际股票市场。

二、国际信贷市场

国际信贷是指各国政府、国际金融机构和跨国银行在国际金融市场上为客户提供的期限在一年以上的贷款，由政府间贷款、国际金融机构贷款和国际商业银行贷款组成。

1. 政府贷款

政府贷款一般是以各国政府的名义进行的。期限较长，最长可以达到 30 年，而且还可以适当延长还款期限。另外，贷款的利率很低，有的贷款甚至是免息的。资金提供国在向资金受让国提供贷款时往往会附带一定的政治或经济条件，具有明显的政治外交内涵。

2. 国际金融机构贷款

国际金融机构贷款主要有世界银行贷款和国际货币基金组织贷款。其中世界银行贷款接受国主要是经济相对落后的国家。世界银行在向这些国家提供贷款的同时，还针对相关的项目提供相应的技术咨询，具有明显的扶贫开发目的。而国际货币基金组织主要是针对陷入金融危机的国家提供紧急援助，在提供资金支持的同时，一般都会附加一些限制性条款，比如要求资金受让国家实施严苛的财政紧缩计划，以尽快缓解本国的金融危机。

3. 国际商业银行贷款

国际商业银行贷款一般是针对大型项目提供的信贷。一般该贷款具有市场化程度高、贷款利率多为浮动利率等特点。由于贷款金额巨大，期限较长，为了分散风险，贷款方式往往是几个国家的商业银行组成的银团联合贷款。

银团联合贷款也称辛迪加贷款，指由几家或更多的银行联合起来为一个借款者筹措巨额资金的一种贷款。在银团联合贷款中，借款人除了要偿还利息外，还涉及的其他成本包括：

(1) 前端费(Up-front Cost)或称启用费(Establishment Fee)。其费率一般为贷款总额的0.5%～2.5%，这是在签订贷款协议时一次性付给(偶尔也有分次支付的)主办银行和经理银行的作为其组织和安排贷款的酬金。在实际操作中，经理银行会将前端费的一部分分给参与银行，由此又可以将前端费分为经理费(Management Fees)和参与费(Participation Fee)。

(2) 承诺费(Commitment Fee)。这是借款人对尚未提取的那部分贷款所支付的费用，以补偿辛迪加为了借款人利益而放弃这部分备用资金的利息收益及其筹资成本。承诺费通常按 0.25%～0.75%的年利率征收。

(3) 代理费(Agent's Fee)。是支付给代理银行作为提供相应服务(代表辛迪加发放、管理和回收贷款)的酬金。代理费通常按年计算并按年支付，一年的代理费一般在 1 万美元左右。

(4) 杂费(Miscellaneous Fee or Out of Pocket Expenses)主要包括在贷款协议签订以前所发生的各项零星费用，如主办银行的差旅费、律师费以及为准备签订协议的仪式所花费的相应支出等。这些费用由借款人承担，没有一定的标准，一般由主办银行提供支出的账单，由借款人一次性付清。

三、国际债券市场

早期资本主义企业为了兴建铁路、开发资源、建设工程项目，在国际债券市场上发行债券来筹措资金。20 世纪 90 年代，随着资产证券化规模不断扩大，国际债券市场已经成为国际金融市场的重要组成部分。

国际债券市场的发行人在进入市场时必须由国际性的信用评级机构对其资信状况进行信用级别评定。世界著名的三大评级机构为标普、穆迪和惠誉，因此以美国为代表的发达国家成为国际债券市场的主要借款国。

国际债券(International Bond)，是指一国政府、企业、金融机构等为筹措外币资金在国外发行的以外币计值的债券，包括外国债券、欧洲债券和全球债券：

(1) 外国债券(Foreign Bonds)：指筹资者在国外债券市场发行的，以发行市场所在国货币为面值的债券。外国债券面值货币是市场所在国的货币，债券由市场所在国组织的辛迪加承销，债券的经营受到所在国政府有关法律的管辖。外国债券与国内债券的不同之处在于各国对于本国居民发行的债券和对外国人发行的债券作了法律上的区分。有影响和规模较大的外国债券有：美国的扬基债券(Yankee Bonds)；英国的猛犬债券(Bulldog Bonds)；瑞士法郎债券(Swiss Franc Bonds)；日本的武士债券(Samurai Bonds)及澳大利亚的玛蒂尔达债券(Matilda Bond)等。

(2) 欧洲债券(Euro Bonds)：指借款人在国际金融市场上发行的以发行国以外的货币为面值的债券。或者说是一国筹资者在某一国际债券市场上发行的，以第三国货币为面值的债券，其债券期限均为 1 年以上。欧洲债券的主要特点包括：第一，债券的发行者、债券面值和债券发行地点分属于不同的国家；第二，它不受发行所在国法律管辖；第三，币种选择的多样化，但主要以美元为主；第四，完全免税，利息通常免除所得税或者不预先扣除借款国家的税款；第五，不记名发行。

欧洲债券的种类包括：第一，可转换债券(Convertible Bonds)。该债券根据事先商定的条件可转换为发行公司的其他资产，常见的是股票，也有转换为其他种类的债券，乃至黄金、石油等。第二，附认购权证债券(Bonds with Warrants)。该债券可在规定期限内按约定比率和价格认购发行公司的股票的债券。与可转换债券不同，附认股权证债券在行使了认股权后，债券的形态依然存在。在转让时，认股权证与债券的关系有可分离的，也有不可分离的。第三，双重货币债券(Dual-Currency Bonds)。该债券是以一种货币购买，到期时以另一种货币偿还的债券。这种债券代表了一种普通债券和一份(或几份)远期外汇合同的组合。第四，固定利率债券(Straight Bonds)。即普通债券。该债券期限多为 5～10 年，个别也有长达40年的，每年按票面支付一次利息，也有在债券期限内递增付息(Step-Up)或递减付息(Step-Down)的方式。第五，浮动利率债券(Floating-rate notes)。该债券是欧洲债券市场上的主流交易品种，其利率调整和付息的间隔一般为3个月至半年。利率通常是在LIBOR之上加一个差价。这种债券大多数是以美元标价的。第六，零息票债券(Zero Coupon Bonds)。该债券不附任何息票，又称贴现债券。或者折价发行，按面值归还，或者以面值发行，归还时适当升水。

(3) 全球债券(Global Bonds)：指在全世界的主要国际金融市场(主要是美、日、欧)同时上市并进行24小时交易的债券。全球债券在美国证券交易委员会(SEC)登记，以记名形式发行。这种新型债券为欧洲借款人接近美国投资者提供了工具，同时其全球24小时交易也使全球债券具有了高度流动性。其特点是：全球发行；全球交易和高度流动性；发行人信用级别高，且多为政府机构。

四、国际股票市场

国际股票市场指在国际范围内发行并交易股票的场所或网络。其实质是股票市场国际化。

股票市场国际化是各国股票市场自身不断发展的一种必然结果，股票国际化交易始于20世纪20年代，并在20世纪60年代伴随着跨国公司的迅速发展而得到大规模发展。

20世纪70年代后期，西方主要国家开始放松对证券市场的种种限制，使各国股票市场上的国际筹资和投资日趋活跃。例如，美国1975年证券法降低了外资进入的门槛；英国1986年允许外国交易商进入。

发达国家对外国企业和投资人开放本国股票市场，是各国股票市场国际化的具体体现。随着企业经营的国际化和世界经济一体化程度的不断提高，一些发达国家开始进一步放松资本项目管制和提高对外开放的程度，其主要标志就是允许外国企业在本国股票市场发行的股票上市流通和允许外国投资人参与本国股票市场的投资。其结果是一个原本封闭的国内股票市场逐渐成为全面对外开放的国际化股票市场。

在股票市场国际化程度不足的情况下，为避免买卖国外公司所发行股票的限制，存托凭证应运而生。所谓存托凭证(Depositary Receipts，DR)是指在一国证券市场流通的代表外国公司有价证券的可转让凭证。存托凭证是一种由存托银行和保管机构作为共同受托人，外国发行公司作为委托人，存托银行取得基础证券的所有权后发行的证券化的受益凭证。1927年，美国人J. P摩根为了方便美国人投资英国的股票发明了存托凭证。按其发行或交易地点之不同，存托凭证被冠以不同的名称，如美国存托凭证(American Depository Receipt，ADR)、欧洲存托凭证(European Depository Receipt，EDR)、全球存托凭证(Global Depository Receipts，GDR)等。

第四节　国际衍生产品市场

一、金融衍生产品的概念及特征

1. 金融衍生产品的概念

一些由基础金融资产价值、金融指数、汇率或利率衍生出来的合约被称为衍生金融工具，或称为衍生金融产品。

衍生金融产品具有降低交易成本、增强流动性和风险再分配的三大功能。即：首先可以帮助人们以较低的成本进行套期保值；其次还可以用来对各个市场之间出现不平衡状态时进行无风险的套利活动，其结果增强了市场的流动性；再次，衍生金融产品的交易是一种“零和博弈”，这种交易既可以减少未来价格的不确定性，降低成本和提高经济效益，又可以通过交易来分配风险，即风险从保值者转移给愿意承担风险的投机者，从而改善了风险分布状况，使风险管理更具有效率。

2. 金融衍生产品的特征

第一，高风险性。作为风险管理的工具，金融衍生产品自身的交易与运行也蕴含着巨大的风险。

第二，高杠杆性。杠杆性是金融衍生产品的基本特征。投资者只需缴存一定比例（一般为4%～10%）的押金或保证金，便可得到对数倍甚至数十倍于押金或保证金的相关资产的管理权。

第三，虚拟性。虚拟性是指金融衍生产品所具有的独立于现实基础资产运用之外的，却能给持有者带来一定收入的特征。

二、金融衍生产品市场的演进

当远期合约问世时，就预示着衍生产品市场将形成和发展起来。

1972年，美国芝加哥商品交易所（CBOT）下设国际货币市场（IMM）首次推出美元对7种主要货币的期货交易，从而标志着金融期货的诞生。

1973年，芝加哥期权交易所（Chicago Board of Option Exchange，CBOT）成立，开始办理期权业务。

1975年，芝加哥商品交易所（CBOT）推出办理利率期货交易；1976年推出美国国债期货合约，1977年推出长期国债期货合约，1981年推出欧洲美元利率期货合约。

1982年，美国纽约期货交易所（New York Future Exchange，NYFE）开始买卖纽约股票交易所综合指数期货。

三、金融衍生产品的类型

1. 金融远期

金融远期是一种远期合约（Forward Contracts），是指双方约定在未来的某一确定时间，按确定的价格买卖一定数量的某种金融资产的合约。远期合约主要有远期利率合约和远期外汇合约。

远期利率合约(Forward Rate Agreements,FRA)是买卖双方同意从未来某一商定的时间开始在某一特定时期内按协议利率借贷一笔数额确定、以具体货币表示的名义本金协议。合约的买方是名义借款人,购买合约的目的或是为了规避利率上升引致的风险,或是为了牟取投机利润;合约的卖方是名义贷款人,出售合约的目的或是为了规避利率下降引致的风险,或是为了牟取投机利润。

远期外汇合约(FX Forward)指交易双方以约定的币种、金额、汇率,在约定的未来某一日期(非即期起息日)交割的外汇合约。远期外汇交易的主要目的不在于满足国际结算的需要,而是为了保值或投机,它使得交易者能够获得一种货币的确定的未来汇率,从而避免外汇风险;也可使投机者在汇率变动中赚取好处。

2. 金融期货

金融期货即是金融期货合约(Financial Futures Contracts),是指协议双方同意在约定的将来某个日期按约定的价格、交割方式和交割地点等条件买入或卖出一定标准数量的某种金融工具的标准化协议。金融期货的主要功能是转移价格风险功能和价格发现功能。

金融期货合约具有如下特点:

第一,合约的交易均在交易所进行,交易双方并不直接接触,而是各自在交易所的清算部门或专设的清算公司结算。

第二,合约的交易不是到期一次性进行,而是每天结算的,买卖双方在交易之前必须在经纪公司开立专门的保证金账户,通过每天对保证金账户的结算,将保证金额度维持在初始水平的75%左右。

第三,合约的买方或卖方可以在交割日之前采取对冲交易结束期货交易的头寸而无需进行最后的实物交割,从而提高了期货市场的流动性。

第四,合约交易是标准化的,表现在合约的数量、合约交割的日期、合约交割的地点等方面完全标准化。

3. 金融期权

期权(Option)亦称选择权,金融期权是指赋予其购买者在规定期限内按双方规定的价格购买或出售一定数量某种基础金融资产的权利的合约。若按期权合约的标的基础金融资产来划分,金融期权又可以分为货币期权(外汇期权)、利率期权、股票期权、股票指数期权、金融期货期权等等。

金融期权与金融期货的主要区别在于:

第一,标准化。金融期货是标准化的,而金融期权不全是标准化的,有些场外期权交易就是非标准化的。

第二,权利与义务。金融期货交易的双方都被赋予相应的权利和义务,并在合约到期时必须执行;金融期权只赋予合约的买方权利,而卖方没有任何权利,合约的卖方必须在对方履约时进行对应买卖标的物的义务。

第三,保证金。金融期货交易的双方都需交纳保证金,而期权的买者因其亏损不会超过已支付的期权费,无需交纳保证金。

第四,保值与风险。金融期货合约对于交易双方来说面临的风险是无限的,金融期权交易的买方风险是有限的。

4. 金融互换

金融互换，简称互换（Swap），主要有利率互换（Interest Rate Swaps）和货币互换（Currency Swaps）两种基本类型。

利率互换是指两个独立的借款人各自借取一笔资金，其币种、金额和贷款期限均相同，但计息方法不同；双方达成协议，各自按对方的利率水平替对方还息，在整个交易过程中都不交换实际的本金。

货币互换指两个独立的借款人各以固定利率筹资，借取一笔到期日相同，计息方法相同，但币种不同的贷款，然后双方直接或通过中介机构（银行）签订货币互换合约，按期用对方借进的货币偿还本金和利息。

金融互换的优点在于：降低融资成本；减少信用风险；防范利率与汇率风险；优化债务与资产的管理；扩展表外业务；资金来源多样化；广泛应用于债券市场及规避税收等。

资料链接 7-3

有必要在上海证券市场开辟国际板

在2021上海国际金融中心发展论坛上，中国金融学会会长、中国人民银行原行长周小川表示，上海很早就尝试过是否应该在A股市场或者说上海股票市场开辟一个国际板，这一想法虽然当时可能时机还不太成熟，但是从现在来看，还是很有必要研究推进相关内容。

在周小川看来，受新冠疫情的冲击，金融中心概念发生了变化。过去认为需要相当一部分金融机构集聚，才能把国际金融中心办成办好，所以推进金融中心建设非常注重产业聚集性。疫情以来发生了变化，这要求我们要抓住建设国际金融中心建设的大要点。

周小川表示，发展国际金融中心首先是资金大量的有进有出，另外是筹资主体也即发行人有国内的有国外的，一个必要的推进条件就是推进资本项目可兑换。中国20多年前即提出要使人民币变成可兑换的货币，后来遇到了亚洲金融风暴，经过一段时间的演变，2003年中国又明确指出要推进人民币在资本项下的可兑换，近30年来，资本项目可兑换要考虑时机是否成熟，要考虑利弊比较，当然也讨论可兑换的程度。

“从时机方面，如果经济发展早期，监管不成熟的情况下，利小于弊，经过一段发展成熟了，就利大于弊。”周小川说。

周小川表示，目前存在一种不严格的现象就是用一种所谓100%全面自由化的可兑换作为靶子，这样就可以挑出很多毛病，“其实现在全球除了极少数特别小的避税天堂可能有这种模式外，其他的可兑换西方国家也都有反洗钱、反恐融资、反对毒品交易等各种考虑，在中国可能还要加上反跨境赌博等，因此从来不是百分之百的自由兑换，而是在资本项目可兑换中要抓住一些最主要的项目。”

周小川强调，可兑换说起来是货币与货币之间的兑换，但实际上往往是三方面的紧密相连、不可分割的，这三方面分别是汇率体制、兑换的体制和交易的汇入汇出，这三个环节如果作为价值判断是很困难的，因此要从建设国际金融中心现实要求的角度出发。

“在当今世界的现实情况下，既然要建设国际金融中心，就是要让国内和国际的各种投资机构认可，各种发行实体认可，这实际上是一个比较现实的选择，不是一种抽象的讨论。”周小川说。

在周小川看来，要让国内外投资者接受和认可，核心环节还是投资者保护，推进国际金融中心建设，首先要保护相当大量的中国投资者，他们可能也通过这一市场投资“一带一路”沿线的上市公司，当然也要保护国际投资者，因此提高有关准则，提高透明度，提高监管的水平和能力来实现对投资者的保护是国际板重要的内容。

资料来源：证券时报，2021 年 12 月 25 日。

第五节　世界黄金市场

一、世界黄金市场概述

1. 黄金的概念及作用

黄金是一种贵金属，化学元素符号为 Au，具有良好的物理属性、稳定的化学性质、高度的延展性及数量稀少等特点，不仅是用于储备和投资的特殊通货，同时还是首饰业、电子业、现代通讯业、航天航空业等部门的重要材料，因此黄金自古以来就受到人类的追捧。在当今社会，黄金是抗通胀、抗风险的一种金融工具。

在金本位制度下，黄金作为国际通用货币，可以在世界各国自由输出输入。到了 20 世纪 70 年代，随着布雷顿森林体系的崩溃，黄金逐渐走向非货币化，但是由于自身独有的特性，黄金仍然是西方发达国家国际储备的重要组成部分。正如著名经济学家凯恩斯所言：“作为最后的卫兵和紧急需要时的储备金，还没有任何其他的东西可以取代它。”

具体来说，当今黄金的社会作用主要表现在以下几个方面：第一，国际储备——弥补国际收支逆差、维持本国货币汇率稳定。第二，保值需求，抵抗通货膨胀——作为一种实物资产实现保值。第三，避险需求——“乱世买黄金，盛世买古董”。第四，用作珠宝装饰——黄金消费需求上升，珠宝商投资的需求。第五，在工业与科学技术上的应用——抗腐蚀、稳定性、导电导热性。

2. 世界黄金市场的主要参与者

(1) 国际黄金做市商。最典型的就是伦敦黄金市场上的五大黄金交易做市商，由于他们与世界上黄金生产商和需求商有广泛的联系，而且其下属的各个公司又与许多零售商联系，因此，五大黄金做市商会根据自身掌握的情况及时报出黄金的买入价和卖出价。

(2) 商业银行。商业银行在国际黄金市场上的作用有两种：① 黄金交易中介，以苏黎世的三大银行为代表，仅仅为客户代理买卖和结算，自身并不参加黄金买卖，他们充当生产者和投资者之间的经纪人，在市场上起到中介作用。② 投资者，如在新加坡黄金交易所里，就有多家自营商会员利用自己的资金不断买入或卖出各类黄金产品。

(3) 国际对冲基金。国际对冲基金是国际黄金市场的重要参与者。一些规模庞大的对冲基金充分利用与各国政治、金融界的紧密联系往往较先捕捉到经济基本面的变化，利用管理的巨额资金进行对冲交易，从而在黄金价格加速变化的过程中获利。

(4) 各国中央银行和国际货币基金组织。几乎每一个国家的中央银行都把黄金作为其国际储备的重要组成部分，根据国内经济发展和国际经济形势状况，通过市场交易增持或减持黄金储备。国际货币基金组织也会根据世界经济走势和自身的需要，在国际黄金市场上买入或卖出黄金。

(5) 各种法人机构和私人投资者。这里既包括专门出售黄金的公司，如各大金矿、黄金生产商、专门购买黄金消费的(如各种工业企业)黄金制品商、首饰行以及私人购金收藏者等，也包括专门从事黄金买卖业务的投资公司、个人投资者等，种类多样，数量众多。

3. 当代世界黄金市场的特征

(1) 实物黄金基本上从官方机构流向私人持有者。1966 年至 2007 年，世界黄金存量从 7.6 万吨增加到 15.7 万吨，各国央行和国际货币基金组织持有的黄金存量却从 38257 吨下降至 28583 吨，私人持有的黄金量从 37743 吨上升至 128417 吨，私人持有的黄金占世界黄金存量的百分比从 49.66%升至 81.8%。而各国央行和国际货币基金组织在 41 年的时间里净抛售了 9674 吨黄金，其持有的黄金占世界存量的百分比从 50.34%降至 18.2%。

(2) 世界主要黄金市场各有分工又相互衔接。纽约黄金市场期货交易所提供的黄金期货、期权交易，提高了整个世界黄金市场的流动性。伦敦黄金市场为黄金场外衍生交易提供融资安排，以及协助各国中央银行的黄金操作。苏黎世黄金总库负责保存多国官方黄金储备和私人藏金。东京的黄金市场主要为日本的工业和首饰用金服务，中国香港的黄金市场则主要针对中国大陆、台湾地区的黄金转运和东南亚首饰业的需要。

(3) 金融性黄金交易占主导地位。随着现代通信技术在黄金交易中的应用，金融性黄金交易工具不断创新，黄金交易越来越呈现无纸化，商品性黄金交易比重越来越小。现在的商品实物黄金交易额不足总交易额的 3%，90%以上的市场份额是黄金金融衍生物。

二、世界黄金市场的类型

1. 场外黄金现货市场

(1) 伦敦黄金市场。伦敦黄金市场历史悠久，其发展历史可追溯到 300 多年前。1804 年，伦敦取代荷兰阿姆斯特丹成为世界黄金交易的中心。1919 年伦敦金市正式成立，每天进行上午和下午的两次黄金定价，由五大金行(现为四大金行)定出当日的黄金市场价格，该价格一直影响纽约和香港的交易。1982 年以前，伦敦黄金市场主要经营黄金现货交易，1982 年 4 月，伦敦黄金期货市场开业。目前，伦敦仍是世界上最大的黄金现货市场。

1919 年，伦敦黄金市场开始实行日定价制度，每日上午 10 时 30 分和下午 3 时对黄金定价，该价格是世界上黄金交易的基准价格。

当前，伦敦黄金市场上的四大定价金行分别为：洛希尔国际投资银行(N M Rothschild & Sons Limited)；加拿大丰业银行(Bank of Nova Scotia-Scotia Mocatta)；德意志银行(Deutschc Bank)；美国汇丰银行(HSBC USx)。

瑞士信贷第一波士顿银行(Credit Suisse First Bosto)于 2002 年 10 月 12 日退出其在伦敦、纽约和悉尼的有关贵金属造市、金融衍生物、清算及库存等业务。

(2) 苏黎世黄金市场。苏黎世黄金市场，是二战后发展起来的国际黄金市场。瑞士特殊的银行体系和辅助性的黄金交易服务体系，为黄金买卖提供了一个既自由又保密的环境；此外，瑞士与南非有优惠协议，可以获得 80%的南非金，前苏联的黄金也聚集于此，这些条件促使瑞士不仅成为世界上新增黄金的最大中转站，也是世界上最大的私人黄金的存储中心。苏黎世黄金市场在国际黄金市场上的地位仅次于伦敦。

苏黎世黄金市场没有正式组织结构，由瑞士三大银行——瑞士银行、瑞士信贷银行和瑞士联合银行负责清算结账。三大银行不仅可为客户代行交易，而且黄金交易也是这三家银行本身的主要业务。

苏黎世黄金总库(Zurich Gold Pool)建立在瑞士三大银行非正式协商的基础上，不受政府管辖，作为交易商的联合体与清算系统混合体在市场上起中介作用。

(3) 香港黄金市场。香港黄金市场已有90多年的历史。其形成以香港金银贸易场的成立为标志。1974年，香港政府撤销对黄金进出口的管制。

香港黄金市场在时差上刚好填补了纽约、芝加哥市场收市和伦敦开市前的空当，可以连贯亚、欧、美，形成完整的世界黄金市场。其优越的地理条件使伦敦五大金商、瑞士三大银行等纷纷来港设立分公司。他们将在伦敦交收的黄金买卖活动带到香港，逐渐形成了一个无形的当地"伦敦金市场"，促使香港成为世界主要的黄金市场之一。

2. 场内黄金期货期权市场

(1) 纽约黄金市场。自1974年12月31日美国开始允许自由交易黄金和私人拥有黄金以来，纽约商品交易所(COMEX)立即成为世界最大的黄金期货市场。

美国是主要的黄金生产国，由于观念上的原因，美国人的黄金购买量少于亚洲和欧洲，所以它的黄金出口大于进口，这对美国的黄金贸易发展非常有利。

纽约商品交易所(NYMEX)的COMEX分部目前交易的品种有黄金期货、迷你期货、期权和基金。参与COMEX黄金买卖以大型的对冲基金及机构投资者为主。

(2) 东京黄金市场。1973年以后，日本的黄金市场开始诞生。日本几乎不产黄金，它的黄金依赖进口。

日本的东京工业品交易所(TOCOM)，它主要提供黄金期货和黄金期权的交易。虽然东京的交易量只是纽约的2/3，但它仍被认为是主要的国际黄金期货市场之一。

日本市场与欧美市场的不同之处在于，欧美的黄金市场以盎司/美元计价，而日本市场以日元计价。

三、世界黄金市场的交易方式

黄金市场的交易方式主要有现货交易和期货交易两种方式。

1. 黄金现货交易及其特点

黄金市场上黄金现货交易的价格较为特殊，在伦敦黄金市场上的黄金现货交易价格，又分为定价交易和报价交易两种。

(1) 定价交易的特点是提供客户单一交易价，既无买卖差价，按所提供的单一价格，客户均可自由买卖，金商只收取少量的佣金。定价交易只在规定的时间里有效。短则一分钟，长则一个多小时，具体时间视供求情况而定。

(2) 报价交易的特点就是有买、卖价之分。一般是在定价交易以外的时间进行报价交易。如伦敦黄金市场，每日进行两次定价交易，第一次为上午10时30分，第二次为下午3时。定价交易是世界黄金行市的"晴雨表"，世界各黄金市场均以此调整各自的金价。定价交易结束后，即恢复正常的黄金买卖报价活动。

2. 黄金期货交易及特点

在黄金市场上进行的期货交易，又分为保值交易和投机交易两种。

(1) 保值交易是指人们为了避免通货膨胀或政治动乱，出于寻求资产价值“庇护所”的意图，而购买黄金的活动。当然，也有的是以避免由于金价变动而遭受损失为目的而进行黄金买卖的。一般来说，套期交易是保值的理想办法。

(2) 投机交易则是利用市场金价波动，通过预测金价在未来时期的涨跌趋势，买空或卖空，从中牟取投机利润。例如，当投机者预计 1 个月后金价会上升，但到 3 个月后金价又会下降，那么，他可以一面做购进 1 个月的远期黄金合约，另一面出售 3 个月的远期黄金合约。在黄金市场上，那些实力雄厚的银行和垄断企业，往往在一定程度上主宰市场的投机活动，制造市场金价的大起大落，而它们在价格之前，购之于先或抛之于先，以从中牟取暴利。

四、世界黄金价格变动的影响因素

(一) 世界黄金供求数量的变化

1. 世界黄金的供应情况

(1) 世界黄金的产量分布。根据美国内政部地质调查局编写的《Mineral Commodity Summaries 2014》，2013 年，全世界黄金总产量约 2770 吨，其中，黄金产量过百吨的国家有 8 个，分别为中国、澳大利亚、美国、俄罗斯、秘鲁、南非、加拿大和墨西哥，上述国家黄金产量合计约 1640 吨，约占 2013 年全球黄金总产量的 60%，2012 年、2013 年全球前 10 名主要产金国生产情况如图 7-2 所示。

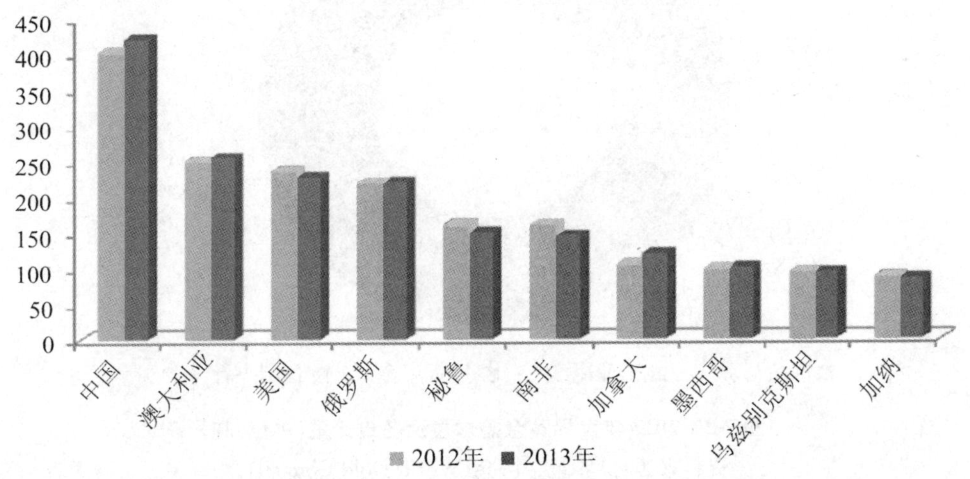

图 7-2　2012 年、2013 年全球前 10 名主要产金国生产情况(单位:吨)

资料来源:《Minerd Comnodity Sumaries 2014》。

(2) 世界黄金供应结构。黄金的供应主要由矿产金、央行抛售的黄金储备以及再生金构成。近年来世界黄金的供应情况如表 7-1 所示。

表 7-1　近年来世界黄金的供应情况

（单位：吨）

项目	2010 年	2011 年	2012 年
矿产金	2600	2822	2828
再生金	1641	1612	1626
各国央行抛售黄金储备	−77	−440	−535
合计	4164	3994	3919

资料来源：世界黄金协会（World Gold Council）。

矿产金及再生金是每年黄金供应的主要来源，各国央行抛售的黄金储备属于已产黄金，矿产金及再生金共同构成了每年世界黄金存量增量。各国央行抛售黄金储备量受各国储备政策所左右，随着政治经济环境不确定性的增加，保持有一定量黄金储备已逐渐成为各国金融体系保持稳定的因素之一。目前，各国央行抛售的黄金储备占整体黄金供应比例较小。

2. 世界黄金的需求情况

由于黄金兼具商品与金融工具的双重特点，其需求可分为黄金饰品、工业用金、投资品和各国官方当局黄金储备四大类（图 7-3）。

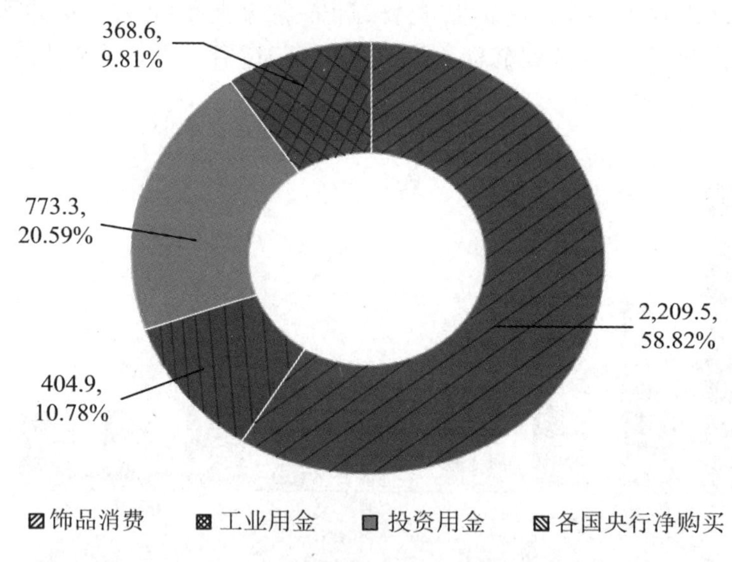

图 7-3　2013 年世界黄金需求量及各自比重（单位：吨）

资料来源：世界黄金协会（World Gold Council）。

上述需求情况说明，对黄金饰品及黄金投资的需求所占的比重最大，2013 年全世界黄金饰品和黄金投资的需求分别占黄金总需求的 58.82％和 20.59％。

（1）饰品需求。随着经济的持续增长，民众收入水平持续提高、生活质量不断改善，将加大黄金饰品消费。印度和中国仍然是全球最大的两个黄金消费市场，这两大市场在 2013 年占全球金属需求的 60％。

（2）投资需求。黄金具有储备和保值资产的特性，可以作为投资品赚取金价波动的差价。投资者对黄金投资品的需求除了与整个宏观经济相关之外，还受到资本市场、外汇市场等其他替代市场变化的影响。

(3) 工业需求。黄金在工业领域的应用越来越广泛:例如,在微电子领域越来越多的采用黄金作为保护层;牙科诊疗中,越来越多地使用黄金修复牙体缺损、缺失或用于牙齿矫正。尽管黄金价格高昂,但随着经济的发展,黄金以其特殊的金属性质使其需求量仍然保持较高的水平。

(4) 各国中央银行储备需求。从各国央行官方储备来看,美国依然是持有黄金储备最多的国家,且在其总储备中占比最大,我国的黄金储备在世界排名第六,但由于我国外汇储备额较高,因此黄金储备占总储备的比重偏低。截至 2013 年 12 月,世界黄金储备前 10 名国家及组织黄金储备及占总储备的比重如图 7-4 所示。

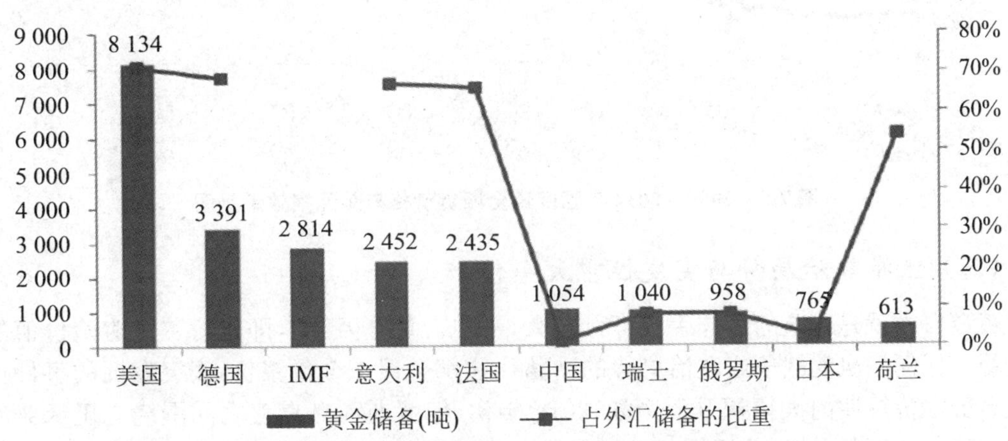

图 7-4　世界黄金储备前 10 名国家及组织黄金储备及占总储备的比重

(二) 经济因素

1. 美元汇率是影响国际金价波动的重要因素

目前,美元是各国的主要储备货币、国际贸易的结算货币,同时也是世界黄金市场的标价货币。美元指数是综合反映美元在国际外汇市场的汇率情况的指标,用来衡量美元对一揽子货币的汇率变化程度。因此,美元指数与黄金价格长期保持着负相关的关系,即美元指数上涨意味着黄金价格将会下跌,反之,美元指数下跌的时候黄金通常在上涨。回顾过去 20 年历史,美元对其他西方货币坚挺,则世界市场上金价下跌,如果美元小幅贬值,则金价就会逐渐回升。过去 14 年金价与美元走势存在 80%的逆相关性(图 7-5)。

2. 国际石油价格走势间接影响黄金市场价格

在国际金融市场上,原油和黄金期货价格都是用美元计价,两者的价格在彼此的波动中隐藏着相对的稳定。一般情况下,国际油价上涨,金价也往往跟随上涨,然而国际油价下跌,金价也受累下行。从中长期来看,虽然油价与金价各自的涨跌幅度不同,但是两者在价格波动趋势上基本保持一致。

3. 投资者对全球通货膨胀预期影响国际金价走势

当一个国家的投资者对世界整体通货膨胀率预期走高,就会引起人们的恐慌,手中的货币购买力下降,人们就会购买各类黄金投资工具,以求资产保值,最后推动黄金价格就会不断攀升。

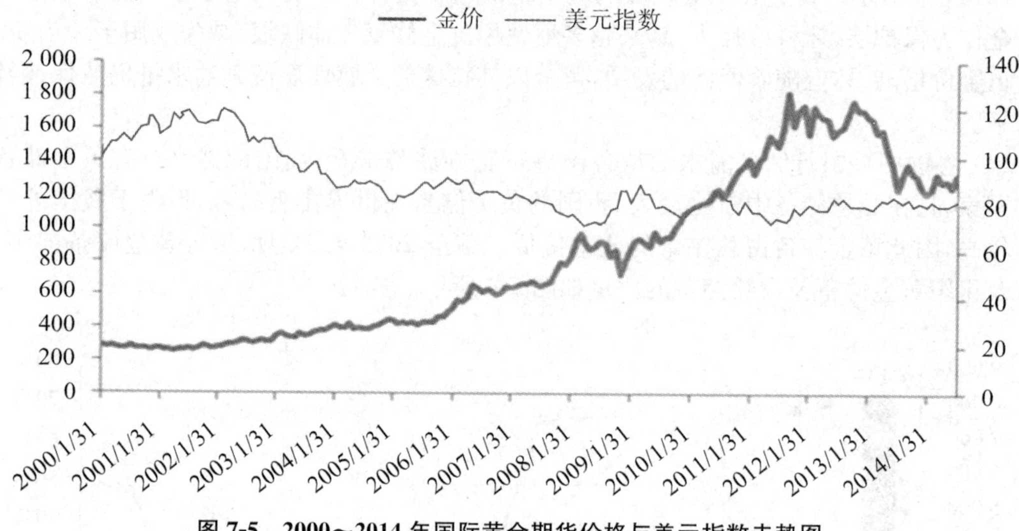

图 7-5 2000～2014 年国际黄金期货价格与美元指数走势图

（三）世界政治局势与突发性重大事件

黄金自古就是避险的最佳手段，所谓“大炮一响，黄金万两”，即是对黄金避险价值的完美诠释。任何一次的战争或政治局势的动荡往往都会促涨金价银价，而突发性的事件往往会让金价银价短期内大幅飙升。例如，2014 年初，俄罗斯和乌克兰之间围绕克里米亚地区控制权的争议不断升级，美国等西方国家介入并对俄罗斯进行经济制裁。2014 年 2 月国际金价上涨 6.6%，这样 2014 年前两个月黄金价格已经累计上涨了 14%，国际金价“一鼓作气”冲上 1360 美元。

资料链接 7-4

通胀飙升推动金价　今日黄金窄幅走高

目前盘内暂时稳定于 1866 美元/盎司一线附近，日线金价保持涨势。日内重点将关注“恐怖数据”零售销售和工业生产报告以及美联储官员讲话，数据预计都将可能表现强劲，而利空金价，美联储讲话则关注是否继续维持鸽派利率的立场。

基本面上，由于通胀飙升的推动，使得黄金及美元双双保持强势，在通胀仍在持强的情况下，此局面将继续维持下去，关注未来几个月的通胀是否会开始消退，如美联储官员所讲，以及市场预期，金价则看好动力延续至 2022 年第一季度，并在之后开始遇阻产生加大回落，并又在年底开始多头起涨，并看好刷新历史高点。

本周来看，由于短线交易商的一些例行获利了结，黄金价格有所回落，但上行趋势依然稳固。对通胀压力上升的担忧可能会继续推动对贵金属的新的购买兴趣。另外，市场中另一个令人担忧的因素是中国和欧洲部分地区确诊病例的增加。一些国家再次实施商业和公共限制，这可能会阻碍经济增长。

1870 美元强阻有效，谨慎看涨，高位切莫追多是明确的，激进的要入空也可以，就以 1870 美元为防守足矣，其次回顶多看至 1855 美元昨日盘低点位，这是在数据不影响前提下所能预期到的目标位。

鉴于当前黄金的价格走势存有较大不确定性，稳健期间还是待金价回撤至 1855 美元一带介入做多，上行首先可看 1870～1875 美元区域，能够有效突破此区域，那么多方进一步延伸可看 1890 美元，甚至是 1900 美元关口，总之现阶段看涨态势要远大于看跌回撤。

资料来源：金投网，https://gold.cngold.org。

本章小结

国际金融市场作为国际间资金融通和交易的场所，在参与者、风险差异、受管制程度等方面有别于国内金融市场。国际金融市场的产生和发展对市场所在国及世界经济发挥着广泛而深远的影响。

欧洲货币市场起源于欧洲美元市场，其形成与发展过程中有众多重要的推动因素。作为国际金融市场的最重要的组成部分，有其特定的交易主体、交易对象和交易媒介，是一个完全国际化的金融市场。

欧洲货币市场对世界经济的发展虽有一定的负面影响，但其积极作用是主流。欧洲货币市场作为战后的国际金融市场创新，将随着国际经济金融形势的变化继续得到发展。国际资本市场是指期限在一年以上的金融工具交易的场所，具体可分为银行中长期信贷市场、国际债券市场和国际股票市场。

国际银行中长期信贷市场贷款的利率通常采用浮动汇率，随市场汇率变化而变化，借贷双方自由讨论确定利率。一笔数额较大、期限较长的贷款往往由数个国家的多家银行组成银团提供。对金额大、期限长的贷款，还可以划定一个不还本只付息的宽限期，在宽限期后开始还本等措施。

国际证券市场交易的对象主要有政府债券、企业债券和企业股票等。

世界黄金市场是国际金融市场的一个重要组成部分，并和其他国际金融市场有着密切的联系。各种不同的因素共同决定国际黄金价格，同时国际黄金市场行情变化和发展的态势，对其他国际金融的子市场以及各国的经济都会产生较大的影响。黄金市场的交易方式主要有现货交易和期货交易两种方式。世界五大黄金市场既相互联系又有着不同的特点和地位。

◆ 思考题

1. 简述国际金融市场与国内金融市场的区别。
2. 简述国际外汇市场发展的新特点。
3. 试述欧洲货币市场的产生与发展对世界经济的影响。

参考文献

[1] 孟昊. 国际金融理论与实务[M]. 北京：人民邮电出版社，2010.

[2] 郑甘澍. 国际金融学[M]. 上海：上海财经大学出版社，2013.

[3] 安辉. 国际金融学[M]. 北京：清华大学出版社，2014.

[4] 谭中明，徐文芹，等. 国际金融学[M]. 镇江：江苏大学出版社，2011.

[5] 陈雨露. 国际金融[M]. 北京：中国人民大学出版社，2011.

第八章　国际资本流动与金融危机

学习目标

通过本章学习，掌握国际资本流动的概念、类型、动因，熟悉当代国际资本流动的主要特征和影响；了解国际资本流动的主要理论和一般模型；熟悉债务危机的基本概念，了解拉美主权债务危机和欧洲主权债务危机的形成原因和解决办法；深刻理解货币危机的基本概念和原理，能够运用一般货币危机的理论模型分析20世纪90年代以来主要的货币危机。

导入案例

"前三季度，我国对外投资的降幅逐渐收窄，表明我国对外投资正逐渐回暖。"在对前三季度中国对外投资合作数据进行解读时，西南财经大学博士生导师、中国国际贸易学会副秘书长肖慧琳作出以上判断。

商务部发布的数据显示，2021年1～9月，中国非金融类对外直接投资5227.6亿元，同比下降5.2%(折合807.8亿美元，同比增长2.4%)；对外承包工程完成营业额6952.9亿元，同比增长9%(折合1074.4亿美元，同比增长17.7%)；新签合同额10329.6亿元，同比下降1.7%(折合1596.2亿美元，同比下降6.2%)。

肖慧琳分析道，在中国出台的各项纾困政策和举措的支持下，前期疫情对中国对外投资的影响逐渐减小。同时，对外投资金额受到美元贬值的影响，以美元计算的投资额呈现增长的趋势，对外投资整体金额依旧保持较为稳定的发展态势。

数据显示，1～9月，中国对"一带一路"沿线国家投资合作持续增长，中国对沿线国家非金融类直接投资148.7亿美元，同比增长14.2%，占同期总额的18.4%，比去年同期上升了1.9个百分点。在沿线国家承包工程完成营业额618亿美元，同比增长16.3%；新签合同额808.1亿美元，同比下降3.5%。

"目前，我国对外投资的方向与领域比较明确，集中向'一带一路'沿线国家投资发展。对外承包工程以基础建设为主，尤其是针对'一带一路'沿线的大型基础设施建设项目，对于恢复全球产业链供应链意义重大。"肖慧琳如是说。

肖慧琳表示，基础设施建设和互联互通是中国与"一带一路"沿线国家深化务实合作，推动经济发展的核心内容与重要途径。同时，交通运输建设和一般建筑是进行基础设施建设和互联互通的两个主要代表行业。因此，新签大项目主要集中于这两个行业也是"一带一路"建设高质量发展趋势下的必然结果。进一步扩大中国对外投资规模有何意义？

资料来源：国际商报，2021年11月26日。

第一节　国际资本流动概述

一、国际资本流动的概念

国际资本流动(International Capital Flows)是指资本从一个国家转移到另一个国家,也就是资本在国际间的转移和运动。国际资本流动作为国际间经济交易一种基本类型,不同于以所有权的转移为特征的商品交易,它是以使用权的转让为特征,以盈利或平衡国际收支为目的,并且一国在一定时期内的国际资本流动状况,主要反映在该国的国际收支平衡表的金融账户中。

当国际间投融资活动发生的时候,就会发生资本的跨国移动。如果这个过程中还相应伴随有商品、服务的流动,通常就称为商品资本、生产资本或实际资本流动(Real Capital Flow);反之,则属于货币资本、借贷资本或金融资本流动(Financial Capital Flow)。金融资本流动是占有主体地位的国际资本流动。

在流量分析中,资本流出(Capital Outflow)说明一国对外国的资产增加或负债减少,资本流入(Capital Inflow)说明一国对外国的负债增加或资产减少。在存量分析中,净资本输入国指一定时期内该国累计的资本流入大于资本流出,净资本输出国指一定时期内该国累计的资本流出大于资本流入。

二、国际资本流动的类型

国际资本流动按照不同的标准可以划分为不同类型,通常按照资本流动期限的长短将其分为两种基本类型:长期资本流动和短期资本流动。

(一) 长期资本流动

长期资本流动(Long-term Capital Flow)是指使用期限在一年以上或未规定使用期限的资本流动。按照资本流动方式的不同,它又分为国际直接投资、国际证券投资和国际贷款3种类型。

1. 国际直接投资

国际直接投资(International Direct Investment)也称为"外国直接投资"(Foreign Direct Investment,简称"FDI"),是指一国居民以一定生产要素投入另一国,并取得投资企业的全部或部分管理控制权的跨国投资活动。

国际直接投资的主要特征包括:投资者通过拥有股份,掌握企业的经营管理权;能够向投资企业一揽子提供资金、技术和管理经验;不直接构成东道国的债务负担。国际直接投资的形式多样,其具体方式包括:

(1) 创建新企业。这种形式也被称为"绿地投资"(Greenfield Investment),是指外国投资者在东道国境内直接创建独资企业、设立跨国公司分支机构或创办合资企业。这种方式既可以集中各方经营优势,又可分散投资风险,是较为普遍的直接投资方式。

(2) 收购(兼并)外国企业。这是指外国投资者通过一定程序和渠道购买东道国企业股票达到一定比例后，从而拥有对该企业相应比例的股权。例如，美国规定，拥有外国企业股权达10％以上，属于直接投资。IMF则规定，拥有25％的股权，可视作直接投资。这种投资方式的最大优点是可以使投资者较快进入国际市场。

(3) 利润再投资。是指投资者对在国外投资获得的利润不汇回国内，而是将部分或全部利润留下，对原企业或其他企业进行再投资。显然这种投资不引起一国资本的流入或流出，可以避免国际金融市场上汇率变动带来的风险。

国际直接投资实际并不限于国际资本流动，还包括企业的管理权限和方法、生产技术、市场营销渠道、专利权和商标等多种无形要素的转移。直接投资的实现有时也不需要资本的实际国际移动。比如，投资者可以在东道国筹集资金或者用公司的保留利润进行再投资，或用专利、商标等无形要素入股。

2. 国际证券投资

国际证券投资(International Portfolio Investment)也称为“国际间接投资”(International Indirect Investment)，是指投资者通过在国际金融市场上购买外币有价证券(股票或债券)而进行的投资。国际证券投资也可分为国际债券投资和国际股票投资。国际证券投资的主要特征有：它是一种金融投资活动；相对于国际直接投资而言，流动性大，风险性小；投资收益主要来自利息、股利及交易差价等；投资者对投资企业无实际控制权和管理权；在国际证券市场上发行债券，构成发行国的对外债务。

证券投资相对于直接投资的显著区别在于：证券投资的目的是获取股票、债券等证券的股息、债息和红利及证券买卖差价的利润，对投资对象企业并无管理控制权，而直接投资者具有对投资企业的管理控制权，并承担企业的经营风险和享受企业的经营利润。

3. 国际贷款

国际贷款(International Credit)主要是指一年以上的政府贷款、国际金融机构贷款、国际银行贷款和出口信贷。国际贷款的基本特征有：不涉及在外国建立生产经营实体，或收购企业的股权；不涉及国际证券的发行和买卖；贷款收益是利息，风险主要由借款者承担；构成借款国的对外债务。

(1) 政府贷款(Government Loan)。政府贷款是一国政府向另一国政府提供的贷款。政府贷款多为发达国家向发展中国家提供的援助性、双边优惠贷款，利率较低，期限也长，资金来源于国家财政预算。政府贷款通常建立在良好的政治外交关系基础上，是政府间的借贷行为。并且一般附带条件或者指定用途，比如规定必须用于购买贷款国企业的出口商品，或者用于指定开发援助项目。

(2) 国际金融机构贷款(Loans by International Financial Institutions)。国际金融机构贷款是由国际货币基金组织、世界银行集团、亚洲开发银行等全球性和区域性国际金融机构向成员组织政府提供的贷款。国际金融机构贷款也不以直接盈利为目的，具有国际援助的性质，贷款利率通常比私人金融机构的贷款利率低，期限也相对较长。但这种贷款往往限定用途，贷款与特定的建设项目相联系，手续非常严格。贷款要按规定逐步提取，而且在提取和具体使用过程中，都有国际金融机构派出的专门人员监督。

(3) 国际银行贷款(International Bank Credit)。国际银行贷款是国际商业银行提供的贷款，可以由独家银行提供，或是银团贷款的形式。大数额的国际银行贷款通常采取辛迪加银团贷款的形式，由一家银行牵头，多家银行参加，共同对一个借款人提供贷款，并共同承担贷款风险。国际银行贷款是以盈利为目的，不限定用途，贷款数额可以很大，期限很长，贷款利率较高。并且，除了向借款人收取利息，国际商业银行还要求借款人承担与借贷协议的签署、贷款资金的调拨和提取等有关的一系列杂项费用。

(4) 出口信贷(Export Credit)。出口信贷是一种中长期贸易信贷方式，是一国为了支持和扩大本国资本货物的出口，鼓励本国银行对本国出口商或外国进口商(或进口方银行)提供优惠利率贷款，从而解决本国出口商的资金周转困难问题，或者是满足外国进口商对本国出口商支付货款的需要。出口信贷属于专款专用的限制性贷款，有指定的用途，必须用于购买贷款提供国的出口商品。贷款利率低，其低于国际金融市场的差额通常由出口国政府或政府金融机构予以补贴。出口信贷期限较长，一般为5～8年，但最长不超过10年。出口信贷的发放与信贷保险相结合。一般由出口国的官方或半官方的信贷保险机构承担偿还担保，如英国的“出口信贷保险部”(ECGD)、美国的“外国信贷保险协会”(FCIA)等，都为本国商业银行提供出口信贷承担还款保险。

出口信贷主要有买方信贷、卖方信贷、福费廷、信用安排限额、存款安排和混合贷款等几种形式。

(二) 短期资本流动

短期资本流动(Short-term Capital Flows)是指期限为一年或一年以内的资本流动。短期资本流动大多借助于短期政府债券、商业票据、银行承兑汇票、银行活期存款凭证等信用工具，这些短期资本容易转化为货币，资本流动量大，流动频繁，可以迅速和直接地影响一国的货币供应量。

按照资本流动的不同动机，短期资本流动可以分为贸易性资本流动、金融性资本流动、保值性资本流动和投机性资本流动四大类。

1. 贸易性资本流动

贸易性资本流动是指由于国际贸易而引起的国际资本流动。为结清国际贸易往来所产生的债权债务，货币资本必然从一国流往另一国，就会形成贸易性资本流动。在国际贸易中，出口商通常允许进口商延期支付货款，当出口商或其开户银行向进口商提供短期延期支付的信贷时，进口商的对外债务增加或债权减少，这就形成了贸易融通性的短期资本流动。

2. 金融性资本流动

金融性资本流动也称“银行资本流动”，是指各国经营外汇的银行和其他金融机构之间的资金融通而引起的国际资本转移。这种资本流动主要为银行和金融机构相互调剂资金余缺服务，包括套汇、套利、掉期、头寸调拨、同业拆借等形式。金融性资本流动的金额大、流动频繁，对利率和汇率的短期变动有一定影响。

3. 保值性资本流动

保值性资本流动又称“资本外逃”(Capital Flight)，是金融资产的持有者为了资金的安全或保持其价值不下降，进行资金调拨转移所形成的短期资本流动。当一国面临下列情况：国内政局不稳，资本安全失去保障；或经济形势恶化，货币趋于贬值；或国家宣布实行外汇管制、限制资金外流；或国家增加某些征税时等，都可能引起大规模资本外逃以达到保值目的。

4. 投机性资本流动

投机性资本流动是指投资者利用利率、汇率、金融资产或商品价格的波动，进行各种投机性交易活动而引起的国际间资本转移。这种资本流动完全以获取差价收益即投机盈利为目的。由于国际金融一体化、国际金融创新等因素的影响，这种短期投机性资本（常被称为“游资”或“热钱”）越来越具有非常强的流动性、敏感性、虚拟性、投机性和破坏性，对全球经济金融的稳定会产生巨大的影响。

三、国际资本流动的根本原因及其影响因素

国际资本流动实质上是资本的国际化，即资本的循环和增值运动从一国的范围向国外的延伸。马克思指出：“如果资本输往国外，那么，这种情况之所以发生，并不是因为它在国内已经绝对不能使用，是因为它在国外能够按更高的利润率来使用。”战后实践证明了，追求较高的资本预期收益率，获取高额利润是国际资本流动的内在动力和根本原因。即由于自然资源条件的差异和世界经济发展的不平衡性，各国资本的预期收益率必然形成差异，而资本的本性——追求利润最大化，总是驱使它去最大限度地实现价值增值，不断地从预期收益率低的国家向预期收益率高的国家转移，从而形成国际资本流动。

追求较高的资本预期收益率，尤其是追逐高额利润是国际资本流动的内在动因，此外国际资本流动还受到很多其他因素的影响，主要有以下几个方面：

（一）资本供求

供求规律是市场经济运行的主要规律之一。一旦供求失衡，商品和生产要素就会流动，直至达到新的均衡。同时，世界市场的出现，又使得商品和生产要素的流动国际化。资本作为生产要素或一种特殊商品，当然也遵循这一规律。

从国际资本的供给方面看，发达国家的经济发展水平高，资本积累的规模越来越大，但其国内经济增长缓慢，各种经济矛盾不断激化，国内投资场所日益萎缩，投资收益逐渐下降，因而出现了大量相对过剩的资本。在这种情况下，过剩的资本就会流向海外投资环境较好的国家，特别是劳动力充裕、自然资源丰富的发展中国家，以谋取高额利润。

国际资本的需求是多方面的，但是发展中国家的资本需求是最为明显的。许多的发展中国家由于国内储蓄或收入不足以支持经济发展所需要的投资需求，为了开发本国资源，扩大生产能力，创新产品和技术，促进经济的持续发展，需要积极地引进外国资本弥补经济发展的资金缺口，从而形成了对国际资本的巨大需求。资本的大量过剩和巨大需求，是影响国际资本流动的重要因素。

（二）利率与汇率

利率与汇率是市场经济运行中的两大经济杠杆，对国际资本流动的方向和规模有十分重要的影响。

利率的高低会在很大程度上决定金融资产的收益水平，因而追逐高额利润的国际资本总是从利率较低的国家流向利率较高的国家，直至国际间的利率大体相同时，才会停止。当然，由利率差异引起的国际资本流动并不是无条件的，它还会受到货币的可兑换性、金融管制和经济政策目标等因素的制约。

汇率的高低与变化通过改变资本的相对价值，对国际资本流动产生影响。如果一国的货币汇率坚挺或持续升值，以该国货币表示的金融资产价值就会上升，从而会吸引国际资本流入该国。而如果一国的货币汇率不稳定或趋于贬值，资本持有者为避免所持的资本实际

价值损失,会把手中的资本或货币资产转换成他国资产,从而会导致资本流出该国。

利率和汇率一般是呈正相关的,它们往往分别或共同促使资本在国际间流动。例如,一国利率提高,会引起国际短期资本内流,外币的供给增加,从而使本币汇率上升;一国利率降低,则会引起该国短期资本外流,外币的供给减少,从而使本币汇率下降。

(三) 经济政策

国际资本流动与各国和地区政策措施的调整有很大的关系。如金融管制或自由化政策、提供融资便利、税收优惠、风险担保等,对资本流动会产生强有力地推动或阻碍作用。例如,为克服国内资金短缺的困难,政府会制定出一系列优惠政策、改善投资软硬环境等措施来吸引外国资本;为调节国际资本流动的方向和规模,政府可采取或松或紧的外汇管制,并制定出国内外的投资政策和指南等。特别是在世界经济不景气或国际经济关系不稳定时期,各国经济政策对国际资本流动产生的影响更为重要。

(四) 风险因素

政治、经济及战争风险的存在,也是影响国际资本流动的重要因素。政治和战争风险如一国政局不稳,国内发生政变,法律不健全,东道国的法律、法规对外资采取不平等待遇或歧视性政策,战争爆发等,对资本的安全和价值造成不利影响。经济风险如利率、汇率的变化,通货膨胀的加剧及经济状况的恶化等,都有可能导致货币资本产生贬值损失。为规避风险,大量资本从高风险的国家和地区转向低风险的国家和地区。并且,从投资策略上看,为了降低风险可能造成的损失和提高投资收益,国际资本不仅要求投资分散于国内不同的行业,而且要求投资分散于不同的国家,即同时持有多种形式的、具有不同风险与收益率的资产,由此也导致了资本的国际流动。

(五) 技术及其他因素

科学技术的进步,特别是现代化的交通、通信、信息网络技术的不断创新和发展,将世界各金融中心连为一体,为国际资本的快速流动以及资本的全球化创造了必要的物质条件。

(六) 国际资金流动具有的自身膨胀机制

国际资本作为一种货币形态,具有与国内资本一样的信用货币创造机制。在分析国内金融市场的存款货币创造过程中,我们常用以下存款乘数公式 $k=1/(r+e+c)$。这里,k 表示存款乘数;r 表示法定存款准备金率;e 表示超额存款准备金率;c 表示现金漏损率。这一原理同样适用国际资本。以国际资金流动活跃的欧洲货币市场为例,一笔存款进入欧洲货币市场后,如果这笔存款在欧洲货币市场上贷放,则会创造出一系列派生存款。而且,在欧洲货币市场上不存在法定准备金限制,从理论上讲,欧洲货币市场上存款货币创造大于国内金融市场。因此,在货币乘数的作用下,国际资本流动的规模得以“自我生长”。

此外,政治及新闻舆论、政府对金融市场和外汇市场的干预、人们的心理预期等因素,都会对短期资本流动的规模和方向产生极大的影响。

第二节　当代国际资本流动的特征和影响

一、当代国际资本流动的特征

20世纪90年代以来，国际资本流动进入全球化发展阶段，规模空前扩大，流动速度加快，流动方式多样化，极大地促进了世界经济增长。

（一）国际资本流动规模巨大，繁荣与衰退交替

自20世纪90年代以来，全球资本流动规模总体上保持稳步增长。以外国直接投资(FDI)为例，联合国贸易和发展会议统计数据表明，1999～2000年全球FDI流入流出总量与1995～1996年相比增加了近2倍，发达国家甚至是原有规模的5倍。2001年，由于受美国网络经济泡沫破灭影响，全球资本净流动急剧回落，FDI同比减少40%，此后于2004年开始恢复增长，于2007年达到历史最高峰值2万亿美元。2009年，因受国际金融危机的全面打击，全球资本流动规模锐减，全球FDI流量跌至谷底，全年仅为1.22万亿美元。经历了2010年的短暂回升后，2011年FDI流入量升至1.7万亿美元。由于欧洲主权债务危机全面爆发导致全球经济增长明显放缓，2012年成为20世纪90年代以来全球国际资本规模第三次出现负增长的年份，当年FDI流量下降18%，降至1.33万亿美元。欧债危机的出现虽然成为抑制资本流动的因素，但欧美国家相继出台货币宽松政策又形成推动资本流动的巨大动力，2013年全球FDI重现增长，流量增长9%，达到1.45万亿美元，相当于2005～2007年的危机前水平。为应对新冠肺炎疫情(COVID-19 Pandemic)，世界各地实行的封锁政策减缓了现有投资项目的进度，经济衰退的预期促使跨国公司重新评估新项目。2020年，全球外商直接投资(FDI)流量下降了35%，从2019年的1.5万亿美元降至1万亿美元(图8-1)。这是自2005年以来的最低水平，比2009年全球金融危机后的谷底低了近20%。

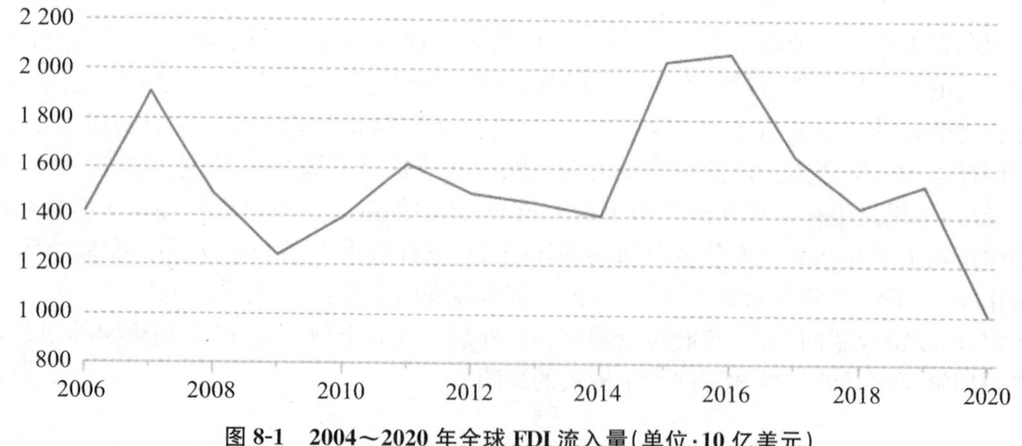

图8-1　2004～2020年全球FDI流入量(单位:10亿美元)

数据来源:UNCTAD《World Investment Report 2021》。

（二）发展中国家在全球投资中的地位显著上升

20 世纪 90 年代以后，发展中国家对外直接投资规模不断扩大，跨国公司数量不断增加，1991～1994 年发展中国家 FDI 分别占世界流量的 4.2%、10.6%、14.6%和 16.8%。但 1995 年后，发达国家所占比重重趋上升。1995～2000 年，发展中国家 FDI 总量由 490 亿美元增长至 995 亿美元，但占全球总量的比重由 13.8%下降至 8.6%，其中 1998 年甚至降为 3.8%。进入 21 世纪后，随着中国、印度等发展中国家以及俄罗斯等经济转型国家的崛起，发达国家占全球 FDI 比重趋于下降，2003～2005 年分别降为 91.7%、84.4%和 83%。据联合国贸发会议《2013 年世界投资报告》统计，2012 年发达经济体 FDI 流入量较前年下降了 32%，发展中国家 FDI 流入量占全球总量创纪录地达到了 52%，有史以来首次超过发达经济体（多出 1420 亿美元），接受直接外资的前 20 大经济体中有 9 个经济体为发展中国家。与此同时，在 FDI 流出量方面，发达国家占全球总量的比例从 2011 年的 70.5%下降至 2012 年的 65.4%，而发展中国家的比例则由 2011 年的 25.2%上升至 2012 年的 30.6%，在全球衰退的背景下，发展中国家的跨国公司继续进行海外扩张，其中亚洲国家是最大的直接投资来源国，占发展中国家总量的 3/4。受新冠疫情影响，2020 年流入发达经济体的 FDI 降至 3120 亿美元，下降了 58%，但流入发展中经济体的 FDI 减少幅度较小，只减少了 8%，为 6630 亿美元。其中，流入中国的 FDI 增长了 6%，达到 1490 亿美元，这主要归功于经济增长的韧性、投资便利化的努力和持续的投资自由化。此外，2020 年，亚洲发展中国家已是最大的 FDI 流入地区，占全球 FDI 一半以上，增长 4%，达到 5350 亿美元。

（三）跨国公司在国际资本流动中的作用举足轻重，跨国并购非常活跃

当今国际资本流动、特别是外国直接投资的主角是跨国公司。跨国公司拥有巨额的资本、庞大的生产规模、先进的科学技术、全球的经营战略以及现代化的管理手段，其触角遍及全球各个市场，成为世界经济增长的引擎。2013 年，8 万多家跨国公司及其 80 万家外国子公司在全球从事商品和服务生产。据联合国贸发会议统计，2012 年跨国公司的 FDI 存量增长 9%，达到 23 万亿美元，跨国公司的外国子公司创造了 26 万亿美元的销售额（其中 7.5 万亿美元为出口额），较 2011 年增长 7.4%。外国子公司贡献的增加值（产值）达 6.6 万亿美元，约占全球国内生产总值的 9.2%；增长率 5.5%，与全球国内生产总值 2.1%的增幅相比相当突出。2012 年，100 家最大的跨国公司（多数来自发达经济体）的国际生产增长处于停滞状态，而设在发展中和经济转型期经济体的 100 家最大的跨国公司的外国资产增加了 22%，其国际生产网络的扩张仍在进行。大型跨国公司是全球 FDI 的主要参与者，虽然受新冠疫情影响，2020 年其盈利有所下降，但前 100 强跨国公司的现金持有量显著增加，证明了大型跨国公司是具有韧性的。2020 年，全球跨国公司数量约为 1600 家，增长了 7%；作为援助计划的一部分，一些新进入的跨国公司是在新的国有股权的参与下产生的。

2020 年，已披露的绿地投资项目价值降至 5640 亿美元，是有史以来最低水平。外国投资者的地理重心转移至发达经济体。因此，发展中国家面临着前所未有的绿地 FDI 项目的低迷。传统绿地投资方式逐步缩减，而跨国并购则成为推动全球 FDI 增长的主要方式。FDI 流量增长一定程度受益于跨国公司盈利增加，推动股票价格上升，进而提高跨国并购的交易金额，驱使跨国并购占 FDI 流量比重不断提高。根据联合国贸发会议以 2013 年价格价值计算，1990 年全球跨国并购规模仅为 984 亿美元，此后至 2000 年呈稳步上升，2000 年规模接近于 1990 年规模的 10 倍。经过 2001～2003 年短期波动后，全球跨国并购规模于 2007

年达到历史最高峰，超过1万亿美元。在国际金融危机的冲击下，2009年至2013全球跨国并购规模在3000亿美元至5000亿美元区间波动。2020年，跨境并购销售额达4750亿美元，与2019年相比下降了6%。与总体趋势相反，由于联合利华(英国)与联合利华(荷兰)以810亿美元的价格进行了公司重组，食品、饮料和烟草方面的跨境并购价值翻了两番，达到860亿美元(图8-2)。新冠疫情给数字和卫生部门带来了巨大的推动，因此最大的目标行业是信息和通信以及制药行业。

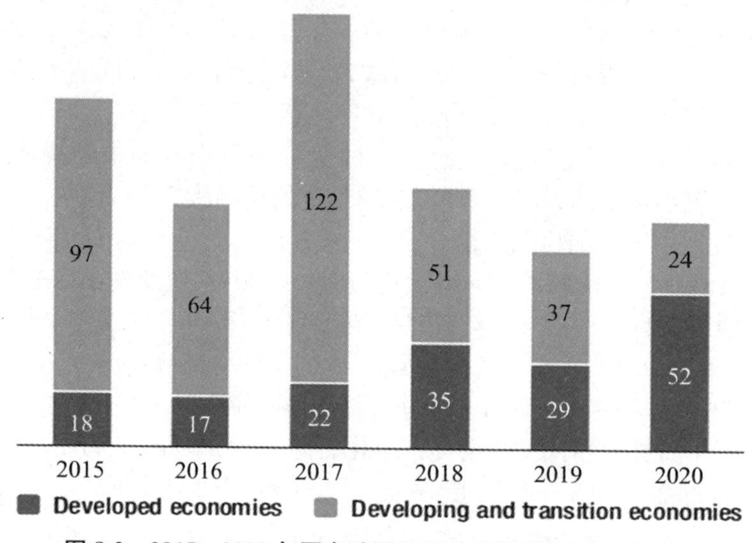

图8-2　2015～2020年国有跨国公司的跨国并购(十亿美元)

数据来源：UNCTAD《World Investment Report 2021》。

(四) 国际资本流动推动全球产业结构调整

国际资本快速流动也推动了全球产业结构的调整，国际产业转移经历了逐步由原材料工业向加工工业、由初级产品工业向高附加值工业、由传统工业向新兴工业、由劳动密集型产业向资本和技术密集型产业转移这样一个由低级到高级、越来越高级化和多元化的发展过程。20世纪50至70年代，国际产业转移主要以初级产品加工和原材料为主，主要由发达国家向发展中国家进行单向转移，而且向发展中国家转移的多是发达国家已经失去竞争优势的劳动密集型产业，或是一部分资本和技术密集型产业。尤其是在20世纪六七十年代，发达国家主要生产并出口资本和技术密集型产品，发展中国家主要生产并出口资本密集型和劳动密集型工业制成品的格局已基本形成。自20世纪80年代开始，工业发达国家进一步推动产业结构的高级化，使产业结构的重心向高技术化、信息化和服务化的方向发展，并将重工业等资本技术密集型产业向国外大量转移。20世纪90年代以后，由于知识经济和信息时代的到来，国际产业转移结构高级化和多元化态势进一步加强，发达国家不仅继续向发展中国家转移劳动密集型和一些资本、技术密集型产业，甚至开始向一些发展中国家转移高新技术的研发和高技术产品的生产工序，国际产业转移已进入劳动密集型、技术密集型和资本密集型产业转移并存的阶段。

以国际直接投资为例，20世纪70年代初期，现代服务业仅占国际直接投资存量的1/4，进入20世纪90年代以后，第三产业中的金融、保险、旅游和咨询等服务业和资本技术密集型产业成为国际直接投资的重点领域。2020年，服务业部门占全球FDI存量的比例达

56%，初级部门占比不足2%。总的来说，当前服务业占世界经济总量的比重约为70%，主要发达经济体的服务业比重接近80%；服务领域跨国投资占全球跨国投资的比重已接近2/3，服务贸易占世界贸易的比重约为1/5(表8-1)。

表8-1　FDI的部门分布情况

部门/产业	价值（十亿美元）		增长率	数量		增长率
	2019	2020		2019	2020	
全部	846	564	−33%	18261	12971	−29%
初级产业	21	11	−47%	151	100	−34%
制造业	402	237	−41%	8180	5139	−37%
服务业	422	315	−25%	9930	7732	−22%
按价值计算的前10大产业						
能源和天然气	113	99	−13%	560	529	−6%
信息和通讯	66	81	22%	3332	2903	−13%
电子和电子设备	53	46	−14%	1201	862	−28%
化学	47	40	−15%	752	442	−41%
建造	66	35	−47%	437	319	−27%
汽车	62	33	−47%	1022	558	−45%
焦炭和石油精炼	94	30%	−69%	109	54	−50%
运输和仓储	43	26	−39%	764	627	−18%
贸易	22	23	5%	688	572	−17%
金融和保险	24	19	−19%	1028	715	−30%

数据来源：UNCTAD《World Investment Report 2021》。

（五）资产证券化成为国际资本流动的重要形式

伴随着技术进步以及金融创新、金融脱媒的浪潮，国际资本流动呈现出证券化趋势。1984年，国际银团贷款总额593亿美元，首次低于当年的国际债券发行总额814亿美元，确立了国际证券筹资在国际筹资中的主导地位。自1993年以来，证券投资在国际资本流动中所占的份额基本上都在45%以上。金融创新推动下的国际资本证券化一方面加速了资本的跨国流动，另一方面更进一步造成了国际资本脱离实体经济的发展。

二、国际资本流动对经济的影响

国际资本流动已经成为世界经济发展的主要推动力，对整个世界经济以及资本流动相关国经济产生多方面的深刻影响。

（一）长期资本流动对经济的影响

1. 对世界经济的影响

(1) 推动世界经济的增长。一方面，资本进行跨国转移的根本原因在于资本输出的盈利大于资本留守在国内投资的盈利，这意味着输出国因资本输出在资本输入国创造的产值，会大于资本输出国因资本流出而减少的总产值；另一方面，资本输出又能推动资本输入国生产力的进步和管理水平的改善，因此国际资本流动必然有利于提高全球资源的配置效率，增加世界的总产出和福利，从而成为当代世界经济发展的主要推动力。

（2）加速经济全球化进程。经济全球化分为贸易全球化、生产国际化和金融全球化三个层面。国际资本流动是经济全球化的重要载体，有力地推动了经济全球化进程。首先，国际资本流动有力地推进了国际贸易的发展。其次，国际资本流动特别是以跨国公司为核心的国际直接投资促成了生产的国际化。最后，国际资本流动是金融全球化的重要动力，促进了国际金融市场规模、业务范围的不断扩大，国际金融市场日趋成熟和统一。

2. 对资本输入国经济的影响

长期资本流动对输入国经济的积极影响主要表现在以下几个方面：

（1）弥补国内资本不足，缓解资金短缺的困难。通过外资投入经济建设，加快经济发展。

（2）促进输入国的技术、工艺和设备的改善，推动产业结构改造，提高生产过程中的科技含量和工业化水平。

（3）扩大产品出口数量，提高产品的国际竞争力。资本输入国利用外资所带来的先进技术和海外销售渠道，扩大本国产品出口规模，提高了产品的出口创汇能力和国际竞争力。

（4）创造更多的就业机会和税收来源，增加国家财政收入。

长期资本流动对输入国经济的消极影响主要表现在以下几个方面：

（1）大量外国资本的输入如果没有被有效地管理和使用，容易出现还本付息的困难，造成沉重的债务负担，严重情况下甚至可能引发债务危机。

（2）加深国民经济对外的依赖性，损害经济发展的自主性。特别当有些国民经济的命脉部门被国际垄断资本控制，可能会使资本输入国丧失经济政策自主权。

（3）对于资本输入国，特别是大量对外负债的国家来说，世界经济的波动，如利率和汇率的变动、国际资本供求的变化、国际金融危机等，可能对资本输入国经济产生冲击和损害。

（4）外国投资在输入国建立起来的经济实体，一方面对当地的自然资源进行掠夺性的开采；另一方面又大举挤占当地销售市场，加剧市场竞争，使输入国企业生存和发展空间变得狭小，影响输入国经济的正常运行。

3. 对资本输出国经济的影响

长期资本流动对输出国经济的积极影响主要表现在以下几个方面：

（1）促进商品和劳务出口，带动贸易的发展。资本输出国在投入货币资本的同时，往往需要投入工艺技术、成套生产设备和专家服务，并可在所投资的企业生产中力求使用资本输出国所提供的原材料和半成品，从而带动本国产品出口。

（2）提高投资收益，增加国民收入。通过把在输出国国内利润率较低的资本和一些闲置资本转移到资本短缺但投资机会较多的国家和地区，能够获取更高的投资总收益，为资本输出国带来更多的利润，从而增加国民收入。

（3）有助于克服贸易保护主义的壁垒。资产输出国通过对外直接投资方式将本国的技术工艺和机械设备等作为资本投入到贸易保护国，就地生产就地销售，从而跨越贸易保护主义壁垒，维持和扩大海外市场份额。

(4) 有利于输出国获取廉价的自然资源和生产力资源，降低生产成本，赚取更大利润；还可以将这些廉价的自然资源和原材料产品返销本国，满足国内的需要，并降低国内的消费成本。

(5) 有利于提高国际地位。向国外输送长期资本，在增强输出国经济实力的同时，还可以直接影响资本输入国的经济、政治甚至整个社会生活，从而提高输出国的国际地位。

长期资本流动对输出国经济的消极影响主要表现在以下几个方面：

(1) 减少国内就业机会，妨碍国内经济的发展。大量资本的长期输出必然会使输出国国内的生产投资受到一定影响，导致就业机会减少，财政收入降低。

(2) 面临较大的投资风险。一旦资本输入国发生政局动荡、实施不利于外资的法令、对外资不擅管理而陷入债务危机等，都会使输出国资本的安全性降低，减少输出资本的收益。

(3) 培养潜在的竞争对手。长期资本流动不仅输出了货币资本，还将先进的技术、设备和现代管理方法带进资本输出国，大大提高了输出国的经济发展能力和竞争力，从而孕育出潜在的竞争对手。

（二）短期资本流动对经济的影响

短期资本流动特别是投机性资本的流动，对经济的影响是多方面的。

1. 对国际收支和汇率水平的影响

当一国的国际收支出现暂时性逆差时，该国货币的汇率会下跌，如果投机者认为这种下跌只是暂时的，就会按较低的汇率买进该国货币，形成资本流入，从而有助于减少国际收支逆差；当一国的国际收支出现暂时性顺差时，该国货币的汇率会上升，如果投机者认为这种上升只是暂时的，就会按较高的汇率卖出该国货币，形成资本流出，从而有助于减少国际收支顺差。所以，短期资本流动可以调节暂时性国际收支失衡，起到稳定该国货币汇率的作用。

但是，当一国国际收支出现持续性逆差，该国货币汇率持续下跌，从而会刺激投机者卖出该国货币，形成资本流出，进一步扩大国际收支逆差；当一国国际收支出现持续性顺差，该国货币汇率持续上升，则会刺激投资者买入该国货币，形成资本流入，进一步扩大国际收支顺差。所以，当一国出现持续性国际收支不平衡时，短期资本流动可能会加剧这种失衡，使得该国货币汇率更加不稳定。

2. 对货币政策的影响

短期资本流动期限短，变化速度快，对货币政策十分敏感。当一国试图通过提高利率紧缩国内通货时，利率的上升往往会引起大量的短期资本流入，这无疑会降低紧缩性货币政策的效力。而当一国试图通过降低利率扩张国内通货时，利率的下跌又会诱使大量的短期资本流出，显然又会降低膨胀性货币政策的效力。短期资本流动对货币政策的消极反应，降低了货币政策的效果，而且增加了各国政策协调的难度。

3. 对国际金融市场的影响

短期资本流动有助于增强国际金融市场流动性，刺激金融衍生品市场的发展，有助于国际金融市场的发展和壮大。但短期资本特别是投机性资本的迅速和大规模流动，会导致利率和汇率的过度波动，增加了国际金融体系的不稳定性和金融市场的脆弱性，造成国际金融市场动荡。

三、对国际资本流动的控制

由于国际资本流动对各国和世界经济的影响都各有利弊，因此各国政府和国际经济组织都希望采取有效的控制手段，促进那些有利的资本流动，限制不利的资本流动。

一般地，对国际资本流动的控制措施有：

1. 实行外汇管制

为限制国际资本流动，平衡国际收支和维持本国货币汇率，一国在必要时会实行外汇管制措施，如：① 对外汇买卖的数量直接进行限制和分配，防止投机行为。② 实行商业性汇率和金融汇率并存的复汇率制，分别适用于贸易和资本交易，并且在很多情况下，金融汇率远远高于或低于商业性汇率，从而在事实上达到限制资本流动的目的。

亚洲金融危机爆发后，马来西亚经济状况日益恶化。1998 年 9 月 1 日，马来西亚央行宣布实施一系列针对短期资金流动的外汇管制措施，包括：所有进出口均须采用外币结算；林吉特的汇率无限期锁定在 1 美元兑 3.80 林吉特水平，境外账户的资金转账需经央行批准；马元金融资产交易需通过指定机构进行；外国人购买马来西亚股票需持股一年；旅客携带马元出入境不得超过 1000 马元。从效果来看，马来西亚的外汇管制措施有力打击了投机者，及时遏制马元外流，缓解了国内流动资金短缺及利率上涨的压力；保持稳定汇率，减少企业破产与银行系统的不良贷款，阻止马来西亚经济衰退。但同时，这一严厉措施也在一定程度上打击了外国投资者对马来西亚金融体系的信心，影响外资流入的持续性。自 2005 年以来，为促进对外贸易发展和改善国内商业环境，马来西亚逐步放宽了外汇管制。

2. 使用税收和准备金控制短期资本流出流入

为控制资本流动，特别是短期资本流动，许多国家会采取一些直接的限制资本输出输入的措施，一些国家还利用准备金率、税率等措施对资本流动的方向或规模进行调整。

为限制资本流出通常采取的措施有：① 规定银行对外贷款的最高额度。② 限制企业对外投资的国别和部门。③ 对居民境外投资征收利息平衡税等。如 1963～1974 年，美国政府为减少资金外流，就对国内居民购买外国长期债券所得的利息及其他收益征收利息平衡税。

为限制资本流入通常采取的措施有：① 对吸收非居民存款的银行要缴纳较高的存款准备金。② 对非居民本币存款不付利息。③ 控制本国企业向外借债。④ 限制非居民购买本国有价证券等。如 1977～1978 年，前西德政府限制西德非居民购买某些种类的德国债券，并要求提高非居民在德国存款的准备金率。

但也有些国家面对巨额资本流入时，不是提高反而降低法定存款准备金率。如 1991 年，面对外资流入的高潮，智利政府开始对外国贷款征收一年期无息存款准备金（Unremunerated Reserve Requirement，简称“URR”），试图在不影响长期资本流入的前提下限制短期借贷。此后 URR 覆盖范围逐渐扩展到外商直接投资以外的多数外资流入，并形成了一系列配套措施。从性质上讲，URR 的实质是征收资本流入税。URR 已在智利、哥伦比亚、巴西、泰国等国得到成功应用，为新兴国家管理短期资本流动提供了宝贵的经验。

3. 加强国际间的政策协调与合作

随着金融自由化和金融市场国际化的发展，大量资本可能因各国政策的不协调而在国际间频繁流动，并对金融市场形成强烈的冲击。因此，加强国际间的政策协调与合作，对限制投机性资本流动、维护金融市场稳定具有重要作用。如在资本流动的信息披露、会计制度等方面加强沟通；在影响国际资本流动的货币政策的实施方面加强协调；在约束投机资本的市场炒作行为方面加强合作等等。只有通过各国和国际金融组织的努力，在一个金融机构拥有更大经营空间、金融监管更加严密有效的市场上，国际流动资本的破坏作用才会被降低，国际资本流动才能够更加促进世界经济发展。

资料链接 8-1

防范跨境资本异常流动风险

国家外汇管理局近日召开2021年全国外汇管理工作电视会议表示，2020年，面对新冠肺炎疫情的严重冲击和错综复杂的国际形势，外汇管理部门坚决贯彻落实党中央、国务院决策部署，结合疫情防控更加突出服务实体经济、推进改革开放和防范化解风险，全力做好“六稳”“六保”工作，维护了外汇市场平稳运行和国际收支基本平衡。

会议强调，2021年是“十四五”规划的开局之年。外汇管理部门要继续做好“六稳”工作、落实“六保”任务，更好地统筹发展和安全，强化机遇意识、风险意识，以深化外汇领域改革开放激发新发展活力，改革完善与新发展格局下更高水平开放型经济新体制相适应的外汇管理体制机制，微观上着力提升贸易投资自由化便利化水平，宏观上有效维护国家经济金融安全。

会议部署了2021年外汇管理重点工作。一是防范跨境资本异常流动风险。加强外汇形势监测评估，密切关注疫情等外部冲击影响，引导金融机构和企业坚持风险中性原则，打击外汇投机行为，加强市场预期管理和宏观审慎管理，避免外汇市场无序波动。二是深化外汇领域改革开放。以金融市场双向开放为重点，稳妥有序推进资本项目开放。完善境外机构境内发行股票、债券资金管理，推进私募股权投资基金跨境投资试点，改革外债登记管理，促进跨境投融资便利化。扩大贸易外汇收支便利化试点，促进贸易新业态发展。建设开放多元、功能健全的外汇市场，支持金融机构推出更多适应市场需求的外汇衍生品。三是完善外汇市场“宏观审慎＋微观监管”两位一体管理框架。以加强宏观审慎为核心改善跨境资本流动管理，以转变监管方式为核心完善外汇市场微观监管。完善以风险评估为导向的分类管理信用体系建设。加强非现场监管能力建设。以“零容忍”态度严厉打击地下钱庄、跨境赌博等外汇领域违法违规活动，维护外汇市场健康秩序。四是完善中国特色外汇储备经营管理。坚持市场化原则，前瞻性地做好战略配置，动态优化投资组合。保障外汇储备资产安全、流动和保值增值。五是夯实外汇管理基础工作。深入研究“十四五”时期外汇管理改革思路，推进“数字外管”和“安全外管”建设，完善国际收支统计体系，做好常态化疫情防控工作。

资料来源：经济日报，2021年1月7日。

第三节 主要的国际资本流动理论

一、国际资本流动的一般模型

国际资本流动的一般模型亦称为麦克杜格尔模型。麦克杜格尔(G. D. A. Macdougall)较早地从经济学角度对国际资本流动的原因及其效果作了分析,后来肯普(M. C. Kemp)又对其作了进一步分析完善。

该理论模型揭示了国际资本流动的原因是各国利率和预期利润之间存在差异。在各国市场处于完全竞争的条件下,资本可以自由地从资本充裕国流向资本短缺国。国际间的资本流动将使各国的资本边际产出率趋于一致,从而可以提高世界的总产量和各国的福利。国际资本流动的一般模型如图 8-3 所示。

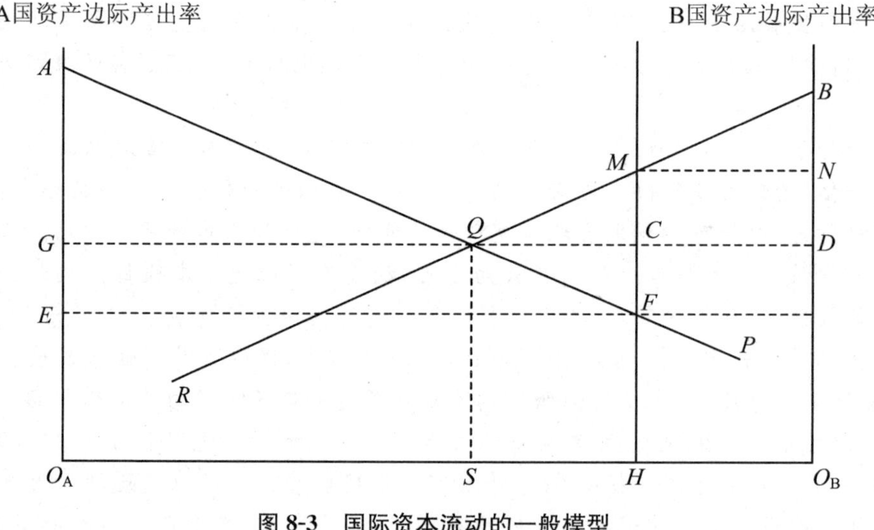

图 8-3 国际资本流动的一般模型

假定世界由 A(投资国)、B(接受投资国)两个国家组成。并且,资本是受边际产出率递减法则支配的,两国国内实行完全竞争,资本的价格等于资本的边际产出率。

图 8-3 中,横轴为资本量,世界资本存量为既定的 O_AO_B,A 国资本量为 O_AH,B 国资本量为 O_BH。纵轴为资本边际产出率。AP 线为 A 国递减的资本边际产出率曲线,也就是 A 国的资本需求曲线;BR 线为 B 国递减的资本边际产出率曲线,即 B 国的资本需求曲线。

在资本流动前,A 国使用 O_AH 量的资本和一定量的劳动,生产出 O_AAFH 量的产品,B 国使用 O_BH 量的资本和一定量的劳动,生产出 O_BBMH 量的产品,世界总产量为 O_AAFH+O_BBMH。这时,A 国的资本边际产出率 FH 低于 B 国的资本边际产出率 MH,并由此引起 A 国的资本向 B 国流动,直至两国资本的边际产出率相等,这种流动才会停止。也就是说,将有 SH 量的资本从 A 国流到 B 国,进而导致两国的资产边际产出率相等,即 $SQ=O_AG=O_BD$。

在资本流动后,A 国的产量变为 O_AAQS,B 国的产量变为 O_BBQS,与资本流动前两国总

产量 O_AAFH+O_BBMH 相比，两国共增加了三角形 MQF 的产量。这表明，国际间资本的自由流动能够提高资源配置效率，增加世界总产量。

资本流动对于 A 国来说，它的产量因对外投资而减少了 $SQFH$ 的量，但其国民收入并没有减少。因为它可以获得 $SQCH$ 量的对外投资收益（对外投资量×资本边际产出率，即 $SH \times SQ$）。只要对外投资收入量多于生产减少量（图中净得 QCF），投资国就能获得多于以前的国民收入。资本流动对于 B 国来说，它的产量因接受投资而增加了 $HMQS$ 的量，其中 $SQCH$ 支付给 A 国，国民收入可净增 QMC 的量。因此，国际间的资本自由流动，可使 A、B 两国分享世界总产量增加带来的利益。

国际资本流动的一般模型属于古典经济学理论，它揭示了国际资本流动的一般规律，为后来的理论研究奠定了基础。但这一模型建立在市场完全竞争，资本在国际间自由流动的前提下，这与现实有较大的差距。

二、国际证券投资理论的主要思想

（一）古典国际证券投资理论

这一理论产生于国际直接投资和跨国公司迅猛发展之前。该理论认为，国际证券投资的动因是各国之间存在的利率差异。进一步地，在国际资本能够自由流动的条件下，如果两国的利率存在差别，两国能够带来同等收益的有价证券的价格也会产生差别，即高利率国家有价证券的价格低，低利率国家有价证券的价格高，这样低利率国家就会向高利率国家投资购买有价证券。

有价证券收益、价格和市场利率的关系可用公式表示：

$$C = I/r$$

其中，C 为有价证券的价格，I 为收益率，r 为资本的市场利率。

古典国际证券投资理论有助于说明国际证券投资的起因和流动规律，但也存在着一些缺陷。例如，它只说明资本从低利率国家向高利率国家的流动，而未说明国际间大量存在的双向资本流动；它是以国际资本自由流动为前提，但现实中却存在着对国际资本流动的各种限制。

（二）证券投资组合理论

证券投资组合理论亦称资产选择理论（Portfolio Selection Theory），它是美国经济学家马科维茨（H. Markowitz）在 20 世纪 50 年代提出的。该理论认为，任何资产都具有收益和风险的两重性，投资者通过在各种资产之间进行选择，形成最佳组合，使投资收益一定时风险最小，或投资风险一定时收益最大。基于这样的考虑，投资者可能选择不同国家的证券作为投资对象，从而引起资本在各国之间的双向流动。

假设投资者持有两种证券 A、B 构成的证券组合 P，a、b 分别表示投资者持有证券 A、B 的份额，且 $a+b=1$。以 A、B 构成的证券组合 P 的收益 R_p 可以表示为各种证券收益（R_a，R_b）的加权平均数：$R_p=aR_a+bR_b$。这一证券组合的预期未来收益，由 A，B 的预期未来收益决定：$R_{p*}=aR_{a*}+bR_{b*}$（R_{p*}、R_{a*}、R_{b*} 分别表示证券组合、证券 A、证券 B 的预期收益）。

证券组合的风险用收益的方差衡量。证券组合的方差，取决于每种证券在证券组合中的份额、各种证券的方差和它们的协方差：$Var(R_p)=a^2Var(R_a)+b^2Var(R_b)+2abCov(R_a,R_b)$。

上式中，Var 表示方差，方差是某一变量围绕其中值或平均值发生变动的程度。Cov 表示协方差，协方差是 A、B 共同变动的程度。

如果某一种证券的收益比平均收益高，而其他证券的收益低于平均收益，则协方差为负数。由公式可知，协方差为负，有助于减少证券组合的整体方差，从而降低风险。

证券投资组合理论认为，任何资产都有收益与风险的两重性，并且提出以资产组合方法降低风险的思路。这一理论也能够说明国际间资本双向流动的原因、国际证券的选择和优化，这是对古典国际证券投资理论的突破，具有重要的理论意义和实践价值。但是该理论是建立在资本完全自由流动和金融市场高度发达基础上的，这是与现实情况不相符合的，因而有其内在的局限性。

三、国际直接投资理论的主要思想

国际直接投资理论的形成和发展同国际投资实践有着密切的关系。20 世纪 60 年代以前，国际贸易理论是解释对外直接投资的依据，如资源禀赋理论即赫克歇尔-俄林定理。20 世纪 60 年代以后，国际直接投资的规模明显扩大，特别是跨国公司的迅猛发展，引起了西方经济学者的普遍关注和研究，于是开始形成了视角各异、理论派别众多的当代国际直接投资理论。

（一）垄断优势理论(Monopolistic Competition Theory)

垄断优势理论又称为"产业组织论"(Industrial Organization Theory)，旨在解释企业的国际直接投资行为，是由美国学者海默于 1960 年首先提出，后来由约翰逊(H. G. Johnson)、凯夫斯(R. E. Caues)和金德尔伯格(C. D. Kindleberger)等人发展和完善。

垄断优势理论认为，对外直接投资不同于一般的证券投资，它不仅涉及资金的国际转移，而且同技术、知识、管理的转移以及对生产要素和市场的控制相联系。因此，以传统的国际资本流动理论(如新古典的利差说)来对之进行解释是很难成立的。

该理论的主要观点是：海外直接投资的理论依据是非完全竞争下的企业垄断优势，决定海外直接投资的原因是利润差异，而投资获利的多少则取决于垄断优势(包括产品市场优势、生产要素优势、规模经济优势、政府管理行为带来的优势等)的程度。跨国公司的利润来源于这种垄断所带来的规模经济。

垄断优势理论将国际直接投资作为一种不完全竞争模型进行研究，超越了传统的国际资本流动理论，具有开创意义。它强调直接投资不仅是简单的资本输出行为，而且是涉及一系列生产要素国际移动的微观企业行为，也有其现实依据。但作为微观分析，它没有从经济全球化的高度来分析跨国企业的生产与分工。并且，这一理论忽视了市场不完全性的一般形式而偏重于市场不完全性的具体形式，无法解释发展中国家企业的对外投资行为，因而在理论上缺乏普遍意义。

（二）产品生命周期理论(Product Cycle Theory)

产品生命周期理论是由美国哈佛大学教授弗农(R. Vernon)于 1966 年提出来的，它实际上是从时间顺序的角度，说明产品技术垄断优势变化对国际直接投资所起的作用。

产品生命周期是指一个产品从研制开发、投入市场到退出市场的过程，是产品的市场寿命。弗农认为，产品生命周期可划分为创新、成熟、标准化和衰退四个阶段。企业对外直接投资是产品从研究开发到成熟，再到标准化，最终过时这一过程中的一个自然阶段。在产品生命周期的不同阶段，产品的比较优势和竞争条件也发生相应的变化，从而决定着企业对外直接投资的发生和发展。

产品生命周期的第一阶段，即创新阶段(New Product Stage)，由于企业存在着某种程度的产品垄断，新产品的需求价格弹性小，尚未出现竞争对手，企业可以利用其产品的技术垄断优势在本国组织生产，占领国内市场，适当组织出口打进国际市场，获取高额利润，而无须进行对外直接投资。

第二阶段，即成熟阶段(Mature Product Stage)，由于产品需求增大，消费价格弹性增加，生产厂家增多，国内竞争激烈，同时国外也出现类似产品和生产厂家，企业技术优势逐渐丧失，成本价格因素在竞争中的作用日益重要。为了保持原有市场，排斥竞争对手，企业被迫进行防御性的对外直接投资，投资地区通常是同本国需求结构相似的国家。

第三阶段，即标准化产品阶段(Standardized Product Stage)这一阶段，产品的生产技术及产品本身已经完全成熟，趋于标准化，使得国内外企业都能加入同类产品的生产和销售，价格竞争已成为市场竞争的主要方式。企业加快对外直接投资步伐，将生产转移到某些生产要素成本低廉的国家和地区，以占领更多的产品市场份额，获得比在国内生产更多的盈利。当对外直接投资的产品大量返销国内时，表明产品的生命周期宣告结束，投资国企业已经完成了出口转向对外直接投资的过程。

第四阶段，即衰退阶段(Decline Stage)。该阶段产品的市场占有率已经饱和，并走向衰退，为新的产品所取代。

产品生命周期理论从企业垄断优势和特定区位优势相结合的角度深刻揭示了企业从出口产品转向直接投资的动因和过程，是动态的国际直接投资理论。该理论较好地解释了美国20世纪五六十年代对西欧、发展中国家的直接投资活动。但是，20世纪70年代以后，许多全球性跨国公司直接在国外开发新产品，其对外直接投资行为难以用产品生命周期理论作出解释，显示了该理论的局限性。

(三) 市场内部化理论(Internalization Theory)

市场内部化理论的思想渊源可以追溯到科斯定理。早在1937年，科斯(R. H. Coase)就在一篇题为《企业的性质》的论文中提出了内部化理论的雏形。70年代中期，英国经济学家巴克莱(P. J. Buckley)和卡森(M. C. Casson)等人在对科斯定理的观点进行补充和发展的基础上，系统地提出了市场内部化理论。之后，加拿大经济学家卢格曼(A. Rugman)进一步发展和完善了该理论。

内部化就是把市场建立在企业内部，以企业内部市场取代原来固定的外部市场交易的过程，并且企业内部的调拨价格起着润滑内部市场的作用，使它能像外部市场一样有效地发挥作用。

内部化理论认为，追求利润最大化是企业的经营目标。在市场不完全的竞争条件下，若将企业拥有的半成品、工艺技术、营销诀窍、管理经验和人员培训等“中间产品”通过外部市场进行交易，就不能保证企业实现利润的最大化。因此，企业通过对外直接投资在较大的范围内建立生产经营实体，形成自己的一体化空间和内部交换体系，就能够把公开的外部市场交易转变为不公开的内部市场交易，可以提高资源的配置效率，使交易成本达到最小化，实现企业利润的最大化。于是，跨国界的市场内部化过程，形成了跨国公司和海外直接投资。

内部化理论还将科斯(R. Coase)和威廉姆森(O. Williamson)的交易费用理论引入了对外直接投资的分析。根据分析,只要某个地方的国际资源配置内部化要比利用市场的成本少,在那里就会出现跨国企业。

内部化理论发展了垄断优势论,该理论的关于内部化发展超过国界便会产生对外直接投资和跨国公司的观点,有助于理解企业对外直接投资的动机和原因。但是,该理论没有从国际经济一体化的高度对跨国企业的国际生产与分工进行分析,也不能解释直接投资的地理方向和跨国经营的布局。

(四) 国际生产折衷理论(Eclectic Theory of International Production)

国际生产折衷论是英国经济学家邓宁(J. H. Dunning)于1977年提出来的,旨在解释跨国公司的对外直接投资行为。

该理论以市场不完善为前提,将产业组织论、生产内部化论和区位优势论综合起来,故而又被称为"国际生产综合论"。该理论认为,决定跨国企业行为和对外直接投资是由该企业本身所拥有的所有权优势(Ownership Advantage)、内部化优势(Internalization Advantage)和区位优势(Location Advantage)等三大基本因素共同决定的。这就是跨国公司海外直接投资的所谓OIL模式。

所有权优势是一国企业拥有或能够获得的、而国外企业没有或无法获得的资产及其所有权方面的优势,主要指独占无形资产和规模经济所产生的优势。该优势的大小直接决定企业对外直接投资的能力。

内部化优势是指企业将其拥有的所有权优势加以内部化而所获得的优势,而不是向其他国家企业出售其特有的优势。该优势决定了企业在直接投资、出口贸易和资源转让等国际经济形式中选择何种形式来实现其所有权优势。

区位优势是企业在投资区位上所拥有的选择优势。具体如某个国家的投资环境优良,企业能够获得廉价的自然资源和劳动力,利用当地的基础设施和市场便利,并且享受政府给予的各种优惠待遇等。该优势决定了企业进行对外直接投资和如何选择投资地区。

该理论认为,这三种优势影响跨国企业的投资决策,即企业关于国际直接投资、商品出口、以许可证转让技术这三种经济活动的选择行为。如表8-2所示,如果企业同时具有这三种优势,则发展对外直接投资是其参与国际经济活动的最佳形式,可以实现利润的最大化。当企业仅拥有所有权和内部化优势时,它可选择产品出口方式;而当企业仅拥有所有权优势时,则可选择技术转让方式从事经济活动。

表8-2 直接投资、产品出口、技术转让的选择

方式	所有权优势	内部化优势	区位优势
国际直接投资	拥有	拥有	拥有
商品出口	拥有	拥有	不拥有
以许可证转让技术	拥有	不拥有	不拥有

国际生产折衷理论克服了过去投资理论只重视资本流动的局限性,从动态角度分析了所有权优势、内部化优势和区位优势三个方面对企业国际直接投资的影响和选择。它阐明了国际直接投资并不取决于资金、技术和经济发展水平的绝对优势,而是取决于它们的相对优势。

理论创始人邓宁吸收了国际经济学中的各派相关理论思想，创建了“一个关于国际贸易、对外直接投资和国际协议安排三者统一”的理论体系，具有强烈的理论意义和实践价值。国际生产折衷理论作为迄今最完备的、“被人们最广泛接受的一种国际生产模式”，被誉为国际直接投资领域中的通论。但是，该理论对很多类型的对外直接投资现象仍然无法作出科学的解释，如无力解释发达资本主义国家的交叉投资、中小企业的对外直接投资行为等。

（五）比较优势理论（Theory of Comparative Advantage）

20 世纪 70 年代中期，日本学者小岛清根据国际贸易的比较成本原理，以日本企业对外直接投资的情况为背景提出了这一理论。

比较优势理论包括三个基本命题：赫克歇尔-俄林理论中的劳动和资本要素可以用劳动和经营资源来替代；比较利润率的差异与比较成本的差异有关；“美国型”的对外直接投资与“日本式”的不同。小岛清认为，美国对外直接投资主要分布于拥有比较优势的制造业，这不符合国际分工原则，而且会引起国际收支不平衡和贸易条件恶化。因为拥有比较优势的产业部门通过对外直接投资把生产制造活动转移到国外，就会减少本国同类产品的出口量，使本国可以通过出口而保持的巨额贸易顺差丧失殆尽。这种贸易替代型的投资不利于促使国际收支平衡和改善贸易条件。与美国不同，日本的对外直接投资是偏重于贸易创造型的，即对外直接投资不仅没有替代同类产品的出口，而且带动了本国产品的出口。这主要是因为日本企业能够遵循国际分工原则。日本向海外投资建厂的企业，一般都是国内已经失去比较优势的产业部门，并向具有比较优势国家和地区投资。而在本国组织生产的企业，则是在国内拥有比较优势的产业部门，并以此扩大产品的出口规模。这种贸易创造型投资使日本在扩大对外直接投资的同时，保持了巨额国际贸易顺差。

所以，该理论的核心结论是：对外直接投资应该从本国（投资国）已经处于或即将处于比较劣势的产业——这也是对方国家（东道国）具有明显或潜在比较优势的产业依次进行。这种直接投资可以显示东道国的比较优势，扩大贸易量，增加两国间的福利。

比较优势理论从国际分工角度研究国际直接投资，它强调在国际直接投资中起决定作用的是企业的比较优势，而不是企业的垄断优势。这对过去从企业发展论和产业组织论角度研究国际直接投资的主流，无疑是一个重大冲击。该理论特别适合于说明新型工业化国家对发展中国家的投资，但该理论不能很好解释发展中国家的对外直接投资行为，也无法解释 20 世纪 80 年代之后日本对外直接投资的实践。

（六）小规模技术理论和技术地方化论

20 世纪 80 年代初期，随着发展中国家跨国公司的兴起，一些学者开始从理论上探讨发展中国家跨国公司的竞争优势。

小规模技术理论是美国经济学家威尔斯（L. T. Wells）于 1983 年提出的，旨在解释发展中国家对外投资竞争优势的来源，他认为发展中国家进行跨国投资的竞争优势是相对的，这种竞争优势主要来自于与母国市场特征密切相关的低生产成本。威尔斯主要从三个方面分析了这种相对竞争优势：第一，发展中国家拥有为小市场需要提供服务的小规模生产技术；第二，发展中国家在民族产品的海外生产上颇具优势；第三，低价产品营销战略，这是发展中国家跨国公司形成竞争优势的重要原因。由于发达国家的技术在市场容量小的发展中国家无法取得规模优势，所以发展中国家往往在引进技术之后，按照当地市场小批量的需求规模和多样化的需求特征对技术进行改造。

小规模技术理论被西方理论界认为是发展中国家跨国公司研究中的早期代表性成果。但从本质上看,小规模技术理论是技术被动论。它将发展中国家跨国公司的竞争优势仅仅局限于小规模生产技术的使用,可能会导致这些国家在国际生产体系中的位置永远处于边缘地带和产品生命周期的最后阶段。同时该理论很难解释一些发展中国家的高新技术企业的对外投资行为,也无法解释当今发展中国家对发达国家的直接投资日趋增长的现象。

英国学者拉奥(S. Lall)于1983年提出技术地方化理论来解释发展中国家对外直接投资行为。拉奥在深入研究了印度跨国公司的竞争优势和投资动机后,认为发展中国家跨国公司的技术特征尽管表现为规模小、使用标准化技术和劳动密集型技术,但这种技术的形成包含着企业内在的创新活动,创新给引进企业带来新的竞争优势。根据拉奥的理论,对外来产品、外来技术进行改进、创新以及将这种技术知识当地化,是发展中国家企业对外投资的根本原因,因此发展中国家企业的竞争优势不仅来自其生产过程与当地的供给和需求条件紧密结合,而且来自创新活动中所产生的技术和规模经济效益。创新所生产出来的产品能更好地满足当地或邻国市场的需要,以及发达国家不同层次、不同品味人群的需要。

第四节　国际债务危机及其剖析

一、国际债务危机概述

(一) 外债的概念

国家外汇管理局于2015年发布的《中国外债统计数据诠释文件》指明,外债是指中国居民对非居民的债务拖欠,包含外币和人民币债务。外债总额指的是中国居民对非居民负债的实际余额,即需要在未来某些时候支付给债权人的本金的总和。按照偿还责任划分,外债可分为主权外债和非主权外债。主权外债是指由一国政府举借的、以国家信用为担保的外债。非主权外债是指除主权外债以外的其他外债。

由此可见,外债是指在任何特定的时间,一国居民对非居民承担的已拨付尚未清偿的具有契约性偿还义务的全部债务。它具有以下特点:

(1) 居民与非居民之间的债务,债权方必须是非居民,债务方是本国居民;

(2) 具有契约性偿还义务的债务,按此定义国际债务不包括外国直接投资,因为它不是"具有契约性偿还义务"的债务;

(3) 一个时点的外债余额,即外债是一个存量概念而非流量概念;

(4) 包括以外币表示的债务和以本币表示的债务。

(二) 债务危机的概念

债务危机(Debt Crisis)是指一国不能按时偿付其国外债务,包括主权债务和私人债务,表现为大量的公共或私人部门无法清偿到期外债,一国被迫要求将债务重新安排和寻求国际援助。

国际债务危机爆发的内在原因主要有:不切实际地追求高速经济增长目标;国内经济政策失误导致不合理的经济发展结构;财政赤字庞大,债务负担沉重;债务国缺乏有效的外债宏观调控，管理混乱等。

国际债务危机爆发的外在原因主要有：世界经济衰退或金融危机是债务危机的主要诱因；国际金融市场上利率和汇率的上浮增加了债务成本；统一的货币政策使得宏观经济调控缺乏灵活性（例如，欧元区）；国际评级机构下调主权信用评级加速了债务危机的爆发。

（三）国际债务适度性的衡量指标

国际上通常采用下列指标来衡量一国国际债务适度性及其偿债能力：

(1) 负债率（外债依赖率）。负债率指一国年末外债余额与当年国内生产总值的比率（从1998年开始，原使用的“国民生产总值”数据调整为“国内生产总值”数据），这是衡量一国经济增长对外资的依赖程度，或一国总体的债务风险的参考指标。其公式为

$$负债率=当年年末外债余额/当年国内生产总值\times 100\%$$

一般地，负债率的参考安全数值是10%，若超过这一数值，就有可能是该国经济发展对外资过分依赖，当金融市场或国内经济发生动荡时，容易出现偿债困难。

(2) 债务率。债务率即一国当年外债余额占当年商品和劳务出口收入的比率（从1998年开始，外汇收入指国际收支统计口径的货物与服务贸易出口收入），这是衡量一国负债能力和风险的主要参考指标。其公式为

$$债务率=当年年末外债余额/当年商品和劳务出口收入\times 100\%$$

一般地，国际上公认的债务率参考数值是100%，即如果债务率超过100%，说明债务负担过重。但这也不是绝对的。因为一国即使外债余额很大，如果长期债务和短期债务期限分布合理，当年的还本付息额也可保持在适当的水平。

(3) 偿债率。偿债率指外债的本金和利息偿还金额（中长期外债还本付息与短期外债付息额之和）与当年国际收支统计口径的货物与服务贸易出口收入的比率，这是衡量一国还款能力的主要参考指标。其公式为

$$偿债率=当年应偿还本金和利息/当年商品和劳务出口收入\times 100\%$$

一般地，国际上认为偿债率指标在20%以下是安全的，否则就有发生偿债危机的可能性。当然这一限度只能作为参考，并不是说超过20%这一界限就一定会发生债务危机，因为一国的偿债能力除了取决于所借外债的种类、期限和数量以外，还取决于一国的经济增长速度和出口贸易的增长速度，即一国的经济实力。

(4) 短期债务比率。短期债务比率指当年外债余额中一年及一年以下期限短期债务占外债总余额的比例。其公式为

$$短期债务比率=当年年末短期债务余额/当年年末外债总余额\times 100\%$$

这是衡量一国外债期限结构是否安全合理的指标，它对某一年的还本付息额影响较大，国际上公认的参考安全线为25%以下。

(5) 短期外债储备率。短期外债储备率指短期外债余额与外汇储备的比例。其公式为

$$短期外债储备率=当年年末短期债务余额/当年年末外汇储备余额\times 100\%$$

这是衡量一国外汇储备对于负债的支撑能力的指标，国际上一般认为短期外债储备率应控制在100%以内，可以保障负债的安全性。

需要注意的是，在衡量一国外债负担时，往往要综合考察各项债务指标，如果只考虑某项指标，其结果可能就会出现偏差，因为每一项指标都有其局限性，都只反映某一方面的问题。

二、拉美主权债务危机剖析

1982年8月12日，墨西哥政府宣布无力按期偿还当年到期的外债本息，拉开了拉美主权债务危机的序幕。随后，巴西、委内瑞拉、阿根廷、秘鲁和智利等国也相继宣布终止或推迟偿还外债，到1986年底，有近40个发展中国家要求重新安排债务，世界性的债务危机全面爆发。

20世纪80年代，拉美债务危机的形成原因，应从债务国国内政策失误和世界经济外部环境的冲击两个方面加以分析。

（一）拉美债务危机爆发的内因

1. 盲目借取大量外债，致使外债规模膨胀

20世纪70年代的两次石油危机使石油输出国手中积累了大量的“石油美元”，它们投入欧洲美元市场，使得国际金融市场资金充裕，利率很低。许多发生国际收支逆差的发展中国家都转向国际金融市场借取大量外债。特别是非海湾地区的产油国家，在油价暴涨后乐观地认为依靠可观的石油收入足以维持偿债能力，更是借取了大量国外贷款来推动国内的大型建设项目，以追求所谓的“高速度、高增长”，加速实现工业化和现代化。当20世纪80年代初期世界经济陷入严重衰退、石油价格大幅下跌、国际金融市场利率急剧上升时，许多产油国家贷款便难以按期偿还，如墨西哥、委内瑞拉等都被国际清算银行列为重债国家。

2. 国内经济政策失误，加重债务负担

一方面，许多债务国自20世纪70年代以来就一直采取扩张性的财政和货币政策。扩张政策的实行，导致财政赤字加剧，通货膨胀严重和债务负担加重。在20世纪80年代初期和中期，阿根廷、玻利维亚、巴西和秘鲁等南美国家先后出现了3位数字的通货膨胀，使债务问题愈发严重。

另一方面，许多重债国都采用汇率高估政策，几乎所有的拉美重债国在1979～1981年其货币都处于定值过高的状态，严重削弱了本国出口商品的国际竞争能力，加重了国际收支的不平衡，而且国内资金不断地外逃，以避免日后不可避免的贬值。

到了1981年前后，国际金融市场利率水平开始不断攀升，世界贸易处于停滞状态，面对如此严峻的国际经济形势，这些拉美重债国没有及时紧缩和调整国内经济，平衡国际收支，而是继续实行扩张性的财政政策，一味实行不切实际的高增长目标，造成了一系列严重的后果。

3. 外债结构不合理，债务风险加大

拉美重债国经济发展计划都过于乐观，大多是在国际资金市场蓬勃发展时借入了超出自身偿还能力的大量贷款，但由于对外债缺乏宏观的控制和管理，没能形成合理的期限结构、利率结构和来源结构等债务结构。

首先，在这些国家所借取的外债中，以浮动利率债务为主，当国际金融市场利率水平攀升时，这些国家的债务负担明显加剧。据统计，1979～1982年，由于美国利率水平的提高使得拉美国家的债务拉高了490亿美元。其次，这些国家的外债中商业银行的比重过高，如1984年拉美国家对商业银行的借款占其外债总额的比重高达70.4%；15个主要债务国对商业银行的欠款比重达到60.3%。到了1982年以后，债务危机初露端倪，商业银行随即大幅

削减对发展中国家的贷款，这又加剧了发展中国家的资金周转困难，使得一些重债国出现偿债困难。最后，短期债务的增加使债务国每年的到期偿还额大大增加，从而加重了债务国的负担。

4. 债务管理不善，所借外债没有得到高效利用

拉美重债国的外债资金使用效率低下，未能把外债资金有效地用于生产性和创汇盈利性项目，而是投向规模庞大、周期长、收效慢的建设项目上，有的贷款项目最终没有形成任何生产能力。还有大量外债被用于非生产性开支，如弥补国有企业的亏损、国际收支赤字、财政赤字以及军事开支。外债没有给国家带来生产能力的快速增长，这样在世界经济形势突变时自然难以应付，无法如期偿还债务。

（二）拉美债务危机爆发的外因

1. 以发达国家为主导的世界经济衰退

20 世纪 70 年代的两次石油危机的冲击，使得在 80 年代初期出现了以发达国家为主导的世界性经济衰退。以美国为首的发达国家为了转嫁国内的经济危机，纷纷实行严厉的贸易保护主义，采取关税和非关税壁垒，减少从发展中国家的进口，从而导致发展中国家对发达国家的出口贸易大幅度减少，同时使得发展中国家的出口产品价格，尤其是低收入国家主要出口的初级产品的价格以及石油价格大幅下降。因此发展中国家的出口收入锐减，非产油发展中国家的出口收入增长率 1980 年为 23.8%，1981 年为 3.7%，1983 年出现了−5.2%。出口收入急剧下降，偿债能力自然下降，债务危机也在所难免。

2. 国际金融市场上利率和美元利率的上升

1979 年后，英美等主要发达国家纷纷实行了紧缩货币政策以克服日益严重的通货膨胀，致使国内金融市场利率显著提高。两年间，美元拆借利率从 11.2%提高到 20%，国债利率达 17.3%，基准利率更是高达 21.5%。美国货币市场利率的大幅提高还吸引了大量国际资金流向美国，又引起美元汇率的大幅上升。短短一年时间，美元指数就从 1980 年 7 月的 84.75 点上升至 1981 年 8 月的 112 点，上升了 33%。其他主要发达国家为了避免国内资金大量外流，也不得不相应提高其利率水平，从而形成了世界范围的利率水平大幅上升。拉美发展中国家的外债多为浮动利率的商业性贷款，国际金融市场利率水平的上升大大加重了其偿债负担，同时美元汇率上升也进一步使以美元为主要外债的拉美国家偿债负担大大加重。

3. 国际商业银行贷款政策的失误

国际商业银行在 20 世纪 70 年代和 80 年代的最初对拉美发展中国家的贷款迅速增加，一方面是由于石油危机后商业银行积累了大量石油美元，急需寻找放贷对象，另一方面是由于当时国际商业银行普遍认为国家的信誉最高，官方借款不会出现违约拖欠偿债的现象，例如商业银行普遍将花旗银行主席沃尔特·瑞斯顿的话奉为圭臬："国家永不会破产。"而发展中国家的外债主要是主权贷款，导致各银行自由地对外贷款，却没有采取借贷限额等限制风险的措施。

（三）拉美债务危机的解决方案

债务危机爆发后，以美国为首的西方债权国先后提出了一系列计划和方案帮助债务国

恢复经济、创造缓和债务危机的条件。

1. 债务重新安排(1982～1984 年)

这是债务危机爆发后的最初解决方案。1982 年债务危机爆发后,美国等国家同国际货币基金组织制订紧急援助计划。一方面,向债务国提供贷款以缓解其短期内的偿债压力。另一方面,在国际货币基金组织的协调下,由债权国银行、债权国政府和债务国政府共同协商,重新安排到期债务,主要是延长偿还期限,但并不减免债务总额。

续借外债和重新安排债务无疑有助于暂时减轻债务国的偿债困难,缓和债务危机,但国际货币基金组织同时要求债务国实行紧缩的经济政策,包括下降经济发展速度、减少投资、控制工资的增长、压缩消费等。这种紧缩政策造成了拉美国家经济严重衰退、人民生活水平大幅度下降、政局动荡等问题。

2. 贝克计划(1985～1988 年)

1985 年 10 月,美国前财政部长詹姆斯・贝克在国际货币基金组织和世界银行联合年会上正式提出了新的债务危机解决方案,方案的要点是通过安排对债务的新增贷款、将原有债务的期限延长等措施来促进债务国的经济增长,但同时要求债务国调整其国内政策,进行“综合、全面的宏观经济与结构改革”,如实行国有企业私有化、减少政府对经济的干预、进一步开放资本和股票市场、放松投资限制、实行贸易自由化和资本流动自由化等措施。

与以往简单的债务重新安排方案相比,贝克计划强调了必须实现债务国长期的经济增长,不能单纯依靠紧缩经济来平衡国际收支。但是贝克计划的目标不是削减债务国的债务,而是试图将债务国的偿债负担降到其经济增长能够承担得起的水平。贝克计划虽然得到了债权国的支持和债务国的欢迎,但对解决债务危机依然收效甚微,因为这个计划缺少具体的措施,如债务国的经济调整计划能否实现经济增长,各方面的协调能否顺利进行等等,而且它提供的援助款项对于债务国的巨额债务而言无异于杯水车薪。

3. 布雷迪计划(1989 年以后)

1989 年 3 月,布什政府的美国前财政部长布雷迪提出了新的债务危机解决方案,即布雷迪计划。其核心内容是:鼓励商业银行取消债务国部分债务;要求国际金融机构继续向债务国提供新贷款,以促进债务国经济发展;提高还债能力。同以往方案相比,布雷迪计划把解决外债的重点放在债务本息的减免上,而不是放在借新债还旧债的方式上,这一计划意味着严峻的现实迫使美国政府开始承认减免债务是解决债务问题的必由之路。

布雷迪计划不仅减轻了债务国的偿债负担,而且提高了债务国的信用,增强了市场对这些国家的信心。墨西哥、巴西、阿根廷、委内瑞拉等拉美主要债务国全部加入了这一计划,各国也不同程度地进行了经济结构调整和体制改革,贸易自由化、私有化、降低通货膨胀等措施初见成效。1990 年以后,随着美国利率显著下降,对发展中国家尤其是债务危机国的资金流入开始恢复。到 1992 年,以拉美为首的发展中国家历时 10 年的债务危机基本宣告结束。

长达 10 年之久的债务危机对拉美国家造成了极大的危害,使得 20 世纪 80 年代成为拉美“失去的 10 年”,而且对美国、日本等主要债权国以及整个世界经济的稳定和发展产生了严重影响。拉美债务危机也充分表明了,在利用国外资本发展经济过程中,若外债规模过大、结构不合理、管理失控,便会引发债务危机。所以,稳定有序地开放本国资本市场、保持合理的外债规模和结构、有效地监管和利用外资,是开放条件下维持一国经济长期健康发展的基础。

三、欧洲主权债务危机剖析

（一）欧洲主权债务危机的演进

2009 年 10 月 20 日，希腊政府宣布当年财政赤字和公共债务占 GDP 的比例预计将分别为 12.7％和 113％，远远高于欧盟《稳定与增长公约》设定的上限 3％和 60％。鉴于希腊政府财政状况显著恶化，2009 年 12 月，全球三大信用评级机构——惠誉、标准普尔和穆迪相继下调希腊主权信用评级，由此引爆希腊政府债务危机，同时也拉开了欧洲主权债务危机的帷幕。

希腊主权债务危机爆发后，迅速传染到了欧元区的其他国家。同样面临财政赤字和公共债务超标问题的爱尔兰、葡萄牙、西班牙和意大利等国也开始陷入债务危机，主权债券收益率也大幅上升，逐渐表现出难以为预算赤字和负债进行再融资。2010 年 2 月 9 日，欧元空头头寸已增至 80 亿美元，创下历史最高纪录。欧盟国家的信心危机也开始产生，主权债务危机在欧洲全面爆发。

2010 年 4 月，随着惠誉、穆迪等国际信用评级机构再度下调希腊的主权信用评级，导致希腊的融资问题进一步恶化，希腊正式向欧盟和国际货币基金组织请求资金援助，欧债危机开始升级。2010 年 11 月 10 日，爱尔兰国债收益率升至欧元诞生以来的最高水平，债务形势告急。11 月 21 日，爱尔兰政府终于正式向欧盟和国际货币基金组织请求提供救助，爱尔兰沦为第二个希腊。2011 年 4 月，在面对失业率上升、债务评级下调、银根匮乏、融资困难等经济问题之后，葡萄牙成为继希腊和爱尔兰之后第三个寻求援助的欧元区国家。2012 年 6 月 25 日，西班牙正式向欧元集团提出了 1000 亿欧元银行业援助申请，成为欧债危机以来继希腊、爱尔兰、葡萄牙之后第四个接受救助国家，也是申请救助规模最大的国家。欧洲债务危机在缓慢的进展过程中愈演愈烈。

（二）欧洲主权债务危机的外部原因分析

1. 2008 年国际金融危机是欧洲主权债务危机的诱因

欧洲主权债务危机是 2008 年美国次贷危机引发的国际金融危机的延续与深化，2008 年金融风暴涉及全球金融市场，导致世界经济全面衰退，结果点燃希腊等欧洲国家已经暗藏多年的主权债务风险。金融危机使欧元区经济增长率从 2007 年的 2.8％下降到 2009 年的负 4.1％，失业率上升至 9.4％。经济衰退使各国政府税收减少，财政收支状况恶化。为应对金融危机与经济衰退，各国政府不得不采取财政刺激政策，并向金融体系注入了大量资金，用于增加银行的流动性和银行债务担保。这一做法在刺激经济、增加流动性的同时也造成了欧洲各国普遍债台高筑，政府公共债务和财政赤字急剧增加。据统计，2009 年，欧元区的平均财政赤字占 GDP 的 6.3％，公共债务占 GDP 的 78.7％，均超过《稳定与增长公约》规定的警戒线。根据欧盟数据显示，2009～2010 年，在 27 个成员组织中，除了瑞典和爱沙尼亚两个国家之外，其他所有成员组织在赤字和债务两方面均不达标。财政赤字与主权债务规模上升，招致评级机构对其信用评级的下调，进而引发信心危机，使融资成本上升，融资难度加大，最终导致债务危机爆发。

2. 国际信用评级机构助推了危机的扩大和升级

2009 年 12 月，国际三大信用评级机构惠誉、标准普尔和穆迪相继调低希腊的主权信用评级，引爆希腊主权债务危机。希腊危机爆发以来，危机每次升级和不断蔓延，其背后都有三大评级机构下调欧元区成员组织系列评级的举动。

评级机构对欧元区国家的频繁降级，令市场对欧元区主权债务危机陷入了极度恐慌，欧元区债台高筑，融资成本急剧攀升，欧元、欧股连遭重创。欧盟的救援行动也时常因市场的恐慌情绪而备受干扰。因此，国际信用评级机构在这次危机中起了催化剂的作用，助推了危机的扩大和升级。主权债务危机的爆发也引起人们对信用评级机构道德标准和结果准确性的质疑。诺贝尔经济学奖获得者米尔顿・弗里德曼形象地描述了评级机构的破坏力，“美国可以用炸弹直接摧毁一个国家，穆迪同样可以用债券间接毁灭一个国家”。

3. 国际投机资本的投机炒作加剧了危机的爆发

早在 2001 年，高盛集团与希腊合谋用货币互换等衍生性金融商品交易方式，为希腊政府成功地躲避掉一笔高达 10 亿欧元的公共债务，使得希腊在账面上符合了欧元区成员组织的标准而加入欧元区。高盛集团深知希腊通过这种手段进入欧元区面临潜在的债务危机风险，在希腊债务问题没有暴露之前，高盛集团大量购进希腊债务的 CDS（信用违约互换）。

希腊危机爆发后，高盛集团在市场上大肆“唱衰”希腊的支付能力，并大量抛售欧元，引发市场对欧元区的恐慌，导致希腊和欧元区的 CDS 疯涨。与此同时，国际上一些著名的对冲基金也开始在市场上借机炒作，并大举沽空欧元。2010 年 3 月份，欧元空头头寸规模从 70 亿美元快速上涨至近 121 亿美元，增幅高达 73%。高盛、巴克莱等大型投资银行还面向对冲基金相继推出一种沽空欧元的结构型金融衍生产品。由于投资银行和对冲基金的大肆炒作和大量抛售欧元，使得欧元汇率急剧下跌，而希腊等欧元区成员组织的信用违约掉期价格翻倍上涨。投机活动加剧了市场的恐慌，导致不断恶化。

（三）欧洲主权债务危机的内部原因分析

1. 欧元区自身制度缺陷

欧元区货币政策决策权集中在欧洲央行，而财政决策权却分散在各个成员组织政府，统一的货币政策和各国分散的财政政策难以协调，这种制度设计对欧元构成了一个不稳定因素和隐患。作为一个主权国家，当公共债务和财政赤字居高不下，对国民经济产生严重影响时，政府可以通过调节汇率与利率、增加货币供给量等宏观政策调控手段，刺激经济增长、推动出口、增加收入，以便缓解债务压力。由于欧元区国家货币汇率和利率由欧洲中央银行掌控，因此当出现债务危机后，政府就失去了用货币政策来应对公共债务危机的能力。可以说，这种制度上的重大缺陷导致了这场债务危机的不可避免。

同时，欧元区缺少严格的财政监督。欧盟在欧元区建立之初通过的《稳定与增长公约》提出了加入欧元区的标准，以保障欧元区各成员组织之间的“经济趋同”，避免差距过大。这项公约规定了欧元区各国在财政赤字、公共债务等方面的量化指标，如欧元区各国政府的财政赤字不得超过当年 GDP 的 3%、公共债务不得超过 GDP 的 60%，申请国必须达标才能加入，加入欧元区也必须始终遵守这些指标规定。然而，在贯彻落实《稳定与增长公约》的过程中漏洞很多，希腊当年在不达标的情况下取得加入资格，欧元区建立 10 多年中，包括法、德两国在内的很多成员组织在财政赤字和债务方面严重超标，欧洲央行予以警告，但各国仍自行其是，得过且过，导致欧元区各国的公共债务和财政赤字等问题愈演愈烈。

2. 欧元区内部经济结构失衡和不合理的资本利用

欧元区成员组织之间的经济结构存在着很大的差别。从危机发展历程来看，最早陷入危机的欧洲国家大多属于欧元区中经济发展比较滞后的国家，如希腊、爱尔兰等国，它们的经济结构十分不合理，更多依靠旅游业和劳动密集型产业，缺少支撑经济持续发展的核心产业，工业生产能力不发达。

由于经济结构的不合理，导致这些国家对流入的资本也没有有效利用。一直以来，较低水平的长期利率吸引了大量闲置资本和国际游资流向欧元区边缘国家如葡萄牙、希腊等。但他们对这些资金却没有投入生产，如希腊和葡萄牙将这些廉价货币花费在了公共部门和私人的消费上；爱尔兰等国则将这笔资金投资于国内房地产业，这些最终引致了银行部门的过度扩张和脆弱性。

同时，欧元区核心国家与边缘国家之间也存在着结构性矛盾。一方面欧元区核心国家和外围国家之间存在劳动生产率和竞争力差距不断扩大的趋势，另一方面由于外部资金的大量涌入从而推高了危机国家的工资和物价水平，削弱了本国产品的竞争力，造成实际收入不断下降，导致欧元区经济结构失衡逐步扩大。

3. 社会收入分配和保障制度存在弊端

欧元区各国实行以高福利为特色的社会收入分配制度和涵盖养老保险、失业救济、教育和医疗社会生活各个方面的保障制度。这种高福利的发展模式所导致的结果是，欧洲国家普遍存在劳动成本不断上升、竞争力明显低下的状况，发展速度和活力远远落后于新兴市场国家。随着各国老龄化程度不断加深，劳动力人口下降，生产产出减少，特别在金融危机爆发后，失业率不断攀升，使得社会保障支出进一步增加，政府财政负担进一步加重，主权债务水平进一步提升。

欧洲主权债务危机是欧盟历史上最严重的危机。这场危机对于尚未走出国际金融危机的阴霾的世界经济来说可谓“雪上加霜”，严重拖累了世界经济的复苏，危机加大了全球资本流动的无序性，加剧了国际金融市场的动荡。危机更是对欧元区国家的经济增长和社会稳定造成了极大威胁。

欧洲主权债务危机是内外因素综合作用的结果。这场危机充分暴露出欧盟治理和欧元区体制存在的诸多弊端，不但对世界各国有警示作用，而且对欧洲国家来说，既是严峻挑战又是从制度上完善欧元区治理、促进财政一体化的契机。特别是，这场危机也表明了，对一国来说，若资本流入仅创造出信贷繁荣却没有改善经济结构失衡和竞争力低下的状况，当资本流动趋势逆转，政府主权不可避免地陷入危险境地，甚至爆发危机。

2009 年底希腊主权债务危机爆发以来，欧盟、国际货币基金组织以及欧元区成员组织相继采取了一系列的应对和救助措施，力阻危机的蔓延和深化，如提供紧急救援贷款；建立永久性救援机制；强化财政纪律；强力推行财政紧缩政策等。当前欧债危机虽有所缓和，但是欧洲经济增长和财政紧缩两大问题尚未得到根本解决，欧元区经济复苏的前景仍令人担忧。

第五节 国际货币危机及其剖析

一、国际货币危机概述

（一）货币危机的含义

货币危机(Currency Crisis)又称“国际收支危机”(Balance of Payment Crisis),其含义有广义和狭义两种。广义货币危机是指一国货币的汇率变动在短期内超过一定的幅度。按照IMF定义,如果一年内一国货币贬值25%或更多,同时贬值幅度比前一年增加至少10%,那么该国就发生了货币危机。广义货币危机的最显著特点是该国货币短期内大幅度贬值。狭义货币危机主要发生于固定汇率制下,它是指市场参与者对一国的固定汇率失去信心的情况下,通过外汇市场进行抛售等操作,导致该国固定汇率制度崩溃、外汇市场持续动荡的事件。狭义货币危机的最显著特点是该国原来的某种形式的固定汇率制发生崩溃。

货币危机与金融危机(Financial Crisis)有显著区别。如上所述,货币危机有广义和狭义之分,都主要发生在外汇市场上,体现为汇率的变动。而金融危机的范围更广,不仅表现为汇率的变动,还包括股票市场、银行体系等国内金融市场上的价格波动,以及金融机构的经营困难与破产等。货币危机可以诱发金融危机,而由国内因素引起的金融危机也会导致货币危机的发生。

（二）货币危机的传播

在金融市场一体化的今天,一国发生货币危机极易传播到其他国家,这种因其他国家爆发的货币危机的传播而发生的货币危机被称为“蔓延型货币危机”(Contagion Currency Crisis)。

货币危机最容易传播到以下三类国家:

第一类是与货币危机发生国经济类型相似的国家。即与货币危机国有较密切的贸易联系的国家,或者有相似的经济结构、发展模式以及潜在经济问题(如汇率高估)的国家,则危机容易在这些国家之间互相传染。发生货币危机的国家对该国商品的进口下降,出口形成巨大压力,从而导致该国贸易收支恶化,进而诱发投机攻击。

第二类是实行货币一体化安排的国家。如果国家之间实行了货币一体化制度安排,必须保持货币政策、财政政策和汇率政策的一致性。否则在这种区域经济链条最薄弱的环节容易受到投机资本冲击,并容易传染到其他相关国家。

第三类是过分依赖国际资本流入的国家。影响比较大的货币危机发生后,国际金融市场上的投机资金一般都会调整或收缩其持有的外国资产,至少是收缩存在较大风险的国家的资产。许多国家将不可避免地发生相当部分资金流出的现象,如果该国不能承受这种资本流出,就也有可能会发生货币危机。

（三）货币危机的影响

货币危机无论对危机发生国还是对世界经济都会带来深刻的影响,这一影响以不利影响为主，但也会有积极的成分。

首先对货币危机发生国而言，货币危机的不利影响主要表现在：① 货币危机发生期间，大量资本在国内外的频繁流动，造成金融市场剧烈动荡。② 外国资本大举撤出该国，会给该国经济发展带来沉重打击。③ 一国的经济秩序也往往因此陷入混乱状态，容易诱发金融危机、经济危机乃至政治危机、社会危机。

此外，危机发生后，一国政府被迫采取的浮动汇率制度因为短期内缺乏政府有效管理而波动过大，不利于生产贸易的开展。为抵御危机，政府被迫采取的紧缩性财政货币政策，会导致经济进一步衰退。为获得外国的资金援助，一国政府常常会被迫接受这些援助所附加的种种条件，例如开放本国商品、金融市场等，又会给本国经济发展带来很大负担。

对世界经济而言，货币危机的发生会影响世界贸易自由化和投资自由化进程。特别是当货币危机进一步引发金融危机时，甚至会导致全球经济增长率下降，引发经济衰退。1997年的亚洲货币危机及其金融危机充分印证了这一结果。日本、韩国、东南亚国家和俄罗斯陷入严重衰退，世界其他国家经济增长率也不同程度受挫。而在金融危机之前几年保持强劲势头经济增长的欧美国家也难以独善其身。

货币危机的危害无疑是严重的，但货币危机暴露了危机发生过后许多被掩盖的经济问题，可能使之得到根本解决；货币危机发生后，该国货币的大幅贬值，有利于国际收支状况的改善。特别是危机的发生，能够引起国际社会的关注，促进国家间的协调，推动国际金融体系的管理和完善，对将来防止货币危机的发生有积极作用。

二、国际重大货币危机剖析

20世纪90年代，三次国际性的货币金融危机相继爆发，这些货币金融危机的发生虽具有诸多原因，但一个共同之处是危机的发生均同国际资本的流动有着密切关系。

（一）欧洲货币危机（1992～1993年）

1992年9月爆发的欧洲货币危机，其深层次原因就是德国实力的增强打破了欧共体内部力量的均衡。当时因东西德统一，德国经济实力大大增强，而英国和意大利经济则一直不景气，增长缓慢，失业增加，需要实行低利率政策以刺激经济。但德国在统一后出现了巨额财政赤字，政府担心由此引发通货膨胀。因此，德国非但不按七国首脑会议的要求进行降息，反而在1992年7月将贴现率升为8.75%。德国利率的上扬引起了外汇市场出现抛售英镑、里拉而抢购马克的风潮，致使英镑和里拉面对着巨大的贬值压力，这给国际投机资本提供了机会。

在投机性冲击下，与德国马克自动挂钩的非成员组织货币芬兰马克1992年9月8日被迫与德国马克脱钩，汇率自由浮动。英、法等国政府深感事态严重性而向德国建议降低利率，但德国政府在9月11日公开宣布绝不会降低利率。以乔治·索罗斯（George Soros）为代表的国际金融投机家立即捕捉到了EMS内部的矛盾，动用巨额投机资本，在外汇市场上疯狂沽空英镑和意大利里拉。为了维持固定汇率，英格兰银行9月16日一天内先后两次提高利率，由10%提高到15%，希望借此吸引短期资本流入，增加对英镑的需求以稳定英镑汇率。各国央行也注入上百亿英镑的资金来支持英镑。但市场信心已经动摇，英镑下跌趋势已难以遏制。9月16日晚，英国政府不得不宣布退出EMS，英镑汇率自由浮动。与此同时，意大利为挽救里拉耗费了40万亿里拉的外汇储备而终未奏效，也只好宣布退出EMS。

西班牙比赛塔、葡萄牙埃斯库多、爱尔兰镑、法国法郎、瑞典克朗等其他成员组织货币也都遭到不同程度的投机性冲击。这场危机一直持续到1993年夏季。1993年8月的EMS财长和央行行长会议决定，除德国马克和荷兰盾外，其他成员组织货币的汇率波动幅度扩大为15%(原定为2.25%)，EMS处于半瓦解状态。

欧洲货币危机暴露了固定汇率的一个缺陷，它要求成员组织采用共同的货币政策。当各国经济发展不平衡时，各国宏观经济政策的不协调就会引发投机资本攻击，导致固定汇率制瓦解。

（二）墨西哥金融危机(1994～1995年)

20世纪80年代末至90年代初，墨西哥放宽了对外资进入的限制，全面开放金融证券市场，外资大量涌进墨西哥。从1992年10月份起，为了吸引国际资金流入并抑制资金流入所引发的通货膨胀问题，比索实行钉住美元的固定汇率制度，汇率为1∶3.46。但是，由于墨西哥、美国两国通货膨胀率的差别很大，比索对美元仍然高估，导致墨西哥经常项目逆差严重，经常项目逆差由1989年的41亿美元扩大到1994年的289亿美元。而墨西哥用来弥补经常项目赤字的资本项目盈余却以投机性较强的短期外国资本为主。据估计，1990～1994年间，间接投资在流入墨西哥的外资总额中的比重高达2/3。

1994年西方经济开始复苏，美国引领起全球加息的风潮。美国提高利率给墨西哥带来很大压力。而此时墨西哥国内政局也非常紧张。墨西哥比索贬值的预期不断加强，资本纷纷外逃。1994年12月19日深夜，墨政府被迫宣布比索贬值15%，试图改善国际收支，阻止资金流出。这一举措却引发了投资者信心危机，外资大量抽逃，比索大幅贬值，股市暴跌，外汇储备枯竭，引发严重的金融危机。与此同时，比索贬值后的新汇率还不断受到投机性冲击，墨西哥政府不得不转而实行浮动汇率制。墨西哥的金融动荡直到1995年上半年才趋于平息。

1994年墨西哥金融危机，是一次典型的因货币贬值所引发的金融危机，也是80年代拉美债务危机未能得到彻底解决的结果。这次金融危机也暴露了国际游资对于金融危机的催化剂作用。当游资规模巨大时，只要投机者预期货币贬值，这种预期就会自我实现。

（三）亚洲金融危机(1997～1998年)

20世纪80年代和90年代初，以泰国、印度尼西亚、马来西亚和菲律宾为代表的东南亚国家纷纷进行了金融自由化改革，全面开放国内金融市场以吸引外资，从而形成了快速的经济增长，被称为“东南亚奇迹”。但是进入90年代中期以后，由于各国没有能够及时地提升产业结构，加上劳动力成本的上升，使产品的国际竞争力有所下降，一些国家的经常项目出现持续扩大的逆差。而继续涌入的外部资金及国内投资普遍形成了泡沫经济和房地产投资过热。例如，泰国1996年的外债余额已达900亿美元，其中短期外债就高达400亿美元，超过1997年初的外汇储备水平；由于投资过热，1997年初泰国金融机构的坏账已超过300亿美元。于是公众及外国投资者对泰国的经济状况和金融秩序开始担忧，货币贬值的预期不断凝聚，国际投机者也不断积蓄能量，准备大规模的投机性冲击。

1997年2月，以索罗斯为首的国际对冲基金开始向泰国货币泰铢发起连续攻击，大量抛售泰铢，买入美元，并引起投资者的跟风操作。泰国央行竭力入市干预。2月14日泰铢对美元贬值5%。此后泰铢面临更大的贬值压力。5月中旬以后，投机性冲击再度发动，泰铢汇率创11年新低，部分东南亚国家联合干预外汇市场购入泰铢，泰国央行再度调高短期利率，并抛出 50 亿美元的外汇储备，但仍不能恢复公众信心和击退投机性冲击。终于在 7 月 2 日，泰国央行宣布放弃了长达 13 年之久的泰铢钉住美元的固定汇率制，实行浮动汇率制，当天泰铢兑美元汇率立即狂跌 17%。

随后，投机性冲击迅速波及周边国家和地区，菲律宾、马来西亚、印度尼西亚、新加坡、中国香港和中国台湾等地都受到了冲击，东南亚货币危机全面爆发，除港币外，上述国家和地区的货币都在不同程度上先后对美元贬值。同时，除新加坡和中国台湾外，上述国家和地区均陷入了深度的金融和经济危机。金融危机也导致与东南亚关系密切的日本经济陷入困境，日元汇率从 1997 年 6 月底的 115 日元兑 1 美元跌至 1998 年 4 月初的 133 日元兑 1 美元，日本一系列银行和证券公司相继破产。1997 年 10 月以后，危机扩散到韩国，韩元对美元大幅贬值，同时韩国也陷入深度经济危机。韩国的金融危机立即在俄罗斯金融市场引起了连锁反应，1998 年 5 月俄罗斯终于爆发了一场前所未有的金融风暴。俄罗斯金融危机的爆发，说明亚洲金融危机已经超出了区域性范围，具有了全球性的影响。

亚洲金融危机是由泰国货币急剧贬值在亚洲地区形成的多米诺效应。亚洲金融危机涉及许多不同的国家，但这些国家存在着许多共同的诱发金融危机的因素，如宏观经济失衡，金融体系脆弱，资本市场过度开放与监控不利，货币可兑换与金融市场发育不协调等问题。

（四）国际资本流动与国际货币危机的关系

20 世纪 90 年代以来频繁爆发的危机表明，资本流动本身也会促成经济形势的变化，并导致货币金融危机的爆发。特别是这几场危机都是在金融资本全球化的大背景下出现的，具有比以往金融危机更为明显的资金流动性特征。

1. 危机爆发前，国际资本的大量流入，加剧内外经济失衡

在金融危机爆发前，许多国家有巨额资本流入的过程。巨额资本流入一国市场后，刺激了经济的增长，资本随之大幅增值，良好的示范效应进一步吸引更多的资本流入。一些国家由于市场容量狭小，国内工业体系多不完善，巨额外资流入后，只能大量流向房地产、证券市场等非生产和贸易部门，股票价格和房地产价格大幅上升，形成大量经济泡沫，损害经济基础。巨额外资的持续流入，还形成本币高估，损伤本国企业的出口竞争力，出现巨额贸易逆差、加剧经常项目失衡，进一步损害实体经济。

2. 国际资本的大量流入和抽逃，打破了国内金融市场的平衡

对于一些新兴市场国家，外资短期内大量流入，打破了原来的资本平衡。在金融监管薄弱和金融体系不稳定的背景下，银行的道德风险和信用危机加剧，出现贷款质量不高、呆账坏账居高不下；外债管理松弛，外债的总量和结构失控，外债与国内投资期限结构“错配”等许多问题。在内部经济基本因素恶化、外来冲击加剧的情况下，国内金融市场出现本币贬值预期，国内金融恐慌情绪加剧，国际资本流动立即出现逆转，国外的资本流入停止，国内的资本也迅速大规模地逃离本国，货币危机一触即发。

3. 国际投机资本的冲击是货币危机爆发的导火索

国际投机资本也称“国际游资”或“国际热钱”，是指那些没有固定的投资领域，以追逐高额短期利润而在各市场之间频繁移动的短期资本。这些投机资本具有规模大、期限短、反应灵敏、投机性强和破坏性大等特点。

以对冲基金为代表的国际投机资本，经常采用立体投机策略，即运用各种金融工具和交

易方式，在国际金融市场发动全方位的投机性冲击，以获取高额投机利润。国际投机性资本对固定汇率制度或钉住汇率制度进行的投机性冲击是最常见的。一般而言，在固定或钉住汇率制条件下，一旦国内出现通货膨胀或经济萧条和持续的经常账户逆差，政府关于汇率固定的承诺失去可靠性。如果国际投机资本对经济基本面因素有较正确的预期（即完全预期），就会借助一些突发性经济金融事件冲击该国固定汇率制，大规模抛售本币，抢购外汇，资本市场出现逆向流动，本币急剧贬值，货币危机爆发。随着羊群效应的扩大，政府储备会迅速耗尽，固定汇率制崩溃，本币汇率大幅度贬值。

可以看出，国际投机资本在20世纪90年代的3次货币危机中均扮演了“导火索”的角色，并对危机的发展起了推波助澜的作用。1997年爆发的亚洲金融危机更表明，由投机冲击造成的货币危机还有可能进一步深化为全面的金融危机和深刻的社会危机。

资料链接8-2

量子基金与货币危机

量子基金是全球著名的大规模对冲基金，美国金融家乔治·索罗斯旗下经营的五个对冲基金之一。量子基金是高风险基金，主要借款在世界范围内投资于股票、债券、外汇和商品。量子基金没有在美国证券交易委员会登记注册，而是在库拉索离岸注册。它主要采取私募方式筹集资金。索罗斯为之取名“量子”，是源于索罗斯所赞赏的德国物理学家、量子力学的创始人海森堡提出“测不准定理”。索罗斯认为，就像微粒子的物理量子不可能具有确定数值一样，证券市场也经常处在一种不确定状态，很难去精确度量和估计。

量子基金(Quantum Fund)和配额基金(Quota Fund)：都属于对冲基金(Hedge Fund)。其中前者的杠杆操作倍数为8倍、后者可达20倍，意味着后者的报酬率会比前者高但投资风险也比前者来得大，根据Micro pal的资料，量子基金的风险波动值为6.54，而配额基金则高达14.08。

量子基金由双鹰基金演变而来。双鹰基金由索罗斯和吉姆·罗杰斯于1969年创立，资本额为400万美元；1973年改名为索罗斯基金，资本额约1200万美元；1979年，索罗斯将公司更名，改为量子公司。基金设立在纽约，其出资人皆为非美国国籍的境外投资者，从而避开美国证券交易委员会的监管。量子基金投资于商品、外汇、股票和债券，并大量运用金融衍生产品和杠杆融资，从事全方位的国际性金融操作。索罗斯凭借其过人的分析能力和胆识，引导着量子基金在世界金融市场一次又一次的攀升和破败中逐渐成长壮大。他曾多次准确地预见到某个行业和公司的非同寻常的成长潜力，从而在这些股票的上升过程中获得超额收益。即使是在市场下滑的熊市中，索罗斯也以其精湛的卖空技巧而大赚其钱。经过不到30年的经营，至1997年末，量子基金资产总值已增值为近60亿美元的巨型基金。

量子基金虽只有60亿美元的资产，但由于其在需要时可通过杠杆融资等手段取得相当于几百亿美元甚至上千亿美元资金的投资效应，因而成为国际金融市场中一股举足轻重的力量。在90年代发生的几起严重的货币危机事件中索罗斯及其量子基金都负有直接责任。

20世纪90年代初为配合欧共体内部的联系汇率，英镑汇率被人为固定在一个较高水平，引发国际货币投机者的攻击，量子基金率先发难，在市场上大规模抛售英镑而买入德国马克。英格兰银行虽下大力抛出德国马克购入英镑并配合以提高利率的措施，仍不敌量子基金的攻击而退守，英镑被迫退出欧洲货币汇率体系而自由浮动，短短1个月内英镑汇率下挫20%，而量子基金在此英镑危机中获取了数亿美元的暴利。在这之前，意大利里拉亦遭受同样命运,量子基金同样扮演主角。

1994年,索罗斯的量子基金对墨西哥比索发起攻击。墨西哥在1994年之前的良性经济增长,是建立在过分依赖中短期外资贷款的基础之上的。为控制国内的通货膨胀,比索汇率被高估并与美元挂钩浮动。由量子基金发起的对比索的攻击,使墨西哥外汇储备在短时间内告罄,不得不放弃与美元的挂钩,实行自由浮动,从而造成墨西哥比索和国内股市的崩溃,而量子基金在此次危机中则收入不菲。

与1994年的墨西哥一样,许多东南亚国家如泰国、马来西亚和韩国等长期依赖中短期外资贷款维持国际收支平衡,汇率偏高并大多维持与美元或一揽子货币的固定或联系汇率,这给国际投机资金提供了一个很好的捕猎机会。量子基金扮演了狙击者的角色,从大量卖空泰铢开始,迫使泰国放弃维持已久的与美元挂钩的固定汇率而实行自由浮动,从而引发了一场泰国金融市场前所未有的危机。危机很快波及所有东南亚实行货币自由兑换的国家和地区,迫使除了港币之外的所有东南亚主要货币在短期内急剧贬值。东南亚各国货币体系和股市的崩溃以及由此引发的大批外资撤退和国内通货膨胀的巨大压力,给这个地区的经济发展蒙上了一层阴影。

资料来源:百度百科,https://baike.baidu.com。

三、国际货币危机理论评析

20世纪70年代以来,国际金融市场危机频繁发生,刺激了货币危机理论的形成和发展。按照时间先后顺序,货币危机理论研究经历了三个重要的阶段,即形成了以下三代货币危机理论。

(一) 第一代货币危机理论

1. 理论背景和核心内容

克鲁格曼(P. Krugman)于1979年建立的货币危机模型是西方关于货币危机的第一个比较成熟的模型。之后,弗拉德(R. Fload)和戈博(R. Garber)又在1986年对此模型加以完善。因此,该模型后来被合称为“克鲁格曼-弗拉德-戈博模型”,简称克鲁格曼模型。

第一代货币危机理论表明,在固定汇率制度下,政府主要经济目标之间存在的冲突和矛盾,将最终导致固定汇率制度无法维持而崩溃,特别是政府因过度的扩张性财政、货币政策导致经济基础恶化,是引发对固定汇率发动投机攻击,从而爆发货币危机的最基本原因。

克鲁格曼模型对货币危机的分析主要借助于国际收支的货币分析法。首先,假定一国货币需求非常稳定,而货币供给则由国内信贷及外汇储备两部分构成。在该国货币市场平衡时,如果政府持续扩张国内信贷来融通财政赤字,就会带来货币供给的增长。在其他条件不变时,该国居民将会通过向外国居民购买商品、劳务或金融资产等活动,引起外汇储备的减少,从而使货币市场重新达到均衡,而固定汇率制是以政府持有相当数量的外汇储备来维持的,当政府不持有任何外汇储备时,固定汇率制自然崩溃,货币危机爆发,汇率自由浮动确定的汇率水平会较原有的固定汇率水平有大幅度的贬值。我们可借助图8-4来说明货币危机发生的这一过程。

在图8-4中,货币存量M_t就是一条水平直线,表示在货币需求不变时货币市场处于均衡的情况。D_0,R_0分别表示初期的国内信贷存量与外汇储备。代表国内信贷的曲线是一条向上倾斜的直线,表示该国国内信贷随着时间的推移而持续增加。图中代表外汇储备的曲线是一条向下倾斜的曲线，原因在于在货币供给存量不变的情况下，外汇储备必然随着国内信贷的增长而下降。在图中的 t_0 点，外汇储备下降为零，此时政府无力维持原有的固定汇率，汇率大幅度贬值后自由浮动。

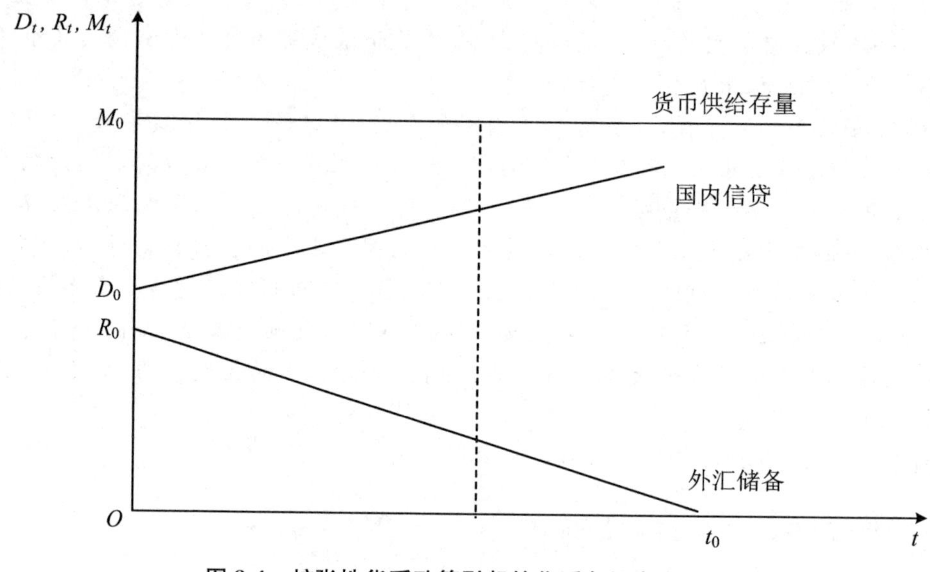

图 8-4　扩张性货币政策引起的货币危机发生过程

以上分析未考虑到投机者因素。若存在投机者时，当投机者预测到央行的外汇储备持续流失时，在央行的外汇储备下降为零(或储备下降到央行最低限)之前，就会对该国本币发动攻击，投机冲击将使该国固定汇率制崩溃的时刻提前。

为说明投机攻击的时间选择问题，这里引进一个新的概念——影子汇率(Shadow Floating Exchange Rate)。影子汇率是指在没有政府干预下，外汇市场自由浮动时确定的汇率水平。信贷扩张会使影子汇率水平不断降低，当影子汇率降至与固定汇率平价相等的那一点时，投机者就会发动攻击，但名义汇率水平本身在此时尚未发生变化，政府就会动用储备来保卫固定汇率制。随着投机攻击的进一步加强和羊群效应的放大，政府储备会迅速耗尽，于是固定汇率制崩溃，本币汇率大幅贬值。我们可用图 8-5 说明投机冲击导致的固定汇率制崩溃的过程。

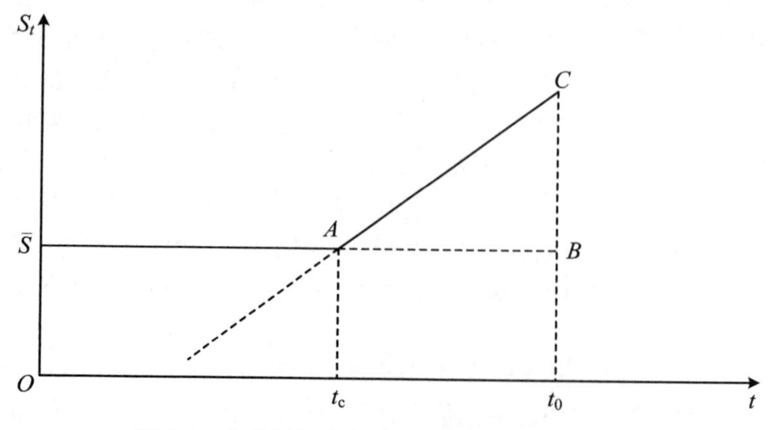

图 8-5　存在投机冲击时的固定汇率制崩溃过程

在图 8-5 中，横轴代表时间，纵轴表示汇率水平（直接标价法）。$\bar{S}$ 表示固定的汇率水平，AC 线表示影子浮动汇率的变动。在国内信贷不断扩张的情况下，影子汇率持续贬值。如果不考虑投机因素，当储备降至最低限 $\bar{R}(\bar{R}=0)$ 时，固定汇率制崩溃，汇率由图中的 B 点跳跃至 C 点。在投机者完全预期的情况下，当影子汇率与固定汇率相等时——图中为 A 点，t_c 时刻，投机者就会发动攻击，此时储备突然降至最低限 $\bar{R}$，固定汇率制提前崩溃。从分析可以看出，期初外汇储备存量越高，信贷扩张速度越低，货币危机的发生也就越晚。

2. 小结

第一代货币危机理论认为货币危机的根源是政府扩张性的财政货币政策，而投机冲击则加剧了货币危机的爆发。并提出了实施恰当的财政货币政策，保持经济基本面的健康是防止货币危机发生的关键方法。该理论较好地解释了 20 世纪 70 年代末到 80 年代初的拉丁美洲的货币危机，但其理论假定与实际偏离较大，忽略了许多影响货币危机的重要因素。

（二）第二代货币危机理论

1. 理论背景和核心内容

1992～1993 年欧洲货币危机是在经济基本面比较健康、外汇储备尚比较充足的情况下突然发生投机性冲击造成的。传统的第一代货币危机理论难以解释这种货币危机。以奥伯斯菲尔德(M. Obstfeld)为代表的学者提出了货币危机的新思路，即第二代货币危机理论，该理论模型也被称为奥伯斯菲尔德模型。

该理论认为，货币危机的发生不是由于经济基本面的恶化，而是由于贬值预期的自我实现所导致的（因此，这种模型又被称为“预期自我实现型模型”）。贬值预期之所以能够自我实现，名义利率机制发挥了关键性的作用。因为从理论上讲，当投机攻击爆发后，政府总可以通过提高利率吸引外资获得储备，抵消市场的贬值预期，以维持固定汇率制度。但是，提高利率需要付出成本与代价，如果提高利率维持平价的成本大大高于维持平价所能获得的收益，政府就会放弃固定汇率制度。货币危机完成了自我实现的过程。所以，固定汇率制是否能够维持取决于政府行为的成本—收益比较后的结果。

政府提高利率以维持平价的成本可能是：如果政府债务存量很高，高利率会加重政府的债务负担；高利率会影响金融稳定，金融风险加大；高利率易带来经济衰退、失业增加等后果。政府提高利率以维持平价的收益包括：保持固定汇率对国际贸易和国际投资带来的好处；发挥固定汇率的“名义锚”(Nominal Anchor)作用，遏制通货膨胀；政府通过维持固定汇率有利于保持和提高政策一致性的信誉等。

政府面临投机冲击时，是否提高利率维持固定汇率的决策过程实际上是对上述成本和收益的权衡过程，如图 8-6 所示。

在图 8-6 中，横轴表示本国利率水平，纵轴表示维持固定汇率制的成本。CC 曲线是成本线，表示政府维持固定汇率制成本的变化，它随着利率的变动而变动。假定经济中存在着最优利率水平 i_0，此时维持固定汇率制的成本为零，随着利率水平不断提高，维持固定汇率制的成本也不断上升，因此，CC 曲线表现为向上倾斜。BB 曲线表示维持固定汇率制的收益，它与利率水平无关，因此在图上是一条水平线。当利率水平为 i^* 时，维持固定汇率制的成本与收益相等。从图中可以看出，当维持固定汇率制所需要的利率水平低于 i^* 时，维持固定汇率制的成本低于收益，因此该国政府会继续维持固定汇率制；当维持固定汇率制所需

要的利率水平高于 i^* 时，维持固定汇率制的成本高于收益，因此该国政府将会被放弃固定汇率制，任由汇率自由浮动，货币危机将爆发。

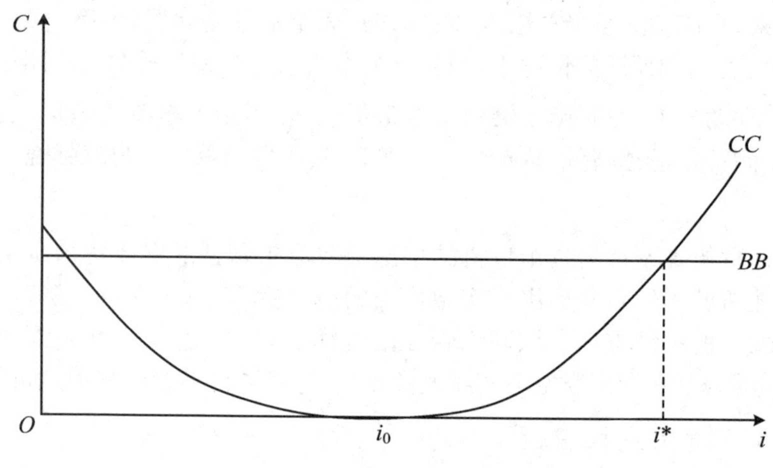

图 8-6　政府维持固定汇率制的成本与收益

2. 小结

根据第二代货币危机理论，货币危机发生的根源不在于经济基础，而是由于市场投机者的贬值预期。从一定意义上讲，货币危机取决于政府与投机者之间的动态博弈过程。防范货币危机的主要政策措施是提高政府政策的可信度或制度保证的程度。该理论对 20 世纪 90 年代初的货币危机有一定的解释力，但是，该理论没有对投机攻击的时间选择做出解释，也没有深入分析预期的影响因素。

（三）第三代货币危机理论

第三代货币危机理论实际上是在 1997 年下半年东南亚货币金融危机后出现的，对货币危机形成机理所作的各种新解释的统称。其中比较有代表性的观点包括：

1. 道德风险论

道德风险论最初出现于对 20 世纪 80 年代初美国储蓄贷款银行危机的文献研究中。文献中指出：如果政府对存款进行保险，而对金融机构缺乏有效的监管，则金融机构就会产生道德风险。在金融危机中，道德风险表现为政府对存款者所作的担保(无论是明显的还是隐含的)，促使金融机构进行高风险的投资，造成了巨额的呆坏账，引起公众的信心危机和金融机构的偿付力危机，最终导致金融危机。麦金农和克鲁格曼是这种观点的重要代表。

在亚洲，这种道德风险表现得更为复杂。亚洲国家的政府与金融机构、企业之间长久以来保持着错综复杂的资本、业务和人事关系，由此形成了政府对企业和金融机构的所谓隐性担保，导致金融机构存在严重的道德风险问题：一方面金融机构会选择高风险的投资活动，投资行为扭曲，呆坏账比例上升；另一方面，人们仍然放心地将资本贷放给这些机构，进一步激发了金融机构的过度借贷，这使得各种资产价格迅速上涨，“金融泡沫”由此产生。特别是一国资本市场的开放会加剧这种过度投资行为。当金融泡沫不断膨胀，金融机构对资产价格上涨而形成的“良好”财务状况开始引起关注和警觉。这种警觉渐渐演变为普遍的金融恐慌，高风险的投资项目出现漏洞，泡沫开始破裂，资产价格下跌，金融机构出现偿付力危机，但人们所期待的政府担保并未出现，这很快引起金融市场的动荡，导致金融体系崩溃和金融危机爆发。

根据道德风险论，政府的隐含担保导致的道德风险是引发金融危机的真正原因，防范危机的关键在于取消隐含政府担保和加强金融监管来实现。

2. 金融恐慌

早在 1983 年戴蒙得(Diamond)等经济学家就提出金融恐慌理论以解释美国存贷款危机。所谓金融恐慌(Financial Panic)是指由于某种外在的因素，使得国际短期资本的债权人突然大规模地从尚具有清偿能力的债务人那里撤回资本，并且这是一种集体行为。1998 年美国经济学家雷德列特和萨克斯(Radelet & Sachs，1998)修正了这一理论，指出金融恐慌是造成亚洲金融危机的基本因素。

根据新一代的金融恐慌理论，资本流动导致并恶化危机的进程有如下特点：① 在危机前一段较短的时间内，迅速的外资流入潜伏着巨大的风险。② 危机爆发前后，金融市场上出现了一系列导致金融恐慌的触发事件(Triggering Events)，如金融机构和企业的破产、政府违背自己的承诺，或者金融市场上投机者的恶意炒作等。这些事件引发了货币信心危机，加上国际游资对各国货币的猛烈的攻击，致使资本大规模流出，危机爆发。③ 危机爆发后，一系列因素使金融恐慌不断放大，进一步恶化了危机。如：政府或国际社会的政策失误、国内政局动荡、信用评级机构对国家信用进行了降级处理等，诸多的因素放大了金融恐慌，加速了资本外逃，使得各国金融市场和经济短时间内彻底崩溃，危机迅速蔓延。

根据金融恐慌理论，对于危机的防范，首先要改革金融体系，令其健康发展，以防患于未然；其次，必须要有一个公平有效的组织充当最后贷款人，及时防止金融恐慌的爆发和扩大；最后，政策制定者必须在危机初现端倪时就采取有效的防范措施，防止人们的恐慌情绪和对市场的悲观预期带来的不利影响。

第六节　中国外商直接投资政策分析

一、中国外商直接投资发展

1978 年改革开放以来，我国吸收外商直接投资(FDI)从少到多，逐步成长为全球吸收外资大国。1978～1991 年，我国的外商直接投资总额仅仅为 251 亿美元。1992 年、1994 年、1997 年我国外商直接投资年度额分别飞升到 110 亿美元、338 亿美元和 450 亿美元。2001 年，我国加入世贸组织后，我国外商直接投资规模更进一步扩大，2020 年，在全球外商直接投资大幅下降 35%的情况下，我国实际使用外商直接投资逆势增长 4.5%，达到 1443.7 亿美元，连续四年成为全球第二大引资国。

二、中国外商直接投资政策变迁

我国吸收外商投资的过程也是外资政策体系不断完善优化的过程。在吸收外商直接投资之初，为了弥补经济体制不健全、法律制度不完善所产生的制度缺陷，增强对外商直接投资的吸引力，设计了以所得税为核心的外资优惠政策。随着中国经济体制改革的深化以及法制体系的健全和完善，以及在加入世界贸易组织之后外资准入规模不断扩大，外资的竞争力显著提升，我国的对外资优惠政策做出重大调整，外资企业的“超国民待遇”被取消，转向谋求内外资企业享有同等的国民待遇。

如今，我国以优惠政策吸引外商直接投资已经转向以法律和制度保障外商直接投资的权益，以行政官员许诺保障外商直接投资项目落地转向以产业导向政策引导外商直接投资流向。外商直接投资市场准入透明度提高，经营许可、税收、工商管理、知识产权保护、自主创新、技术研发、标准制定等待遇趋于公平，平等竞争的市场环境正在形成。

在培育公平竞争市场环境的同时，面对新冠肺炎疫情冲击、全球外商直接投资萎缩以及国内外经济条件变化，在积极利用外资的理念下，我国把稳定外资与提升外资质量作为工作的重心，明确外商投资促进、引导、服务、保护与监管相结合的政策措施。全面清理负面清单之外的外资准入限制措施，把“准入”与“准营”结合起来，落实“非禁即入”；加大招商引资力度，促进产业链招商，引导外资更多地投向先进制造业、新兴产业、高新技术、节能环保等领域，提升外商直接投资质量，推动引资与引技、引智、引才相结合，降低外资研发中心享受政策的门槛，吸引更多优质外部要素资源促进国内循环；发挥特殊经济区在吸收外商直接投资中的引领作用，打造提升利用外资新平台，开展形式多样的投资促进活动，充分发挥各类展会引资作用；健全外商直接投资服务机制，对重点企业经营情况进行动态监测和跟踪服务，强化重点外资企业联系服务，推动重点外资项目加快落地和建设；完善外商直接投资服务保障体系，落实外资企业投诉工作机制，持续加大外商直接投资保护力度；深化“放管服”改革，为外资参与构建新发展格局营造良好环境，完善外商直接投资管理制度，加强改进事中事后监管，深化行政审批制度改革，提升行政许可透明度和效率，持续提升外商直接投资便利度。

本章小结

国际资本流动是指资本从一个国家转移到另一个国家。按资本使用期限的长短不同，国际资本流动可分为长期资本流动和短期资本流动。长期资本流动又可分为直接投资、证券投资和国际信贷三种类型；短期资本流动也可分为贸易性资本流动、金融性资本流动、保值性资本流动和投机性资本流动。追求较高的资本预期收益率，获取高额利润是国际资本流动的内在动力和根本原因。当代国际资本流动呈现出新的发展趋势和特点，并对各国和世界经济的发展表现出更加深刻的影响。20 世纪 80 年代以来爆发的典型国际债务危机和国际金融危机，都与国际资本流动密切相关。因此，对国际资本流动进行相应的管理和控制是必要的。长期以来，西方学者从不同角度对国际资本流动现象进行了深入研究，形成了各种不同的国际资本流动理论。

◆ 思考题

1. 简述国际资本流动的含义和主要类型。
2. 当代国际资本流动的主要特征有哪些？
3. 国际资本流动的根本原因是什么？如何全面理解国际资本流动的经济影响？
4. 国际资本流动的管理措施有哪些？
5. 分析欧洲主权债务危机爆发的原因、影响和启示。
6. 简述货币危机的内涵和特征。
7. 比较第一代、第二代和第三代货币危机理论。

参考文献

[1] 迈克尔·梅尔文.国际货币与金融[M].7版.北京:中国人民大学出版社,2010.
[2] 姜波克,杨长江.国际金融学[M].2版.北京:高等教育出版社,2004.
[3] 杨胜刚,姚小义.国际金融学[M].2版.北京:高等教育出版社,2009.
[4] 吕江林.国际金融[M].2版.北京:科学出版社,2010.
[5] 沈国兵.国际金融[M].2版.北京:北京大学出版社,2013.
[6] 陈雨露.国际金融[M].3版.北京:中国人民大学出版社,2008.
[7] 裴平.国际金融学[M].4版.南京:南京大学出版社,2013.
[8] 叶蜀君.国际金融[M].北京:清华大学出版社,2005.
[9] 易纲,张磊.国际金融[M].上海:上海人民出版社,1999.
[10] 何璋,胡松明.国际金融[M].北京:北京师范大学出版社,2012.
[11] 张礼卿.国际金融[M].北京:高等教育出版社,2011.
[12] 马君潞,陈平,范小云.国际金融[M].北京:高等教育出版社,2011.
[13] 陈长民.国际金融[M].2版.北京:中国人民大学出版社,2013.
[14] 孙睦优,黄娟.国际金融[M].北京:清华大学出版社,2012.
[15] 张米良,郭强.国际金融学[M].哈尔滨:哈尔滨工业大学出版社,2010.
[16] 刘园.国际金融学[M].北京:机械工业出版社,2012.
[17] 杨海珍.国际资本流动研究:动因、影响、管制与风险预警[M].北京:中国金融出版社,2011.
[18] 世界银行数据,http://data.worldbank.org.cn/indicator/all.
[19] 余永定.欧洲主权债务危机与欧元的前景[J].和平与发展,2010(5):29-33.
[20] 余永定.从欧洲主权债危机到全球主权债危机[J].国际经济评论,2010,(6):14-24.
[21] 余文健.拉美债务危机:成因与对策[J].求是学刊,1992,(2):62-67.
[22] 杨海珍.新兴经济体国际资本流动态势[J].中国金融,2011(1):52-53.
[23] 鄂志寰.国际资本流动的影响及控制问题研究[J].国际金融研究,1998(12):36-40.
[24] 瞿旭,王隆隆,苏斌.欧元区主权债务危机根源研究:综述与启示[J].经济学动态,2012(2):87-93.
[25] 宋学红,欧元区主权债务危机的成因探究[J].社会科学战线,2012(3):235-237.
[26] 高尚全,叶国鹏.汲取欧洲及墨西哥货币危机教训确保香港金融市场的稳定[N].开放导报,1998,(Z1):5-8.
[27] 安德里斯·多姆布莱特.欧洲主权债务危机的根源与解决方案[J].新金融,2012(8):4-8.
[28] 桑百川.我国外商直接投资的变迁与前景展望[J].中国流通经济,2021(11):112-119.

第九章　国家风险与汇率风险管理

学习目标

通过本章学习，了解国家风险和汇率风险相关概念的内涵以及风险的种类，熟练掌握各种风险防范的手段和方法。

导入案例

2021年6月17～18日，2021中国企业走出去风险发布会（第七届）在京举行。本届大会在世界百年未有之大变局与新冠肺炎全球蔓延叠加的背景下，重点关注区域合作深化趋势以及全球产业链、供应链风险与机遇；关注新冠疫情演化与全球救援服务，并发布了《2021中国企业走出去全球风险版图》《2021中国企业走出去全球供应链风险版图》等风险版图；大会还积极倡议，“对外投资的企业走到哪里，风险防控的服务就延伸到哪里”。国内企业走出去面临的主要风险是什么？

资料来源：《中国贸易报》，2021年6月18日。

第一节　国家风险及其管理

一、国家风险概述

（一）国家风险的含义

国家风险（Country Risk）的概念最初起源于20世纪50年代国际银行的跨境业务。当时，在某一国家金融机构提供贷款给另一个主权国家或本国的境外企业时，可能出现的海外信贷风险就称为国家风险，或称主权风险（Sovereign Risk）。1978年，加拿大银行学家纳吉（P. J. Nagy）提出了一个后来被广泛使用的国家风险定义：所谓国家风险是指“跨边界贷款中导致损失的风险，这种损失是由某个特定国家发生的事件所引起，而与企业或个人无关”。

此后，以邓肯·麦德姆（Duncan H. Meldrum）为代表的西方学者对国家风险的研究领域远远超出了国际债务问题，国家风险内涵得到扩展。在国际市场上，只要发生股票、债券、金融衍生品等方面的国际资本流动时，都面临着因相关国家“不愿”或“不能”履行合同而产生违约的风险，这种国家风险可能会导致外国资产价值的损失。

进入全球化时代后，西方学者对国家风险的研究从国际金融逐步扩展到跨国投资、服务贸易等各个领域,但对于国家风险的定义尚缺乏统一的标准。一般来说,国家风险可以宽泛地定义为,在对外投资、贷款和贸易活动中,外国资产在东道国所面临的危险程度,是源于因国别政治或经济形势变化而导致的外国暴露(Foreign Expose)价值的变化。或者说,国家风险是指在对外投资、贷款和贸易活动中,投资人或债权人因受东道国国家层面事件的影响导致交易对手不能或不愿履约,从而产生损失的可能性。

(二) 国家风险的种类

按引发风险的事故性质划分,国家风险可以分为以下几种类型:

1. 政治风险

政治风险是指一国对外关系发生重大变化,如与他国发生战争、领土被侵占等;或一国内部动荡不安,如意识形态分歧导致政变、恐怖事件造成骚乱、经济利益集团间冲突、地方性争斗及政党分裂等因素可能酿成的损失。

2. 社会风险

社会风险是指发生内战、种族冲突、分配不均和社会阶层之间的对立等造成的社会秩序的混乱或不稳定。涉及所有来自任何社会团体、政治组织及政府机构,它们对外国企业从事跨国经营活动可能产生消极影响甚或导致资产损失的可能性。

3. 经济风险

经济风险是指一国经济低速增长、投资意愿低落、生产成本剧增、进出口收入减少、国际收支状况恶化、粮食和能源进口需求高涨以及外汇短缺等原因造成的拒付外债及其产生的损失。东道国经贸及金融领域的上述因素可能对外国企业造成一定的跨国经营风险。

(三) 国家风险的表现

1. 国际贸易领域国家风险表现

国际贸易中的国家风险既有来自于母国与东道国之间的贸易争端引发的风险(如关税、配额限制等贸易壁垒),也有来自如汇率、利率等方面的货币风险,还有可能是来自东道国单方面原因而破坏早已签订的贸易契约的风险。国际贸易领域的国家风险形态主要包括四个方面:① 贸易对象国单方面破坏契约,并拒绝赔偿本国企业、银行及政府的经济损失;② 贸易对象国家强制关闭国内市场,限制本国商品的进入;③ 贸易对象国外汇管制、税率变化无常;④ 战争、革命及政变等导致双方经济利益的损失。

2. 国际信贷领域国家风险表现

国际信贷领域的国家风险表现形态主要包括五个方面:① 否认债务(Repudiation),债务人否认债务、拒绝履约还款;② 延期偿付(Moratorium),债务人针对无法按期偿还的事实,宣布延长偿付期,或在一定时期内停止偿还债权人;③ 拒付(Default),鉴于无力偿付,债务人表明处于无法偿付债权人的状态;④ 技术拒付(Technical Default),基于债务管理的原因,债务人表明暂时无法偿还债权人的状态;⑤ 重议利息(Renegotiation),债务人要求调整原债权债务契约的利息率或加息率,减轻偿付负担。

3. 国际投资领域国家风险表现

国际投资是企业将部分资源转移到另一个主权国家的资本流动,是置于外国的特定资本。从事国际投资领域企业可能面临的国家风险形态包括八个方面:① 正式征用,投资者财产被当地政府无偿征用、没收，实行逐步国有化；② 限制，当地政府出于某种目的而对企业经营做出暂时的管制，如利用外汇管制措施，规定汇回母国利润的最高比例；③ 干预，企业营业受当地政府干预，如强制征税，规定禁止外国公司涉足的商品、行业和领域，制定商品内销价格，规定内销比重及流通渠道；④ 强制出售，政府威胁外国公司向当地企业或政府以低于市场的价格出售部分或全部资产，而不给予任何形式的补偿；⑤ 重议契约，政府强制修改和变更与外国公司的合作、合营企业的协议，而不予赔偿；⑥ 政治损失，投资东道国的国际政治环境发生巨大变化，甚至出现国际制裁的情况；⑦ 投资东道国与母国之间发生战争等严重事变，导致投资者资产损失；⑧ 投资东道国国内发生政治动乱，发生革命或军事政变，从而造成投资人营业利润损失。

（四）国家风险的成因

1. 国有化

国有化通常是指政府将外资公司的子公司的资产无偿或者低价收归国有的行为，这是最突出、危害最严重的一种国家风险。在中央集权程度高、政权更替较频繁的国家，国有化问题比较严重。国有化通常发生在对东道国各国的经济命脉有直接影响的部门和行业，例如采矿、冶炼、石油、农业、银行、公用事业和运输业等部门。

2. 市场准入政策

为了保护本国处于相对弱势的企业，确保更高的就业率，无论发达国家还是发展中国家，往往都会制定一系列限制政策，阻挡跨国公司对当地市场的渗透。例如，美国经常动用超级 301 条款（不公平贸易报复），对欧盟的钢铁、日本的汽车、中国的纺织品进行进口限制。西班牙政府允许福特公司在西班牙建厂生产，但是规定福特子公司生产的汽车在本地销售量不得超过 10%，至少 90%的产量必须出口外销，以便给本国的汽车业工人创造就业机会，减轻当地市场的竞争程度。我国在加入 WTO 时，也要求给予处于竞争劣势的汽车制造业、金融业 5 年的保护期，限制外资企业的市场准入。值得注意的是，各国政府往往会受到国内产业界的很大影响，特别是那些为政治选举提供巨额财力支持的行业。这些有影响力的行业容易促使政府采取保护主义措施。

3. 财政金融政策

财政金融政策指可以影响货币供给、利率、汇率、通胀率以及税收的一揽子经济政策。这些政策的变化必然会影响跨国公司直接投资。例如，较高的利率会降低经济增长，减少对跨国公司产品的需求；汇率波动会影响跨国公司的现金流，并使得进口成本和出口需求不稳定。通胀变化会影响需求和生产成本，税收变化会影响投资收益等。

4. 外资管理措施

外资管理措施包括污染控制标准、所得税规定、资金转移限制、聘用当地人员、特许权审批等。

5. 货币的不可兑换性

为防止资本外逃危害经济的稳定性，许多发展中国家不允许本国货币自由兑换成其他货币，跨国公司的投资收益往往不能顺利地自由汇回母公司。这在一定程度上限制了跨国公司支配投资收益的灵活性和及时性，影响投资收益的时间价值。

6. 消费偏好

消费偏好是文化、习惯的产物，它会影响外国产品的进入。一些国家通过控制传媒、教育渠道，从文化上灌输狭隘的民族性，鼓励、强化居民对本国产品的消费偏好，培养对本国产品的忠诚度，歧视和排斥外国产品，如日本和韩国。

7. 经济周期

随着经济周期的变化，东道国市场需求也会随着变化，80 年代拉美债务危机，使得投资收益大幅降低，外资企业纷纷撤离该地区。

8. 战争

战争对直接投资的影响在于，雇员人身安全、外部经济环境恶化、商业活动不规范，公司经营现金流不稳定等。

此外，经济合作与发展组织(OECD)针对国际信贷将国家风险的成因概括为五大方面：① 由债务人的政府或政府机构发出的停止付款的命令；② 由经济事件引起的贷款被制止转移或延迟转移；③ 法律导致的资金不能兑换成国际通用货币或兑换后不足以达到还款日应该有的金额；④ 任何其他来自外国政府的阻止还款措施；⑤ 包括战争、没收、地震、瘟疫和洪水等方面的不可抗拒力。

二、国家风险评估

国家风险评估是采用定性和定量的方法，系统地分析可能导致国家风险的各种因素，进而测定这些因素及其变化对债务国偿债能力的影响。国家风险评估主要涉及评估要素、评估方法和评估步骤三方面的内容。

1. 评估要素

国家风险包括政治风险、社会风险和经济风险，因而，对国家风险程度的评估应主要围绕政治、社会和经济要素展开。

(1) 政治要素。政治要素的内涵十分丰富，一般来说，对政治风险评价可集中在社会政治相容性、政府稳定性、颠覆风险及战争风险上。其中，社会政治相容性可从种族或宗教是否平衡、社会收入分配是否公平、中等阶层所处的地位以及是否存在潜在或公开的社会冲突等角度加以研判。政府稳定性可从政治体制的性质、政府的凝聚力、优势阶层对政府的支持、其他阶层对政府的支持等角度加以分析。战争风险可从战争风险可能性、军队政变频率和密度、大国军队和政治支持及与大国关系的质量加以研判。

(2) 社会要素。社会因素直接或间接影响一国的偿债能力，一般来说，对社会风险评价可集中在社会发展背景、社会发展状况及社会不安定程度上。历史、宗教、种族、语言与文化、社会结构与组织、生活习惯等要素可反映一国或地区社会发展背景。生活水准、教育普及程度、人民的寿命与健康水平、死亡率或出生率、居住环境、人口结构与分布、人民的工作意愿及人民参与政治的程度等要素可反映一国或地区社会发展状况。种族冲突、宗族纠纷、社会阶层对立、贫富差距、罢工、暴动及叛乱等因素可反映一国或地区社会不安定程度。

(3) 经济要素。在资源开发与政府经济发展计划方面，天然资源可用来说明一国主要天然资源的蕴藏量和开发利用状况；人力资源可用来说明一国劳动力的数量、素质以及接受教育和训练的情况；经济发展计划可用来说明一国经济发展计划的制定和执行情况，观察该国是否有计划地配置各种资源，以实现经济增长的目标；国内总值(GDP)可用来说明一国的经济规模和生产能力，GDP的增长可提高一国的对外偿债能力，与国家风险管理有密切的关系；经济增长率可用来说明一国的名义经济增长和实际经济增长水平，分析该国经济增长的趋势；人均国民收入可用来说明一国人口与经济的关系。除少数石油输出国外，人均国民收入高，通常表示该国经济发展水平较高，政治制度和社会组织较完善，发生社会动荡和剧变的可能性较小；资本积累率，可用来说明一国资本积累的速度和规模。资本积累率较低的国家往往会有资金短缺现象，对外来资金的需求较大；工业化程度可用来说明一国的产业结构以及工业产值占国民总收入的比重。工业化程度较高国家的偿债能力一般大于工业化程度较低国家的偿债能力；消费水准可用来说明一国消费与积累的关系、消费与GDP的关系以及消费与进出口的关系。

在货币财政和金融政策方面，货币供给可用来说明一国物价上涨的原因；通货膨胀率可用来说明一国出口商品的竞争能力；利率结构可用来说明一国长短期利率的变化和货币政策导向；信用工具可用来说明一国金融制度的进化程度；金融市场可用来说明一国货币和资本市场的发达程度。

在政府预算方面，预算净值可用来说明一国财政是属于赤字预算、剩余预算还是平衡预算。赤字预算常会导致经常项目收支状况恶化，对外来资金需求上升，增加偿还外债的压力和困难；政府支出占GDP的比重可用来说明政府为社会经济发展所提供的资金以及政府在诱导社会投资中所扮演的角色；财政赤字或剩余占GDP的比重可用来说明政府运用财政政策，促进经济增长所发挥的财政作用。在工资、劳资关系和就业水平方面，对工资和就业要素所作的分析，有助于了解一国的劳动力成本，劳动力市场供求状况，工会所能发挥的作用等。

在进出口贸易方面，出口及其扩张能力可用来说明一国出口现状和前景；出口的多元化可用来说明一国出口商品的多样性；外销市场的分布可用来说明一国出口市场集中或分散程度；进口数额和增长率可用来说明一国进口依存度；进口种类和地区分布可用来说明一国对某些商品和国别进口的依赖性；出口值/最低进口值可用来说明一国将全部出口收入支付最低进口费用的能力；贸易条件可用来说明一国在对外贸易中是否处于有利地位；非要素性劳务出口可用来说明一国在服务出口方面的创汇能力；贸易管制措施可用来说明一国对本国产业的保护状况。

在国际收支状况方面，经常项目收支差额可用来说明一国外汇积累能力；资本项目收支可用来说明一国资本流动和债务增减状况；国际收支总差额可用来说明一国外汇储备的增减状况；经常项目收支占GDP的比重可用来说明一国经济的对外依赖程度；经常项目差额占对外总收入的比率可用来说明一国维持对外收支平衡的困难程度。

在国际储备与外汇市场方面，货币的价值与稳定可用来说明一国币值稳定状况；外汇市场的特征可用来说明一国外汇交易的自由化程度；国际储备及其增长可用来说明一国应对资金流动性危机的能力；在国际货币基金的借款权可用来说明一国克服偿债困难的能力；国际储备支付进口费用的能力(国际储备资产价值/全部进口价值)可用来说明一国支付进口的清偿能力。在对外债务情况方面，外债总额占GDP的比率可用来说明一国外债负担情况；借债比率(一国外债余额/当年出口外汇收入)可用来说明一国对外举债能力；到期应偿还债务占GDP的比率可用来说明一国偿债的资源状况；偿债比率(一年内到期应偿还的本息占1年内出口收汇额的比例)可用来说明一国短期偿债能力;以往偿债记录可用来说明一国诚信状况。

此外,为正确地判断一国的偿债能力,仅对该国各项经济要素的过去和现状进行评估是不够的,而且还要在此基础上,对其未来经济发展中可能出现的机遇和挑战进行预测。

2. 评估方法

(1) 列表打分法。列表打分法是将所有影响国家风险评估结果的政治、社会和经济因素转换成数字,通过列表形式直观地进行风险等级判断。分值越高,风险越小。在列表打分时,有些因素,如GDP增长率、利率、汇率、税率等,可以从现有统计数据中获得;而有些因素,如陷入战争的可能性等,则只能进行主观判断。由于要将各个因素的影响用数字形式表达,必须注意各因素在国家风险中的影响力,根据其影响力的不同赋予不同的权重。例如,给予那些被认为对国家风险有更大影响力的因素以更高的权重。在运用列表打分法进行国家风险评估时,对一些因素的取值及其权重分配较多地依赖主观判断,因而该方法具有一定的主观性。

(2) 德尔菲法。德尔菲法是第二次世界大战期间美国的思想库兰德公司创造的一种专家评估方法,通过相关专家背对背地主观评估,得到对某一事件发生概率及其影响的判断。运用德尔菲专家评估法进行国家风险评估时,主要是通过收集评估专家各自对国家风险的看法,综合得出对国家风险的评估结果。评估专家可以是跨国公司的职员,也可以是“外脑”——有资格的外部咨询人员。德尔菲法具有成本节约、速度快、准确度比较高的特点。通过这一方法,跨国公司不但可以得出评估专家对国家风险评估的期望值,而且可以通过测算标准差来获得各评估专家观点差异的程度。

(3) 定量分析法。一旦确定了某一时期导致东道国国家风险的主要宏观因素和微观因素,就可以用定量分析法来确定国家风险等级。常用的定量分析法是离差分析法和回归分析法。离差分析是一种广泛应用于国家风险评估的手段。从历史角度看,可以将所有国家分为两类:一类是国家风险较小的国家,另一类是国家风险较大的国家。离差分析通过考察所有这些国家的国家风险,找出具体导致国家之间风险差异的主要因素。例如,通过离差分析,发现GDP增长率是解释国家风险增加的关键变量。那么,GDP增长率以及与此相关的其他因素,就应该被用来评估国家风险。如果某一国GDP增长率及其相关因素开始恶化,则说明该国的国家风险必将增加。回归分析主要用来测算一个因素对另一因素变化的敏感性。跨国公司评估微观国家风险时,常常使用回归分析来评估其经营活动与东道国经济风险之间的关系。例如,测算子公司的销售增长率与东道国GDP增长率之间具有怎样的关系。在对国家风险做总体评价时,这样的分析结果是很有价值的。尽管运用统计模型可以定量分析各因素变量间的相互影响,但这些模型也有一定局限性。例如,根据历史数据的离差分析,得出“GDP强劲增长会降低国家风险程度”的结论,但如果跨国公司不能准确预测该国的GDP增长率,就很难预测该国国家风险未来的变化程度。

(4) 巡查访问法。巡查访问法,也称实际观察法,指到被投资国进行实地考察,会见当地政府官员、公司管理人员以及消费者,帮助跨国公司更好地了解实地情况(如公司间关系等),感性地评估东道国的国家风险。现实生活中,鉴于新闻报道、图书资料都加入了作者的主观判断和删减,有一定水分,如果不进行实地考察,容易受道听途说的干扰。对于一些对跨国公司的微观国家风险有重大影响的实际因素,必须亲身感受。百闻不如一见,只有亲临该国,脚踏实地,才能做出准确客观的评估。

3. 评估步骤

(1) 为各个政治、社会和经济风险因素赋值。赋值区间一般为[1,5],数值越小,风险越高,数值越大,风险越低。也就是说,1 代表最高风险,5 代表最低风险。

(2) 为各个政治、社会和经济因素分配权重。需要根据各因素的重要程度赋予它们不同的权重,各权重相加总和为 100%。

(3) 计算政治、社会和经济风险水平。分别计算政治、社会和经济风险的加权平均数值,作为国家风险总的评级结果。

三、国家风险管理

以国际信贷的国家风险为例,国际债务风险累积以及由此造成的偿债困难会对国际资金融通有巨大的消极影响,甚至还会因少数国家偿债困难所产生的多米诺骨牌效应,导致国际金融体系的崩溃。然而,这种危及国际金融体系安全的债务累积问题本质上还是属于国家风险的范畴。因此,国际金融机构和商业银行在从事国际信贷活动时,除要考虑一般性商业风险外,还必须考虑借款国本身独有的政治、经济、社会和债务累积等风险。只有这样,才可能防范国家风险,避免国际信贷中的重大损失。在面临偿债困难的时候,债务国不是单方面停止偿债,就是与债权方进行协商,以重新安排债务。与进行协商相比,停止偿债容易动摇债权方对债务国的信心,使债务国失去未来再借款的机会,甚至会遭到严厉的报复,如强行冻结或查封债务国的海外资产等,一般来说,债务国更多的是采用协商方式,以缓解偿债困难。

国家风险管理是在风险评估的基础上,采取有效措施,以规避国家风险,或尽可能将国家风险可能造成的损失降低到最低程度。

(一) 垄断技术法

先进的技术、充足的资金是跨国公司直接投资的保障,如果子公司的生产需要从母公司获得核心技术,东道国市场又需要子公司的产品,通过对子公司技术的垄断和技术信息高度保密,跨国公司可以有效地降低被东道国政府征收的风险。因为东道国政府征收外商投资企业后,一旦技术支持中断,自己也无法继续经营。当然,如果东道国友好地征收子公司,并给予跨国公司足够的补偿,跨国公司往往也会愿意提供必要的生产技术。

(二) 缩短投资期法

跨国公司对外投资的一个主要目标是获得超额利润,这种超额利润往往随着时间的推移、竞争者的加入、市场行情的变化而衰减。将项目投资锁定在一个较短的周期,例如 5 年或者 10 年,通过加速折旧、分期分批地将子公司资产卖给当地投资者或政府等手段,跨国公司不仅尽快地获取国外投资的超额利润,还降低了子公司被东道国征收的可能性,将国家风险损失控制在较低的程度。

(三) 适当运用当地资源法

如果跨国公司尽量多地雇佣当地人员、从当地银行获得巨额融资、利用当地原材料、与当地特定的利益集团形成较为紧密的联系,那么,政府任何不利的政策都会使得当地利益受损,不敢轻举妄动,从而可以在一定程度上减少国家风险。

（四）设定贷款限额法

根据不同国家的风险等级，确定不同的贷款限额，以作为发放贷款的警戒线，从而有利于改善银行和非银行金融机构的国际贷款决策，加强债权管理，分散信贷风险，使有限的资金得到最优配置。

（五）购买保险法

跨国公司母国政府为了促进本国私人公司积极向海外投资，往往通过设立海外投资保险机构等方式，对私人公司的海外投资损失给予一定的补偿。这类保险机构一般可以为跨国公司提供被东道国政府征收、战争、货币资金被冻结等方面的保险业务。世界银行等国际金融组织也纷纷设立多边投资担保机构，为那些在发展中国家有直接投资项目的跨国公司提供政治保险。那些在国外有大量投资的发达国家，都建立了比较健全的国外投资保险体系。对征收、违约、货币不可兑换、战争、国内动乱等提供担保。然而，任何保险通常都只能补偿跨国公司承受的一部分风险，不能提供百分之百的风险补偿。

资料链接9-1

利比亚战火威胁中国资产

中国在非洲开展的"以基础设施换能源和矿产"贸易项目，"让非洲把潜在的资源优势变成现实资本，对改变非洲落后面貌发挥了重要作用"。当中国社科院《2010中东非洲黄皮书》的编写者表述这个观点时，利比亚领袖卡扎菲地位尚稳固，看不到有什么需要担心之处。

截至利比亚战事爆发，中国有75家企业（包括13家央企）在利比亚投资。3月下旬，在商务部例行的新闻发布会上，商务部发言人姚坚透露称，当时，中国在利比亚承包的大型项目一共有50个，合同金额188亿美元。

有相关专家估计，中资企业在利比亚的损失，主要包括固定资产和原材料的成本、工程垫付款项。

据悉，利比亚战事爆发后，中国出口信用保险公司紧急启动了针对在利投资企业的专项"理赔绿色通道"。这家公司专业负责承担对外贸易和对外投资的保险业务，从3月18日起，先后向葛洲坝集团等企业支付了保险赔付。

但与此相比，大多数在利比亚有投资的中国企业没有这么幸运。据了解，在75家承建利比亚项目的企业中，只有为数不多的几家企业投保出口信用保险。

据媒体报道，中国海外投资保险的覆盖面非常低。2010年，我国对外直接投资累计净额为3047.5亿美元，而海外投资保险的承保责任余额为173亿美元，承保占比仅为5.68%。就我国在中东、北非地区投资而言，仅利比亚一国的大型项目投资合同金额就达到188亿美元，而目前中国信保在整个中东、北非地区的中长期出口信用保险和海外投资保险承保金额仅35亿美元，可见中资企业在利比亚工程的投保额严重不足。

据此，有专家表示，如果卡扎菲政府在这场战争中失败并被推翻，那么意味着，许多合同的履行主体将不复存在。新上台的政府可能采取不承认的态度，而利比亚的其他当事方可能以不可抗力或情势变更为理由拒绝履行合同。

资料来源：《青年参考》，2011年6月10日。

第二节 汇率风险及其管理

一、汇率风险及其分类

（一）汇率风险的定义

汇率风险（Exchange-rate Risk），又称货币风险（Currency Risk），是指在不同货币的相互兑换或折算中，因汇率在一定时间内发生始料未及的变动，致使有关国家经济主体实际收益与预期收益或实际成本与预期成本发生背离，从而蒙受经济损失的可能性。

汇率风险的爆发一般需要同时具备五大要素，分别是：第一，风险头寸。外汇买卖中，风险头寸表现为外汇持有额中"超买"（Overbought）或者"超卖"（Oversold）的部分，企业经营中，风险头寸表现为外币资产与外币负债金额或者期限不相匹配的部分。第二，风险因素。即货币兑换或折算的存在。第三，受险时间。一项交易的成交与资金清算之间存在一段时间。第四，风险事故。即汇率朝经济主体不利的方向意外变动。第五，风险结果。即意外的汇率变动会给经济主体造成经济利益损失。

（二）汇率风险的类型

经济主体在进行国际经济交易时所面临的汇率风险主要有三类，分别是：交易风险、折算风险和经济风险。其中交易风险涉及的业务范围广泛，是经济主体经常面对的风险，因而也是其主要的防范对象。

1. 交易风险

交易风险又称营业风险，是指企业在远期交割、清算对外债权债务时因汇率非预期变动导致经济损失的可能性。这种外汇风险主要是伴随着商品及劳务买卖的外汇交易而发生的，并主要由进行贸易和非贸易业务的一般企业所承担。具体来说，可将这些交易分成两大类：一类是企业资产负债表中所有未结算的应收应付款所涉及的交易活动和以外币计价的国际投资和信贷活动；另一类是表外项目所涉及的、具有未来收付现金的交易，如远期外汇合约、期货买卖及研究开发等。

在国际经济贸易中，贸易商无论是以即期支付还是延期支付都要经历一段时间，在此期间汇率的变化会给交易者带来损失，从而产生交易结算风险。例如，英国某出口商出口了一批产品，双方约定美国进口商在 6 个月后支付 200 万美元。若买卖成交时的汇率为 1 美元兑 0.5 英镑，则在汇率不变的情况下，英国出口商在 6 个月后可得货款 100 万英镑。若在付款时，美元汇率升到 1 美元兑 0.55 英镑，则英国出口商可得到 110 英镑，英国出口商获得了 10 万英镑的额外收益。假设付款时美元汇率跌到 1 美元兑 0.45 英镑，则英国出口商就将蒙受 10 万英镑的损失。当然，在这个交易中，美国进口商没有外汇风险。

交易结算风险还有可能产生于外币计价的国际投资和国际借贷活动。例如，我国香港某公司在日本债券市场上发行了一年期的日元债券 32 亿日元，利率为 10%，当时港币对日元的汇率为 1 港元兑 16 日元，香港公司实际筹集到 2 亿港元的债券，如果香港公司这时未采取外汇风险措施，即将面临着日元汇率波动所造成的风险。设一年后日元汇率上升为

1港元兑10日元，则香港公司须支付3.52亿港元的本息，较原先发债时的汇率多支出1.32亿港元。

2. 折算风险

折算风险(Accounting Risks)又称“外汇评价风险”或“会计风险”，是指定期把公司资产负债表上的外币计价的项目折算成本币时所产生的损益变化。企业会计通常是以本国货币表示一定时期的营业状况和财务内容的，这样，企业的外币资产、负债、收益和支出，都需按一定的会计准则换算成本国货币来表示，在换算过程会因所涉及的汇率水平不同、资产负债的评价各异，损益状况也不一样，因而就会产生一种外汇评价风险。

比如说，日本一家跨国公司在美国的子公司于2004年初购得一笔价值为10万美元的资产，按当时汇率US\$1=J￥110.00，这笔美元价值为1100万日元，到2004年底，日元汇率上升到US\$1=J￥100.00，于是在2004年年底给跨国公司的财务报表上，这笔美元资产的价值仅为1000万日元，比开始时资产价值减少了100万日元。因此，汇率变动会对公司的利润产生直接影响，并影响公司的纳税额。由于汇率波动，选择不同时点的汇率评价外币债权债务，可能造成较大的会计账面损益。虽然折算风险只涉及账面损失，但仍然可能不利于对涉外企业的业绩评价。

3. 经济风险

经济风险(Economic Risks)指汇率非预期变动对企业未来现金流量及公司市场价值产生影响的可能性。汇率的变动通过对企业生产成本、销售价格，以及产销数量等的影响，从而影响企业的现金流，最终影响企业的市场价值。经济风险程度的高低，主要取决于企业销售额、产品价格等关键指标对汇率变动的敏感性。交易风险和会计风险只存在于从事国际经济活动的企业，而经济风险则几乎存在于所有企业。对于国际企业来说，经济风险是直接的，因为它必须从国外进口商品或者向国外出口商品，其成本状况和市场份额跟汇率的变动存在着直接的关系，而对于国内企业来说，经济风险则是间接的，汇率变动不会直接影响国内企业的成本和市场份额，但由于其竞争对手多是国际企业，而汇率变动会影响后者的竞争能力，从而间接地影响国内企业的相对成本和市场份额。

二、汇率风险管理的含义

汇率风险管理(Foreign Exchange Risk Management)是指外汇资产持有者通过风险识别、风险衡量、风险控制等方法，预防、规避、转移或消除外汇业务经营中的风险，从而减少或避免可能的经济损失，实现在风险一定条件下的收益最大化或收益一定条件下的风险最小化。

汇率风险是必然存在的，但是可以通过各种方法和技巧进行抵补或对冲。汇率风险管理可以分为一般管理方法和综合管理方法。一般管理所采取的方法是单一的，而综合管理所采取的是两种或两种以上方法结合在一起的全方位管理。

三、汇率风险管理的基本原则

汇率风险管理的基本原则是在综合考虑成本和风险大小的前提下，尽量最大程度抵补或对冲汇率风险，一般有以下几个基本原则。

（一）全面重视的原则

发生涉外经济业务的企业应对自身经济活动中的汇率风险高度重视。汇率风险有不同的种类，有的企业只有交易风险，有的还有经济风险和折算风险。不同的风险对企业的影响不同，有的是有利的影响，有的是不利的影响。因此，涉外企业和跨国公司需要对外汇买卖、国际结算、会计折算、企业未来资金运营、国际筹资成本及跨国投资收益等项目下的汇率风险保持清醒的头脑，做到胸有成竹，避免顾此失彼，造成重大的损失。

（二）分类防范原则

对于不同类型和不同传递机制的外汇汇率风险损失，应该采取不同适用方法来分类防范，以期奏效，但切忌生搬硬套。对于交易结算风险，应以选好计价结算货币为主要防范方法，辅以其他方法；对于债券投资的汇率风险，应采取各种保值为主的防范方法；对于外汇储备风险，应以储备结构多元化为主，又适时进行外汇抛补。

（三）稳妥防范原则

该原则从其实际运用来看，追求的基本目标是使风险消失，或尽可能使风险转嫁，最佳目标是从风险中避损得利，这虽有一定的难度，但它是人们追求的理想目标。

（四）收益最大化的原则

涉外企业或跨国公司应精确核算汇率风险管理的成本和收益。在确保实现风险管理预期目标的前提下，支出最少的成本，追求最大化的收益。汇率风险管理本质上是一种风险的转移或分摊，例如采用远期外汇交易、期权、互换、期货等金融工具进行套期保值，但都要支付一定的成本，以此为代价来固定未来的收益或支出，使企业的现金流量免受汇率波动的侵扰。一般地，汇率风险管理支付的成本越小，进行风险管理后得到的收益越大，企业对其汇率风险进行管理的积极性就越高，反之亦然。

四、汇率风险的管理方法

（一）交易风险管理

交易风险是企业面临的最主要的外汇风险，是企业进行外汇风险管理的关键。对于交易风险的管理，一般来说可从以下 3 个方面来进行防范。

1. 签订合同时的防范措施

(1) 灵活选择和使用结算货币。在对外经济交易中，计价货币选择不当往往会造成损失。选择何种货币，直接关系到交易主体是否将承担汇率风险，因此，选择结算货币是交易双方在访谈过程中的重要议项，其重要程度不亚于谈判价格或利率。选择货币的原则一般是：① 计价收付货币必须是可兑换货币。自由兑换货币可随时兑换成其他货币，既便于资金的应用和调拨，又可在汇率发生变动时，便于开展风险转嫁业务，从而达到避免转移汇率风险的目的。② 收硬付软原则，即出口收汇要尽可能选择“硬”通货作为计价货币，进口用汇则尽可能选择“软”通货作为计价货币。但是在实际业务中，货币选择并不是一厢情愿的事，因为交易双方都想选择对自己有利的货币，从而将汇率的风险转嫁给对方。因此，交易双方在计价货币的选择上往往产生争论，甚至出现僵局。为打开僵局，促使成交，使用“收硬付软”原则要灵活多样。比如说，可通过调整商品价格的方法，把汇率变动的风险计进商品的价格中，同时还可采取软硬对半策略等等。③ 在签订进出口合同时，应尽量采用本国货币计价结算，这样进出口商就不需要买卖外汇，也就不必承担汇率变动的风险。④ 选择综合货币单位计价结算。目前比较普遍使用的是特别提款权。特别提款权的定值是采用多种货币加权平均得到，相对比较稳定。

(2) 在合同中加列货币保值条款。在签订贸易合同和贷款合同时，在合同中加列保值条款，以防止汇率多变的风险，这是防范外汇风险常用的一种方式。常用的保值条款有黄金保值条款、外汇保值条款、一揽子货币保值条款、“硬”货币保值条款等。

(3) 调整合同价格和条件。在进出口贸易中，出口方以本币或“硬”币计价，进口方以本币或“软”币计价，都是一种向国外交易对手转嫁外汇风险的方法。按上述原则来选择计价货币，对出口商有利，则对进口商不利，反之亦然。为此，在出现不利的情况下，进口商或出口商可通过调整合同条件的方法，以弥补因使用不利的计价货币可能蒙受的损失。

例如，我国某进出口公司从日本进口原材料卖给国内生产厂家，贸易合同中规定以日元计价，考虑到日元对于出口方是本币且属“硬”币，这种选择显然对我方不利。为了避免外汇风险，进口方可以适当调低进口货币的价格，也可以选用对进口方比较有利的支付方式，或者提高国内原材料的销售价格，将风险转嫁给国内生产厂家。

2. 通过金融市场操作规避风险

交易合同签订后，跨国公司可以利用外汇市场和货币市场来消除外汇风险。主要方法有，现汇交易、期汇交易、借款与投资、外币票据贴现、货币互换交易等。

(1) 现汇交易。外汇买卖成立时，于当日或两个营业日内办理收付的外汇业务。因此公司可以与外汇银行签订即期合约来消除两天内的外汇风险。

(2) 期汇交易。企业与外汇银行签订远期外汇交易合同，约定于将来某一时日按约定的汇率及金额进行交割的外汇交易，这种外汇买卖合约称为“期货(远期)外汇合约”。通过签订合同把时间结构由将来转移到现在，规避风险。远期外汇合约通常是不可撤销的，它是保障收益和现金流的工具。

例如，我国一家企业从英国购买了一套机械设备，该交易以英镑计价，付款期是30天。如果在此期间英镑相对于人民币升值了，该中国企业就会遭受损失。然而，如果在进行交易谈判时，我国企业同中国银行签订一份远期合同，根据确定的汇率在30天后购买这笔英镑。这样一来，就有效地锁定了英镑应付款的人民币未来价值，从而消除了外汇风险。英镑应付款的任何损失都会被远期合同的相同收益所抵消。假定英国企业的交货期为9月17日，远期合同到期，这家中国企业根据事先确定的远期汇率，从银行购买100万英镑。我们通过以下的对比能清楚地看到，采用远期保值后，购买100万英镑的人民币实际成本和预计成本总是一致的。

虽然远期交易在一定程度上规避了外汇交易风险，但本身也存在着一定的缺陷。采用此方式进行交易之前，必须对未来汇率的走势做出正确的判断和预期，否则实际的套期保值成本支出，可能高于不进行套期保值的成本，这对于进出口企业来说也会存在一定的困难。

(3) 借款与投资。利用在金融市场上借款来避免外汇风险的一般做法是：对出(进)口商而言，① 在签订贸易合同后立即在金融市场上借入所需外(本)币。② 卖出(买入)即期外币，取得本(外)币资金。③ 利用金融市场有效地运用所取得的本(外)币资金。④ 执行贸易合同，出口商以出口货款偿还借款本息，进口商一方面以外币支付货款，另一方面以本币归还本币借款本息。

例如，一日本公司和一美国公司签订了价值100万美元的出口合同，3个月后收到货款。由于合同中写明用美元支付，3个月后，若美元贬值，日本公司得到的日元就会减少。为了避免或减少外汇风险，日本公司在国外金融市场以年利率12%借入100万美元，期限3个月，若当时的即期汇率为US$1=JPY 100，将100万美元卖出可取得1亿日元。日本公司在国内金融市场上运用这笔资金，投资于3个月的有价证券，年利率为8%。通过这一系列的操作，在签订合同到收款这段时间，无论汇率发生什么变化，都与该公司无关。

反过来，当企业有未来的应付外汇账款时，企业可将一笔资金（在有闲置资金的前提下）投放于某一金融市场，一定时期后连同利息收回这笔资金，从而使这笔资金增值，并用于支付。

运用这两种方法能够改变外汇风险的时间结构，借款法将未来的收入转移到现在，而投资法则将未来的支付转移到现在。

(4) 外币票据贴现。出口商在向进口商提供资金融通，而拥有远期外汇票据的情形下，可以拿远期外汇票据到银行要求贴现，提前获取外汇，并将其出售，取得本币现款。这种方法既有利于加速出口商的资金周转，又能达到消除外汇风险的目的。

(5) 货币互换交易（又称“货币掉期交易”）。互换交易是降低长期资金筹措成本，防范利率和汇率风险的最有效的金融工具之一，主要分为货币互换与利率互换两类。货币互换是运用最多的工具。货币互换是处在不同国家的两家公司进行即期货币兑换，并在将来的某个日期再进行反方向的兑换，相当于一个即期外汇交易和一个远期外汇交易的组合。货币交换的原理是充分利用比较优势实现预期的目标，即成本最小，收益最大。

例如，日本生态科技有限公司有一笔日元贷款，金额为10亿日元，期限为7年，利率为固定利率3.25%，付息日为每年的6月20日和12月20日。2003年12月20日提款，2010年12月20日到期归还。公司提款之后，将日元换成美元，用于采购生产设备。产品出口得到的收入是美元收入，而没有日元收入。2010年12月30日时，公司需要将美元兑换成日元还款，如果到时日元升值，美元贬值（相对于期初汇率而言），公司就要用更多的美元来买日元还款。由于生态科技公司的日元贷款在借、用、还上存在着不统一，就存在着汇率风险。为了控制汇率风险，公司决定与银行做一笔货币互换交易。双方规定，互换交易将于2003年12月29日生效，2010年12月30日到期，使用的汇率为US $1=JPY 117。由于在期初与期末，生态科技公司与银行均按照预先规定的汇率（US $1=JPY 117）互换本金，并且在贷款期间只支付美元利息，而收入的日元利息正好用于还原日元贷款利息，从而完全避免了未来的汇率风险。

3. 其他防范方法

(1) 提前或推迟收付外汇。提前或推迟外汇收付是根据对汇率的预测，对在未来一段时期内必须支付和收回的外汇款项采取提前或推迟结算的方式以减少交易风险。

提前是在规定时间之前结清债务或收回债权，滞后是在规定时间已到时，尽可能推迟结清或收回债权。一般而言，如果预计计价结算货币的汇率趋跌，那么出口商或债权人则应设法提前收汇，以避免应收款项的贬值损失，而进口商或债务人则应设法推迟付汇。反之，如果预计计价结算货币的汇率趋升，出口商或债权人则应尽量推迟收汇，进口商或债务人则应尽量设法提前付汇。

在实际收付过程中，进出口商单方面提前或推迟收付外汇并非易事，因为要受到合同约束、外汇管制、国内信用规定等方面的限制。

(2) 配对交易。涉外交易主体在一笔交易发生时或发生后再进行一笔与该笔交易在币种金额收付日期上完全相同但资金流向上正好相反的交易，使两笔交易面临的汇率风险相互抵消。

(3) 保险方法。涉外主体向有关保险公司投保汇率变动险，一旦因汇率变动而蒙受损失，便由保险公司给予合理的赔偿。汇率风险的保险一般由国家承担。目前不少国家开设了外汇保险机构，承保外汇汇率风险。国际经济交易者就可以利用这类保险服务避免外汇风险。如英国的出口信贷保证部、荷兰的信贷保险有限公司、美国的进出口银行等。

(二) 折算风险的管理

对于折算风险的管理一般采用资产和负债配比的方法进行控制。资产负债表保值是避免会计风险的主要措施，它是通过调整短期资产负债结构，从而避免或减少外汇风险的方法。

资产负债表保值的基本原则是：如果预测某种货币将要升值，则增加以此种货币持有的短期资产，即增加以此种货币持有的现金、短期投资、应收款、存货等，或者减少以此种货币表示的短期负债，或者两者并举。反之，若预测某种货币将要贬值，则减少以此种货币持有的资产，或增加以此种货币表示的负债，或两者并举。

实际工作中，鉴于折算风险是纯粹会计上的损益，对公司的现金流并无实质性的影响，因此也有的企业对它并不十分重视。

(三) 经济风险的管理

经济风险的管理，是预测意料的汇率变动对未来现金流量的影响，并采取必要措施的过程，主要方法有：

(1) 经营多样化。即在国际范围内分散其销售、生产地及原材料来源地，通过国际经营的多样化，当汇率出现变化时，管理部门可以通过比较不同地区生产、销售和成本的变化趋利避害，增加在汇率变化有利的分支机构的生产，而减少汇率变化不利的分支机构的生产。

(2) 财务多样化。即在多个金融市场以多种货币寻求资金的来源和资金去向，实行筹资多样化和投资多样化，这样在有的外币贬值，有的外币升值的情况下，公司就可以使绝大部分的外汇风险相互抵消，从而达到防范风险的目的。

总而言之，外汇风险在任何时候是不可能绝对避免的，只能以各种会计手段降低外汇风险，所以对外汇风险的预测就显得尤为重要。加强外汇风险的管理，可以给公司带来较大的收益，避免不必要的损失，提高公司的利润。

资料链接 9-2

商务部财务司发布《外经贸企业汇率避险业务手册》

商务部财务司 2020 年 12 月 16 日发布《外经贸企业汇率避险业务手册》，旨在帮助外经贸企业强化汇率避险意识、用好汇率避险工具，为企业更好应对汇率风险提供有益参考。

商务部财务司表示，当前人民币汇率双向波动日益常态化，外经贸企业面临的汇率风险加大，理性看待汇率波动、做好汇率风险管理，已成为外经贸企业稳健经营的必修课。我国外汇市场已具备即期、远期、掉期、货币掉期和期权等主要外汇交易产品类型，可满足企业汇率避险管理需求。同时,企业也可使用人民币进行跨境结算交易。

在近期相关调研中,不少企业提出希望借助金融产品进行汇率避险,但对相关产品了解有限。为此,商务部、人民银行、外汇局组织金融机构编写《外经贸企业汇率避险业务手册》,梳理了企业使用外汇避险产品及跨境人民币结算的主要场景,包括相关业务开展的政策依据、产品特点及优势、办理流程和典型案例。

资料来源:商务部网站,http://www.mofcom.gov.cn/。

本章小结

本章首先介绍了国家风险的定义、国家风险的种类、国家风险的表现及成因、国家风险评估要素和评估方法及国家风险的管理方法。其次,着重讨论了汇率风险及其管理的相关内容,在对汇率风险定义进行界定基础上,介绍和分析了汇率风险的类型、汇率风险管理的含义和基本原则。最后分别对交易风险、折算风险和经济风险的管理提出了一系列的防范对策和措施。

◆ 思考题

1. 企业在签订涉外经济合同时,应从哪些方面防范汇率风险?而在出口收汇时应贯彻什么原则?

2. 结合所学知识和自身认识,谈谈汇率风险防范的重要性。

参考文献

[1] 陈雨露.国际金融[M].4版.北京:中国人民大学出版社,2011.
[2] 孟昊.国际金融理论与实务[M].北京:人民邮电出版社,2012.
[3] 姜波克.国际金融新编[M].5版.上海:复旦大学出版社,2012.
[4] 钱荣堃.国际金融[M].4版.成都:四川人民出版社,2006.
[5] 郑建军,等.国际金融理论与政策[M].北京:清华大学出版社,2019.
[6] 张金杰.国家风险的形成、评估及中国对策[J].世界经济与政治,2008(3).

第十章 国际金融机构及其运作

学习目标

通过本章学习，了解国际货币基金组织、世界银行集团、国际清算银行的成立过程；熟悉国际货币基金组织、世界银行集团、国际清算银行的宗旨、组织机构、资金来源；掌握三大组织的职能和业务活动。

导入案例

新冠疫情发生以来，国际经济组织特别是国际金融机构一直在关注着疫情的发展对经济的影响。不少国际金融机构产生于危机之中，也历经多次危机，每当危机来临时，总是担负起救火者的角色。拉美债务危机、东亚金融危机、起源于美国的全球金融危机都是如此。面临公共卫生危机(如埃博拉危机)国际金融机构都发挥了救助作用。但这次全球公共卫生危机与以往的经济危机与金融危机很不一样，不仅仅是简单考虑如何发挥金融安全网作用的问题，而且，首先是要做出对全球经济影响的预测，其次是要为有关国家提出国别政策和合作政策，最后则是要落到实处，真正为受疫情影响的脆弱性国家提供金融支持。在宏观分析方面，国际金融机构针对新冠疫情对于经济的打击做了及时且详尽的测算，供给和需求都将受到较大的打击。在政策建议方面，国际金融机构都建议采用宽松的政策，包括宽松的货币政策来预防短期金融市场大幅波动，宽松的财政政策来增加总需求，并且信息畅通和国际合作也是非常重要的。在资金支持方面，随着疫情的蔓延，金融机构通过捐款、贷款、基金、债务减免、一揽子计划等方式提供资金支持，前期的资金主要用于医疗基础设施，后期的资金更多地用于救助受疫情影响的经济。在此次应对中，国际金融机构普遍吸取了之前危机应对的经验，快速提供资金支持以修复信心，稳定金融市场，同时也不再附加紧缩性政策，而是推动长期结构性经济政策以促进长期经济的恢复，挽救疫情冲击带来的损失。主要的国际金融机构有哪些？它们是如何运作的？

资料来源：搜狐网，https://www.sohu.com。

第一节 全球性国际金融机构及其运作

一、国际货币基金组织及其运作

国际货币基金组织(International Monetary Fund，IMF)是根据1944年7月联合国国际

货币金融会议通过的《国际货币基金组织协定》建立的政府间的国际金融机构。它与世界银行集团、世界贸易组织共同构成了国际经济秩序的三大支柱。国际货币基金组织是一个致力于推动全球货币合作、维护金融稳定、便利国际贸易、促进高度就业与可持续经济增长和减少贫困的国际组织。

（一）IMF 的建立

1942 年，美、英两国开始讨论战后经济重建问题，特别是讨论设立稳定外汇市场和处理国际收支问题的国际机构。1943 年 4 月，两国同时公布有关方案，即“怀特方案”和“凯恩斯方案”。

1. 怀特方案

怀特方案是美国财政部长助理怀特主持起草的《联合国联盟国家稳定基金方案》(Proposals for the United and Associated Nations Stabilization Fund)。核心内容是按照存款原则建立国际货币稳定基金，资金总额共计 50 亿美元。该国际组织的任务是：

(1) 发行国际货币尤尼塔(Unita)，它可以与黄金兑换，可以在成员组织之间转移。

(2) 各国货币与尤尼塔维持固定比价，平价变动需要基金组织的同意。

(3) 成员组织发生国际支付困难，可用本币向基金组织兑换外汇，但是数量不能超过它认缴的金额。

(4) 会员国基本投票权取决于份额的大小，基金的办事机构设在拥有最多份额的国家。

(5) 取消外汇管制、双边结算和复汇率制等歧视性措施。

2. 凯恩斯方案

凯恩斯方案是英国财政部顾问凯恩斯制定的《国际清算同盟方案》(Proposals for the International Clearing Union)。核心内容是按照透支原则建立国际清算同盟。该国际组织的任务是：

(1) 发行以黄金计值的国际货币班科(Bancor)，各国可以用黄金换取班科，但不能用班科换取黄金。

(2) 各国货币与班科建立平价关系，非经同盟理事会批准不得变更。

(3) 各国承担的份额不需要缴纳黄金或现款，而是按战前 3 年出口贸易平均额来计算；逆差国可申请透支，透支总额为 300 亿美元。

(4) 逆差国和顺差国共同承担调节国际收支的责任。

(5) 同盟总部设在伦敦和纽约，理事会在两国轮流举行。

以上两个方案分别出自美国和英国，美国是当时世界上最大的债权国，怀特方案实际上是为了确定美元的霸权地位；英国经济受到第二次世界大战的沉重打击，凯恩斯方案试图在透支基础上恢复多边自由结算。

1944 年 7 月，在美国、英国等大国的推动下，联合国货币与金融会议在美国新罕不什尔州的布雷顿森林召开，44 国派代表参加了会议，会议通过了以怀特方案为基础的《国际货币基金组织协定》，决定成立国际货币基金组织。1946 年 3 月，IMF 成立，1947 年 3 月 1 日，IMF 开始运作，同年 11 月 15 日成为联合国的一个专门机构。

IMF 成立之初，仅有 29 个成员组织，此后成员组织数量逐年增加，截至 2013 财年[①]底，IMF 成员组织达到 188 个。我国是 IMF 的创始国之一，并于 1980 年 4 月 18 日正式恢复了在 IMF 的合法席位。

（二）IMF 的宗旨

(1) 建立一个永久性的国际货币机构，通过会员在国际货币问题上的磋商与协作，促进国际货币合作。

(2) 促进国际贸易的扩大与平衡发展，以达到和维持高水平的就业和实际收入，并增加会员国的生产能力。

(3) 促进汇率稳定，维持会员国之间有秩序的外汇安排，避免竞争性的外汇贬值。

(4) 协助会员国之间建立经常性交易的多边支付体系，取消妨碍国际贸易发展的外汇管制。

(5) 在具有充分保障的前提下，向会员国提供临时性的融通资金，以增强其信心，协助其改善国际收支状况，避免采取有损于本国和国际经济繁荣的措施。

(6) 根据以上目标，缩短会员国国际收支失衡的时间，并减轻其程度。

（三）IMF 的组织机构

理事会(Board of Governors)是 IMF 的最高权力机构，由各成员组织选派理事和副理事各一人组成，任期五年(可以连任)。理事会每年秋季举行一次定期会议，期间也可以举行特别会议。理事会主要决定重大问题，如接纳新会员国、决定基金份额、特别提款权分配和改革国际货币制度等。

执行董事会(Board of Executive Directors)是理事会下设的常设机构，设主席 1 名，主席即为 IMF 总裁。该机构主要负责处理 IMF 的日常业务。

在董事会和执行董事会之间还有两个机构：一是“国际货币基金组织理事会关于国际货币和金融的委员会”(International Monetary and Financial Committee of the Board of Governors)，简称“国际货币和金融委员会”(IMFC)；二是“世界银行和国际货币基金组织理事会关于实际资源向发展中国家转移的联合部长级委员会”(Joint Ministerial Committee of the Boards of Developing Countries)，简称“发展委员会”(Development Committee)。这两个委员会都是部长级委员会，每年开会 2～4 次，讨论 IMF 的重大问题。由于两个委员会的成员大都来自主要国家而且政治级别高，因此，其决议往往最后就是理事会的决议。

总裁(Managing Directors)，IMF 设总裁一人、副总裁三人。由执行董事会选举产生，总裁兼任执行董事会主席，总管 IMF 的工作。任期五年，可连任，通常由西欧人担任。

（四）IMF 的资金来源

1. 份额

份额是成员组织向基金组织认缴的资金，其数量由理事会决定。IMF 曾规定了计算各国份额的公式，它考虑了各会员国国民收入、黄金和美元储备、平均进出口额、出口变动率以及出口占国民收入比例等因素。后来该计算公式经过修改，主要是调整了各因素的权属，并

---

① IMF 财年起讫时间为 5 月 1 日至翌年的 4 月 30 日。

用经常项目余额及其变动代替了进口额和出口变动幅度。

成员组织缴纳份额的办法是：份额的25%最初以黄金缴纳，自1978年4月1日起，改用可兑换货币或特别提款权(SDR)缴纳；份额的75%以本国货币缴纳，或以成员组织凭券支付的、无息的国家短期有价证券代替本国货币缴纳。最初，成员组织缴纳的基金份额以美元作为计算单位，1969年以后，改以SDR作为计算单位。IMF理事会对份额进行定期总检查，成员组织的份额每5年左右经检查进行调整或者扩大一次。份额的任何变化必须经85%的总投票权批准，但是一个成员组织的份额未经本国同意不得改变。第15次份额检查已经于2019年结束，份额总数从1946年IMF成立之初的76亿美元增至4770亿特别提款权(按目前汇率接近7370亿美元)，比2008年的2385亿特别提款权增加一倍。

成员组织的份额决定了该国与基金组织的金融和组织关系：首先，投票权确定的依据。份额基本上决定成员组织在基金组织决策中的投票权。基金组织每个成员组织的投票权由基本票加上每10万特别提款权的份额增加的一票构成。2008年的改革将基本票固定为占总投票的5.502%。目前的基本票数几乎是2008年改革实施之前基本票数的3倍。其次，获得贷款的依据。成员组织可从基金组织获得的融资数额(贷款限额)以其份额为基础。例如，在备用和中期安排下，成员组织每年可以借入份额200%以内的资金，累计最多为份额的600%。然而，特殊情况下的贷款限额可能更高。

2. 借款

IMF通过和成员组织协议，向成员组织借入资金。借款处理通过政府渠道(如从各国财政部或中央银行借款)，也可以向私人机构借款。但是如果IMF向非政府渠道借款，必须征得该成员组织政府的同意。IMF有两项常设信贷额度，即借款总安排(GAB，1962年设立)和新借款安排(NAB，1998年设立)。根据这两项安排的规定，若干成员组织或其机构随时可以通过启用上述安排贷给IMF额外资金。例如，2011年3月生效的新借款安排(NAB)，大规模地扩大了其从成员组织获得借款的常设安排。此次扩张在初期将使新借款安排增加十倍以上，至3675亿特别提款权(约合5960亿美元)。

3. 其他资金来源

信托基金是一项临时性资金来源。例如，基金组织自2009年10月开始出售黄金，2010年12月完成出售。共获得68.5亿特别提款权的利润，执行董事会决定将其中24.5亿特别提款权存放在基金组织的普通储备账户，主要向低收入国家提供优惠贷款。

捐款和经营收入也构成IMF的资金来源。2013年财年基金组织的净收入为20亿特别提款权(约合30亿美元)，主要收入来自高水平的融资活动和投资账户的投资。另外，IMF也在一些特殊情况下寻求和接受一些国家或地区的捐款，例如，2013财年，IMF接受由捐助方提供资金支持项目超过了1.25亿美元，比2012财年增加17%。又如，2005年5月20日我国决定向IMF“冲突后和自然灾害紧急援助贴息账户”捐款200万美元，主要用于援助印度洋海啸受灾国。

(五) IMF的贷款

1. 普通贷款(Normal Credit Tranches)

它是IMF为了弥补成员组织收支逆差而设置的短期贷款，期限一般为3～5年，最高额度为会员国认缴份额的125%。它分为五个部分，每个部分均为份额的25%。第一部分是储备部分，成员组织可自由使用；其他几个部分统称为信贷部分，分为四档，贷款条件逐档严格，利率也逐档升高。

2．中期贷款(Extended Facility)

也称为扩展贷款，是IMF于1974年9月设立的一项专用贷款，比正常的普通贷款额度要大。用于解决较长期的国际收支逆差，以推行克服经济困难的计划。中期贷款额度最高可达到份额的140%。

3．补偿贷款(Compensatory Financing Facility)

它是IMF针对初级产品出口收入下降，于1963年2月设立的专项贷款，贷款条件是出口收入下降或谷物进口支出增加应是暂时性的，而且是会员国本身无法控制的原因造成的，同时借款国必须同意与IMF合作执行国际收支的调整计划。该项贷款期限为3～5年，额度最初设为份额的25%，曾经一度提高到份额的100%，之后有所下降。

4．缓冲库存贷款(Buffer Stock Financing Facility)

于1969年6月设立，目的是帮助初级产品出口国建立缓冲库存以便稳定价格。IMF认定的用于缓冲库存贷款的初级产品有锡、可可、糖、橡胶等。会员国可以使用这项贷款达其份额的50%，贷款期限为3～5年。

5．临时贷款(Temporary Credit Facility)

它是IMF根据特定需要而设置的临时性贷款项目。包括石油贷款、信托基金贷款、补充贷款、结构调整贷款、制度转型贷款、紧急贷款等。例如：1974年至1976年间设置的石油贷款，用于解决石油价格上涨引起的国际收支失衡。石油贷款的资金来源是IMF向盈余国家(主要是石油输出国)借入，再转借给赤字国家。贷款的最高额度，1974年规定为份额的75%，1975年提高到125%。贷款期限规定为3～7年，申请石油贷款也必须提出中期的收支调整计划。石油贷款于1976年5月届满，共有55个会员国利用这一项目获69亿特别提款权的贷款资金。

(六) IMF的特别提款权

特别提款权(Special Drawing Rights，SDR)是IMF分配给其成员组织的账面资产，形成成员组织在原有普通提款权之外的一种使用资金的权利，是IMF于1969年9月在第24届年会上决定创立的，用以补充原有储备不足的一种国际流通手段和新兴国际储备资产。

1．特点

SDR不具有内在价值，是IMF人为创造的、纯粹账面的资产，因此它也被称作“纸黄金”；它是由IMF按份额的一定比例无偿分配给各成员组织的，这与黄金和外汇通过贸易或非贸易交往取得的方式不同；它具有严格的限定用途，只能用于偿付国际收支逆差或者偿还IMF的贷款，不能用于贸易或非贸易的一般支付与结算，适用范围也仅限于IMF以及各成员组织之间，任何企业和个人不能持有和使用。

2．定值

SDR创立之初，IMF规定了其与黄金的比价，即35个SDR等于1盎司黄金，和当时的美元等值。布雷顿森林体系崩溃后，IMF规定，SDR的汇率按“一篮子货币”计算，根据各种货币在该国出口占世界出口总额的比例和使用范围的大小来确定篮子中货币的组成和权重，并规定每5年调整一次。最近的一次调整发生在2016年10月1日，调整后特别提款权的价值将基于由美元、欧元、人民币、英镑和日元五种货币组成的一篮子货币的价值的加权平均值，五种货币权重分别为美元(41.7%)、欧元(30.9%)、人民币(10.9%)、英镑(8.1%)和日元(8.3%)。

(七) IMF的业务活动

作为国际金融协调的主体，国际货币基金组织严格遵守其设立宗旨，开展业务活动，在世界事务中发挥着重要作用，具体表现为：

1. 金融协调

IMF通过建立常设机构和召开不定期会议等日常沟通机制，对国际金融问题进行磋商和协调。国际货币基金组织的总部设在华盛顿特区，并且，在世界各地设有代表处，体现了它的全球活动范围和与成员组织的密切联系。另外，IMF通过不定期举办会议来加强成员组织就国际金融问题的磋商和协调。例如，2011财年，IMF在韩国大田举行主题为“21世纪的亚洲：引领前进之路”会议，与会人员为500多名高层人士，共同讨论了亚洲在全球经济中的作用；IMF注重与工会组织的互动，曾与国际劳工组织共同主办了主题为“增长、就业和社会凝聚力的挑战”的会议，讨论全球经济增长与就业等社会问题。

金融协调工作还包括政策建议，通过掌握的数据和相应的分析工作，为各成员组织提出有针对性的有助于其经济发展的政策建议，也是IMF的重要工作之一。例如，在欧元区范围内，IMF一直呼吁采取更加果断的行动实现完全的货币联盟，包括建议一个统一的银行体系和深化财政一体化。另外，IMF也在2013财年对阿拉伯等转型国家提出了政策建议，并采取了实际支持行动。

2. 资金捐助与融通

IMF通过为成员组织提供贷款、优惠贷款和捐款等资金融通，来帮助成员组织改善国际收支状况，实现经济平稳发展。

3. 能力建设和技术援助

能力建设是基金组织的核心活动之一，它与监测和融资活动紧密结合。为了从战略上加强能力建设工作，基金组织做出了各种努力和安排。例如，2012年5月，基金组织将基金学院和技术援助管理办公室合并，建立了新的能力建设学院。成立之后，商定在毛里求斯建立非洲培训学院，服务于撒哈拉以南非洲。能力建设工作集中体现在为成员组织提供技术援助，包括财政技术援助和金融技术援助。如对财政政策、管理和体制方面的改革提供支持，包括财政规划的设计、财政风险管理的强化、国际征税问题以及自然资源管理的财政事宜。在技术援助的帮助下，更多的成员组织开始报告金融稳健指标，以标准化格式报告货币数据，并报告金融可得性数据等。

资料链接10-1

IMF采取多种方案帮助成员组织应对疫情

为应对新冠疫情，国际货币基金组织(IMF)采取多种方案帮助成员组织应对疫情，具体包括：为遭受疫情影响的国家提供快速一次性金融援助，对29个低收入国家实施债务减免以帮助解决公共卫生危机，扩大现有IMF贷款规模和批准新的IMF贷款等。IMF也努力提升其自身应对危机的能力。例如,IMF 执行委员会加快紧急融资请求审批速度,并增加了约 1000 亿美元的紧急援助资金准备。

已有 100 个 IMF 成员组织向该组织申请疫情专项资金支持。据该组织估计,为应对疫情带来的经济冲击,IMF 需要为其成员组织的 90 个项目发放约 9060 亿美元资金,而 IMF 目前最大贷款能力仅为 7870 亿美元,存在较大的资金缺口。此外,由于美国政府的制裁等因素影响,伊朗、委内瑞拉等国家向 IMF 申请贷款存在障碍。

资料来源:美国会研究服务部(CRS)《新冠肺炎疫情(COVID-19):国际金融机构的作用》报告,2020 年 5 月 4 日。

二、世界银行集团及其运作

世界银行集团(Word Bank Group)包括世界银行、国际金融公司、国际开发协会、多边投资担保机构和国际投资争端解决中心 5 个机构,主要致力于以贷款和投资的方式向其会员国尤其是发展中国家的经济发展提供帮助。根据布雷顿森林协定,只有国际货币基金组织的会员国才有资格申请加入世界银行。国际复兴开发银行(简称世界银行)、国际开发协会、国际金融公司、国际投资争端处理中心和多边投资担保机构紧密围绕世界银行集团的两个目标,即"在一代人时间内,终结极度贫困,促进共同繁荣"来履行各自职能,开展业务活动。

(一) 世界银行业务活动

国际复兴开发银行,简称为世界银行(World Bank,WB),是依据布雷顿森林会议 1944 年 7 月通过的《国际复兴开发银行协定》于 1945 年 12 月 27 日成立的政府间的国际金融机构。1946 年 6 月开始营业,1947 年 11 月成为联合国的专门机构,总部设在美国华盛顿。我国是世界银行的创始成员组织之一,并于 1980 年 5 月 15 日恢复在世界银行的合法席位。

1. 宗旨

《国际复兴开发银行协定》的第一条规定了世界银行的宗旨:

(1) 促进生产投资,帮助成员组织恢复战后经济和不发达国家的资源开发。

(2) 以担保和参与私人投资方式,促进私人投资。

(3) 鼓励国际投资,协助成员组织提高生产能力,促进成员组织国际贸易的平衡发展和国际收支状况的改善。

(4) 与其他方面的国际贷款配合提供贷款保证。

2. 组织机构

理事会是世界银行最高权力机构,由每一会员国委派理事和副理事各一名组成,理事和副理事任期 5 年,可以连任。理事会主要职责是:① 批准接纳新会员国;② 增加或减少银行资本;③ 停止会员国的资格;④ 决定银行净利润的分配以及其他重大问题。世界银行与国际货币基金组织有紧密联系,是相互配合的国际金融组织,每年 9 月这两个机构的理事会联合召开一次年会。

世行理事会下设执行董事会,负责处理日常业务的工作机构。现有执行董事 22 人,其中由持有股份最大的美、英、德、法、日五国指派的 5 人担任常任执行董事,其余 17 人由其他会员国按地区分组推选(我国为独立选区)。执行董事会主席由世行行长担任。主要职责是:① 调整银行政策,以进一步适应不断变化的客观实际;② 决定行长提出的贷款建议,向理事会提出财务统计报告、行政预算、银行业务和政策年报;③ 向理事会提交需要审议的其他事项。

行长是世界银行的最高行政长官,由执行董事会选举产生,负责领导世界银行的日常工作及任免世界银行的高级职员和工作人员。理事、副理事、执行董事和副执行董事不得兼任行长。行长无投票权,只有在执行董事会在表决中双方票数相等时,才可投下决定性的一票。

3. 成员组织投票权

成员组织的投票权由其认缴的股金决定,每个成员组织拥有基本票数 250 票,在此基础上,每认缴股金 10 万美元增加 1 票。根据这一规定,美国的表决权超过 16%,由于任何重要的决议必须由 85%以上的表决权决定,所以美国一个国家就可以否决任何议案。然而,随着战后世界经济形势的巨大变化,作为布雷顿森林机构的原有制度设计显露出诸多弊端,既不能准确反映国际经济格局的变化,也不能合理体现发展中国家的代表性和话语权,凸显了对其进行改革的必要性和迫切性。2010 年 10 月 25 日,世界银行发展委员会春季会议通过了发达国家向发展中国家转移投票权的改革方案,使得发达国家向发展中国家共转移了 3.13 个百分点的投票权。发展中国家整体投票权从 44.06%提高到 47.19%。其中中国在世行的投票权从 2.77%提高到 4.42%,其投票权由原来的第六位跃居第三位,仅次于美国和日本。与此同时,原来欧洲三强的“权力”亦有不同程度削弱,原居第 3 位的德国的投票权从原来的 4.35%减少到 4.00%,法国从 4.17%减少到 3.75%,英国则从 4.17%减少到 3.75%。美国维持 15.85%的投票权,依然把持头把交椅。亚洲国家中,日本从 7.62%减少到 6.84%,不过依然位列第二,印度从 2.77%上升至 2.91%,位列第七。

4. 业务活动

(1) 提供贷款。世界银行的主要业务活动是向会员国提供贷款。世界银行的贷款政策是,贷款的对象限于会员国,而且只向会员国政府或由政府、中央银行担保的机构提供贷款;贷款国确实不能以合理条件从其他方面取得资金;只有当申请贷款的项目被世行认为在经济技术上可行,亦有助于借款国经济发展时,贷款才会获准。世界银行的贷款特点是,贷款一般须与特定的工程项目相结合;贷款期限较长;贷款利率参照资本市场利率,但一般低于市场利率,贷款收取的杂费很少,对签约未使用的贷款额收取 0.75%的承担费;手续严密;贷款必须如期偿还,不能拖欠或改变还款日期;借款国承担汇率变动的风险。

(2) 技术援助。世界银行的技术援助往往与它的贷款结合起来,帮助借款国进行项目的组织与管理,以提高资金使用效率。同时,世界银行还成立了经济发展学院,旨在为发展中国家培训高级官员。此外,世行还经常帮会员国制订经济社会发展计划,并为会员国在经济发展中遇到的某些特殊问题提供解决方案。

(二) 其他组成机构业务活动

1. 国际开发协会业务活动

国际开发协会成立于 1960 年 9 月,目前有会员国 163 个。与国际金融公司同为世界银行的附属机构,但在法律上和财务上又是各自独立的金融机构。其宗旨是对落后国家给予条件较宽、期限较长、负担较轻、并可用部分当地货币偿还的贷款,以促其经济发展、生产和生活水平的提高。其资金来源主要包括会员国认缴资本、补充资金和特别基金捐款、世界银行拨款和业务利润等。

国际开发协会的任务，主要是向较贫穷的发展中国家和地区的公共工程和发展项目提供比世界银行贷款条件宽的长期贷款。开发协会提供的资金称信贷(Credit)，世界银行则称贷款(Loan)。国际开发协会信贷具有如下特点：协会的信贷原则上只贷给发展中国家较贫穷的会员国及其所属地区；贷款条件优惠，与世界银行的贷款混合发放；开发协会的贷放部分称为软贷款，不收利息，只收0.75%的手续费，对未使用部分的信贷收0.5%的承担费；信贷期限较长，可达50年，并有10年的宽限期，第二个10年，每年还本1%，其余30年每年还本3%。

2. 国际金融公司业务活动

国际金融公司成立于1956年7月，目前有会员国175个。其宗旨是，为会员国中的发展中国家的私人企业提供没有政府担保的各种投资，用于新建、改建或扩充原有企业的生产能力，以促进发展中国家经济发展；联合国内外投资者与有经验的管理专家，寻求和创造投资机会，努力促成良好的投资环境，促进外国私人资本在发展中国家的投资；推动发展中国家资本市场的发展。

国际金融公司的主要业务活动有别于IBRD和IDA向政府提供贷款，IFC主要是为成员组织的私人企业提供贷款，对发展中国家私人企业的新建、改建和扩建等活动提供资金贷款和技术援助，促进发展中国家的可持续增长。其贷款的特点主要有：贷款提供给成员组织的私人企业，并不需要成员组织政府的担保；贷款形式主要以IFC与私人商业银行联合发放；贷款主要贷放对象为中小型私人企业，规模一般在200～400万美元；IFC在提供资金时一般采用贷款与资本投资相结合的方式，但是IFC并不参与企业经营管理；贷款使用没有严格限制，既可以用于流动资金，也可用于购置固定资产。

3. 多边投资担保机构业务活动

多边投资担保机构成立于1988年4月，目前有会员国157个。其宗旨是，开展对外国私人投资在会员国的非商业风险的担保；对有兴趣的会员国提供有关投资的信息技术援助和咨询服务，帮助会员国改善投资环境，提高对外来投资的吸引力，推动成员组织相互间进行以生产为目的的投资，特别是向发展中国家的投资，以促进其经济增长。

多边投资担保机构的担保业务主要是对以下四类非商业风险提供担保：由于投资所在国政府对货币兑换和转移的限制而造成的转移风险；由于投资所在国政府的法律或行动而造成投资者丧失其投资的所有权及控制权的风险；投资者无法进入主管法庭，或这类法庭不合理地拖延或无法实施已作出的对投资者有利的判决，或政府撤销与投资者签订的合同而造成的风险；武装冲突和国内动乱而造成的风险。

4. 国际投资争端处理中心业务活动

国际投资争端解决中心成立于1966年，目前有134个成员组织。其业务活动主要是通过为国际投资争端提供一个协调和仲裁的国际机构，以促进东道国与外国投资者之间建立相互信任的关系，从而鼓励国际投资。除此之外，该中心还从事对仲裁法和外国投资法的研究和出版活动。

资料链接 10-2

WB 采取多种方案帮助成员组织应对疫情

截至 2020 年 4 月，世界银行已经批准或正在批准 78 个国家的 94 个贷款项目，总额约 90 亿美元。未来 15 个月，世界银行还将发放 1600 亿贷款用于对抗疫情。此外，世界银行于 2020 年 4 月 17 日宣布计划建立一支新的信托基金"多捐助者卫生应急准备和响应基金(HEPRF)"，将为符合条件的股国家提供经济激励，以增加其对卫生应急准备的投资，并帮助低收入国家能在重大疾病爆发的早期阶段做出迅速有效的应对。

资料来源：美国会研究服务部(CRS)《新冠肺炎疫情(COVID-19)：国际金融机构的作用》报告，2020 年 5 月 4 日。

三、国际清算银行及其运作

国际清算银行(Bank for International Settlements，BIS)是根据 1930 年 1 月 20 日签订的《海牙协议》《国际清算银行成员宪章》及其章程成立的一家国际金融机构。其总部设在瑞士巴塞尔。初始成立时只有 7 个成员组织，包括英、法、德、意、比、日和美国，目前共有 60 家成员的中央银行。

（一）组织机构

国际清算银行是以股份公司的形式建立的，国际清算银行的最高权力机关为股东大会，股东大会每年 6 月份在巴塞尔召开一次，只有各成员组织中央银行的代表参加表决。董事会是国际清算银行的经营管理机构，截至 2013 年 3 月 31 日有 18 位董事，董事长由法国央行行长克里斯蒂安·诺瓦耶(Christian Noyer)担任。六位当然董事是：比利时、法国、德国、意大利和英国的中央银行行长和美联储理事会主席。上述董事各再任命一位本国的董事。国际清算银行章程还规定从其他成员中央银行中选出不超过 9 位董事。目前加拿大、中国、日本、墨西哥、荷兰、瑞典、瑞士和欧洲中央银行的行长是选举产生的董事。董事会设主席 1 名，副主席若干名，每月召开一次例会，审议银行日常业务工作，决议以简单多数票做出，票数相等时由主持会议的主席投决定票。

（二）主要职责

作为国际组织，国际清算银行的主要作用是促进国际货币与金融合作，并为中央银行提供服务。国际清算银行通过承担以下活动实现其宗旨：为各中央银行和国际金融、监管当局提供促进交流和便利决策的论坛；作为经济和货币研究中心；作为中央银行金融交易的主要交易对手；在国际金融交易中发挥代理人和受托人的作用。

1. 货币与金融合作

(1) 各种会议。每两个月一次的例会一般在总部巴塞尔召开。中央银行行长或者成员组织高级官员在会上讨论当前经济金融形势、世界经济及金融市场前景。这些会议使各行长共同监测全球经济和金融发展，讨论与货币和金融稳定相关的政策性问题。此外，国际清算银行还定期召开会议，邀请公共和私人部门代表及学术界代表参加。全球经济会议和全体行长会议是国际清算银行两个非常重要的例会。前者由来自 30 多个主要发达经济体和新兴市场经济体的成员组织中央银行行长参加，这些经济体的 GDP 总量占到全球的五分之四。其主要作用是监督和评估世界经济和全球金融体系的发展、风险和机遇；向设立在巴塞尔的三家中央委员会，即全球金融体系委员会、支付与结算体系委员会和市场委员会提供指导。后者由60家成员央行行长参加，清算银行主席主持，主要讨论成员中央银行关心的议题，在2012/2013财年，讨论的主要议题有：场外衍生品市场改革、进程和未决问题，结构性银行监管动议：方法与影响，金融体系的规模与全球化问题等。

此外，国际清算银行经常组织专家会议，讨论储备管理、法律事务、信息系统和内部审计等技术性问题。虽然参加国际清算银行会议主体是中央银行，但也邀请其他金融市场当局的专家、学者及市场人士参加。

（2）委员会和秘书处。几个以货币和金融稳定以及国际金融体系协调为主要工作内容的委员会和机构在国际清算银行设有秘书处，它们与国际清算银行紧密合作。

由十国集团中央银行行长建立的委员会有：巴塞尔银行监管委员会、支付与结算系统委员会、全球金融体系委员会和市场委员会。

在国际清算银行之外运行的4家秘书处是：金融稳定论坛、国际存款保险机构联合会、国际保险监督官协会和欧文·费舍尔中央银行统计委员会。

（3）研究和统计。国际清算银行开展经济、货币、金融和法律研究，以支持国际清算银行组织的会议和设在巴塞尔的各个委员会的工作。此外，国际清算银行还是中央银行分享统计数据的中心，并出版全球银行、证券、外汇及衍生产品市场的统计数据。

国际清算银行的主要刊物是《年报》以及关于国际金融市场发展的《国际清算银行季报》。此外，国际清算银行还以工作论文和国际清算银行系列论文的形式出版学术研究论文和散发有关会议上讨论的专题信息。

（4）金融稳定学院。金融稳定学院通过推广对审慎标准和良好监管做法的理解帮助全球监管当局监管其金融体系。学院通过各种研讨会、会议、以互联网为基础的信息工具和其他活动，促进了稳健监管标准的推广和实施。在当前背景下，金融稳定学院正帮助监管机构落实国际标准、制定机构应对金融危机所推出的各种系列改革。

2. 中央银行的银行

国际清算银行提供了一系列专门设计的金融服务以帮助各中央银行或货币当局管理外汇储备。截止2007年3月31日，130家中央银行或货币当局，以及许多国际机构使用了国际清算银行提供的金融服务。国际清算银行的货币存款总额接近2220亿特别提款权，占全世界外汇储备的6%。

国际清算银行通过相互关联的两个交易室提供金融服务：一个交易室设在巴塞尔总部，另一个交易室设在香港特别行政区的亚太代表处。

国际清算银行不接收个人或公司的各种存款，也不向其提供金融服务。它不向各国政府贷款，也不得为其开设往来账户。

（1）为中央银行提供投资服务。近年来，国际清算银行不断调整其金融产品范围以更加有效地满足中央银行日益发展的需要。除了提供类似即期账户、通知账户和定期存款的标准化服务产品外，国际清算银行又推出了一系列金融产品供各国中央银行参与交易，以提高各中央银行对外资产收益率。

国际清算银行为各中央银行的主权债券等高等级资产提供一系列专门的资产管理服务。国际清算银行可以与中央银行签订证券组合管理协议，或者建立开放式基金（国际清算银行投资组合：BISIP）以允许客户对共同的资产组合进行投资。国际清算银行在BISIP下管理着两只亚洲债券基金(ABF1 和 ABF2)。其中,ABF1 由 BIS 管理,ABF2 由外部基金经理管理。

(2) 其他服务。国际清算银行有时向中央银行提供以抵押为基础的短期信贷。它也作为受托人管理国际政府贷款和履行抵押代理人的作用。

第二节 区域性国际金融机构及其运作

一、亚洲开发银行及其运作

亚洲开发银行(Asian Development Bank ,ADB)简称亚行,成立于 1966 年,是亚洲和太平洋地区的区域性金融机构。初始成员有 31 个成员体,截至 2013 年,有成员组织 67 个,其中有 48 个来自亚太地区,19 个来自亚太以外的其他地区。总部位于菲律宾的马尼拉(Manila),设 29 个驻地代表处,在东京、法兰克福和华盛顿设有三个办事处。中国于 1986 年加入亚洲开发银行。

(一) 宗旨

亚洲开发银行的宗旨是向其会员国或地区成员提供贷款和技术援助,帮助协调会员国或地区成员在经济、贸易和发展方面的政策,同联合国及其专门机构进行合作,以促进亚太地区的经济发展。亚行业务主要集中于以下五大领域:基础设施,环境,区域合作和一体化,金融行业发展,教育。

(二) 组织机构

由所有成员代表组成的理事会是亚行最高权力和决策机构,负责接纳新成员、变动股本、选举董事和行长、修改章程等,通常每年举行一次会议,由亚行各成员派一名理事参加。

董事会负责亚行的日常工作,董事会成员由理事会选举产生,任期 2 年,可以连任。董事会有 12 名董事,其中 8 名董事由亚太地区的成员体选举产生,另外 4 名由亚太地区以外的成员体选举产生。每位董事任命一名副董事。董事会在位于菲律宾马尼拉的亚行总部全职履行工作,定期主持召开正式会议和执行会议。董事对亚行的财务报告进行监督管理、核准管理预算、复核并批准所有的政策文件和全部贷款、股权和技术援助项目。

行长是该行的合法代表,由理事会选举产生,任期 5 年,可连任,亚行行长兼任董事会主席。行长在董事会的领导下开展亚行的各项业务,负责根据董事会制定的规章制度组织、任命和解雇官员和职员。另外,行长还是亚行的法定代理人。以行长为首的管理层包括六名副行长和一名管理总干事,负责监督管理亚行业务部门、行政部门和知识部门的工作。自亚行成立以来,一直由日本人担任行长,现任行长为曾担任日本财务省负责国际事务的副大臣中尾武彦(Takehiko Nakao)担任。

(三) 资金来源

1. 普通资金

普通资金(Ordinary Capital Resources,OCR)是亚洲开发银行进行业务活动最主要的资金来源，包括亚行的股本、借款、普通储备金、特别储备金、净收益和预交股本等。

(1) 股本。亚洲开发银行是股份制的金融机构，建立时法定股本为10亿美元，分为10万股，每股面值1万美元，每个会员国或地区成员都须认购股本。首批股本分实缴股本和待缴股本，各占一半。亚洲开发银行的股本必要时可以增加，分两种情况增资，即普通增资和特别增资，但需由理事会决定。通过增资决议需经至少拥有3/4投票权的理事参加表决和2/3理事投票赞成方能通过。理事会每5年对本行的股本进行一次审查。在决定增加股本时，每个成员可以自行决定是否认购，认购比例与拥有股本的份额相同。由于2009年的第五次普遍增资，亚行资本翻了三倍，从550亿美元一跃增加至1650亿美元，从而为亚太地区减贫工作提供了更充足的资金来源。

日本和美国是亚洲开发银行最大的出资者，认缴股本分别占亚洲开发银行总股本的15%和14.8%。我国占第3位，占总股本的7.1%。

(2) 借款。在亚洲开发银行成立之初，其自有资本是它向会员国或者地区成员提供贷款和援助的主要资金。从1969年开始，亚洲开发银行开始从国际金融市场借款。一般情况下，亚洲开发银行多在主要国际资本市场上以发行债券的方式借款，有时也同有关国家的政府、中央银行及其他金融机构直接安排债券销售，有时还直接从商业银行贷款。

(3) 普通储备金。按照亚洲开发银行的有关规定，亚洲开发银行理事会把其净收益的一部分作为普通储备金。1984年以前发放的贷款，亚洲开发银行除收取利息和承诺费以外，还收取一定数量的佣金以留作特别储备金。

(4) 净收益。由提供贷款收取的利息与承诺费形成。

(5) 预交股本。亚洲开发银行认缴的股本采取分期交纳的办法，在法定认缴日期之前认缴的股本即是预交股本。

2. 特别资金来源

(1) 亚洲开发基金。亚洲开发银行基金创建于1974年6月，基金主要是来自亚洲开发银行发达会员国或地区成员的捐赠，用于向亚太地区贫困国家或地区发放优惠贷款。同时亚洲开发银行理事会还按有关规定从各会员国或地区成员缴纳的未核销实缴股本中拨出10%作为基金的一部分。此外，亚洲开发银行还从其他渠道取得部分赠款。

(2) 技术援助特别基金。亚洲开发银行认为，除了向会员国或地区成员提供贷款或投资以外，还需要提高发展中国家会员或地区成员的人力资源素质和加强执行机构的建设。为此，亚洲开发银行于1967年成立了技术援助基金。该项基金的来源为赠款。根据亚洲开发银行理事会1986年10月1日会议决定，在为亚洲开发基金增资36亿美元时将其中的2%拨给技术援助特别基金。

(3) 日本特别基金。在1987年举行的亚洲开发银行第20届年会上，日本政府出资建立了一个特别基金。亚洲开发银行理事会于1988年3月10日决定成立日本特别基金。主要用于：以赠款的形式，资助在会员国或地区成员的公营、私营部门中进行的技术援助活动。通过单独或联合的股本投资，支持私营部门的开发项目。以单独或联合赠款的形式，对亚洲开发银行向公营部门开发项目进行贷款的技术援助部分予以资助。

（四）业务活动

1. 提供贷款

亚行的贷款按贷款条件分为硬贷款、软贷款和赠款。硬贷款的期限为10～30年(含2～

7年的宽限期)，采用浮动利率。软贷款即优惠贷款，其期限为40年(含10年宽限期)。贷款不收利息，仅收1%的手续费。软贷款仅提供给人均国民收入低于670美元(1983年的标准)且还债能力有限的亚行成员。赠款主要用于技术援助，资金由技术援助特别基金提供，赠款数量有限。

亚行贷款按贷款方式不同，可分为：项目贷款、规划贷款、部门贷款、开发金融贷款、综合项目贷款及特别项目贷款等。其中，项目贷款是亚行传统的也是主要的贷款形式，该贷款是为成员组织发展规划的具体项目提供融资，这些项目需经济效益良好，有利于借款成员组织的经济发展，且借款国有较好的信誉，贷款周期与世行相似。

自2009年1月1日至2013年12月31日，亚行年均贷款额为121.9亿美元。截止2013年12月31日，不含联合融资，亚行共为44个国家(和地区)的2629个项目累计发放贷款2034.1亿美元；赠款项目239个，总金额64.6亿美元。2013年，亚行对华贷款援助总计15.4亿美元，包括12个贷款项目，涉及四个优先发展领域：农业和自然资源、能源、交通运输以及城市和社会部门。亚行还提供了一个370万美元的赠款项目，用于提高河北省的能源效率。

2. 联合融资

亚行与一个或以上的区外金融机构或国际机构，共同为成员组织某一开发项目提供融资。该项业务始于1970年，做法上与世行的联合贷款相似，目前主要有平行融资、共同融资、伞形或后备融资、窗口融资、参与性融资等类型。例如，到2013年底，亚行在中国开展具有直接附加值的官方联合融资投资项目共计26项，累计金额4.307亿美元；技术援助项目98项，累计金额4680万美元。开展具有直接附加值的商业联合融资投资项目共计21项，累计金额19.5亿美元。

3. 股权投资

通过购买私人企业股票或私人开发金融机构股票等形式，对发展中国家私人企业融资。亚行于1983年起开办此项投资新业务，目的是为私营企业利用国内外投资起促进和媒介作用。例如，2013年，亚行在中国的股权投资为4.043亿美元。

4. 技术援助

亚行在项目有关的不同阶段如筹备、执行等阶段，向成员组织提供的资助，目的是提高成员组织开发和完成项目的能力。目前，亚行的技术援助分为：项目准备技术援助、项目执行技术援助、咨询性技术援助、区域活动技术援助。技术援助大部分以贷款方式提供，有的则以赠款或联合融资方式提供。截止2013年12月31日，亚行为其成员组织提供技术援助性赠款42.5亿美元。2013年，亚行对能源领域的援助包括向中国首批聚光太阳能热发电厂之一贷款1.5亿美元。利用这一前沿技术，即使在晚上也能实现太阳能平稳发电。新的技术援助项目包括分析和能力建设，以便为能效项目提供更有利于市场运作的融资方式；分布式可再生能源开发；为中国的2020年低碳目标提供政策建议和咨询；协助进行第十三个五年规划的计划和实施工作等。

二、非洲开发银行及其运作

非洲开发银行(African Development Bank，ADB)，简称“非行”，成立于1964年，是非洲最大的地区性政府间开发金融机构，其宗旨是促进非洲地区成员的经济发展与社会进步。

总部设在科特迪瓦的经济中心阿比让。2002 年，因科政局不稳，临时搬迁至突尼斯至今。目前，非行共有成员 78 个，其中区内成员 53 个，区外成员 25 个。区外成员包括美国、英国、加拿大、法国、德国、意大利、中国、日本、印度、韩国等国家。非洲开发银行的宗旨是通过提供贷款、投资或给予技术援助的方式，促进非洲成员组织经济的发展和社会进步，进而改变非洲贫穷落后的状况。

1. 组织机构

理事会是银行最高权力机构。一般由各成员组织财政经济部长担任。通常一年举行一次理事会议，就银行的业务大政方针作出决议，必要时举行特别理事会，理事会年会负责选举行长和秘书长。

董事会由理事会选举产生，是银行的常设执行机构，一般每月举行两次会议。董事会拥有除特别保留给理事会的一切权力，同时负责银行的日常业务运行。

行长由董事会提名由理事会选举产生。行长是银行的法人代表，他要在董事会领导下，负责管理银行的日常事务。行长任期 5 年，可连任一届。

2. 资金来源

分为普通资金来源和特别资金来源。普通资金来源包括：① 成员组织核定资本认缴额，最初为 2.5 亿非洲开发银行记账单位，每记账单位价值 0.888671 克纯金，核定资本分为 2.5 万股，每股 1 万记账单位；② 在国际资本市场上募集的资本，即自行筹措的资金；③ 贷款利息收入和提供担保等业务取得的收入。

特别资金来源有：① 捐赠的特别资金和受托管理资金；② 为特别资金筹措的专款；③ 从任意成员组织筹借的该国货币贷款，用途是从贷款国购买商品与劳务，以完成另一成员组织境内的工程项目；④ 用特别基金发放贷款或提供担保所获偿还资金；⑤ 用上述任何一项特别基金或资金从事营业活动获得的收入；⑥ 可用作特别基金的其他资金来源。

截至 2013 年底，非行核定资本相当于 669.8 亿美元，实收资本相当于 665.21 亿美元。其中非洲国家的资本额占 2/3。这是使领导权掌握在非洲国家中所做的必要限制。

3. 业务活动

非洲开发银行的业务活动主要是通过贷款来帮助非洲国家改变贫穷和落后的面貌。2013 年 7 月，非洲开发银行提出“非洲未来 50 年基金”(Fond Africa 50)的倡议，用于优先投资非洲基础设施建设。2014 年 5 月，中国央行与非洲开发银行集团签署了 20 亿美元的“非洲共同增长基金”联合融资合作协议。基金将在未来 10 年向非洲的主权担保和非主权担保项目提供联合融资，以支持非洲基础设施及工业化建设。这是落实中国总理李克强访问非洲时提出的与非洲国家开展务实高效融资合作的重要措施。

三、欧洲投资银行及其运作

欧洲投资银行(European Investment Bank，EIB)是欧洲经济共同体各国政府间的一个金融机构，成立于 1958 年 1 月，总行设在卢森堡。该行的宗旨是利用国际资本市场和欧洲经济共同体内部资金，促进共同体的平衡和稳定发展。为此，该行的主要贷款对象是成员组织不发达地区的经济开发项目。从 1964 年起，贷款对象扩大到与欧共体有较密切联系或有合作协定的共同体外的国家。

《欧洲经济共同体条约》(即《罗马条约》)第 130 条规定了欧洲投资银行的宗旨，具体内容为欧洲投资银行不以营利为目的，其业务重点是对在共同体内落后地区兴建的项目、对有助于促进工业现代化的结构改革计划和有利于共同体或几个成员组织的项目提供长期贷款或保证；也对共同体以外的地区输出资本，但贷款兴建的项目须对共同体有特殊意义（如改善能源供应），并须经该行总裁委员会特别批准。对与共同体有联合或订有合作协定的国家和地区，一般按协定的最高额度提供资金。

该行是股份制企业性质的金融机构。董事会是其最高权力机构，由成员组织财政部长组成的董事会，负责制定银行总的方针政策，董事长由各成员组织轮流担任；理事会负责主要业务的决策工作，如批准贷款、确定利率等，管理委员会负责日常业务的管理；此外，还设立了审计委员会，对该行的业务工作进行审计监督。

该行的资金主要来源于两个途径：① 成员组织认缴的股本金，初创时法定资本金为10亿欧洲记账单位；② 借款，通过发行债券在国际金融市场上筹资，是该行主要的资金来源。

该行的主要业务活动是贷款，包括两种形式：一是普通贷款，即运用法定资本和借入资金办理的贷款，主要向共同体成员组织政府、私人企业发放，贷款期限可达20年；二是特别贷款，即向共同体以外的国家和地区提供的优惠贷款，主要根据共同体的援助计划，向同欧洲保持较密切联系的非洲国家及其他发展中国家提供，贷款收取较低利息或不计利息。主要运用方向为：① 对工业、能源和基础设施等方面促进地区平衡发展的投资项目，提供贷款或贷款担保；② 促进成员组织或共同体感兴趣的事业的发展；③ 促进企业现代化。

四、泛美开发银行及其运作

泛美开发银行（Inter-American Development Bank，IDB）成立于1959年12月30日，是世界上成立最早和最大的区域性、多边开发银行。总行设在华盛顿。该行是美洲国家组织的专门机构，其他地区的国家也可加入，但非拉美国家不能利用该行资金，只可参加该行组织的项目投标。成立之初，泛美开发银行有20个成员组织。到目前，有48个成员组织，包括26个拉美地区国家。

该行的宗旨是集中各成员组织的力量，对拉丁美洲国家的经济、社会发展计划提供资金和技术援助，并协助它们单独地和集体地为加速经济发展和社会进步做出贡献。

该行的最高权力机构是理事会，由各成员组织委派1名理事组成，每年举行1次会议。理事会领导下的常设机构为执行董事会，由14名董事组成，其中拉美国家9名，美国、加拿大和日本各1名，其他地区国家2名，任期3年。行长和副行长在执行董事会领导下主持日常工作。行长由执行董事会选举产生，任期5年，副行长由执行董事会任命。另外，该行还在拉美各成员组织首都及巴黎和东京设有办事处。

该行的资金主要来源于普通资本和特种业务基金两种，初始金为10亿美元。其中，普通资金为8.5亿美元，美国出资3.5亿美元；特种业务基金1.5亿美元，美国出资1亿美元。之后进行过调整，资金来源中增加了一项区际资本。

该行的主要业务活动为提供贷款，分为普通业务贷款和特种业务贷款。前者的贷款对象是政府和公、私机构的特定经济项目；后者的贷款对象是需要特别对待的一些经济和社会项目。

五、亚洲基础设施投资银行及其运作

亚洲基础设施投资银行（Asian Infrastructure Investment Bank，简称亚投行，AIIB）成

立于2015年12月25日，亚投行现有104个成员，包括87个正式成员和16个意向成员。其组织结构的特点在于，一切权力归理事会，理事会可将其部分或全部权力授予董事会。董事会负责指导银行的总体业务。

其宗旨是通过在基础设施及其他生产性领域的投资，促进亚洲经济可持续发展、创造财富并改善基础设施互联互通；与其他多边和双边开发机构紧密合作，推进区域合作和伙伴关系，应对发展挑战。

其主要业务是援助亚太地区国家的基础设施建设。运用一系列支持方式为亚洲各国的基础设施项目提供融资支持——包括贷款、股权投资以及提供担保等，以振兴包括交通、能源、电信、农业和城市发展在内的各个行业投资。

进入21世纪以来，新兴国家日益成为全球经济增长的新引擎，但不合理的国际金融机制并未改观。亚洲拥有全球60%的人口，亚洲经济占全球经济总量的1/3，但由于建设资金有限，一些国家铁路、公路、桥梁、港口、机场和通信等基础设施严重不足，这在一定程度上限制了该区域的经济发展。有限的资金量令世界银行、亚洲开发银行不能全力支持亚洲基础设施建设，这成为亚投行成立的重要背景。

2016年，亚投行提供2.165亿美元贷款，助力"千岛之国"印度尼西亚改造贫民窟，通过修建和改造水、电、路等基础设施提升民众生活质量。2017年9月，作为亚投行支持的首个非亚洲国家，埃及获得2.1亿美元的长期债务融资，建设11个总容量为490兆瓦的太阳能光伏装置。2020年11月3日，由亚洲基础设施投资银行投资、中铁二十五局集团承建的斯里兰卡700套保障房项目，在科伦坡北部郊区破土动工。成立五年来，亚投行累计批准贷款额超过220亿美元，累计批准项目108个。亚投行的成立，是国际经济治理体系改革进程中具有里程碑意义的重大事件，标志着亚投行作为一个多边开发银行的法人地位正式确立。从1980年中国开始恢复在世界银行席位，到亚投行扬帆起航，中国正向全世界展现出中国担当和中国力量。

资料链接10-3

我国与世行合作的三个阶段

一、初始探索阶段(20世纪80年代)。我国经济社会各项事业亟待发展，世行贷款资金首先投向了教育领域，并逐步加大对基础设施领域的支持力度，支持建设了一批直接关系到国计民生的重点项目，世行贷款资金成为当时我国引进外资的重要组成部分。同时，通过合作经济调研活动，在加强和改善宏观调控、推动经济体制改革等领域取得了一系列重要成果。

二、稳步发展阶段(20世纪90年代)。这期间，我国年度利用世行贷款规模达到历史最高点，超过30亿美元，连续三年成为世行最大的借款国。除传统的贷款领域外，世行还积极参与扶贫开发事业，与我国合作先后实施了西南扶贫、秦巴山区扶贫等多个大型直接扶贫项目。90年代末，随着国内资金的日渐充裕，世行停止对华提供软贷款，贷款规模有所下降，而以政策调研和制度创新为核心内容的知识合作日益受到双方的重视。

三、调整转型阶段(21世纪至今)。为配合我国区域发展战略的实施以及建设资源节约型和环境友好型社会，世行加大了向我国西部、中部和东北地区贷款的倾斜力度，支持重点也转向节能、环保、新能源和民生等领域。与此同时，随着我国经济的快速发展和国际影响的逐步提升，我国与世行的合作突破单向输入，实现双向交流。我国改革开放的伟大实践和成功经验，丰富了世行的发展理论，并借助世行平台宣传我国立足国情、自主发展的发展理念，积极支持全球减贫和发展事业。

资料来源：财政部网站，http://www.mof.gov.cn。

本章小结

国际金融机构是指世界多数国家的政府之间通过签署国际条约或协定而建立的、从事国际金融业务、协调国际金融关系、维系国际货币和信用体系正常运作的超国家金融机构。按地区和成员的数量可分为全球性国际金融机构和区域性的国际金融机构。全球性的国际金融机构主要包括国际货币基金组织、世界银行集团、国际清算银行；区域性的国际金融机构主要有亚洲开发银行、非洲开发银行、欧洲投资银行、泛美开发银行等。国际货币基金组织与世界银行集团、世界贸易组织共同构成了国际经济秩序的三大支柱。国际货币基金组织是一个致力于推动全球货币合作、维护金融稳定、便利国际贸易、促进高度就业与可持续经济增长和减少贫困的国际组织。世界银行集团有别于世界银行，前者是由国际复兴开发银行(简称世界银行)、国际开发协会、国际金融公司、国际投资争端处理中心和多边投资担保机构组成。亚洲开发银行简称亚行，成立于1966年，是亚洲和太平洋地区的区域性金融机构。总部位于菲律宾的马尼拉，亚洲开发银行的宗旨是向其会员国或地区成员提供贷款和技术援助，帮助协调会员国或地区成员在经济、贸易和发展方面的政策，同联合国及其专门机构进行合作，以促进亚太地区的经济发展。亚投行的成立，是国际经济治理体系改革进程中具有里程碑意义的重大事件，标志着亚投行作为一个多边开发银行的法人地位正式确立。从1980年中国开始恢复在世界银行席位，到亚投行扬帆起航，中国正向全世界展现出中国担当和中国力量。

◆ **思考题**

1. 简述战后国际金融机构的性质。
2. 简述国际货币基金组织贷款的类型。
3. 简述世界银行的主要业务活动。
4. 简述国际清算银行的主要业务活动。

参考文献

[1] 马君潞，陈平，范小云. 国际金融[M]. 北京：高等教育出版社，2011.

[2] 姜波克. 国际金融新编[M]. 上海：复旦大学出版社，2008.

[3] 杨胜刚，姚小义. 国际金融[M]. 北京：高等教育出版社，2009.

[4] 刘艺欣，赵炳盛，李玉志. 国际金融[M]. 大连：东北财经大学出版社，2013.

[5] 何璋. 国际金融[M]. 北京：中央广播电视大学出版社，2002.

[6] 徐晶，贺聪. 论金融区域化与金融全球化的对抗与协调[J]. 华北金融，2007(9)：28-30.

[7] 盛斌，张一平. 全球治理中的国际货币体系改革：历史与现实[J]. 南开学报(哲学社会科学版)，2012(1)：60-69.

[8] 谢世清，曲秋颖. 世界银行投票权改革评析[J]. 宏观经济研究，2010(8)：8-11.

[9] 李众敏,吴凌燕.世界银行治理改革的问题与建议[J].中国市场,2012(29):11-19.
[10] 李扬,黄金老.金融全球化概说[J].中国城市金融,2000(1):50-52.
[11] 朱国镁,孟祥君.国际货币体系改革的目标和过渡方案[J].经济体制改革,2004(6):101-104.
[12] 滕书圣,阮锋.拉美美元化的可行性与前景分析[J].国际金融研究,2001(4):37-42.
[13] 金岩.拉美地区美元化趋势及前景探析[J].金融教学与研究,2002(1):31-33.
[14] 朱珠,李松梁.现行国际货币体系缺陷分析及改革方案评述[J].金融纵横,2012(2):46-50.
[15] 周小川.关于改革国际货币体系的思考[EB/OL].中国人民银行网站,2009-03-23.
[16] 郑后成,商瑾.当前关于国际货币体系改革的主要观点及应对建议[J].经济研究参考,2012(20):65-68.
[17] 韩基韬.拉美一体化进程稳步前行[EB/OL]. http://gb. cri. cn/27824/2011/12/21/5311s3488995_1. htm
[18] 宋洁云,冯俊扬.拉美"去美元化"能走多远[N].深圳商报,2008-09-12(A12).
[19] 张舒英."广场协议"后的日元升值及其对日本经济的影响[N].学习时报,2003-11-03(2).
[20] Rueff J and Hirsch F. The Role and Rule of Gold: An Argument[C]. Princeton Essays in International Finance, 1965,47.
[21] Lutz F A. The Problem of International Liquidity and the Multiple-Currency Standard[C]. Princeton Essays in International Finance, 1963,41//Harrod R. Alternative Methods for Increasing International Liquidity. Brussels: European League for Economic Cooperation,1961.
[22] Kindleberger C P. Balance-of-Payments Deficits and the International Market for Liquidity[C]. Princeton Essays in International Finance,1965,46.
[23] Despres E, Kindleberger C P and Salant W S. The Dollar and World Liquidity: A Minority View [C]. Brookings Institution, 1966; McKinnon R I. Private and Official International Money: The Case for the Dollar[C]. Princeton Essays in International Finance, No. 1969,74.
[24] Rosensweig J A. Single Reserve Currency: An Analysis of the Benefits and Challenges with Implementing a Single Reserve Currency[J]. Global Macroeconomic Perspective, 2009.
[25] Mundell R A. A Theory of Optimum Currency Area[J]. American Economic Review, 1961,4.
[26] McKinnon R I. Private and Official International Money: The Case for the Dollar[C]. Princeton Essays in International Finance, 1969,74; Kenen P. The Theory of Optimum Currency Areas: An Eclectic View[M] //in Mundell R I and Swoboda eds A. Monetary Problems in International Economy, Chicago: Chicago University Press, 1969.
[27] Mundell R A. A Reconsideration of the Twentieth Century[J]. American Economic Review, 2000: 90(3).

第十一章 国际货币体系及其改革

学习目标

通过本章学习，了解国际货币制度、国际金本位制、布雷顿森林体系、牙买加体系等概念；理解国际货币体系的演进原因与过程，当前国际货币体系的内容，国际货币体系改革的趋势；掌握布雷顿森林体系和牙买加体系的主要内容；熟练掌握国际金本位制的特点。

导入案例

70 多年前在布雷顿货币森林会议上，创立了一个以共识为基础、以秩序和责任为核心的国际货币体系。这个秩序，就是维护汇率稳定的共同承诺；这个责任就是作为国际主要信用货币的美元，无限制兑换黄金。而国际货币基金组织（IMF），就是维护这一体系运转的组织保障。

70 多年过去了，现在，我们面对的是一个完全不同的景象。稳定、波动有限的汇率制度被自由浮动，并且随时可能被剧烈动荡的汇率体系所代替。支撑全球 2/3 商品货物和投资金融交易的国际主要货币，可以仅以自身的利益为政策的唯一出发点，而不用承担任何国际责任。

现在我们能说当前国际货币体系可以预警、预防、化解下一次危机吗？我们没有这个信心和把握。中国有句俗话"不能好了伤疤忘了疼"。我们不能忘记，国际金融危机给一个国家和国家的人民所造成的痛苦，我们不能回到危机前的老路上去。

国际货币体系的改革，虽然没有形成一个统一、长远、明确的改革目标和设计好的路径，但我们也看到，这一改革，目前以一种合乎自然选择的逻辑方式正在进行着。那么，究竟什么是国际货币体系呢？

资料来源：经济导报，2014 年 9 月 19 日。

第一节 国际货币体系概述

一、国际货币体系的含义

国际货币体系（International Currency System）就是各国政府为适应国际贸易与国际支付的需要，对货币在国际范围内发挥世界货币职能所确定的原则、采取的措施和建立的组织机构的总称。

国际货币体系既包括有法律约束力的有关国际货币关系的法令条例、规章制度、组织形式等，又包括不具法律约束力的相关传统习惯和约定俗成。

二、国际货币体系的主要内容

国际货币体系涉及的内容较为宽泛，但其主要内容集中在以下几个方面：

(1) 国际本位货币的确定：即用何种物品或哪国货币充当国际货币；

(2) 国际汇率制度的确定：即一国民族货币按照什么比价或汇率兑换成另一国民族货币；

(3) 国际储备资产的确定：确定何种物品或何种货币可作为国际储备资产及其增长机制；

(4) 国际收支调节方式的确定：即当国际收支发生顺差或逆差时，应采取何种方式进行调节，逆差国和顺差国各承担什么责任；

(5) 有关国际货币金融事务协商机制的确定及国际性协调、监督机构的建立。

三、国际货币体系的类型

按国际货币体系形成方式的不同，可以将国际货币体系分为两种类型：一是在国际上自发形成的国际货币体系，即调节国际货币关系的规定、原则和制度不是由有关各国通过国际会议和国际协议固定下来，而是在各国自行规定的货币制度的基础上自发形成的。国际金本位制度就属于这种类型。二是在国际上有组织地形成的国际货币体系，即调节国际货币关系的规定、原则和制度是由有关各国通过国际会议和国际协定固定下来，并且有一定的国际组织保证其贯彻实施。二次大战后所建立的布雷顿森林体系就属于这种类型。

如果按照汇率制度的不同，国际货币制度可分为固定汇率制和浮动汇率制两种；如果按照货币合作程度的不同，国际货币制度可分为单一货币制度和多元货币制度；如果按照国际储备资产形式的不同，国际货币制度又可分为金本位制度和信用本位制度。其中，以最后一种分类方式应用最为广泛，本书也将以此为准对国际货币制度进行阐述。具体内容为：国际金本位制、布雷顿森林体系、当前的国际货币体系、国际货币体系的改革。

第二节　国际金本位制度

一、国际金本位制度的概念

国际金本位制度是以黄金作为储备资产、实行严格的固定汇率制、国际收支自动调节的国际货币制度。虽然，英国于1816年颁布《金本位制度法案》，宣布实行金币本位制度，但是直到19世纪70年代以后，欧美国家才普遍通过相关法案相继实行该货币制度。最终，“一战”的爆发使得金币本位制的三个“自由”原则，即“自由铸造、自由兑换、自由输出入”遭到破坏，导致金币本位制的瓦解。

国际金本位制按照黄金与货币联系程度的差异，分为金币本位制、金块本位制和金汇兑本位制。金币本位制是指黄金具有货币的全部职能，以黄金作为货币发挥价值尺度、流通手段、贮藏手段、支付手段和世界货币等职能;金块本位制是指以黄金作为准备金、以有法定含金量的价值符号作为货币、发挥货币职能的货币制度。即国家不再铸造金币,黄金只作为央行发行银行券的准备金,央行发行以黄金为准备金的银行券,银行券发挥货币的职能进行流通,银行券达到法定数量可与黄金进行兑换;金汇兑本位制是指金币退出流通,取而代之的是具有法定含金量的纸币,纸币不能直接兑换黄金,但可以兑换外汇,再用法定数量的外汇兑换黄金。

二、国际金本位制度的规则

1. 金币本位制的主要规则

国家用法律规定金铸币的重量、形状和成色;金币具有无限法偿权,可以自由铸造、自由输出入、自由熔化;各国之间国际结算使用的货币是黄金,国际储备货币也是黄金;各国货币相互之间汇率根据“铸币平价”(Mint Parity)决定。

2. 金块本位制的主要规则

由国家储存金块作为发行货币的储备;金币仍然作为本位货币但不在国内流通,国内只流通纸币,纸币有无限法偿权;不允许自由铸造金币,禁止私人输出黄金;仍规定纸币的含金量和黄金官价,但纸币不能自由兑换黄金,只有在国际支付需要或工商业用途时,可有条件地用纸币向中央银行兑换数量有限的金块;等等。

3. 金汇兑本位制的主要规则

法定国内货币单位的含金量,国内流通纸币,纸币与法定含金量保持等价关系,禁止铸造金币;纸币不能自由兑换黄金,但可以兑换成外汇,用外汇可在国外兑换黄金,这也被称为金汇储备制;可以纸币向中央银行请求兑换金块,金币或外汇用于国际贸易中的对外支付,但受到中央银行的管制,因而外汇买卖不是自由的,外汇供求是受到控制的。

三、国际金本位制度的特点

根据上面的分类,尽管国际金本位制历经 3 个时期,但是最典型的还是金币本位制,所以在总结国际金本位制特点的时候,主要参考金币本位制这一典型的国际金本位制进行概括:

1. 汇率自动稳定机制

在国际金本位制条件下,存在着两种国际结算方式:外汇结算或黄金结算。由于外汇市场上汇率是随着市场供求变化而变化的,对进口商而言,当国际结算的成本超过铸币平价加上运送黄金的费用时,进口商便会改变结算方式,用本币购买黄金并输出黄金进行国际结算,导致黄金输出;如果是出口商,结算方式的改变将导致黄金输入。因而汇率波幅不会超过黄金输出点或输入点,最大波幅为铸币平价加上运送黄金的总费用。显而易见,国际金本位制必然形成国际固定汇率制度,是一种完全市场化的、波幅很小的、具有自动稳定机制的固定汇率制度。

2. 国际收支自动调节机制

在国际金本位制条件下,如果一国国际收支持续的出现大幅度逆差,因为黄金自由输出入和自由兑换的规则,使国际收支自动调节机制得以形成,并能保证国际收支失衡能够自动纠正和汇率的稳定。

3. 外部平衡的制度安排

在国际金本位制度条件下，外部平衡成为金融管理当局的首要目标。实现这一目标要求金融管理当局保证本国货币与黄金的自由兑换、自由铸造和自由的输出入，不能采取冲销政策调节国际收支和货币投放，以确保国际收支自动调节机制和汇率自动稳定机制的有效运行。

4. 制度的非歧视性

由于在货币创造上各国都是被动的，其供给量受到黄金储量和开采量的制约，那么世界价格水平即由货币的供求内生地决定，从这个意义上说，国际金本位制无视各国经济实力的差异，对所有国家都是一视同仁的。

国际金本位制的这些特点，使得该制度对国际金融秩序的稳定发挥了重要作用。首先，其严格的货币纪律可以有效避免通货膨胀的发生。例如，各种价值符号均可以与黄金自由兑换这一特点，可以保证纸币不会发行量过大，否则银行将无法保证其与黄金的自由兑换；其次，该制度有利于汇率稳定，各国货币的兑换比率以铸币平价为基础，波动幅度以黄金输送点为界限这一内在特点，必然有利于汇率稳定；最后，国际收支的自动调节避免了政府干预需要付出的各种成本和因此可能引发的政治矛盾。

四、国际金本位制度的缺陷

国际金本位制度的一个明显缺陷是，黄金的自律并不构成人类对清偿力增长的自律。这是由以下三大原因造成的：

(1) 从理论上看，一价定律保证了黄金必然依据“黄金输送点”构成平价，黄金的流动将自动调节全球国际收支的平衡，但实际情况并非如此，金铸币往往被遵循金本位的模范国家（英国）的关键货币（英镑）所替代。国际金本位制实质上是英镑－黄金本位制，并且英镑替代了黄金发挥着世界货币的职能。

(2) 当英镑（纸币和铸币）充当世界货币时，英镑的供给就不单纯取决于本国货币存量，还与黄金价格以及准备金率有关。如果货币供给为 M，本国货币存量为 G，黄金价格为 g，准备金率为 r，则有 $M=Gg/r$。表面上从未被违背的金本位“游戏规则”，其实早就被英镑纸币的膨胀和准备金率的下降所取代（W. Fetter，1965）。黄金的供给是有限的，而纸币的供给是无限的，纸币的迅速扩张所导致的清偿力相应的膨胀日益侵蚀着国际金本位制的根基。

(3) 英镑得以充当世界货币的起因，在于英国经济上的强大和英国必须模范遵守按金平价自由兑换的规则。但是，一旦英镑获得这样的声望便有可能产生滥用其特权的冲动，这终将危及金本位制度本身。由此可以看出，当纸币替代黄金成为主要清偿力时，纸币信用的盲目扩张促成恶性通货膨胀是国际金本位制度解体的根本原因。

五、国际金本位制度的崩溃

（一）国际金本位制崩溃的原因

(1) 黄金的供应量已经无法满足随着技术进步而带来的商品数量的增加，削弱了金币发挥货币职能的前提基础。

(2) 世界经济发展的不平衡导致一些国家出现国际收支失衡,而金本位制下国际收支的自动调节机制已经无法调节这种结构性失衡,结果出现黄金集中在少数国家的不平衡现象。1913 年底,世界黄金存量的 2/3 集中在美、英、德、法、俄 5 国,这也阻止了黄金继续作为货币流通这种职能的发挥。

(3) 国际政治冲突,即第一次世界大战的爆发成为金本位制瓦解的催化剂。一些世界主要发达国家为了购置军火,应付战争之需,纷纷采取限制黄金自由输出的政策,破坏了金本位制的"自由"三原则之一——自由输送。

1929 年世界性的经济危机使原本脆弱的国际金本位制彻底崩溃。受经济危机影响,各国纷纷向英国兑换黄金,导致英国政府难以应付,最终于 1931 年 9 月 21 日宣布废止金本位制。随后,法国、荷兰、意大利、比利时、瑞士、波兰等 6 国也于 1935 年左右纷纷放弃了国际金本位制。

(二) 国际金本位制崩溃的影响

(1) 导致各国货币贬值、通货膨胀盛行。国际金本位制废止之后,各国为了弥补国际收支赤字和筹措军费,发行无需兑换黄金的纸币,加速了经常性通货膨胀的发生。这破坏了各国货币体系的正常运行,也阻碍了国际贸易的顺利进行,使得国际收支进一步恶化。

(2) 各国激烈的"汇率战",使国际金融秩序陷入混乱状态。在国际金本位制情况下,各国货币的对内和对外价值基本一致,铸币平价也比较稳定,汇率制度存在着非常稳定的基础。但是,随着国际金本位制的瓦解,汇率的决定变得较为复杂,各国间国际收支失衡和通货膨胀的出现引发的供求关系的变化成为汇率决定的关键性因素,而这两个决定性条件恰恰处于不稳定状态,例如,各国在第二次世界大战期间为了筹措战争经费使得"汇率战"达到了高峰,最终结果不仅使国际贸易严重受阻,国际资本流动濒临停滞,更为严重的是加剧了各国的经济萧条。

第三节　布雷顿森林体系

一、布雷顿森林体系的创建

第二次世界大战使得世界经济格局发生了巨大变化。美国的经济迅速崛起,其工业制成品占世界工业制成品的 1/2,对外贸易占世界对外贸易额的 1/3;美国的黄金储备在 1945 年达到 200.8 亿美元,比 1938 年增加了 55.7 亿美元,约为资本主义世界总储量的 59%。可见,美国已经成为资本主义世界中经济实力最为雄厚的国家,这也为美国建立美元的霸权地位奠定了坚实的经济基础。此时,英国虽然遭受战争的创伤,工业生产缩减,在世界经济中的地位出现下滑,但是,作为历史悠久的工业化国家,英国仍然在竭力维持自己的地位,国际贸易约 40%依旧采用英镑结算,所以英镑仍是主要的国际储备货币,伦敦也仍然是重要的世界金融中心。这样的实力对比变化,使得美英两国从各自利益出发,积极设计未来的国际货币秩序,并于 1943 年 4 月同时公布了各自的方案,即英国的"凯恩斯计划"和美国的"怀特计划"。

怀特计划的主要内容是:由各国缴纳资金(以黄金、本国货币和政府债券缴纳 50 亿美元)来建立基金组织;各国的投票权取决于各国缴纳份额;基金组织发行一种叫"尤尼塔"(Unita)的国际货币作为计价单位,一个尤尼塔的含金量相当于10个美元的含金量;各国货币与尤尼塔保持固定比价,并应该努力维持这一平价关系;基金组织的主要任务是稳定汇率,并对成员组织提供短期信贷,以解决国际收支不平衡问题。

凯恩斯计划的主要内容是:成立一个"国际清算联盟"的世界性中央银行;由国际清算联盟发行不可兑现的货币"班柯"(Bancor)作为结算单位,各成员组织规定本国货币与班柯的汇率平价;各国通过班柯存款账户来清算相应的官方债权债务,各国在国际清算联盟中所承担的份额以二战前三年的平均进出口贸易额计算,但成员组织不需缴纳黄金或现款,而只在国际清算联盟开设往来账户;当某一成员组织国际收支有顺差时,就将顺差实现的收入存入该账户,发生逆差时,则按规定的份额申请透支,透支额为300亿美元,或用自己账户中的余额支付。

1943年9月到1944年的4月,美英两国展开了国际货币计划的双边谈判,历经激烈的争论,鉴于美国在政治和经济上强大的实力,在美国做出了一些让步的前提下英国被迫放弃"凯恩斯计划"而接受美国的方案,最终双方达成协议。在此期间,也有一些其他国家参与了讨论。最终讨论的结果是发表了《专家关于建立国际货币基金的联合声明》,并于1944年7月,在美国新罕布什尔州的布雷顿森林镇召开了由44个国家参加的国际货币金融会议,会议通过了以"怀特计划"为基础的《国际货币基金协定》和《国际复兴开发银行协定》,两者总称为《布雷顿森林协定》,标志着以美元为中心的国际货币体系——布雷顿森林体系的诞生。

二、布雷顿森林体系的内容

布雷顿森林体系从5个方面对国际货币秩序做出了规定,即本位制度、汇率制度、储备制度、国际收支调节制度、国际收支调节的组织机构。

(1) 在本位制度方面,规定以黄金为基础,美元与黄金挂钩、其他货币与美元挂钩。美元与黄金挂钩是指各国确认1934年1月美国规定的美元按照每盎司黄金35美元的官价与黄金挂钩,各国政府与中央银行可以用美元按照此官价向美国兑换黄金;其他货币与美元挂钩是指把美元的含金量作为各国规定货币平价的基础,各国货币与美元的汇率可按各国货币的含金量来确定,或者不规定含金量而只规定各国货币与美元的比价。

(2) 在汇率制度方面,实行固定汇率制度。由于各国货币与美元挂钩的规定使得各国政府有义务通过干预外汇市场使汇率波动不超过上下各1%的幅度。成员的货币平价一经确定不得随意调整,只有当一国的国际收支发生根本性不平衡,中央银行无法维持既定汇率时,才能在与基金组织协商之后改变币值。这种可调整的固定汇率制度,也被称为"可调整的钉住汇率制度",使得各国货币必须以美元为中心,从一定程度上确定了美元的霸权地位。

(3) 在储备制度方面,美元与黄金为各国主要储备资产。双挂钩的规定确立了美元的霸权地位,使得美元和黄金成为各国的主要储备资产。另外,国际货币基金组织规定,当成员需要储备货币时,可用本国货币向国际货币基金组织按照规定程序购买或者借贷一定数量的外汇,并在规定期限内以购回本国货币的方式偿还所借用的款项。成员组织的认缴份额越多,其贷款的额度就越大,贷款也只限于成员组织弥补国际收支逆差。

(4) 在国际收支调节方面,规定取消外汇管制。《国际货币基金协定》第8条规定各成员组织不得限制经常项目的支付,不得采取歧视性的货币政策措施,要在兑换性基础上实行自由多边结算制度。

当一国的国际收支持续盈余,该国货币在国际货币基金组织的库存下降到其份额的15%以下的时候,国际货币基金组织可以将该国货币宣布为“稀缺货币”。这时,其他国家可以对“稀缺货币”实行限制性兑换,国际货币基金组织也可以按照逆差需要进行限额分配。

(5) 在国际收支调节组织方面,建立了国际货币基金组织。关于该组织的建立过程、宗旨和业务活动等参见本书第十章有关内容。

三、布雷顿森林体系的特点

在与国际金本位制度实行时期的金币本位制、金块本位制和金汇兑本位制相比,布雷顿森林体系具有以下特点:

1. 黄金-美元本位制

在布雷顿森林体系下,美元与黄金建立固定的比价关系,即1盎司黄金=35美元,各国通过本币与黄金的价格间接的固定了本币与美元的比价,这就是“双挂钩”,即美元与黄金挂钩,各国货币与美元挂钩。由于美国向世界承诺锁定美元与黄金的价格和自由兑换,意味着美元与黄金一样,是各国的储备货币和国际结算货币,并成为各国货币之间汇率决定的基础,因而也将布雷顿森林体系下的汇率制度称为黄金-美元本位制。

2. 美国在布雷顿森林体系中须承担的责任和义务

布雷顿森林体系下,美国处于“霸权国”地位,美元成为世界各国主要的国际结算货币和储备货币。在美元获得等同于黄金的世界货币特权的同时,美国也要肩负着维系布雷顿森林体系稳定的关键性责任和义务,美国须向成员组织中央银行做出以1盎司黄金兑换35美元(即1美元的含金量为0.888671克)的价格双向无条件自由兑换的承诺,以保证各国的国际清偿力;同时还要承担保持美国国际收支平衡和稳定美元汇率,从而保证世界商品价格稳定的责任。

3. 成员组织政府也须承担相应责任和义务

布雷顿森林体系下,汇率的变动虽然受到外汇市场供求的影响,但不存在自动调节机制,各成员组织政府有义务承担稳定汇率的责任。当汇率波幅超过平价的±1%时,有关国家的货币金融管理当局就必须干预外汇市场,通过调节外汇供求(包括采取其他相应措施)使汇率回落到规定的波幅之内。

4. 实行可调整的钉住汇率制度

由于布雷顿森林体系下汇率的稳定需要通过有关国家货币金融管理当局切实的承诺和有效的调控方能实现,因此稳定汇率的能力取决于所在国货币金融当局储备资产的规模、宏观经济基本面和调控汇率的能力等。在得到IMF同意的情况下,当一国国际收支出现“根本性失衡”(Fundamental Disequilibrium)时,可以根据实际情况通过改变官方平价加以调节。在实践中,平价变动若小于10%,一般可自行调整,只有当平价变动大于10%时,才须IMF批准。因此布雷顿森林体系下的汇率制度又被视为可调整的钉住美元的汇率制度。

四、布雷顿森林体系的缺陷

布雷顿森林体系的建立对战后经济的恢复发挥了十分重要的作用,其美元地位的确立在一定程度上缓解了战后黄金储备的不足,解决了短缺的国际支付问题;而固定汇率制度的推行降低了外汇风险，促进了国际贸易和国际投资的发展；取消外汇管制的规定，有利于促进世界资源的合理配置；国际货币基金组织的建立有助于各国克服国际收支逆差，推动世界经济的稳定发展。

布雷顿森林体系在发挥作用的同时也暴露出了其固有的缺陷，这些缺陷也是最终导致其崩溃的原因，体现在以下几个方面：

(1) 双挂钩制度赋予美元的双重身份是布雷顿森林体系的根本缺陷。

一方面美元是美国的本币，是主权货币；另一方面，布雷顿森林体系双挂钩制度的建立使得美元成为世界各国的储备货币，美元成为了世界的货币。美元作为一国货币，势必会受到一国货币政策和黄金储量的影响；美元作为世界货币，为了满足世界经济增长对美元需求量的增加，美元的供应数量必然会不断增加。这样就使得美元陷入两难境地，即通常所说的"特里芬难题"，它是由美国耶鲁大学教授罗伯特·特里芬于20世纪50年代首先发现并提出，揭示了对美元的信心和清偿力这一对布雷顿森林体系无法解决的固有矛盾。

(2) 对国际收支的调节缺乏有效性。

① 调节效率不高。布雷顿森林体系规定的汇率制度为固定汇率制，因此对于"暂时性失衡"，无法运用汇率机制对国际收支进行调节。而具体的调节手段，主要是通过购汇或者贷款方式进行，这种调节方式势必会受限于国际货币基金组织自身的资金规模的限制，由于IMF自身资金有限，对于巨额的国际收支逆差也是爱莫能助。

对于"根本性失衡"，可按照规定程序申请进行汇率调节，而这种汇率调节的幅度上下将超过10%，如此幅度较大的汇率波动势必会对经济产生冲击，存在外汇投机冲击的可能性，加剧汇率进一步波动，影响金融秩序的稳定。

② 调节机制不对称，逆差国负担过重。从名义上看，IMF规定顺差国和逆差国对国际收支失衡都具有调节责任。但实际上，布雷顿森林体系只是将更多的调节压力施加给了逆差国，迫使其紧缩经济，而不是采取措施迫使顺差国相应地膨胀经济。之所以出现这种不对称的现象，是因为逆差国为了改变逆差现实，不得不向IMF申请贷款或者动用本国的国际储备，而IMF的贷款是有条件且为中短期的，本国的国际储备也是有限的，如若逆差国不采取有效措施从根本上解决逆差，其国际储备将大量流失，甚至出现枯竭。相反，顺差国则没有这种压力，可以采用扩张性的公开市场业务来"消化"国际收支盈余给本国货币供应量带来的压力。结果是，顺差国面临的调节压力远远低于逆差国，1970年至1974年，共发生过200多次货币贬值，货币升值却只有5次，恰恰说明了这一不对称的现象。

(3) 储备货币的单一化存在种种问题。

一方面，在布雷顿森林体系固定汇率制度下，对美元供应唯一的限制就是黄金，因此当美元供应不足时，世界各国会大量积累美元，导致美元不断输出；当美元供应过多时，各国又会抛售美元，换取黄金储备，而美国的黄金储备是有限的，这将直接威胁到布雷顿森林体系的运转基础。

另一方面，随着战后西欧和日本经济的复苏和发展，世界经济力量对比发生了变化，而美元的霸权地位也因这种经济力量对比的变化而被撼动，美元与黄金的比价难以为继，布雷顿森林体系也难以存续。

最终，布雷顿森林体系随着经济形势变化暴露出来的固有的种种缺陷表明该体系过于依赖美元，过于依赖美国经济，而美国的实际情况是危机频发，1960年、1968年和1971年爆发了3次较大规模的美元危机。美国于1971年实行"新经济政策"，宣布停止各国政府用美元向美国兑换黄金，该政策的实行意味着美元与黄金的脱钩，支撑布雷顿森林体系的两大支柱中的一个已轰然倒塌。到1973年，西方国家经过磋商和斗争达成协议，各国相继以浮动汇率制取代固定汇率制，各国货币与美元脱钩，支撑布雷顿森林体系的另一大支柱也倒塌了，标志着布雷顿森林体系的彻底瓦解。

第四节　当前国际货币体系

一、牙买加体系及主要内容

在布雷顿森林体系日渐瓦解的过程中，IMF于1972年7月通过决议，成立了由20个国家组成的“国际货币制度改革和有关问题委员会”，即“二十国委员会”。该组织不是正式的组织，对许多有争议的问题也是束手无策。鉴于此，1974年9月，IMF设立“国际货币制度问题临时委员会”，即“临时委员会”，接替“二十国委员会”开展工作。1976年1月，临时委员会在牙买加首都签署协议——《牙买加协议》，该协议自1978年4月1日开始生效。自此国际货币体系进入了牙买加体系时期。

牙买加体系的主要内容是：第一，承认浮动汇率的合法性。会员国可以自由选择汇率制度，可以实施自由浮动或固定汇率制。但是，会员国的汇率安排需与IMF协商，并接受IMF的监督。《牙买加协议》规定实行浮动汇率制的会员国根据自身经济情况，应逐步恢复固定汇率制度，在将来世界经济出现稳定局面后，经IMF总投票权的85%多数票通过，可以恢复可调整的固定汇率制度。该条款意味着对实施多年的有管理的浮动汇率制度给予了法律认可，也强调了IMF在国际货币秩序方面的监督和协商作用。

第二，宣布黄金非货币化。实行黄金非货币化协议取消了基金组织对黄金的各种规定，废除黄金条款，取消黄金官价，各会员国央行可按市场价格自由进行黄金交易，取消会员国之间以及会员国与IMF之间必须用黄金清算债权债务的规定。IMF持有的黄金应逐步加以处理：其中的1/6(2500万盎司)按照市场价格出售，超过其官价(每盎司42.22美元)的部分作为援助发展中国家的资金；1/6由原缴纳的成员方按照官价买回；剩余部分约1亿盎司黄金，经由IMF总投票权85%做出决定进行处理。

第三，提高特别提款权的国际储备地位。经过对特别提款权有关条款的修改，使特别提款权逐步取代黄金和美元而成为各国主要储备资产。协议规定各会员国进行特别提款权交易，无需争得IMF的同意。IMF与会员国之间的交易以特别提款权代替黄金，一般账户中所持有的资产一律以特别提款权表示。在IMF一般业务中，扩大特别提款权的使用范围，并且尽量扩大特别提款权在其他业务中的使用范围。

第四，扩大对发展中国家的资金融通。用在市场上出售黄金超过官价部分的收益建立信托基金，以优惠条件向发展中国家提供贷款或援助，帮助这些国家解决国际收支问题；同时，调整IMF的信用贷款额度，由占成员组织份额的100%提高到145%；调整出口波动补偿的贷款额度，由占成员组织份额的50%提高到75%。

第五，增加成员组织的基金份额。各成员组织对IMF缴纳的份额，由原来的292亿美元特别提款权增加到390亿美元特别提款权，增加33.6%。各成员组织缴纳份额的比重也做出了调整，石油输出国组织的比重由5%增加到10%；除德国和日本外，西方主要工业化国家的份额有所降低，英国降低最多；发展中国家所占比重维持不变。

二、牙买加体系的主要特点

1. 国际储备体系多元化

在布雷顿森林体系的瓦解过程中，国际储备资产出现多元化的局面，具体表现为：

(1) 美元仍是主导货币。虽然，双挂钩制度不复存在，但是美元作为国际间最主要的计值单位、交易媒介、价值贮藏手段的地位不可替代。在国际贸易中，约2/3的进出口商品以美元计价结算；在计算和比较各种指标时，如GDP、人均收入等，各国仍然将其折算成美元进行比较和评价；在国际储备中，虽然美元在各国官方外汇储备中的比重从20世纪70年代末的80%下降到90年代的50%左右，但仍然是最主要的国际储备资产。

(2) 欧元和日元的崛起。由于欧盟成员组织经济实力的强大，欧元已经成为除了美元之外最主要的国际储备货币。目前，在国际货币领域已经形成了美元、欧元和日元三足鼎立的格局，三种货币之间的汇率变化对国际贸易和国际投资，以及国际金融秩序的稳定产生关键性的影响。

(3) 特别提款权作用有限。IMF于1969年创造的特别提款权，主要用于补充成员组织的官方储备，调节成员组织的国际收支之需，也被世界各国作为官方储备资产。但是，由于特别提款权自身的特点和国际货币基金组织的能力限制，特别提款权作为官方储备资产的地位也是有限的。

(4) 黄金继续发挥作用。虽然牙买加体系确认了黄金的非货币化，但是黄金的非货币化进程将是一个缓慢的发展过程，在一定时期内，黄金还在发挥着重要的价值贮藏作用，并且黄金还可以作为一种二级储备资产，各国持有的黄金储备在紧急情况下可以变现，兑换外汇，作为国际清偿的最后手段。

2. 汇率制度安排多样化

根据IMF做出的统计，截至2014年，在基金组织全部成员中，采取无独立法定通货安排的成员占6.8%，采取货币局制度安排的成员占6.3%，采取其他传统的固定钉住安排的成员占23%，采取稳定化安排的成员占11%，采取爬行钉住安排的成员占1%，采取类爬行安排的成员占7.9%，采取水平区间钉住安排的成员占0.5%，采取浮动安排的成员占18.8%，采取自由浮动安排的成员占15.2%，采取管理浮动安排的成员占9.4%。

3. 国际收支调节方式多样化

在牙买加体系下，国际收支的调节除了依靠国际货币基金组织的贷款或援助等途径进行调节外，还可以采用汇率机制、利率机制、国际金融市场的交易机制、调整国际储备、对国际贸易或国际资本流动实行直接管制等诸多种方式对国际收支作出调节，也可以采用多种机制结合运用。总之，多种调节机制的运用在一定程度上克服了IMF协调能力有限的困境，有利于国际经济稳定发展。

三、牙买加体系的主要缺陷

牙买加体系是国际金融动荡中各国妥协的产物，是浮动汇率制与多元化的国际储备体系相结合的国际货币体系，各国在汇率制度安排方面具有很大的自主性。这些优点使其在推动世界经济正常运转中发挥了一定的积极作用。但是，牙买加体系并没有实现真正的汇率体系的稳定，随着经济的发展，这个体系的缺陷日渐显现。

1. 多元储备体系增加了管理的复杂性

储备货币的多样化虽然在一定程度上缓解了特里芬难题，但是并未能从根本上解决主权国家货币既是一国货币又是世界货币的矛盾，这种矛盾的内在性使得当主权国家发生债务清偿等困难时，会选择从自身角度出发而牺牲世界其他国家利益的解决方式，从而给世界经济带来负面影响。

2. 浮动汇率制的实行增加了金融秩序的不稳定性

浮动汇率制度的实行，使得汇率经常波动，对于缺乏金融经验的发展中国家极为不利，金融动荡频发，如1994年的墨西哥货币危机、1997年的东南亚金融危机和2001年的阿根廷金融危机，都是以发展中国家作为主要攻击目标。

3. 国际收支调节与汇率体系不适应，国际货币基金组织协调能力有限

牙买加体系下的国际收支调节途径相较于布雷顿森林体系时期有所增加，但是，由于时滞原因，大多数发展中国家不具备马歇尔-勒纳条件，汇率调节方式反而会使国际收支进一步恶化。选择通过国际融资方式缓解逆差虽然比较直接，但是无法从根本上消除失衡，长期依赖此种方式又会导致债务危机。可见，IMF在国际收支调节过程中的能力有限。

4. 国际资本流动缺乏有效监管

国际货币基金组织的成员中有约2/3的国家采用钉住汇率制度安排，事实上是一种程度不同的固定汇率制度。这种制度使得大多数国家的国际储备都用于维护钉住汇率，而对于数额巨大的国际游资的冲击显得有些力不从心。而且在钉住汇率制度下，一国货币很容易被高估或者低估，给国际游资提供了投机空间。国际游资在现代化通信设施的帮助下，能够在很短时间内完成金融操作，对其监管的难度非常大。到目前为止，对国际资本流动还缺乏有效的监督机构和相应的国际规则，货币危机也不可避免地频繁出现。

四、广场-卢浮宫干预协定

1985年9月22日，美国、西德、英国、日本和法国在美国纽约的广场饭店就美元汇率问题召开会议并向世界发表一项公报，宣布对外汇市场进行联合干预以促使美元贬值，开创了寡头联合干预外汇市场的里程碑。由于是在广场饭店达成的协议，所以称为“广场协议”。

1987年2月22日，五国集团加上加拿大和意大利共7个国家的财政部长和央行行长在法国巴黎卢浮宫达成协议，宣布七国集团将在各国国内宏观经济政策和外汇市场干预两方面加强紧密协调合作，保持美元汇率在当时的水平上基本稳定。该协议被称为“卢浮宫协议”。由于两个协议的关联性，又将其统称为“广场-卢浮宫干预协定”。

（一）协议签订的背景

第二次世界大战结束以后，美国为了巩固自己的全球霸主地位和为冷战战略服务，积极扶持作为战败国日本的经济发展。同时，为了尽快从废墟中爬起来，日本政府推行了“产业优先、发展优先、富国富民”的方针。从1953年到1979年，日本工业平均年增长率为10.9%，日本国民生产总值占资本主义世界的比重，从1950年的1.5%，猛增到1980年的

13.3%,在资本主义世界的地位从第7位跃升到第2位,仅次于美国。

与此同时,美国经济却面临着经济萧条,贸易赤字和财政赤字的双重压力。面对双赤字,里根政府采取维持高利率的宏观经济政策,但是高利率进一步加剧了美元的强势,使美国的出口制造业在国际市场上始终处于劣势。美国自1982年经常项目连续出现赤字,到1984年对外贸易赤字达到1224亿美元,其中对日本的贸易逆差约占50%多。与此相反的是德国贸易顺差的渐增(同期顺差达到220亿美元)和日本贸易顺差的急剧扩大,1980—1988年,日本在美国的直接投资增长了10倍,拥有2850亿美元的直接资产和证券资产,控制了超过3290亿美元的美国银行业资产,日本积累起的巨额经济财富让日本成了世界级的银行家,与其相反美国则失去了世界放贷者的地位。

对此,美国认为,这种对国际不平衡现象的放纵将严重影响国际货币制度的稳定运营,也会助长包括美国在内的世界性贸易保护主义。当时世界经济的增长率已经下降至年均2%左右,同期世界贸易额也下降了近一成。为此,美国强烈要求尽快实现七国集团会晤并达成协议,即要求各国对美元汇率下跌进行联合干预、相互协调,旨在促进增长的国内政策,而且在日美两国的双边协议中还强烈要求日本扩大内需。

于是,1985年9月达成了"广场协议",内容包括抑制通货膨胀、扩大内需、减少贸易干预、协作干预外汇市场,使美元对主要货币汇率有序地下调。"广场协议"签订后,上述五国开始联合干预外汇市场,在国际外汇市场大量抛售美元,继而形成市场投资者的抛售狂潮,导致美元持续大幅度贬值。世界主要货币对美元汇率均有不同程度的上升。就年平均汇率来看,1988年与1985年相比,主要货币的升值幅度分别为:德国马克70.5%,法国法郎50.8%,意大利里拉46.7%,英国英镑37.2%,加拿大元近11%。日元升值幅度最大,达86.1%,到1986年5月,美元对日元汇率突破160日元大关,到1987年达120日元。为了防止美元过多过快地贬值,1987年2月22日,在法国巴黎的卢浮宫召开了七国财长会议,决定保持美元汇率在当时水平上基本稳定。但是,日元升值却一直持续到1988年末,1989年才开始有所回落。

(二) 对日本经济的影响

1. 积极作用

(1) 日元升值大大提高了日元在国际货币体系中的地位。即使在欧元诞生后,日元仍然是国际上最主要的四大货币之一,成为其他国家外汇储备中的重要币种。

(2) 日元升值有助于日本克服资源对经济发展的制约。在战后的经济发展过程中,日本曾多次出现经济快速发展需要进口资源增多,进而触及国际收支天花板,日本采取紧缩政策,结果是降低了经济增长率,连锁效应是进口减少、国际收支恢复平衡。这种循环反复出现的根源在于资源的制约。日本是一个自然资源贫乏的岛国,其经济发展建立在进口资源的基础上。日元升值后,日本以较少的费用便可以进口足够的资源,加之产业结构升级,资源已不再是日本经济发展的制约因素。

(3) 日元升值使日本的海外资产迅速增加。以日元升值为契机,日本的对外投资大幅度增加,在海外购置资产,建立生产基地。日本在海外的资产迅速增加,1986年达1804亿美元,超过号称"食利大国"的英国(1465亿美元),跃居世界第一。此后,除1990年外,日本一直保持了世界最大纯债权国的地位。2002年末,日本的海外纯资产余额达1753080亿日元,按当年12月的平均汇率折算,约为14338亿美元,与"广场协议"前的1984年相比,增大了

18倍以上。

(4) 日元升值有助于提高日本在世界经济中的地位。日本的GDP在当时经合组织OECD中所占的比重由1984年的11.6%上升为1988年的26.5%。日本的人均GNP于1987年超过美国。一个自然资源贫乏的岛国、总面积不足中国云南省的日本,成为世界经济中的重要一极。

(5) 经济增长并未出现停滞,反而给日本带来将近7年的高速增长和繁荣。日元升值并没有打击日本经济,反而在信心膨胀、投资膨胀和消费膨胀的带动下出现了一段相对较长的经济繁荣期。1980～1984年日本GDP年均增长率为3%(以1995年不变价格计算),而1985～1991年达到4.6%,1988年甚至出现了久违的6.5%的高增长。分析其原因主要有三个方面:① 为应对升值带来的影响,日本政府大幅度、持续放松银根,实行超低利率政策。② 20世纪80年代中后期全球IT产业高速增长,当时日本IT技术基本适应了这次产业发展要求,抓住了新兴产业的发展机遇。③ 20世纪80年代中后期世界石油价格下跌,严重依赖国外石油供应的日本企业,生产成本得以降低,部分抵消了日元升值对国际竞争力的不利影响。

(6) 通货膨胀率经历了较低、温和直至加剧的过程。日元的持续升值并没有给日本经济带来通货紧缩的难题。从消费者价格指数(CPI)看,以2000年CPI为100,1985～1988年的4年间,该指数分别为86.1,86.7,86.7和87.3。但1989～1991年,即泡沫经济破裂的前3年,日本出现了较高的通货膨胀率,CPI分别为89.3,92.1和95.1。值得指出的是,日元升值的最初几年,日本经济适逢国际石油市场价格走低,低油价不仅刺激了经济增长,而且舒缓了通货膨胀压力。

(7) 出口下降,进口也下降,经济对外依存度下降。"广场协议"后日元的持续大幅度升值严重打击了日本的出口。1985年日本出口总额为419557亿日元,1986年下降到352898亿日元,1987年进一步下降到333153亿日元,这种下滑势头直到1988年才有所扭转。与理论的预测相反,日元升值后日本的进口不升反跌,1985年日本进口总额为310851亿日元,1986年下降到215509亿日元,1987年略增至217369亿日元,直到1990年才恢复到1985年的水平。由于进口下降比出口下降更快,在日元强劲升值的最初两年,日本的贸易顺差有增无减。1985年为108706亿日元,1986年和1987年分别为137389亿日元和115784亿日元。1988年后在内需的刺激下进口有了显著扩大,日本贸易顺差连续3年走低,1990年降至76018亿日元。由于进出口都有所下降及非制造业的强势增长,"广场协议"后,日本经济的对外依存度开始降低,1985～1990年贸易顺差占GDP的比重持续下降,由4.3%左右下滑至1.3%左右。进口额之所以不升反跌,原因在于石油价格下跌,在进口总额中占很大比重的石油进口额随之减少。同时,由于日元升值打击了对进口原材料和半成品进行深加工的出口,导致进口随着出口一同萎缩。

(8) 进出口价格都趋降,但进口价格下降更快,贸易条件趋于改善。日元急速升值后,日本进出口商品价格指数都趋于下降,但进口价格下降的速度更快,导致日本贸易条件较"广场协议"前有了明显改善。出口产品竞争力的着力点逐渐从价格转向质量、品牌、技术、营销网络等非价格因素上来。

(9) 进出口商品结构都发生了较大变化。达成"广场协议"后,日元的持续升值导致食品、纺织品、金属制品等传统出口产品的国际竞争力下降,出口规模出现萎缩。例如,1985年日本纺织品和服装出口额为14960亿日元,1990年下降到10420亿日元。与这些劳动密集型产品相比，资本和技术密集型产品的出口则有了显著增长。1985～1990 年，化学品出口从 18430 亿日元增长到 22950 亿日元，机械和电子设备从 141420 亿日元增长到 187030 亿日元。汽车出口有所下降，从 117320 亿日元降至 103670 亿日元，但日本汽车厂商的海外投资和生产国际化更为显著。

(10) 产业结构发生了明显变化。"广场协议"后，面对日元持续升值的压力，日本国内产业在潜移默化中发生了 3 点变化：① 由于贸易条件改善，非制造业的单位工资和投资收益随同制造业一起出现了提高，刺激了金融、房地产、物流服务业等第三产业较快发展，经济由出口主导型逐步转向内需主导型。1985～1994 年非制造业对 GDP 增长的贡献率超过 70%，1995 年后随着泡沫经济后遗症的越来越严重，制造业在 GDP 增长中的贡献率略有回升。② 制造业内部越来越强调质量、技术、创新等非价格竞争力因素的作用，企业的努力方向转向高精加工和高附加值产品的加工。③ 制造业内部分化严重，机械设备、交通运输设备、精密仪器等产业发展强劲，纺织、钢铁等产业受日元升值打压严重，化学、造纸、石油制品等产业一直保持较为平稳的发展，电子设备持续保持高增长态势并成为制造业发展的领头羊。

2. 消极影响

(1) 日元升值全面抬高了日本产品的成本和价格。过去物美价廉日本产品因日元的升值变成了商品世界中的"贵族"。虽说日元升值对那些具有无可替代性的产品出口影响不大，但是，日本的出口产品中，毕竟还有相当一部分是可以替代的。日元升值会抑制国际市场对这类产品的需求，从而对生产这类产品的企业造成打击。这种打击还会通过产业链条波及其他产业，甚至有可能形成对日本经济增长的全面抑制。这就是日本政府所担心的"日元升值萧条"。

(2) 日元升值降低了日本进口商品的价格，对民族产业造成冲击。这固然可以使资源短缺的日本用较少的支出换取所需要的资源，但是，廉价的外国制成品也同时涌入日本，冲击着日本原有的产业结构。受影响最大的是那些技术含量不高、但对维持就业具有重要意义的劳动密集型产业。

(3) 日元升值使日元成为投机资本的炒作对象。日元汇率的大起大落和日本股市的动荡，给国际投机资本制造了机会，这给日本经济带来了新的不稳定因素。1985 年"广场协议"签订后的 10 年间，日元币值平均每年上升 5%以上，无异于给国际资本投资日本的股市和房市一个稳赚不赔的保险。达成"广场协议"后近 5 年的时间里，股价每年以 30%、地价每年以 15%的幅度增长，而同期日本名义 GDP 的年增幅只有 5%左右。泡沫经济离实体经济越来越远，虽然当时日本人均 GNP 超过美国，但国内高昂的房价使得拥有自己的住房变成普通日本国民遥不可及的事情。1989 年，日本政府开始施行紧缩的货币政策，虽然戳破了泡沫经济，但股价和地价短期内下跌 50%左右，银行形成大量坏账，日本经济进入十几年的衰退期。

五、金融全球化和金融区域化

（一）金融全球化

随着世界经济的发展和信息技术的完善，各国金融活动的联系也非常紧密，金融合作与依赖日渐加深，金融全球化趋势明显。金融全球化指世界各国和地区放松金融管制、开放金融业务、放开资本项目管制，使资本在全球各地区、各国家的金融市场自由流动，最终形成全球统一的金融市场、统一货币体系的趋势。

1. **表现形式**

（1）资本流动全球化。随着投资行为和融资行为的全球化，即投资者和融资者都可以在全球范围内选择最符合自己要求的金融机构和金融工具，国际资本以前所未有的数量、惊人的速度和日新月异的形式在全球范围内急剧膨胀。

（2）金融机构全球化。金融机构是金融活动的组织者和服务者。20 世纪 80 年代以来，全球竞争的加剧和金融风险的增加，促使国际上许多大银行都把扩大规模、扩展业务以提高效益和增强抵御风险能力作为发展新战略。进入 90 年代后，一些国家先后不同程度放松了对别国金融机构在本国从事金融业务或设立分支机构的限制，从而促进了各国银行向海外的拓展。1997 年末，世界贸易组织成员组织签署“金融服务协议”，把允许外国在其境内建立金融服务公司并将按竞争原则运行作为加入该组织的重要条件，进一步促进了各国金融业务和机构的跨国发展。

（3）金融市场全球化。在金融自由化，即世界各国放松或取消对资金流动及金融机构跨地区、跨国经营的限制，金融创新趋势，新金融工具、融资方式与服务方式的创造，新技术的应用，新金融市场的开拓，以及新金融管理或组织形式的推行等的带动下，全球主要国际金融中心已紧密相关，全球各地以及不同类型的金融市场已实现在几近相同规则下的全天候运行，金融市场的依赖性和相关性日益密切。特别是信息通信技术的高度发达和广泛应用，全球金融市场已经开始走向金融网络化，即全球金融信息系统、交易系统、支付系统和清算系统的网络化。全球外汇市场和黄金市场已经实现了每天 24 小时连续不间断交易。世界上任何有关汇率的政治、经济信息，几乎同步显示在世界任何地方的银行外汇交易室电脑网络终端。远隔重洋的地球两端以亿美元为单位的外汇交易在数秒钟之内就可以完成。

（4）金融监管和协调的国际化。金融危机的频繁爆发带来了金融监管思潮的变革。建立在新自由主义市场模式上的管理理念受到了严峻考验，仅靠市场的力量无法有效避免危机，一方面各国政府需要对本国金融秩序进行监管，另一方面国际间的金融监管和协调日趋常态化。例如，金融稳定理事会的成立，巴塞尔委员会“第三版巴塞尔协议”的实行，国际货币基金组织 2010 年的改革和世界银行 2010 年的改革等，都体现了国际层面的金融监管与协调。

2. **影响**

金融全球化对世界经济发挥了积极的作用，主要体现在：多元化和更有效率的资本流动，提高了资源在全球配置的效率，促进了国际贸易的增长；跨国公司、跨国银行和各种机构投资者既是国际资本流动的载体，也成为国际资本流动的最大受益者；国际金融市场的发展使得国际收支失衡的国家得到了利用其国内盈余资金或弥补国际收支赤字的便利条件；国际金融市场的全球化，使得在国际金融市场上筹集资金变得相对容易，这有利于资金短缺的发展中国家的经济发展，为其发展提供了宝贵的境外资金支持。

然而，金融全球化的不利影响也是显而易见的，最主要的表现就是导致国际金融动荡频发。并且，这种金融动荡在金融全球化的背景下，产生了巨大的波及效应、传递效应和放大效应，使得一国经济和金融形势的不稳定通过日渐畅通的资金渠道迅速传递给所有关联国家，乃至波及更广的范围。20 世纪 90 年代以来爆发的欧洲货币体系危机、墨西哥金融危机、亚洲金融危机以及尚未完全结束的美国次贷危机，就打上了深刻的金融全球化烙印。金融全球化的发展，向世界各国和国际经济组织都提出了严峻的挑战，也成为金融监管上国际合作和协调的难点。

（二）金融区域化

作为一个历史过程，在时间的推进上，金融全球化的展开有缓有急，呈现阶段性特点；从空间上分析，金融全球化具有区域性特征。金融全球化是从金融区域化开始的，金融全球化和金融区域化存在着对抗和协调的关系。金融区域化，是指某一区域内，有关国家和地区在货币金融领域内实行协调与结合，形成一个统一体，最终实现统一货币体系的过程。在经济全球化深入推进的过程中，这些经济发达程度相似或地理位置相邻而经济结构互补的国家和地区走到一起，形成区域性集团和经济合作组织，在彼此进行贸易和投资合作的同时也进行高层次的金融领域的合作。这种合作主要是为了保持区域内货币金融政策和汇率的稳定。其中，金融区域化最重要的体现就是区域货币一体化，如欧元的启用。蒙代尔的最适货币区域理论提出，在经济趋同的基础上不同国家可以实行单一货币。这一学说为区域货币一体化奠定了最早的理论基础，而欧盟的实现使这一理论变为现实。迄今为止，金融区域化出现了两种不同的路径，一是欧盟的单一货币——欧元，二是拉美国家以及其他一些国家和地区正在快速推进的美元化进程。两种金融区域化的实现路径或者强强联合，或者弱币被强币吞并，使全球所有国家，无论是发达国家还是发展中国家，都有了参与金融区域化的可能。

1. 欧洲货币一体化

(1) 欧洲经济共同体的建立与发展。1952 年，法国、德国、意大利、荷兰、比利时和卢森堡 6 国组建成立“欧洲煤钢共同体”。1957 年 3 月 25 日，这 6 个国家在罗马签订了建立欧洲经济共同体条约和欧洲原子能共同体条约，统称《罗马条约》。1958 年 1 月 1 日，欧洲经济共同体和欧洲原子能共同体正式组建。1965 年 4 月 8 日，6 国签订的《布鲁塞尔条约》决定将 3 个共同体的机构合并，统称“欧洲共同体”。但 3 个组织仍各自存在，具有独立的法人资格。《布鲁塞尔条约》于 1967 年 7 月 1 日生效，欧洲共同体正式成立。1979 年 3 月 13 日，由法国和德国倡议的欧洲货币体系诞生，该体系主要包括 3 个内容：① 创设欧洲计算单位，后改称为“欧洲货币单位”。② 建立和扩大欧洲货币合作基金。③ 建立稳定的欧洲汇率机制。1973 年 1 月 1 日，英国、爱尔兰和丹麦加入欧共体；1981 年 1 月 1 日，希腊成为欧共体的第 10 个成员组织；1986 年 1 月 1 日，西班牙、葡萄牙加盟，欧共体成员扩大到 12 个国家。1991 年 12 月 11 日，欧共体马斯特里赫特首脑会议通过了以建立欧洲经济货币联盟和欧洲政治联盟为目标的《欧洲联盟条约》，亦称《马斯特里赫特条约》。1993 年 11 月 1 日《马约》正式生效，欧共体更名为“欧盟”。其后，欧盟不断扩大，2013 年，欧盟已成为一个拥有 28 个成员组织、人口超过 5 亿的大型区域一体化组织。

(2) 欧元的启动。1969 年 3 月，欧洲共同体 6 国领导人聚会荷兰海牙，提出建立欧洲货币联盟的构想，并委托时任卢森堡首相皮埃尔 · 维尔纳提出具体建议。

1971 年 3 月，被后人称作“维尔纳计划”的方案通过，欧洲统一货币建设迈出第一步。“维尔纳计划”主张在 10 年内分 3 个阶段建成欧洲经济货币联盟，实现资本完全自由流通，各成员组织确定货币固定汇率，最终以统一货币取代各国货币，但随后发生的石油危机和金融风暴导致“维尔纳计划”搁浅。

1979年3月，在法国和德国倡导努力下，欧洲货币体系宣告建立，欧洲货币单位“埃居”诞生。

1991年12月，欧共体首脑会议在荷兰马斯特里赫特召开，通过了《马斯特里赫特条约》，不仅将欧共体改称为“欧洲联盟”，还为加入经济货币联盟确定了“趋同标准”。

1994年1月，欧洲中央银行前身欧洲货币局成立。

1995年12月，在西班牙马德里召开的欧盟首脑会议决定将欧洲统一货币定名为“欧元”，以取代埃居，并一致同意欧元于1999年1月1日正式启动，2002年1月1日开始投入流通。会议还确定了单一货币实施的具体时间表：第一阶段，1991年12月至1998年12月31日，此阶段为欧元实施的准备阶段；第二阶段，1999年1月1日至2001年12月31日，欧元区内各成员组织货币向欧元转换的过渡阶段，欧元汇率于1999年1月1日固定下来，并且不可撤销。金融批发市场的业务将以欧元进行，企业、个人可以在银行开立欧元账户，欧元的收付可以在账户之间进行，但欧元的纸币和硬币未投入流通；第三阶段，2002年1月1日至2002年6月30日，此阶段，欧元纸币和硬币将投入流通，欧元在欧元区内与各国原货币的纸币和硬币同时流通；第四阶段，2002年7月1日以后，欧元区内各国的原货币完全退出流通，欧元成为欧元区内唯一的货币，欧洲统一货币正式形成。

2. 拉美地区的美元化进程

1999年以来，美元化问题不断被拉美各国提到议事日程。先是拉美大国阿根廷总统梅内姆于1999年1月宣布，阿根廷政府将认真考虑经济美元化的问题，即让美元成为国内法定流通货币。这种言论和做法引发了拉美地区就美元化问题的热烈讨论。从那时起，拉美以至整个美洲的美元化问题备受国际关注。时至今日，美元化似乎正迈着时进时退的步子，缓慢曲折地推进着。厄瓜多尔于2000年年初开始正式推行美元化，到2000年9月10日，除还保留少量硬币“新苏克雷”外，原货币苏克雷正式退出流通，其法定货币的地位已被美元取代。中美洲国家萨尔瓦多也于2001年1月宣布以美元为官方货币。这样加上1904年就已实现美元化的巴拿马及后来的波多黎各，已有4个国家实现了完全的美元化。另外，秘鲁、玻利维亚及危地马拉也先后完成立法，允许美元与其本国货币同时流通，可称其为不完全的美元化。美元化问题不仅在小规模经济国家中受到广泛支持和重视，而且美洲大国如墨西哥、巴西、加拿大等亦对此表现出浓厚的兴趣。

(1) 原因。第一，难以保持自身汇率的稳定。美元化的拉美国家基本属于发展中国家，经济规模较小，无力担负资本自由流动情况下保持汇率稳定的重任。即使是美洲经济规模较大的国家，面对当今越来越巨额的国际资本流动，亦感到力不从心、心惊胆战。例如，墨西哥20世纪90年代为治理严重的通货膨胀，实行钉住美元的汇率制度，虽抑制了通货膨胀，却频频受到国际游资的冲击，最终导致1994年墨西哥金融危机。伴随国际游资的迅速膨胀，货币危机具有自我实现的机制，即使一国的宏观经济状况良好、外汇储备充足也很难防范蓄意的投机冲击。1997年东南亚金融危机中，新加坡就是最好的例证。在这种情况下，一些经济学家提出了另一种解决方案：无汇率制，即实行美元化。这一派的代表人物之一，哈佛大学经济学家Jeffery Frankel认为，面对全球化了的金融市场，保护本国利益的唯一方法就是彻底放弃自己的货币，把美元作为本国的法定货币。

第二，通货膨胀严重。拉美国家由于政治经济体制的不完善，货币纪律长期松懈，再加上20世纪80年代国际债务危机等因素的影响，致使该地区恶性通货膨胀严重，不仅对经济的健康发展造成很大影响，还使人民对本国货币失去信任，为了减少损失和日常交易的方便，人们大量使用美元，从而出现美元替代本币的大规模美元化现象，国内银行体系中外币存款占国内存款的比例不断上升。例如，1998 年阿根廷外币存款已占货币供应量的 44%，玻利维亚更高达 82%，这就从客观上为美元化打下了基础。

第三，拉美国家与美国的经济一体化程度高。经济一体化程度可以用资本、劳动力、商品等在两国间的流动程度来衡量。从商品贸易角度分析，虽然目前美洲自由贸易区还处于谈判准备阶段，除加入 NAFTA 的墨西哥外，哥斯达黎加、洪都拉斯等中美洲小国的进出口贸易对美国存在严重的依赖关系，其中尤以洪都拉斯最为显著，这从一个侧面反映了一些中美洲小国同美国经济联系的紧密程度。在这种情况下，选择与本国贸易关系密切的国家的货币就具有现实的经济意义，特别是对一些开放的小国更是如此。因此，美元化就成为适合这些国家的政策选择。

(2) 未来发展方向。随着美国次贷危机的爆发，部分拉美国家在贸易和融资等领域出现了明显的“去美元化”倾向，减少美元在外贸和金融体系中的比例，加强本币的地位和作用。巴西和阿根廷中央银行 2008 年 9 月 8 日签署协议，确定从 2008 年 10 月 6 日起两国双边贸易可以使用各自的货币雷亚尔和比索进行支付结算，不需要美元作为中介货币。另外，在融资方面，拉美地区的多边金融机构开始有所作为，目前安第斯开发协会就有 1/4 的债券是以墨西哥、秘鲁和哥伦比亚的货币发行的。

近年来，随着大批中左派政党在阿根廷、乌拉圭、巴西等国大选中胜出，拉美一些国家出于对本国利益的考虑，不愿再对美国唯命是从，美国潜心多年策划的“美洲自由贸易区”也在多国反对下搁浅。在这种情况下，政治理念共识、利益需求接近、发展问题近似，促使拉美国家在地区一体化之路上努力前行。2010 年在墨西哥举行的里约集团峰会首次提出了“拉美及加勒比国家共同体”这一概念，经过一年的努力，2011 年拉共体正式宣告成立，彻底结束了拉美地区没有独立、统一、完整的地区组织的历史。新成立的拉美及加勒比国家共同体的最显著特征，就是将美国和加拿大这两个美洲的发达国家排除在外。

从部分拉美国家对美元和美国的排斥来看，拉美地区的美元化进程任重而道远。从长远来看，美元汇率今后走势是决定“去美元化”模式兴衰的一个重要因素。如果美元能够恢复“强势美元”的地位，那么出于保值增值的目的，拉美政府和企业可能更愿意拥有美元资产，金融体系中美元的比例会增加，“去美元化”也就难以成行。反之，美元在拉美地区的地位可能会继续被削弱。目前看来，拉美地区的货币一体化进程还需很长时日，各种变化值得关注。

第五节　国际货币体系改革

一、改革国际货币体系的背景

现代国际货币体系诞生于 19 世纪后半期的金本位制，“二战”结束后建立了以美元为中心的布雷顿森林体系，使世界经济步入了长达 20 多年的繁荣期，但 1971 年该体系在石油冲击和经济危机下瓦解，国际货币体系随后进入“无体系的体系”——牙买加体系，在这期间汇率频繁波动，货币战、货币投机、货币与国际收支危机层出不穷。2008 年金融危机爆发后，国际货币体系改革问题再度引发国际社会的强烈关注与热议。国际货币体系改革的内在动机在于制度非均衡，该种非均衡是导致制度变迁的前提条件。在现行国际货币体系中，这种制度非均衡主要体现在以下两方面：

1. 国际货币秩序协调的主体错位

1973 年之后布雷顿森林体系崩溃，西方国家的货币制度进入一种有管理的浮动汇率时期，但作为布雷顿森林时代标志的国际货币基金组织和世界银行却依旧在国际经济金融活动中发挥着巨大的作用，显然不适合经济发展变化形势的需要。曾任马来西亚总理的马哈蒂尔指责美国借 IMF 对遭受金融危机的国家贷款之名，实行“经济殖民主义”的掠夺。

2. 国际货币协调制度缺位

后布雷顿森林时代所谓的“没有体系”是当前国际金融制度安排的总体特征，由于这种体系所造成的制度缺位使国际金融体系处于一定程度的无序状态，该状态必然会导致金融危机的发生。

这种制度缺位具体表现在：

(1) 在金融危机的援救过程中缺乏最后的贷款者。目前，随着金融全球化的发展，全球金融市场正在形成，资本的跨国境流动加快，客观上要求金融监管标准全球统一和国家干预国际化。亚洲金融危机暴露出目前国际货币体系存在天然的缺陷——缺少“世界中央银行”作为监管世界中央金融市场的“警察”和扮演国际最后贷款者。而这样的职责由 IMF 来承担是困难的，不改革现行的国际货币体系，不进行国际经济秩序和制度的创新，难以防止货币危机的发生。

(2) 迅速膨胀的国际资本市场缺乏国际监督和防险措施。由于国际资本流动的背后，有银行业的支持，使资本市场出现了所谓“高杠杆操作问题”；金融衍生工具的快速发展，使金融交易量增长大大加快，而这种金融衍生产品的出现，使习惯于集中管理的监管制度更难实施，金融衍生工具在很大程度上由避险的工具演变成高风险的投资工具，美国次贷危机的爆发已成为最有力的佐证，这种金融危机爆发的突然性，使金融监管相形失色。

二、改革国际货币体系的主要观点

（一）布雷顿森林体系时期的改革方案

1. 特里芬的改革方案——国际管理通货制度

特里芬主张由世界中央银行发行的信用货币取代美元和黄金作为国际货币。他主张：① 将 IMF 改造成世界中央银行，以其作为未来国际货币的发行和管理机构。② 鉴于各国对国际货币价值的担忧，在初期由 IMF 发行一种有价值保证的信用国际货币。为此，要求会员国存入其持有的 20％黄金储备，逐步集中各国的外汇储备。③ 在前两个步骤的基础上，IMF 最终取消其所发行的国际货币与黄金的可兑换性，实现由国际信用货币取代美元和黄金，从而克服特里芬难题所造成的国际货币体系的内在矛盾。特里芬方案脱胎于当年布雷顿森林体系的备选方案——凯恩斯方案，继承了凯恩斯方案的优点，但也未能有效克服凯恩斯方案的缺陷，既然凯恩斯方案最终未能入选，那么特里芬方案仅仅停留在纸面之上也不会出乎人们的意料。

2. 复古方案——重回金本位制或布雷顿森林体系

这一改革方案是在1997年2月15日至17日德国席勒研究所与高克斯国际劳工委员会在瑞斯顿通过的紧急呼吁书中提出来的。他们认为在目前全球金融投机泛滥和国际金融秩序混乱的情况下，现行国际货币体系已不能稳定各国经济，世界各个主权国家需要采取联合行动，建立新的国际金融秩序，进行全球性债务重组和恢复固定货币汇率制度。而持有类似于重建布雷顿森林体系观点的还包括美国人林登·拉鲁什、诺贝尔奖获得者法国的阿莱等，其中将阿莱的改革方案称为"彻底改革方案"，并将这个方案概括成7个要点：① 完全放弃浮动汇率制。② 实行可确保国际收支平衡的汇率制。③ 禁止货币竞相贬值的做法。④ 在国际上完全放弃以美元为结算货币、汇兑货币和储备货币的记账单位。⑤ 将WTO和IMF合并为一个组织。⑥ 禁止各大银行为了自己的利益在汇兑、股票和衍生品方面从事投机活动。⑦ 通过适当的指数化在国际上逐步实行共同的记账单位。

3. 世界美元本位方案

Kindleberger认为美国国际收支赤字只是由于会计方法造成的，国际社会对美国这一问题的关注是不合适的，因为美国作为世界的中央银行在会计意义上的赤字不能反映其实际的国际收支头寸。如果会计核算能够考虑到美国在这个互利的金融体系中的中介作用，并且重新审视其实体经济规模，那么美元就不会因美国的国际收支逆差而失去强势货币的地位，它依然能够满足世界经济的需求。鉴于此，Despres、Kindleberger、Salant和McKinnon等经济学家建议实行世界美元本位以解决布雷顿森林体系中存在的问题。按照他们提出的方案，美元的黄金价格不再由官方决定，而是通过市场的供求关系来决定。各国通过汇率政策来调节本国货币与美元的汇率，从而以国际收支差额的形式获取本国合意的美元储备。由于国际收支由市场和其他国家政府来决定，美国政府在制定本国经济政策时无需再考虑本国的国际收支问题，而只需考虑本国经济的稳定增长以维持本国国际货币发行国的地位。只要美国经济发展能够保证美元的购买力，各国政府就愿意持有美元，布雷顿森林体系也就无需改革。然而一旦美国经济陷入危机或衰退，美元贬值就不可避免，这与由什么机制形成美元的黄金价格无关，因此世界美元本位也只是一种治标不治本的方案。

上述3种方案未能挽救布雷顿森林体系的命运，绝大多数方案也只是停留在建议上，从未投入过实践。究其原因，要么是不能真正解决布雷顿森林体系的内在核心矛盾，要么是在政治上和技术上还存在诸多问题。

（二）当前的国际货币体系改革方案

布雷顿森林体系崩溃后，牙买加体系下的货币错配、货币冲击与国际收支危机的混乱使得国际社会对国际货币体系改革的必要性与紧迫性愈加急切。金融危机爆发后，随着新兴经济体的崛起，国际货币体系改革的焦点问题逐渐集中到美元本位制问题上来，改变美元在当前国际货币体系中的特权成为重中之重。从目前各方提出的改革方案看，可以分为改革派与改良派两类。

1. 改革派方案：构建超主权国际货币

金融危机爆发后，美元价值的不稳定引发了包括中国在内的新兴市场国家的担忧。周小川(2009)提到创造一种与主权国家脱钩并能保持币值长期稳定的国际储备货币，从而避免主权信用货币作为储备货币的内在缺陷，是国际货币体系改革的理想目标。全球化的经济需要一种全球货币,超主权储备货币的提出令当前关于国际货币体系的讨论跳出了原有的框架,既有利于克服主权储备货币的内在缺陷,也解决了未来单个货币和单个国家无法建立全球性信誉的问题。首先,超主权货币的发行可以起到储备分散化的作用。对美国而言,这将减少各国对美元资产的依赖,从而缓和美国的外部失衡;对其他国家而言,外部流动性的引入也会减轻其取得储备资产的竞争压力,有利于维持其汇率的动态调整和国际收支的稳定。其次,超主权国际货币的使用有利于降低外汇市场的交易成本。最后,只要一国的贸易赤字等于该国所获得的新储备,该国就不需担心爆发支付危机。目前,能够担负超主权货币职能的资产最有可能的就是 IMF 的特别提款权。

虽然创造单一超主权货币的设想很完美,但其实施的难度却是空前的。首先,迄今为止的货币和中央银行体系都以一定的政治制度为基础,未来的货币体系完全独立于政治体制之外是艰难的尝试。其次,让世界各国放弃发行货币、实施货币政策的权力,这不仅涉及经济金融领域,更涉及一个国家的主权。再次,发行超主权储备货币要获得美国的同意,而美国为了维护其既得利益对此持消极态度。此外,超主权货币同样是信用发行,其制度安排上不一定优于现在的美元信用本位。更重要的是,如果没有一个庞大且复杂的以该种货币计值的金融市场,超主权货币的价值贮藏功能将大打折扣。因此,超主权货币在短期内的实施难度很大。

2. 改良派方案:实行多元化国际货币

Mundell(1997)曾经预测,21 世纪发生的最重要的事情是美元和欧元能和谐共处,直指未来国际货币体系的发展方向——多元货币本位。历史上,几种替代货币可以同时存在,Eichengreen(2009)认为,20 世纪 20～40 年代英镑和美元之间的竞争推动了市场纪律建设。美元和欧元在过去 10 年的竞争提高了经济政策的有效性。多元化的国际储备货币体系下,单个储备货币的危机对全球金融系统的冲击有限,同时,这更加符合区域一体化和全球多极化的趋势,有利于形成若干个相互竞争的国际区域货币,摆脱对某一国货币的过度依赖。但是,多元本位制仍存在很多难题。交易成本的增加是各国难以承受的,"特里芬难题"也仍未解决,只不过从单一的美元变成了多种国家的货币。多元核心货币的引入只能暂时缓解全球失衡,并不能从根本上解决问题。只要是以主权国家的货币作为国际本位货币,最终都必将出现与布雷顿森林体系相似的情况。国际货币体系的重构不仅仅是一个经济问题,更是各国政治博弈的结果,其中的利益关系错综复杂,多元货币本位的构建之路必将充满荆棘。

资料链接

国际货币体系乱中求变、人民币国际化或迎机会

国际货币体系的内在缺陷和系统性风险一直被业内外人士所重点关注,在博鳌亚洲论坛 2012 年会上,与会专家纷纷建言货币体系改革方向和途径,但由于受到各国财政等政策限制,国际货币体系改革面临的阻力重重。建立多元化的国际储备货币体系成了众多与会嘉宾的主要观点。福田康夫等与会人士认为,在国际货币体系改革间隙,亚元及人民币国际化或将迎来一个绝好的发展机会。

一、现行国际货币体系制度设计缺陷暴露

苏黎世金融服务集团执行委员会委员瑞德尔(Geoffrey Riddell)认为,良好的国际货币体系应该使国际贸易和投资最大化,并使各国能"公平地"得到来自国际贸易和国际合作的

利益。一种货币体系可以从调整性、清偿能力和信心三个方面加以评价。前两者关系到一种国际货币的顺畅运行,而信心则决定该国际货币体系的成效。

联合国斯德哥尔摩公约高级顾问、首席金融专家李春林表示,在金本位制下,国际储备货币的发行规模因完全受制于黄金的生产与供应,从而无法满足全球经济发展对货币日益增长的需求。战后的布雷顿森林体系及20世纪70年代形成的以美元为主略呈多元化的牙买加国际货币体系,对于战后全球经济恢复、国际贸易的开展、资本跨境流动及金融业的发展和繁荣等都起到了良好的促进作用。

亚洲开发银行原副行长劳伦斯格林伍德(Lawrence Greenwood)称,20世纪90年代中期以来,新兴市场经济体在全球经济贸易格局中的地位日趋上升,而现行国际金融体系未能跟随国际经济金融形势的变化及时做出调整。

与会嘉宾认为,当前以美元为主的国际货币体系还存在另一个根本缺陷,即作为一个信用货币储备体系,缺乏对储备货币发行国货币发行数量的纪律约束。如果说金本位制天然会带来通货紧缩压力,那么美元为主的国际货币体系必然存在通货膨胀压力的隐患。

参会经济学家张其佐表示,全球金融危机发生的根源可以归咎为现行国际货币体系不合理,暴露了其制度设计的严重缺陷。一是美元作为储备货币,发行不受任何限制,实质为"信用"本位,而偿还又因汇率变动难以保障;二是各国缺乏平等的参与权和决策权,美国既利用货币特权向其他国家征收铸币税,又借助金融创新方便地将风险扩散到全球,其他国家只能被动接受;最后是调节机制的局限性,IMF作为牙买加体系运转的监督机构,权威不够,投票权和结构设计不合理,使美国具有否决权。因此IMF对美国几乎不具备监督和约束能力。随着全球经济一体化的深入和全球经济力量对比的变化,现行的国际货币体系已难以适应。

对外经济贸易大学金融学院教授丁志杰认为,现行国际货币体系的缺陷在当前危机中暴露得一览无余。第一,布雷顿森林体系的崩溃没有动摇美元的国际货币霸主地位,正是借着美元的霸主地位和华尔街对全球金融的控制力,美国的次贷危机演变成全球的金融海啸,全世界为华尔街和美国的错误买单。第二,对问题国家、问题资产的投机性抛售使得危机不断被放大,在这背后是跨境资本的无序流动以及资本在不同货币之间的频繁转移。事实上,跨境资本流动也是20世纪80年代以来发展中国家发生金融危机的重要因素,有时是导火索有时是直接根源,这次发达国家也感受到了切肤之痛。第三,汇率的易变性在危机中更为明显,汇率跌宕起伏,时常脱离经济基本面,成为实体经济冲击的来源之一。不仅仅发展中国家在管理汇率,日本、瑞士等发达国家也已纷纷拿起汇率干预的武器。

二、专家称重建国际货币体系困难重重

经济学家谢国忠认为,现行国际货币体系未能体现当前世界经济力量对比的变化,主要国际储备货币发行未受到应有的约束和监督,国际货币体系的竞争性不足。近年来,新兴市场经济体经济快速发展,其经济总量占全球的份额显著上升,在国际贸易、国际资本流动中的作用也不断上升,但其货币在国际货币体系中缺乏相应的地位。主要发达国家主导着国际货币体系,却未能切实承担稳定币值、稳定金融体系的责任。

中国进出口银行行长李若谷表示,金融危机使全球经济蒙受了重大损失,重建和改革国际货币体系的呼声此起彼伏。现行国际货币体系中"美元独大"、不守约束发行和少数发达国家主权货币充当国际货币、各国缺乏平等参与权和决策权的现状、调节机制的局限性亟待改善。

张其佐透露,目前重建国际货币体系依然困难重重,一难是美国不肯放弃巨大的既得利益和美元的主导地位;二难是目前还没有国家能够取代美国主权信誉与实力。三难是全球各国利益难以协调,很显然,新体系的演化一定是各国利益的剧烈冲突与博弈的结果。当前关于国际货币体系改革的辩论和观点纷纭复杂,综合有三种主要的不同立场:美国立场、欧洲立场和发展中国家立场,如何协调就是难度极大的问题。

斯蒂格利茨委员会在此前的报告中提出,当前的国际货币体系改革应解决三个问题:一是需提供一个比美元更稳定的国际价值储藏载体;二是储备资产积累要与其货币发行国贸易赤字相分离;三是对经常账户盈余国的约束。为解决上述问题,一个最现实的办法是大量增加对 SDR 的发行与使用。

与会人士建议,创造一种与主权国家脱钩、并能保持币值长期稳定的国际储备货币,从而避免主权信用货币作为储备货币的内在缺陷,是国际货币体系改革的理想目标。SDR 具有超主权储备货币的特征和潜力,因此,应当着力推动 SDR 的分配以及拓宽 SDR 的使用范围。

三、建立多元化的国际储备货币体系成主要观点

北京联合大学博士孙梦阳表示,建立多元化的国际储备货币体系尤为必要。根据全球经济发展形势,加强国际金融监管体制建设与合作,约束美国宏观经济政策及滥发货币,防止少数国家凭借国际货币发行特权榨取通胀税及铸币税,并将其货币政策凌驾于各国之上,促进全球经济的共同发展。

对外经济贸易大学国际经济贸易学院副研究员樊瑛建议,改造 SDR 将其作为储备基础,建立超主权货币与多国货币并存的二元货币体系。积极扩大 SDR 的使用范围,使 SDR 成为广泛流通和储备的国际货币。樊瑛表示,加强金融监管,推进金融监管国际化在渐进改革的过程中,全球各国应协同扩大本国金融监管范围,对所有金融机构、金融产品与衍生产品及金融市场实行全面监管,确保各金融市场之间监管信息通畅与信息共享。与此同时,推动金融监管的国际合作,形成有力且一致的跨国监管合作机制,建立有效而及时的风险预警机制。另外,需完善 IMF 决策机制。

丁志杰表示,建立公平、公正、有序的国际经济秩序是世界各国的共同呼声,中国提出的目标是建立公平、公正、包容、有序的国际货币体系。与会人士认为,在此间隙,亚元及人民币国际化或将迎来一个绝佳发展机会。

亚洲开发银行高级经济学家庄健表示,人民币国际化,一是改革国内金融体系,做好体制和制度上的准备;二是扩大双边和多边以人民币计价的贸易和投资合作,扩大人民币影响;三是在香港、上海和北京三地建立金融中心。博鳌亚洲论坛理事长福田康夫在博鳌表示,美元作为国际货币的地位在衰退,但是其他国家并不是要和美元对抗。他又称,亚洲将来的长远发展目标,是像欧元一样,有一个共同的亚洲的货币。

福田康夫表示,因为亚洲国家具有多样性,各个国家发展的程度也不一样,这就需要亚洲国家一起合作,“对于这个问题,看怎样可以达成一致,形成一个长期的、稳定的亚元,这将对亚洲未来的和平和稳定带来很多好处”。

资料来源:新华财经网,http://forex. xinhua08. com。

本章小结

国际货币制度是指各国政府对货币在国际间发挥职能作用以及有关国际货币金融问题所确定的原则、协议、采取的措施和建立的组织形式。金本位制是以黄金作为国际本位货币的制度。按其货币与黄金的联系程度，可分为金币本位制、金块本位制和金汇兑本位制。布雷顿森林体系是战后以"怀特计划"为基础确立的以美元为中心的国际货币制度，其中心内容是"双挂钩"，即美元与黄金挂钩，其他各国货币与美元挂钩。现行国际货币制度的主要特征有储备货币多元化、浮动汇率长期化和国际收支失衡严重化等。超主权货币本位很可能是未来国际货币制度的发展方向，但是，超主权货币的建立任重而道远。

◆ **思考题**

1. 何谓国际货币制度？它包括哪些类型？
2. 什么是金币本位制？它有哪些特点？
3. 布雷顿森林体系有哪些内容？其特点和作用是什么？
4. 布雷顿森林体系为什么会崩溃？
5. 牙买加体系的主要特点是什么？
6. 现行国际货币制度如何进行改革？

参考文献

[1] 马君潞，陈平，范小云. 国际金融[M]. 北京：高等教育出版社，2011.

[2] 姜波克. 国际金融新编[M]. 上海：复旦大学出版社，2008.

[3] 杨胜刚，姚小义. 国际金融[M]. 北京：高等教育出版社，2009.

[4] 刘艺欣，赵炳盛，李玉志. 国际金融[M]. 大连：东北财经大学出版社，2013.

[5] 何璋. 国际金融[M]. 北京：中央广播电视大学出版社，2002.

[6] 徐晶，贺聪. 论金融区域化与金融全球化的对抗与协调[J]. 华北金融，2007(9)：28-30.

[7] 盛斌，张一平. 全球治理中的国际货币体系改革：历史与现实[J]. 南开学报(哲学社会科学版)，2012(1)：60-69.

[8] 谢世清，曲秋颖. 世界银行投票权改革评析[J]. 宏观经济研究，2010(8)：8-11.

[9] 李众敏，吴凌燕. 世界银行治理改革的问题与建议[J]. 中国市场，2012(29)：11-19.

[10] 李扬，黄金老. 金融全球化概说[J]. 中国城市金融，2000(1)：50-52.

[11] 朱国镂，孟祥君. 国际货币体系改革的目标和过渡方案[J]. 经济体制改革 2004(6)：101-104.

[12] 滕书圣，阮锋. 拉美美元化的可行性与前景分析[J]. 国际金融研究，2001(4)：37-42.

[13] 金岩. 拉美地区美元化趋势及前景探析[J]. 金融教学与研究，2002(1)：31-33.

[14] 朱珠，李松梁. 现行国际货币体系缺陷分析及改革方案评述[J]. 金融纵横，2012(2)：46-50.

[15] 周小川. 关于改革国际货币体系的思考[EB/OL]. 中国人民银行网站，2009-03-23.

[16] 郑后成，商瑾. 当前关于国际货币体系改革的主要观点及应对建议[J]. 经济研究参考，2012(20)：65-68.

[17] 韩基韬. 拉美一体化进程稳步前行[EB/OL]. http://gb.cri.cn/27824/2011/12/21/5311s3488995_1.htm.

[18] 宋洁云,冯俊扬.拉美"去美元化"能走多远[N].深圳商报,2008-09-12(A12).

[19] 张舒英."广场协议"后的日元升值及其对日本经济的影响[N].学习时报,2003-11-03(2).

[20] Rueff J, Hirsch F. The Role and Rule of Gold: An Argument[C]. Princeton Essays in International Finance,1965,47.

[21] Lutz F A. The Problem of International Liquidity and the Multiple-Currency Standard[J]. Princeton Essays in International Finance,1963,41.

[22] Harrod R. Alternative Methods for Increasing International Liquidity[C]. Brussels: European League for Economic Cooperation, 1961.

[23] Kindleberger C P. Balance-of-Payments Deficits and the International Market for Liquidity[C]. Princeton Essays in International Finance,1965,46.

[24] Despres E,Kindleberger C P and Salant W S. The Dollar and World Liquidity: A Minority View, Brookings Institution, 1966.

[25] McKinnon R I. Private and Official International Money: The Case for the Dollar[C]. Princeton Essays in International Finance,1969:74.

[26] Rosensweig J A. Single Reserve Currency: An Analysis of the Benefits and Challenges with Implementing a Single Reserve Currency[J]. Global Macroeconomic Perspective, 2009.

[27] Mundell R A. A Theory of Optimum Currency Area[J]. American Economic Review, 1961:4.

[28] McKinnon R I. Private and Official International Money: The Case for the Dollar, Princeton Essays in International Finance, 1969:74;Kenen P. The Theory of Optimum Currency Areas: An Eclectic View[M]//R I Mundell and Swoboda A. Monetary Problems in International Economy, Chicago: Chicago University Press, 1969.

[29] Mundell R A. A Reconsideration of the Twentieth Century[J]. American Economic Review, 2000: 90(3).

第十二章　跨国公司金融管理

学习目标

通过本章学习，了解跨国公司金融管理的基本内涵，熟练掌握跨国公司的跨国资本预算管理、跨国公司营运资本管理以及跨国公司避税管理的基本理论和方法。

导入案例

全球经营战略(Global Business Strategy)，是指跨国公司以世界市场为目标，在全球范围内优化配置资源，充分合理利用各国的优势，以达到总公司长期的最佳经济效益的全球性经营方略。全球经营战略是跨国公司区别于国内企业的根本特征之一。其意义在于，跨国公司的决策者并不是单纯孤立地考虑某一个特殊国家的市场和资源，不受任何国家和民族的限制来考虑世界市场和资源的分配，使跨国公司不仅享有资源和商品销售的全球统一调配的好处，还拥有统一性、灵活性和有效性，达到全球一体化的效果。跨国公司金融管理应从哪几个方面入手呢？

资料来源：中国服务贸易指南网，http://tradeinservices.mofcom.gov.cn。

第一节　跨国公司金融管理概述

一、跨国公司的定义

跨国公司(Transnational Corporation)又称“多国公司”(Multinational Corporation)，也有人称其为“国际公司”(International Corporation)、“国际企业”(International Business)、“全球公司”(Global Corporation)、“宇宙公司”(Cosmo Corporation)等。1974年联合国经社理事会讨论由知名人士小组提供的《多国公司对发展和国际关系的影响》报告时，一位拉丁美洲的代表提出，为了避免和安第斯条约国家共同创办和经营的多国联营公司相混淆，建议用“跨国公司”一词取代“多国公司”。这个建议被会议接受，此后，联合国正式文献中均使用“跨国公司”一词。

鉴于国际上对跨国公司的界定缺乏统一标准，1983年，联合国跨国公司中心发表的《三论世界发展中的跨国公司》报告中，规定作为跨国公司必须具备如下三个要素：

(1) 包括设在两个或两个以上国家的实体，不管这些实体的法律形式和领域如何。

(2) 在一个决策体系中进行经营，能通过一个或几个决策中心采取一致的对策和共同的战略。

(3) 各实体通过股权或其他方式形成的联系,使其中的一个或几个实体有可能对别的实体施加重大影响,特别是同其他实体分享知识、资源和分担责任。

关于跨国公司的定义和界定有各种各样的说法,综合各方面的意见,我们可以认为,跨国公司是一种在多个国家进行尽职投资,并设立分支机构或子公司,从事全球性生产、销售或其他经营活动的国际企业组织。

二、跨国公司的基本特征

(一) 规模庞大,实力雄厚

跨国公司都是在一个或几个部门居于垄断地位的国际化大企业或企业联合体。它们拥有先进的技术和管理经验、多样化的产品、雄厚的资金、较高的商业信誉、惊人的销售规模。据联合国贸易与发展会议公布的《2013 年世界投资报告》的最新资料,在 2012 年,跨国公司的外国子公司创造了价值 26 万亿美元的销售额(其中 7.5 万亿美元为出口额),跨国公司的国外分支机构约有 7200 万名雇员。

谈及跨国公司的国际化经营并不单指它们在世界各地进行直接投资,设立分支机构或子公司,从事国际化生产经营,而且还包括它们的组织结构、管理体制、决策程序以及物质资源和人力资源的配置都要适应在许多国家从事生产贸易活动的要求。它们是全球性垄断企业,其目标是垄断世界。

(二) 实行全球战略

跨国公司都有全球性的战略目标和战略部署。所谓"全球战略"是指现代跨国公司从事国际生产和国际经营时,将其全球范围的经营活动视为一个整体,以追求全球市场为目标,力求实现其全球范围内的利润最大化,而不仅仅考虑某一局部利益的得失。跨国公司的总公司评价子公司实绩的标准,也主要是看它对全公司的总体贡献,而不一定是它本身的盈利规模。

跨国公司经营的主要方式是商品贸易、直接投资和技术转让。为实现公司全球利益最大化,公司要合理地安排生产,要在世界范围考虑原料来源、劳动力雇佣、产品销售和资金利用;要充分利用东道国和各地区的有利条件;要应付世界市场上同行业的垄断竞争。这在客观上就要求公司把商品贸易、直接投资、技术转让三者结合起来,相互利用,从公司的整体利益以及未来发展着眼,进行全面安排。

(三) 公司内部实现"一体化"

跨国公司的管理体制多种多样,但为了保证实现全球战略,原则上都是集中决策,分散经营,实行高度集中的管理体制。跨国公司凭借现代化的交通和通信工具,把分散在世界各地的子公司组成一个整体,形成内部一体化的独特的经营体系。跨国公司虽然拥有众多的子公司,且分布于世界各地,但由于实现了内部一体化,它们"就像一个被严密控制的单一企业那样,位于被国界分开的许多市场,在几个国家政府之下从事经营"。

总之,跨国公司是从全球范围内对子公司的经营进行一体化的部署。这是现代跨国公司的重要特征。

（四）生产专业化和经营多样化并举

跨国公司进行专业化生产，其根本动力在于充分发挥其核心产品的生产和经营优势，以便取得或维持在国际市场上的垄断地位。而且，战后跨国公司国际生产的专业化不断向深度和广度发展。

从生产环节的角度看，跨国公司国际生产专业化大体上可以分为两种形式，一种为水平型分工为基础的专业化，另一种为垂直型为基础的专业化。其中水平型专业化是指在产业内进行的，而垂直型或混合型专业化是指在产业之间进行的。

另一方面，跨国公司的国际一体化生产体系，无论是垂直一体化还是水平、混合一体化，其产品必定是多样化的。多样化是跨国公司发挥其经营优势、降低风险的重要方法，而一般企业限于经营规模和资金实力都难以充分实现多样化。

（五）强大的技术创新能力

跨国公司是当代技术创新与技术进步的主导力量，主要体现在其雄厚的技术优势和强大的创新开发能力。跨国公司要在国际竞争中保持领先，就必须不断投入巨额资金，加强科学技术的研究与开发，以保持自己的技术优势。同时，技术领先带来的是丰厚的回报，这样又激励跨国公司不断进行技术改造，推动技术进步。

（六）较大的经营风险

跨国公司比国内企业面临更为复杂的国际经营环境，因此也面临更大的经营风险。除正常的经营风险外，跨国公司还面临国际经营特有的政治风险、外汇风险等。

三、跨国公司金融管理的特点

跨国公司金融管理的领域涵盖了一般金融管理的范围，不同之处在于前者要从全球的角度考虑跨越不同的文化、政治及经济背景，利率、汇率、商品价格波动，市场的不完全性、多层次代理问题等因素。

与一般国内企业金融管理相比，跨国公司金融管理具有以下特点：

1. 资金筹集具有更多的选择性

无论是资金来源还是筹集资金的方式，跨国公司均比国内企业呈现出更加多样化的特点。从资金来源看，跨国公司除了有来自企业内部和母公司所在国的资金以外，还有来自子公司所在国、国际资本市场和有关国际机构提供的资金；从筹集资金的方式来看，跨国公司除了通过吸收各种货币、实物、无形资产和发行股票筹集所有者权益资金以外，还可以利用世界金融市场、租赁设备、国际贸易融资、发行债券等方式筹集借入资金。由于资金来源和筹资方式具有多样化，所以，跨国公司应根据具体情况和实际需要，选择最有利的资金来源及筹资方式，以降低资金成本。

2. 投资的国际性

跨国公司可以在母公司所在国投资，也可以在子公司所在国投资，还可以在第三国和其他地区投资，其涉及的投资行业也极为广泛。但是，各个国家和地区的经济、法律、政治、文化有较大的差别，影响投资收益的因素十分复杂。在地理区域分布广、环境复杂的条件下进行投资，投资者应广泛收集信息，寻求最有利的投资机会，并对投资项目进行认真的可行性研究，以便正确开展投资决策和提高投资收益。

3. 财务活动具有更大的风险性

跨国公司与国内企业相比较，财务活动面临的风险更大，这些风险主要表现在：① 汇率变动风险；② 利率变动风险；③ 通货膨胀风险；④ 筹资决策风险；⑤ 投资决策风险；⑥ 政策变动风险；⑦ 法律变动风险；⑧ 政治变动风险；⑨ 战争因素风险；⑩ 其他风险。由于跨国公司金融活动面临着较高的风险，所以，要求其金融管理人员必须具有较高的业务素质和理论水平，以便正确地识别风险、避免风险和利用风险。

4. 金融政策具有更强的统一性

跨国公司的金融活动是在不同的理财环境条件下进行的，面临着不同金融市场、外汇管制及其他因素的影响，跨国公司要对融资、投资、外汇和内部转移定价等实行统一的管理政策，严格管理。要求金融管理人员从长远和整体利益出发，在全球范围选择融资渠道和投资机会，以确保全球发展战略的实现。

资料链接12-1

中国企业境外投资经营如何规避风险?

过去一年全球疫情蔓延，国际贸易投资陷入低谷，但中国对外投资仍逆势增长。近日，中国施工企业管理协会推出《工程建设企业境外合规经营指南》，旨在帮助企业解决境外经营需求，提供有针对性的服务。有关负责人表示，随着“一带一路”倡议的深入落实，企业境外投资注重合规经营已经成为共识。

合规，是企业“走出去”行稳致远的前提，合规管理能力也是企业国际竞争力的重要体现。随着“一带一路”倡议的提出，越来越多的中国企业加速出海。不过，机遇到来的同时也伴随一定的风险。在埃及、俄罗斯等海外多个国家有重大项目的中国建筑第一工程局工作人员告诉记者：“他们可能对我们的要求不一样，我们对人家的这种规则不掌握，这是一个最大的风险。比如说，在一些南美国家，你要是中了标，去签合同，去那边干项目，就要提交一个履约的保证金，这个保证金可以用保函的形式来做。在国内可能没有这方面的问题。但是一旦我们在海外经营中有一点问题或者有点什么的话，可能就会被别人扣了。（虽然）这是很小的案例，但也能体现出我们在海外经营的风险是非常多的。在某些国家可能不涉及，但是在某些国家就问题很大。”

2020年，中国对外投资总体实现增长，全年对外直接投资同比增长3.3%。不仅对外承包工程新签大项目较多，对“一带一路”沿线国家投资合作也取得积极进展。英国品诚梅森律师事务所合伙人郑菲菲表示，近些年，中国企业对合规经营的观念发生了根本性转变。“比如说有些代表说，我去过30个国家，400个城市，我见过太多的西方承包商，他们做事根本不合规，咱们的中国企业刚刚‘走出去’面临那么多的难题，为什么有人要站在道德和合规的角度这么评判我们？这是六七年以前。但是现在大家的合规观念发生了根本性的转变，企业们主动了解合规，主动用合规保护自己。”

据了解，由于企业对沿线国家的政治背景、法律体系、文化理念、社会风俗、商业规则等方面的情况知之不多、了解不够，增加了经营风险。尤其是在投标管理、合同管理、项目履约、劳工权益保护、连带风险管理、债务管理、反贿赂等合规监管方面，需要系统完善的规避风险的指南和服务。为此，中国施工企业管理协会组织专家团队深入调研，《工程建设企业境外合规经营指南》营运而生。

截至目前，中国已经同140个国家和31个国际组织签署200余份共建“一带一路”合作文件。中国施工企业管理协会副会长兼秘书长尚润涛也指出，将在条件允许的情况下，开展企业项目经理培训，提高他们经营境外项目的能力。他说：“一个是合规体系的建立，一个是合规部门的设立，现在他们都有了。现在没有也不行。到国外的话，你做了合规体系，你建立了风险机制，将来有一些风险就能规避或者是从轻处罚。所以中国企业从近两年看，我们‘走出去’企业逐渐对这合规体系的建设和合规部门的设立都在重视。这一点已经成了我们的共识。”

资料来源：光明网，2021年5月31日。

第二节　跨国公司跨国资本预算

一、跨国资本预算的含义

跨国公司资本预算是指经营者面对错综复杂的国际环境和东道国环境，以实现企业价值最大化为目标，通过建立资本预算体系对可供选择的各项国际投资项目的收益能力进行评估，并对其所需资金进行筹措的过程。

二、跨国资本预算的管理

（一）跨国资本预算的基本特性

（1）在进行跨国资本预算时，要有效区分投资项目本身现金流量和母公司现金流量，有助于从总公司角度评价项目的贡献。

（2）在进行跨国资本预算时，必须要考虑到不同国家的利率、汇率、通货膨胀等因素对现金流的影响。

（3）由于有的投资项目有可能会获得特定的筹资机会，如在投资对象国所在地借款或在不完全市场上发行证券等原因，跨国投资项目很难将投资项目与筹资行为区分开来。

（4）由于各国的税制、外汇管制、进出口管制等政策各不相同，因此，项目的现金流受现金汇回形式、政府干预程度、金融市场财务功能的影响较大。

（5）在进行跨国资本预算时，还必须考虑投资风险、经营风险等因素对现金流的影响。

（二）跨国公司制定资本预算所需要考虑的要素

1. 税收

资金短缺的发展中国家，通常制定优惠的税收政策来吸引外商直接投资，对外商投资的子公司给予一定程度的税收减免。选择税率水平相对较低，或者有这类税收优惠政策的国家进行投资。

2. 汇率

在跨国投资项目的有效期内，汇率波动对项目的投资收益会产生一定的影响，需要通过场景分析、压力测试等方法来评估投资收益的汇率风险。当然,多数跨国公司倾向于采用远期、货币互换等衍生工具,对外汇风险头寸进行套期保值。但是,苦于对需要套期保值的未来现金流以及未来汇率预测的不确定性,在套期保值的情况下投资收益的汇率风险并不能完全规避,有时反而比不套期保值更糟。

3. 资本管制

东道国政府可能限制外商投资的子公司将资金调回母公司,目的主要是强制子公司将所得到的利润用于母公司国家的经济建设,或者防止资金调回时对东道国的汇率产生不利影响。东道国的资本管制措施对跨国公司的母公司灵活、系统地掌握资金是不利的。

4. 市场需求

扩大市场份额是跨国公司投资的主要目标和动力之一。对目标市场需求预测的准确性程度,是跨国公司资本预算决策中最重要的考虑因素。然而,要准确预测未来的市场需求却是异常困难的事情。通常的做法是通过预测公司在目标市场可能占领的市场份额大小,推算公司未来的产品销售量。

5. 产品的市场价格

产品的市场价格是决定投资收益的关键因素。销售价格是否稳定?会不会出现激烈的价格战?公司产品在价格的动态变化中能否保持竞争优势?价格下降到什么程度公司将不得不退出目标市场?这些都是跨国公司制定资本预算时必须考虑的问题。对未来产品价格的预测方法可以采用同一市场中竞争产品的价格作为参考,但这种方法主要适用于价格的短期预测。对于长期的投资项目而言,不仅需要预测近期的市场价格,还要考虑和预测整个项目执行期内的价格水平。

6. 项目生命周期

在对外投资时,一般都约定了投资项目的存续期,一般为 10 年,或根据不同的项目性质和东道国的政策而有所差异。资本预算在整个项目存续期都可以进行,因为企业可以预计投入和产出的现金流。然而在投资项目的存续期内,可能会遇到一些无法控制的外部事件,即国家风险,使投资项目被迫中断。由于各国具体国情不同,出现这类国家风险的可能性也不一致,需要公司在做具体的投资决策时认真考虑。

7. 可变成本

可变成本相对于不变成本而言,对企业的未来收益的波动性有更大的影响,而且是跨国公司比较难以控制的一个因素。因此,再进行资本预算时应该给予高度重视,可变成本的预测主要是参考竞争产品的原材料生产的工资水平。

8. 固定成本

一般地,在一定时期内,产品的固定成本对需求量比较不敏感。在线股总投资、投资回收期限确定的情况下,固定成本很容易预测出来,然而,通货膨胀风险对固定成本却又影响很大。

9. 初始投资额

母公司对跨国投资项目的初始投资,是项目融资的主要资金来源。初始投资不仅包括项目启动所必需的投资额,还包括在整个项目运营期内需要附加的投资,如运营成本、工人工资等。有的国家对外商初始投资有最低要求,如不低于项目投资总额的 30%;而且在东道国市场融资时，当地金融机构或金融投资对项目以及企业的初始投资也有要求。

10. 清算价值

对外投资往往有规定的期限，到期时投资者将进行清算，在清算价值中拿走属于自己的资产对应的那份资金。清算价值是决定投资收益的一个不可缺少的因素，因此也是跨国公司资本预算的重要内容。

（三）跨国投资项目现金流构成及计量

1. 原始投资

原始投资包括以下几个方面：

（1）母公司提供的固定资产等。

（2）东道国金融机构提供的运转资本。

（3）为该项目所使用的解冻资金。如果该项资金无他用，则按面值扣除；若有他用，如出租收入，则从面值中扣除收入的现值，再按该余额扣除。

2. 项目可汇回的税后现金流量

（1）子公司直接在所在国销售形成的现金流入，扣减它替代原总公司对该国出口丧失的利润。

（2）子公司对第三国销售形成的现金流入，扣减它替代原总公司对第三国出口丧失的利润。

（3）子公司支付给总公司的专利和其他专业技术服务费。

3. 正常借款形成的税收节约额

应根据项目投资总额，按最优资本结构计算确定，利率为国内金融市场的借款利率。

4. 子公司所在国提供的优惠财务安排

子公司所在国银行对项目所需营运资本提供优惠借款而形成的优惠数，根据借款面额与该项借款以后逐期偿还数，按总公司所在国利率的折现后的差额来计算。

5. 内部资金转移形成的现金流量

跨国企业在项目根据初始投资、可汇出现金流量以及优惠贷款3个因素计算确定的调整后现值（APV）小于0时，才需做额外资金转移和税负降低的调整。

6. 项目终值的预计

（1）如东道国规定，项目在一定年限后，只支付一个象征性价格，收为东道国所有，则APV计算可不考虑项目终值的调整问题。

（2）如项目在预算期终了以后尚可正常持续经营，可用年金法将项目预算期终了以后的年份产生的净现金流量，按东道国利率折算为预算期终止时的年金现值，以其为转让价格转让给当地投资者。

（3）将项目预算期终值看作项目转入清理，把项目估计到那时的“可变现净值（清理价值）”，作为项目的终值，以此为转让价格，转让给当地投资者。

资料链接 12-2

快乐周末轮胎有限公司

经过广泛的研发工作，快乐周末轮胎有限公司近期研制了一种新轮胎——“超级轮胎”。现在需要对生产和销售“超级轮胎”的投资必要性进行决策。这种轮胎除了能用于一般的快车道，对那些经常行驶于湿滑路面和野地的驾驶员也非常适用。截至目前，已累积研发成本1000万美元。“超级轮胎”将于今年面市，快乐周末公司打算在市场上销售4年，花费了500万美元的市场调查显示：“超级轮胎”存在一个相当大的市场。

假设你是快乐周末轮胎有限公司的一个财务分析师，公司的CFO，亚当·史密斯先生要求你评估“超级轮胎”项目，并拟定一份是否进行投资的建议书。你被告知所有过去对“超级轮胎”的投资都是沉没成本，除了马上将发生的初始投资，假定所有的现金流量都是年末发生的。

快乐周末轮胎有限公司需要马上投资1.2亿美元购买生产设备以制造“超级轮胎”。此设备预计有7年的使用寿命，第4年年末时可以51428571美元出售。快乐周末公司打算在两类市场上销售“超级轮胎”。

(1) 初级设备制造商(OEM)市场。OEM市场包括为新车购买轮胎的主要的大汽车公司(如通用汽车)。在OEM市场上，“超级轮胎”预计能以每只轮胎36美元的价格出售，生产每只轮胎的可变成本为18美元。

(2) 更换市场。更换市场包括所有汽车出厂后购买的轮胎。这个市场上的利润较高。快乐公司预计能以每只轮胎59美元的价格出售，生产的每只轮胎与OEM市场上的相同。

快乐周末轮胎有限公司打算以高于通货膨胀率1%的速度提高价格。可变成本同样也以高于通货膨胀率1%的速度增加。此外，“超级轮胎”项目第一年将发生2500万美元的销售和一般管理费用(这个数字在此后年份里预计将以通货膨胀率的速度增加)。

快乐周末公司的公司所得税税率为40%。年通货膨胀率预计保持在3.25%不变。公司使用12%的折现率来评价新产品决策。

(3) 轮胎市场。汽车行业分析家预测汽车制造商今年将生产出200万辆新车，此后产量以每年2.5%的速度增长，每辆车需要4个轮胎(备用胎型号较小，划分到另一类中)。快乐周末轮胎有限公司期望“超级轮胎”能占领11%的OEM市场。

行业分析家预测更换轮胎市场今年的规模为1400万只轮胎且每年将增长2%。快乐周末期望“超级轮胎”能占领8%的市场份额。

资料来源：根据三亿文库相关资料整理，http://3y.uu456.com。

第三节　跨国公司营运资本管理

一、跨国营运资本管理的含义

跨国公司营运资本管理与国内公司营运资本管理基本相同，两者都关注于流动资产与流动负债的组合。国内与国际营运资本的本质区别在于通货膨胀、潜在的汇率控制和税收管辖权等的影响程度，因此，国际营运资本的管理显得更为复杂。对跨国公司企业而言，营运资本管理问题可分为“存量”管理及“流量”管理两个方面。“存量”管理体现在企业如何处理好各种资产组合关系，才能使母公司与其所属子公司在流动资产上的资金占用实现最优配置，即现金、应收账款及存货等项目究竟维持何种水平最为适当。除此之外，短期资金来源渠道的选择、币种及其持有水平的选择等也属于“存量”管理的内容；而“流量”管理的中心任务在于保证公司内部资金转移的合理性，即如何在跨国公司总部的统一协调下，使营运资本按照最合适的流量、流向和时机运转，为最大限度地提高公司整体效益创造条件。总体来说，营运资本管理主要包括现金管理、应收账款管理、存货管理以及对引起现金流变动的股权投资及内部贷款、特许使用费及总公司管理费用的管理等，做好企业营运资本的管理对其发展意义重大。

二、跨国营运资本存量管理

一般认为跨国企业营运资本管理策略应具有风险适中或者较为稳健的特征。

（一）跨国现金管理

1. 跨国企业置存现金目的

跨国公司置存现金的目的在于满足其交易性需要、预防性需要以及投机性需要。交易性需要是指要有现金支付日常的业务开支；预防性需要有现金用于防范意外；投机性需要是指置存现金用于不寻常的购买机会，如从预期的有价证券价格变动中得到好处。

一般而言，跨国企业在创业初期会采取集权型的现金管理体制，由母公司对子公司的财权进行严格控制、统一管理，从全局的角度优化资源配置，提高资金的使用效率。

2. 跨国公司现金管理目标

(1) 以最少量的现金支持公司在全球范围内生产经营活动。

(2) 尽量避免通货膨胀和汇率变动带来的损失。

(3) 从整体上提高现金调度、使用和储存的经济效益。

3. 实施集权型现金管理体制

(1) 集权型现金管理体制特征。

① 集中存储。跨国公司的各个分支机构只保持为满足其交易性需要的现金，而应付意外支出的现金需要量则由公司总部集中管理，形成预防性现金存储总库。当子公司的现金存量因发生意外支出而不敷用时，总库立即为它们拨付所需资金。主要是围绕“预防性现金需要量”进行的。

② 跨国调度。由于生产经营季节性或其他周期性因素的作用，各子公司日常的实际现金收支往往难以达到均衡，因而各子公司日常的实际现金存量总是围绕预先核定的交易需要量上下波动，主要是围绕“交易性现金需要量”进行的。

(2) 集权型现金管理体制的优缺点。

① 优点：降低持有总成本，提高公司盈利能力；促使公司内部现金管理专业化，提高管理效率，集团母公司通过安排统一的财务政策，能够较好地控制子公司的财务行为；有利于发挥集团母公司财务专家的作用，降低公司财务风险和经营风险；集权型管理以全局利益为准则，可以有效抑制局部最优化倾向；可以防止东道国政府实行征用或限制资金转移的风险。

② 缺点:集权式财务管理体制的最大缺陷在于无法调动子公司经理层的积极性,由于财务管理权限高度集中于母公司,容易挫伤子公司经营者的积极性,抑制子公司的灵活性和创造性;母公司远离基层经营现场,可能会导致因信息掌握不完整而造成决策低效率甚至失误。

(3) 集权型现金管理体制的实施过程。设立中央现金总库;组织成立专门的现金管理机构;核定各子公司交易性和预防性现金需用量;集中存储;跨国调度。

(二) 跨国应收账款管理

跨国公司应收账款是跨国公司因销售商品、提供劳务等原因,应向购货客户或接受劳务的客户收取的款项和代垫的运杂费,它是企业采用信用销售而形成的债权性资产,是企业流动资产的重要组成部分。由于影响因素众多,跨国公司应收账款发生坏账的可能性很大,因此,必须加强对跨国公司应收账款的管理。

跨国公司的交易类型决定着应收账款的性质,其交易类型主要有两种:① 跨国公司的某成员单位与集团外部的独立客户之间的买卖。② 跨国公司各成员单位之间的买卖。前者形成的应收账款为外部应收账款,后者形成的应收账款为内部应收账款。针对不同的应收账款,公司应选择不同的管理策略。

1. 对外应收账款的管理

对外应收账款的管理应在保证公司产品市场竞争力的前提下,尽可能地降低应收账款的投资成本,主要应从以下几个方面着手:

(1) 交易货币的选择。跨国公司的交易货币分为硬货币和软货币两种。为了避免外汇交易风险,出口方通常希望以硬货币来开发货票,而进口方则通常采用软货币来付款。

如果双方都考虑自己的风险,结果就会是出口方为取得硬货币,在价格上或付款条件方面作出让步。如果采用软货币支付,则销售商希望付款越早越好,以最大限度地减少汇兑损失。而进口方则以较高价格或尽快付款的条件来争取以软货币付款。双方在讨价还价过程中的实力决定哪一方要承担更高的风险。

(2) 确定合理的信用政策。与国内企业类似,信用政策也是跨国公司需要考虑的首要问题。企业提供商业信用投资于应收账款,是希望能够从中获利。虽然企业为客户提供的信用政策越优惠,其商品的销售额就越大,但信用政策并不是越宽松越好,宽松的信用政策也可能会带来一些不利的后果,如应收账款管理成本增加、坏账损失的提高以及资金机会成本增加等。因此,在制定或修改信用政策时,必须对每一种政策所对应的成本和收入进行比较分析,明确其利弊。

(3) 确定付款期限。付款期限也是应收账款管理的一个决策问题。出口方希望尽早将软货币的销售收现,以降低销售与收款时间的汇兑损失,如果以硬货币销售,则会减缓应收账款的收现。除了交易货币外,跨国公司应收账款付款期限的确定还应考虑赊购方资信等级、进口国政局状况以及企业自身资金状况等问题。

(4) 让售与贴现。在一定条件下,企业可以将应收账款变现并加以利用,即应收账款的让售与贴现。

应收账款的让售是指企业将应收账款出售给第三方以筹集资金的行为。企业通过让售应收账款,一方面有效地规避了坏账损失的风险,另一方面可以采用当地商业习惯上使用的付款期,以有利于竞争。

应收账款的贴现是企业在应收账款到期前将核发的应收账款凭证拿到银行或其他金融机构申请贴现。由银行或金融机构开具汇票、由企业承兑,企业凭借汇票进行贴现。

2. 对内应收账款的管理

对内应收账款管理则只是追求公司整体财务利益的最大化,公司内部交易双方在选择开票货币和确定支付条件时,必须充分考虑公司在全球范围内税务规划、财力配置和资金移动,以实现公司全球利润最大化为目标,力争达到税负最小、风险最小和利润最大的目的。

(三) 跨国公司存货管理

跨国公司存货是指跨国公司在生产经营过程中为销售或者耗用而储备的各种物资,包括原材料、在产品、产成品和包装物等。跨国公司存货管理是指从跨国公司总体的角度进行总公司及其所属各个分公司存货资金占用的最优配置。跨国公司存货管理除采用国内企业存货管理的分析方法之外,还应考虑跨国公司存货管理的特殊性。由于跨国公司的进口存货和实现存货周转的目标比国内要难,跨国公司应根据各公司所在国汇率的变动情况,确定库存量。通常出于规避风险的考虑,跨国公司在海外的子公司存货水平通常会较高,存货管理成本也相应增加。

跨国公司存货管理的常用策略有以下两种:

(1) 提前采购存货。跨国公司在许多发展中国家缺乏外币的远期合约交易条件下,对资金汇出或剩余资金转换成硬通货存在许多限制条件,为了防止预期的货币贬值、进口商品的当地货币价格相应提高而采用的一种存货保值措施,即在相关货币贬值之前,提前购买所需要的商品。

(2) 存货存储。跨国公司在当地货币有明显贬值可能的情况下,为了防止货币贬值以及当地货币表示的价格上升而所采取的一种存货保值措施。即在相关货币贬值之前,累积存货,增加存货储备量。但是,这有一个度,它涉及累积拥有当地货币价格趋于提高的存货与放弃在当地进行短期投资获得收益的机会之间的权衡问题。

存货管理的目标是以最低的成本提供公司正常运营所需的存货,但跨国公司由于较长的运输时间,繁杂的海关手续,东道国政府的政策、关税等原因,其存货管理的成本比之国内企业要高上不少。跨国公司必须根据各子公司所在国货币贬值情况,分别确定库存存量,并经常调整。

三、跨国营运资本流量管理

跨国营运资本流量管理是指在跨国公司总部的统一协调下,使营运资本按照最合适的流量、流向和时机进行运转,最大限度地提高公司整体效益。

(一) 跨国企业内部资金流动种类

跨国公司的内部资金流动可划分为这样几种形式:

(1) 由股权投资而造成的资金流动,如母公司对子公司进行的股权投资和子公司向母公司支付股利。

(2) 由公司内部借贷款而形成的资金流动,如母公司对子公司进行的贷款投资和子公司向母公司支付利息。

(3) 由公司内部的“无形”贸易而形成的资金流动,如子公司向母公司支付特许使用费、专业服务费和管理费等。

(4) 由公司内部商品交易及贷款结算而形成的资金流动。

下面,我们将在上述划分的基础上讨论营运资本的流量管理。

(二) 股权投资与股息汇出

1. 股权投资

跨国公司的股权投资分为母公司对子公司的直接投资和子公司之间的相互投资两种形式。

(1) 母公司对子公司的直接投资。母公司对子公司的直接投资是指母公司通过对分公司和子公司以独资、控股合资、非控股合资等形式进行的投资行为。

优点是有利于加强对子公司的控制,降低资金供应成本,增强子公司的举债能力;缺点在于股本的返还和股利的支付易受到东道国的管制和冻结。

(2) 子公司之间的相互投资。子公司之间的相互投资是指由于紧密业务联系或母子公司共同创建的需要而进行的投资。

这种投资形式虽然有利于加强不同子公司之间的业务联系,但是也存在影响子公司自身利益以及投资子公司收益要经过多次加税和跨国转移才能返回母公司等问题,增加了纳税负担和资金跨国转移风险等方面的弊端。

2. 股利汇出

股利汇出是资金从国外子公司转至母公司的最常见方式。同国内公司相比,决定跨国公司股利分配策略的因素更为复杂,除税收因素外,还有外汇风险、政治风险、子公司经营状况和东道国态度等。

有资料显示,对大约60%的跨国公司来说,税负最小化是股利政策的重要目标。东道国的税法对跨国公司的股利政策有着显著影响。大多数国家都对汇往国外的股利征收预提税,有些国家则对股利汇出额限定上限,另外一些国家还对公司的留存收益和已分配收益按不同的税率征收所得税。对此,跨国公司应该根据各子公司所在国的具体规定,制定灵活多变的股息分配策略,以使跨国公司的整体税负达到最低。

一般来说,如果母国的所得税率高于子公司所在国,并且东道国对股利汇出课以重税,那么将该子公司的利润留在东道国进行再投资往往更为有利。

如果东道国的货币有贬值趋势,子公司应通过加大股利分派率使多余资金及早移至母公司。反之,如果子公司当地货币有升值趋势,在其他条件允许的情况下,则可少分配股利或推迟宣布股利。如果已经宣布,也可以用贷款方式返还给子公司。

若东道国政治风险高,则子公司的资金被没收或冻结的可能性就大,此时,母公司应要求子公司通过加大股利分配将积余资金转移出境;若东道国政治风险低,子公司在当地的投资机会多,则应少分配股利,尽可能提高子公司自有资本的比例。

但在正常情况下,跨国子公司应维持一个稳定的股利支付率,以及作为东道国政府衡量跨国公司有无抽走资金以致损害本国外汇储备的一个标准。

(三) 公司内部借贷款

1. 直接贷款

直接贷款(Direct Loans)是指母公司向子公司、子公司向母公司或子公司之间直接提供贷款的方式。借款的货币可以是任何一方或第三国的货币。

(1) 直接贷款优点。① 母公司以贷款本息的名义调回子公司的闲置资金,一般不会引起东道国政府的反对。② 母公司可以很容易地将贷款投资转化为股权投资。③ 贷款较股利对母公司而言,有稳定的现金流量。④ 直接贷款在节税或避税方面比股权投资有利,不仅利息有节税效果,而且利息的预提税比股利的预提税低;对母公司而言,海外收回的贷款本金性质上不属于应税收益,在母公司所在国无需缴纳所得税。

(2) 直接贷款缺点。① 就东道国而言,会限制债务与资本比例,规定最低注册资本额,此外东道国股本比例低会导致高产权收益率或每股收益额,利润和劳工会受到管制。② 就母国而言,美国的"推定股利"将按相应的税率予以课税。

2. 联接贷款

联接贷款(Join Loans)是指母子公司间或者两个子公司之间通过一个金融中介(通常是一个大型的跨国银行)进行的间接贷款。

一般程序如下:母公司将一笔资金存在甲国的某家跨国银行,该银行通过其设在乙国的分行将等值资金贷给当地的借款子公司。

在这两种贷款程序中,跨国银行的贷款是完全没有风险的,因为母公司在该银行的存款提供了100%的担保。

与直接贷款相比,联接贷款的优点在于:

(1) 即使在实行严格外汇管制或发生政治动乱的国家,一般也不限制当地跨国子公司按贷款协定和还款计划向跨国银行支付本金和利息,否则会严重损害该国的国际信用形象,从而不利其以后的国际交往。

(2) 在联接贷款方式下,从表面上看,借款的子公司好像是凭借自己的实力从一家大型银行取得了贷款,这种"假象"会提高该子公司在东道国的声望和信用地位。

(3) 联接贷款能使已被"冻结"的资金得到有效利用。

3. 平行贷款

某国的两家母公司都在境外同一国家有子公司,它们的资金有余缺,一家母公司的资金有多余,而它在国外的子公司资金缺少;相反,另一家母公司资金缺少,而它在国外的子公司的资金有多余,但受东道国的限制不能汇回。经第三方介绍,国内的两家母公司商定,采用平行贷款(Parallel Loans)的方式,两个母公司之间、两个子公司之间分别贷款,解决资金余缺问题。两笔贷款期限相同,利息率由借贷双方商定,到期时,借方向各自的贷方还本付息。

平行贷款的特点体现在以下两个方面:

(1) 平行贷款不跨越国界,因而可以避免外汇风险和转移风险。

(2) 平行贷款双方需要通过金融机构或直接寻找对方,帮助促成平行贷款的金融中介向双方收取一定的佣金。

4. 背对背贷款

背对背贷款(Back to Back Loans)是指两个国家的企业(母公司)通过协议分别向对方在本国的子公司发放贷款。

A国A公司在B国有一子公司a,B国B公司在A国有一子公司b,A国的子公司a和B国的子公司b都需要一定数量的资金。如果母公司对自己的子公司提供直接贷款,在这种情况下,由于贷款和还本付息涉及两个国家,两种货币的汇兑,因而可能存在汇率变动引起的外汇风险和限制本息汇回的转移风险(图12-1)。经过这两家母公司协议,采用背对背贷款的方式：A 公司贷 A 国元给 B 公司的子公司 b，同时 B 公司贷 B 国元给 A 的子公司 a；到期时，B 的子公司用 A 国元还本付息，同时，A 的子公司以 B 国元还本付息。

背对背贷款的特点体现在以下几个方面：

(1) 采取背对背贷款，贷款与还本付息的货币相同，货币收付不跨越国界，因而避免了外汇风险和转移风险。

(2) 银行体系之外的贷款运作程序。

(3) A、B 公司承担的信用风险为零。

(4) 可使已冻结的资金得到激活和有效利用。

(5) 需要信息灵通的中介机构，才能找到交易的另一方。

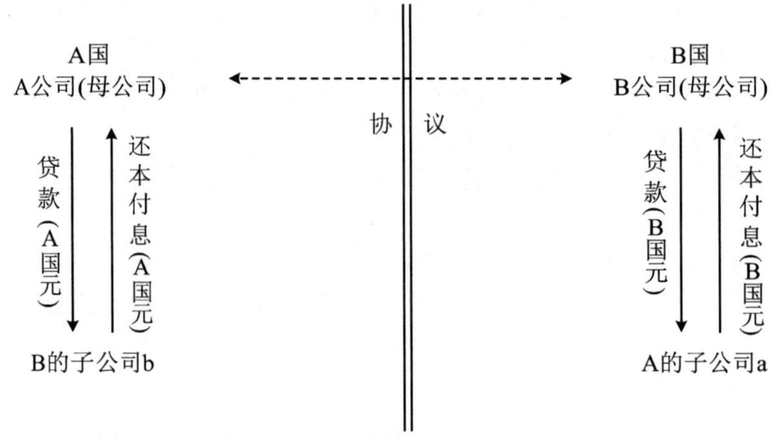

图 12-1　背对背贷款示意图

(四) 特许权使用费、专业服务费和母公司管理费

1. 特许权使用费

所谓"特许权使用费"，是指因获得使用专有技术、专利和商标进行生产或销售的权利，而付给技术、专利、商标所有者的报酬。特许权使用费常以每单位产品支付一定的金额，按销售额或利润额的一定百分比来计算，表现为提成费或许可证费。当母公司允许境外子公司使用其无形资产时，跨国公司内部会出现以特许权使用费形式的资金流动。

特许权使用费方式优点在于：

(1) 可打破东道国政府的资金封锁。

(2) 与股利相比，可抵减在东道国缴纳的预提税，可在母公司所在国得到抵免。

2. 专业服务费

这是补偿由母公司或其他子公司向该子公司提供专业服务的支出，如技术指导、员工培训等专业性服务而收取的补偿费。服务费不同于管理费，它是对子公司产生特定利益的报酬，一般是按服务时间、服务的类型和等级确定支付费用的标准。

3. 母公司管理费

这是用来补偿母公司专业管理部门在管理整个国际经营活动中发生的专业管理费用，包括那些必须由各经营单位（子公司）补偿的整个跨国公司系统的现金调度中心、研发中心、公共关系部门、法律和会计咨询机构等所发生的费用。管理费通常是按各子公司销售收入的一定百分比分摊的。

（五）公司内部贸易及货款结算

1. 公司内部贸易的内涵

公司内部贸易是指一家跨国公司内部的产品、原材料、技术与服务在国际间流动，这主要表现为跨国公司的母公司与国外子公司之间，以及国外子公司之间在产品、技术、服务方面的交易活动。

据统计，20世纪70年代，跨国公司内部贸易仅占世界贸易的20％，80～90年代升至40％，而目前世界贸易总量的近80％为跨国公司内部贸易。

2. 跨国公司内部贸易产生原因

（1）内部贸易是解决跨国公司内部各利益中心之矛盾的产物。跨国公司的母公司与子公司之间关系一般有股本份额决定，股本份额不同，经济利益统一程度往往就不一致。跨国公司通过内部市场机制满足各方的经济利益，以解决内部经济利益的矛盾。

（2）绕过外部市场，降低交易成本。企业所处的市场往往是不完全竞争的，为了避免市场经营中的不确定性和弥补交易成本过高的缺陷，跨国公司通常采取内部贸易的方式从而减低交易成本，实现最大利润。

（3）谋求转移价格的避税效应。跨国公司内部贸易的价格采用转移价格的方式。如在关税方面，高关税国家的子公司从其他子公司进口的价格要压低，而低关税国家的子公司的进口价格可抬高，以减少整个公司缴纳的关税金额。

（4）增强公司在国际市场上的垄断地位。跨国公司通过市场内部化，实行差别性定价战略，充分地掌握市场力量；另外，某些跨国公司具有雄厚综合生产营销实力，可垄断上游产品生产，制定较高内部交易价格，使初级产品的市场价格保持较高水平，提高产品下游阶段的进入壁垒，维护自身在下游产品生产营销中的垄断地位。

（5）防止技术优势的扩散，增强公司在国际市场上的技术垄断地位。若跨国公司的技术产品在公司外部交易有可能被竞争对手模仿而蒙受损失，内部贸易可以避免此类事情的发生。

（6）保证特定产品的生产，确保供销优势。在跨国公司生产过程中，某些中间投入是高度特定的，他们在质量、性能或规格上都有特殊要求，是外部市场很难提供的，并且在价格和供应量方面有着不确定性，因此只有把它们纳入整个跨国公司生产体系才能确保这种中间产品的提供，保证生产过程的继续。

3. 跨国公司内部贸易运作的特点

跨国公司内部贸易是一种特殊形式的国际贸易，其核心特点有两个：

（1）实行计划性管理。公司内部贸易的计划性主要是指内部贸易的商品数量、商品结构以及地理流向等要受公司长远发展战略计划、生产投资计划、市场营销计划和利润分配计划的控制和调节。跨国公司实施内部贸易计划管理的目的，是调节公司内部的资源配置，使之不断适应公司发展战略和外部环境变化的要求，在激烈竞争环境中立于不败之地。

（2）转移定价。跨国公司转移定价是指跨国公司为了谋求整体利益的最大化，在集团内部（母子公司间或各子公司间）对货物销售、资金借贷、劳务提供或技术交易、有形财产租赁和无形财产转让等所制定的不同于市场公平竞争的价格或就费用的分摊所进行的分配。

实行转移价格有助于克服公司内部分工的统一性与各部门利益不一致性的矛盾。海外子公司采取的是多样化股权形式，使得母公司与各子公司之间形成多样化、多层次的经济关系。这种经济利益的差异性必然导致跨国公司的总体利益与各子公司的局部利益之间的矛盾和冲突。跨国公司实行转移价格是克服这一矛盾的有效方法。转移价格使整个公司的经营活动在全球战略目标指导下实现内部交换，并在协调的基础上使各自的利益得到满足。

以上两个特点决定了跨国公司内部贸易运作的核心是投资决策和转移价格的制定。

4. 跨国公司转移定价的主要功能

(1) 优化资金配置。跨国公司根据全球战略目标，在全球资本市场以最低的成本筹集资金，合理配置给其他各国的子公司，转移定价成为其配置内部资金的有效工具。例如，母公司为了回收资金，通过转移定价方式，高价供货给子公司，提高子公司的生产成本，降低子公司的利润，达到回收资金的目的。当然，跨国公司也可以通过压低价格的方式来为子公司提供经费。同样，通过调节子公司卖给母公司的产品价格以及子公司之间的交易价格，也是这种资源配置方式的运用。

(2) 规避税负。① 所得税：跨国公司利用各国所得税制和税率的差异，利用转移定价将盈利由高税率国家的子公司转移到低税率国家的子公司以减少所得税。② 预提税：各国通常会对外国公司或个人在本国境内取得的消极所得，如股息、利息、租金和特许权使用费等征收预提税。当B国的子公司向A国的母公司支付股息时，以低价向母公司供货或者用高价向母公司购货，将股息含在转让价款之中，替代消极所得支付，以减少计征预提税范畴的收入，进而规避预提税。③ 关税：跨国公司内部企业之间以调低的价格交易，减少缴纳关税的基数，或者利用区域性关税同盟或有关协定的优惠规定逃避关税。

(3) 规避东道国的各种管制。① 价格管制：东道国的价格管制主要有两类：一是反倾销法，二是对某些产品限定最高售价。为了避免倾销指控，跨国公司通过转移定价提高产品的成本，则在提高产品售价的同时子公司的销售利润并没有相应上升。为避开东道国的最终产品价格管制，跨国公司将产品或生产该产品的中间产品以高价转嫁给子公司，形成子公司的高成本，进而提高产品售价，赚取高额利润。② 外汇管制：东道国为了平衡国际收支，实行严格的外汇管制，对跨国公司汇出的利润在时间上或数额上加以限制。跨国企业为了逃避东道国的外汇管制，压低税后利润，把资金从成本费用的渠道转移出来。例如，跨国公司采取高价向子公司提供产品或劳务的手段，将子公司的资金转移到母公司或其他子公司，达到间接调出利润的目的。③ 经营限制：东道国鼓励跨国公司把在本国获取的利润和股息留在本国进行再投资。如我国就有外国投资者将从企业分回的利润进行再投资的税收优惠政策，但是对利润和股息汇出境外则实施一定的限制，如征收利润汇出税。若跨国公司在本地追加投资的收益率不理想，或对东道国的政治经济环境前景担忧，为了避免企业的经济损失，利用转移定价，高价从子公司进口产品或高价收取管理费、技术服务费等，转移子公司的利润，减少损失。

(4) 规避国际金融风险。跨国公司在世界各地开展业务，使用多种货币，难免会有国际金融风险发生。通货膨胀使跨国纳税人名义收入增加，实行累进所得税时，名义收入的增加会把纳税人适用的税率推向更高的档次。跨国公司为尽可能减少这种损失，抬高转让价格，并改变货款结算期，提前将资金从发生通货膨胀的东道国转出，减少货币贬值的损失。再如外汇风险，跨国公司在预测汇率变动趋向的基础上，利用转移定价指定以某种货币结算，把部分货币性资产从某子公司转到另一子公司；同时还可利用高低不同的转移价格，适当配合提前或延迟结汇的方法，提前支付将要贬值的软通货或推迟支付将要升值的硬通货，减少汇率波动导致的损失或获取汇率波动所带来的收益。

（5）争夺、控制市场。跨国公司利用转移定价，低价向东道国的子公司供应原材料、零部件、劳务和技术等，使该子公司的生产成本大大降低，从而拥有价格优势，得以抢占东道国的市场份额。

资料链接 12-3

营运资本管理应怎样分析

近年来，人们一直在谈论“沃尔玛现象”。零售业是个竞争十分激烈的行业，沃尔玛对营运资本的有效管理也许正好可以解释，为什么涉足零售业仅50余年的沃尔玛，其在经营上屡获成功，并成功地荣登《财富》全美500强排行榜首的位置，营运资本管理而涉足零售业超过100年的凯马特(K-mart)，却多次申请破产保护，在1999年度《财富》价值损害型企业中名列第四，最后落得被另一零售商西尔斯(Sears)收购的命运。

现在，设想一下你作为沃尔玛的供货商或购买者与其进行交易，即供货或购货，其结果对沃尔玛的营运资本需求量的影响。首先，假设你是沃尔玛的供货商，你与沃尔玛签订了一笔销售合同，由于供货量较大，在产品质量方面，你必须符合其采购标准；在供货价格方面，你必须价格低廉；在供货计划方面，你必须按照其指定的时间和地点交货；在货款方面，则通常需要等待其完成货物销售后一段时间才能收到货款。这样，对于沃尔玛来说，是否有“应付账款”呢？显然，有很多应付账款！其次，假设你是沃尔玛的购货者，你在购买你所挑选的货物后，必须先付款才能携货离开商场，你不能先携货离开商场后再付款。这样，对于沃尔玛来说，是否有“应收账款”呢？显然，没有应收账款！正因如此，我们可以打个比方说，沃尔玛商场内的“客流量”实际上也是“现金流量”。从营销的角度看是客流量，而从财务管理的角度看则是现金流量！最后，请问沃尔玛是否有存货？从会计的角度来看，营运资本管理沃尔玛有存货。但是，从财务管理的角度看，沃尔玛的存货所占用的资金不是自己的资金，而是供货商的资金。因此，从这一意义上讲，沃尔玛没有存货，或者准确地说，沃尔玛具有物质意义上和会计意义上的存货，但没有资金占用意义上和财务管理意义上的存货。由此可见，即使假设存货是个常量，那么，沃尔玛的营运资本需求量是个“负数”，而在传统的“先付款后供货”模式下，营运资本需求量是个“正数”。

资料来源：正点财经，http://www.zdcj.net。

第四节　跨国公司国际避税管理

一、国际重复征税的类型及产生原因

（一）法律性重复征税

法律性重复征税是指不同国家对于同一跨国纳税人的同一课税对象所进行的重复征税，产生的根本原因在于不同国家之间税收管辖权的冲突。具体表现在两个方面：

(1) 居民管辖权与地域管辖权的重叠。

(2) 不同国家居民身份确认标准的不同。

(二) 经济性重复征税

经济性重复征税指不同国家对不同纳税人的同一税源所进行的重复征税。

例如,甲国母公司 A 在乙国设立子公司 B,子公司 B 首先就向其当年取得的全部利润向乙国缴纳所得税,然后再向母公司 A 分配股利;母公司 A 收到股利后,并入自己所得,再向甲国交纳所得税。

这样,A、B 两个不同纳税主体的同一税源发生了重复征税,经济性重复征税主要发生在控股公司与被控股公司之间。

(三) 国际重复征税的危害

(1) 违反了税收公平的原则,造成了跨国投资者的额外负担。

(2) 削弱了其国际竞争力,影响了其再投资的积极性。

二、国际重复征税的免除

国际重复征税的种种危害,已为各国所共识。各国政府都希望消除彼此间税收管辖权的冲突,并在许多国际条例中列入消除国际双重征税的原则和规定,也采取了许多避免国际重复征税的方法。目前,国际上消除国际重复征税的基本方法有 3 种:免税法、扣除法和抵免法,其中以抵免法最为普遍。

(一) 免税法

免税法(Method of Full Exemption)的指导原则是承认收入来源地税收管辖权的独占地位,对居住在本国的跨国纳税人来自外国并已由外国征税的那部分所得,完全放弃行使居民(公民)管辖权,免征国内所得税。这就从根本上消除了因双重税收管辖权的重复课税。

1. 免税法类型

由于实行免税法采用的税率不同,免税法又分为全额免税法和累进免税法。

(1) 全额免税法。全额免税法是指居住国(国籍国)放弃居民(公民)税收管辖权,在对居民(公民)来源于国内的所得征税时完全不考虑其在国外的所得,仅按国内所得额确定使用税率征税的方法。全额免税法的计算公式表示为

居住国应征所得税税额=居民的国内所得×使用税率

例:有个设在 A 国的 M 公司,某年获取总所得 35.9 万美元,其中包括在 A 国国内所得 28 万美元和设在 B 国的分公司所得 7.9 万美元,分公司已按 B 国规定的 30%的税率交纳了公司所得税。A 国规定的公司所得税税率为:年所得 30 万美元以下按 30%;年所得 30~35 万美元按 40%;年所得 35 万美元以上按 50%。

分析:假如 A 国不实行免税法,对 M 公司进行征税的话,征税情况如下。A 国不实行免税法条件下:

应征税额=35.9×50%=17.95(万美元)

B 国已征所得税=7.9×30%=2.37(万美元)

M 公司共缴纳所得税=17.95+2.37=20.32(万美元)

由于A国没有对M公司在B国交纳的所得税予以免除，使M公司在B国的所得7.9万美元对两国都交了税，出现了双重征税，这是M公司所不能接受的。

免税法环境下，如果A国实行全额免税法，情况就大不相同了。A国实行全额免税法条件下：

应征税额＝28×30％＝8.4(万美元)

B国已征所得税＝7.9×30％＝2.37(万美元)

M公司共缴纳所得税＝8.4＋2.37＝10.77(万美元)

结论：① A国对M公司在B国的所得放弃居民税收管辖权，避免了国际双重征税。② 由于A国实行全额免税法，不但没有对M公司在B国的所得征税，而且由于没有将M公司国内所得征税所使用的税率下降为30％，从而少征税9.55万美元(17.95－8.4)，而M公司得到了额外优惠。

(2) 累进免税法。累进免税法是指居住国(国籍国)政府在对本国居民(公民)行使居民(公民)税收管辖权时，对居民(公民)来源于国外的所得不予征税，但在对居民(公民)来源于国内的所得征税时，其适用的税率，是将其国内外的所得汇总起来，以此所得为依据来确定的方法。

累进免税法计算公式为

居住国应征所得税税额＝居民的总所得×适用税率×(国内所得/总所得)

承前例：

A国应征税额＝(30×30％＋5×40％＋0.9×50％)×(28/35.9)＝8.93(万美元)

B国已征所得税＝7.9×30％＝2.37(万美元)

M公司共缴纳所得税＝8.93＋2.37＝11.3(万美元)

结论：采用累进免税法虽然比全额免税法多交了0.53万美元(8.93－8.4)，但是国家双重征税还是被免除掉了，因为A国未对M公司在B国的所得征税。

(二) 扣除法

扣除法(Method of Tax Deduction)的指导原则是居住在本国的跨国纳税人在收入来源国交纳的所得税被看作一般的费用支出，在计税所得中扣除。其计算公式为

居住国应征所得税＝(居民的总所得－国外已纳所得税)×适用税率

例：有个设在A国的M公司，某年获取总所得20万美元，其中包括在A国国内所得12万美元和设在B国的分公司所得8万美元，分公司已按B国规定的40％的税率交纳了公司所得税。A国的所得税税率为45％。

分析一：假如A国不实行扣除法，对M公司进行征税的话，征税情况如下：

A国应征税额＝20×45％＝9(万美元)

B国已征所得税＝8×40％＝3.2(万美元)

M公司共缴纳所得税＝9＋3.2＝12.2(万美元)

在这个计算过程中，A国和B国都对M公司在B国的所得8万元行使了征税权，造成双重征税，8万美元的所得共纳税6.8万美元(8×40％＋8×45％)，税收负担达85％，这是纳税人很难承受的。

分析二：如果A国实行扣除法，情况就会有如下变化：

A 国应征税额＝(20－3.2)×45％＝7.56(万美元)

B 国已征所得税＝8×40％＝3.2(万美元)

M 公司共缴纳所得税＝7.56＋3.2＝10.76(万美元)

我们将 A 国家实行扣除法计算的结果，与不实行扣除法进行比较和分析：

扣除法下免除的税额为：9－7.56＝1.44(万美元)

这 1.44 万美元是 A 国实行扣除法比不实行扣除法少征的所得税，也是 M 公司在扣除法下比不实行扣除法少交纳的税款(12.2－10.76)。

分析三：扣除法免除的 1.44 万美元的税款是否免除了双重征税呢？

A 国免除的税额不足以抵消 B 国所征收税款：3.2－1.44＝1.76(万美元)。

与 M 公司已交纳 B 国 3.2 万美元的所得税相比，A 国给予 M 公司免除的税额还差 1.76万美元，这说明国际双重征税还没有完全免除掉。

实际上，扣除法免除的不是 M 公司在 B 国已交纳的所得税税款，只是已交纳税款与 A 国税率的乘积：3.2－45％＝1.44(万美元)。

这样，A 国和 B 国重复征税的税款中，仍然有相当于 1 减去居住国(A)税率的部分没有被免除掉：

3.2×(1－45％)＝1.76(万美元)

结论：居住国(国籍国)实行扣除法，不能完全免除由于税收管辖权重叠造成的国际双重征税，其给予跨国纳税人扣除的一部分税款，只能对国际双重征税起到一定的缓解作用。究其原因，是居住国(国籍国)没有完全承认收入来源国行使收入来源地税收管辖权的优先地位，而只是承认了一部分，致使对跨国纳税人的双重征税问题不可能得到完全地解决。为此，有的国际税务专家认为不能把扣除法看作免除国际重复征税的一种方法。

(三) 抵免法

抵免法(Method of Tax Credit)的指导原则是承认收入来源地管辖权的优先地位，但并不放弃行使居民(公民)管辖权。对居住在本国的跨国纳税人来源于国外的所得向外国政府交纳的那部分所得税，允许在居住国交纳的税收中，给予一定的税收抵免。由于抵免法在较好地处理了国际税收关系的同时，还维护了居住国(国籍国)的正当权益，起到了消除双重征税的作用，所以被世界上大多数国家所采用。

抵免法的计算公式为

居住国应征所得税＝居民总所得×税率－允许抵免的已缴税款

1. 直接抵免法

直接抵免法(Method of Direct Credit)允许直接抵免的外国税收必须是跨国纳税人直接向收入来源国交纳的款项。它的特征是外国税收可以全额直接地充抵本国税收，可能的限定条件是同一项跨国所得的外国税收抵免不能超过居住国的税收负担。目前很多国家采用了直接抵免方式，这样就不必通过双边税收协定加以规范。这种通过国内税法对外国税收承认并予以抵免的优惠做法，通常称为“自动抵免制”。

例：一设在 A 国的 M 公司，某年获取所得 20 万美元，其中包括在 A 国国内所得 12 万美元和设在 B 国的分公司所得 8 万美元，分公司已按 B 国规定的 30％的税率交纳了公司所得税。A 国的所得税税率为 35％。

分析：

抵免最高限额＝8×35％＝2.8(万美元)

B国已征所得税＝8×30％＝2.4(万美元)

允许抵免的已缴B国税额:2.4(万美元)

A国政府应向M公司征收所得税＝20×35％－2.4＝4.6(万美元)

A国政府对M公司来自B国的所得应补征的税额＝8×(35％－30％)＝0.4(万美元)

结论:当居住国的税率高于收入来源国的税率时,M公司设在B国的分公司向B国政府缴纳的所得税2.4万美元,可以全部得到抵免。但是由于B国的税率低于A国的税率,该分公司向B国交纳的税额,低于按A国税率计算的税额,所以,A国还要向M公司补征所得税0.4万美元。

假定上例分公司已按B国规定的40％的税率交纳了公司所得税。A国的所得税税率仍为35％。则计算结果为

抵免限额＝8×35％＝2.8(万美元)

B国已征所得税＝8×40％＝3.2(万美元)

允许抵免的已缴B国税额＝2.8(万美元)

A国政府应向M公司征收所得税＝20×35％－2.8＝4.2(万美元)

A国政府对M公司来自B国的所得应补征的税额＝8×(35％－40％)＝－0.4(万美元)

结论:当收入来源国的税率高于居住国的税率时,M公司的分公司已缴的所得税税额3.2万美元中,只有相当于抵免限额2.8万美元的部分可以得到抵免。此外,由于分公司向B国缴纳的所得税税额3.2万美元,大于按A国税率计算的所得税税额,所以,A国对M公司来自于B国的所得应补征的税额为0.4万美元。但这并不意味着A国政府要将这0.4万美元退还给M公司。因为这个0.4万美元是由于B国政府规定的税率比A国的税率高造成的,而居住国A国的责任是免除国际双重征税,不是替跨国纳税人去承担向来源国纳税的义务。所以,作为居住国的A国,只能将应补征的税额0.4万美元视为零处理。

2. 间接抵免法

间接抵免法的(Method of Indirect Credit)原则:母公司向居住国政府申请应税所得额,不能把外国子公司的所得全部并入计算,只能合并计算母公司从国外子公司取得股息所还原出来的那一部分所得。与此相适应,子公司交纳的所得税不能在母公司全额抵免,所能抵免的只是子公司上交股息应负担的那一部分。

3. 饶让抵免法

饶让抵免法(Tax Sparing Credit)是指居住国(国籍国)政府对跨国纳税人在收入来源国得到减免的那一部分所得税,视同在外国已交纳的税收,准予饶让抵免,不再按居住国税法规定补征。

三、主要的国际避税策略

在国际税收领域中,如何利用各种可能的途径减少海外赋税,也是跨国公司乃至各国政府非常关心的问题。

常见的减少海外赋税的途径主要有:利用税收优惠、国际避税、国际节税。

(一) 利用税收优惠

对于实行税收优惠原则、平等原则或附加某些特殊优惠政策的国家,跨国公司可以利用

这种税收优惠，达到减少海外赋税的目的。这种税收优惠主要有以下几种形式：

1. 加速折旧

加速折旧是涉外税收中对原始投资实施税收优惠所采取的一种传统做法，这种做法在发展中国家十分普遍。

最通常的做法是允许企业对符合优惠规定的固定资产在购置或使用的当年提取一笔初次折旧(Initial Allowance)，初次折旧占固定资产原值的比例一般较大，最高的可达100%。

2. 投资税收抵免

投资税收抵免是与固定资产投资相关的另一种税收优惠形式，即企业可以用固定资产投资额的一定比例直接冲减当年应纳所得税税额。

投资税收抵免的比例各国规定不同，有的国家较低，但有的国家规定较高，如马来西亚为25%，墨西哥为30%。

3. 费用加倍扣除

国家为了鼓励一些特定项目或领域的发展，规定企业在这些项目或领域的费用开支可以按超过实际费用开支的一定比例从税基中扣除，从而使企业少纳一部分所得税税款。

如赞比亚规定用于促进出口的费用可按150%扣除，新加坡规定企业用于研究和开发方面的费用支出可按200%扣除，莫桑比克规定用于职工培训的开支可按300%扣除等。

4. 再投资退税

企业用于再投资部分的税后利润、已负担的税款可按一定比例退还企业。巴西、哥伦比亚、洪都拉斯、秘鲁、乌拉圭、摩洛哥、突尼斯等国都有这一规定。

我国对外商投资企业的外国投资者也有再投资退税的规定。

5. 免税期规定

免税期是所得税优惠措施中最普遍的一种形式，即企业在一定时期内的利润可以不缴纳所得税。

6. 特定收入免税

即规定企业取得的特定项目的所得免税。20世纪80年代，许多发展中国家为了促进出口，规定对境内企业的出口收入免征所得税。

7. 低税率优惠

即对一些特定部门或地区的企业实行较低的优惠税率。我国对外商投资企业在特定地区也有低税率优惠的规定。例如，对设在经济特区的外商投资企业可按15%的税率征收企业所得税。

8. 承诺税收待遇一定时期不变

有的国家为了鼓励外国投资者来本国投资，还与外商签订一定协议，承诺在一定时期内，保证对外国投资者的税收待遇稳定不变。

（二）国际避税及其方式

国际避税一般是指跨国纳税人利用国与国之间的税制差异以及各国涉外税收法规和国际税法中的漏洞，在从事跨越国境的活动中，通过种种合法手段，规避或减小有关国家纳税义务的行为。

国际避税与国际重复征税一样，是国际税收领域中的一个十分重要的问题，但两者所产生的影响是截然不同的。

1. 避免成为高税国家的居民公司

如果一个跨国公司被某个国家认定为居民公司，它就要对这个国家承担全部纳税义务。

2. 利用国际避税地避税

国际避税地是指那些提供普遍的税收优惠以及可以被跨国公司用于经常性避税活动的国家和地区。国际避税地除了无税或低税特点之外，还有其他一些有利条件，比如，有严格的银行保密法，银行业发达，政局稳定，通信和交通便利，对汇出资金不进行限制等。国际避税地在不同的国家有不同的名称：英语国家称其为“避税港”；法国人叫它“财政天堂”；德国人则习惯称它为“税收绿洲”；避税地国家和地区忌讳“避税地”一词，往往自称为“金融中心”。利用避税地进行避税是减少海外赋税常用的方法之一。

3. 利用内部转移价格避税

内部转移定价是指跨国公司内部，在母公司与子公司、子公司与子公司之间代销产品，提供商务、转让技术和资金借贷等活动所确定的企业集团内部价格。这种价格不由交易双方按市场供求关系变化和独立竞争原则确定，而是根据跨国公司或集团公司的战略目标和整体利益最大化的原则由总公司上层决策者人为确定。

4. 采用租赁的方式避税

这是一种较先进的避税方式，近年来在国际社会较为流行。这种避税产生的根源在于承租人和出租人在税率上的不同。如一个高税率国家的公司购置一项资产，以尽可能低的价格租赁给低税率的关联公司，收取租赁费。

（三）国际节税

1. 节税的内涵

节税一般是指纳税人在不违背税法立法精神的前提下，充分利用税法中固有的起征点、减免税等一系列优惠政策，通过纳税人对筹资活动、投资活动以及经营活动的巧妙安排，达到少缴或不缴税的目的。这种巧妙安排与避税筹划最大的区别在于避税是违背立法精神的，而节税是顺应立法精神的。换句话说，顺应法律意识的节税活动及其后果与税法的本意相一致，它不但不影响税法的地位，反而会加强税法的地位，从而使当局利用税法进行的宏观调控更加有效，是值得提倡的行为。

2. 节税的特征

(1) 合法性。避税不能说是合法的，只能说是非违法的，逃税则是违法的，而节税是合法的。

(2) 政策导向性。如果纳税人通过节税筹划最大限度地利用税法中固有的优惠政策来享受其利益，其结果正是税法中优惠政策所要引导的，因此，节税本身正是优惠政策借以实现宏观调控目的的载体。

(3) 策划性。节税与避税一样，需要纳税人充分了解现行税法知识和财务知识，结合企业全方位的筹资、投资和经营业务，进行合理合法的策划。没有策划就没有节税。

3. 国际节税的方式

目前国际节税可以通过提前折旧、有形淘汰、加大设备投资、后进先出、提前确认坏账、利用再投资优惠等方式进行节税。

资料链接 12-4

有效控制跨国公司避税

将合理避税和滥用避税规则区别开来十分重要。虽然滥用避税规则的行为有可能合法,但不可接受。

近期曝光的一些事件表明,对跨国公司来说,交税几乎从法律义务变成了自愿行为。

迫于公众的愤怒,星巴克英国董事总经理克里斯·恩格斯科沃宣布,"无论业务是否盈利,都将在2013和2014年缴纳大量公司税"。英国首相卡梅伦留意到民众对企业逃避责任的愤怒情绪,认为"一些公司拒绝交税,破坏了民众的信任"。面对相似的民众情绪,法国总统承诺将与金融犯罪、贪污和资金不透明斗争到底。

不断加速的企业国际化趋势与跨国资产转移,是大型企业避税的关键原因。管理国际税收的规定最早是为防止双重征税而制定的,如今跨国公司却利用这一规定把资产转移到税率最低的国家。跨国业务使不同子公司间资产转移变得更加容易,网络交易的兴起令交易脱离具体的实际地理位置,使跨国公司能更加灵活地分配业务。

过去20年间,金融工具的使用前所未有地增长。如今,跨国公司可以设计财务状况,充分利用不同国家间的税务差异获益。只要有站在国际协定之外的避税天堂,就有乐于利用这些避风港的企业。

最近,一些企业避税行为被曝光,包括了谷歌公司、星巴克咖啡和苹果公司等。美国参议院调查发现,过去3年,苹果公司海外收益额为740亿美元,只有2%用于纳税。苹果公司在美国缴纳的税率非常低,它与许多企业一样利用了爱尔兰的低税率进行避税。

民众的愤怒情绪可以理解。但民众议论避税问题时忽略了重要一点,那就是公司税的征收基于利润,而非营业收入。谷歌公司在英国的180亿美元收入并没有代表其盈利水平。同样值得注意的是,以上企业的避税事例完全合法。这些企业为了减少交税采取了一些措施,但这些行为完全在目前的法律范围内。企业有义务尽最大可能为其股东减少纳税金额。

那么,英、法等国怎样做才能增加税收呢?英国采取了单方面行动,近期实行的新的反避税规则仔细地将合理避税和滥用避税规则区别开来十分重要,虽然滥用避税规则的行为有可能合法,但不可接受。

更可行的方法是修订国际税收协定和取缔避税天堂。今年,经合组织引进了旨在减少避税行为的计划。八国集团峰会也就避税天堂问题进行讨论,认为成员组织需要改变现阶段企业跨国转移资产避税的规定。这一提议能否继续得到支持,部分取决于美国企业家们能否成功游说白宫拒绝该提议。

这些提议能否减少避税现象?短期内,可能有成效。长期而言,税收体系需要深化改革,只有这样才能应对不断变化的国际环境。

资料来源:《人民日报》,2013年11月04日。

本章小结

本章在对跨国公司的定义、跨国公司的基本特征、跨国公司金融管理的特点等几个方面进行界定的基础上，对跨国公司资本预算的基本特性、跨国公司制定资本预算所需要考虑的要素、跨国投资项目现金流构成及计量等几个方面对跨国公司资本预算管理进行了全面介绍。并从跨国营运资本存量管理、跨国营运资本流量管理两个方面分析介绍了跨国公司营运资本管理，最后分析了国际重复征税的类型及产生原因，系统介绍了国际重复征税的免除方法和国际避税策略。

◆ **思考题**

1. 跨国公司资本预算在实际中应如何运用？
2. 跨国营运资本管理与国内营运资本管理有哪些区别？
3. 跨国公司应该如何对存货进行规划和控制？
4. 你认为在中外合资企业中，我国政府应该采取哪些反避税措施？

参考文献

［1］ 陈雨露．国际金融［M］．4 版．北京：中国人民大学出版社，2011．

［2］ 王满，宋淑琴．国际财务管理［M］．北京：清华大学出版社，2014．

［3］ 夏乐书，李琳．国际财务管理［M］．大连．东北财经大学出版社，2014．

［4］ 王红岩．国际直接投资与跨国公司［M］．上海：立信会计出版社，2012．

［5］ 苗润生．国际企业财务管理［M］．北京：中国人民大学出版社，2006．